제3판

유치원 교사를 위한

교육방법 및 교육공학

Educational Method AndTechnology For Teachers In Kindergarten

이인원 · 양진희 · 이은진 공저

양 성 원

머리말

유아를 교육하기 위해서는 유아가 변화되어 도달하는 분명한 목표가 있어야 하고, 그 목표를 달성하기 위해 가르치는 내용이 있어야 하며, 어린이의 발달단계와 상태에 알맞은 교육방법이 있어야 한다. 유아교사는 유아들의 삶을 이해하고, 유아들이 무엇을 바라고, 무엇을 좋아하고, 어떤 방법으로 세상을 이해하는지 알아야 그들에게 알맞은 교육방법을 사용할 것이다. 이 책은 유아교사들이 효율적인 교육활동을 실천하는데 필요한 지식과 기술을 습득하는 것을 돕기 위해 집필하였다. 특히 이번 개정판은 2019년 개정 누리과정에 부합되도록 하였으며, 21세기 정보화시대에 부응하기 위해 스마트교육을 실천할 수 있도록 하였다.

1장에서는 교육방법에 대한 기초 이론과 교수-학습방법의 패러다임, 고대에서 현대에 이르기까지 교육방법의 변화를 고찰하였으며, 2장에서는 영유아를 위한 교육활동의 개념과 유형을 다루었고, 3장에서는 교수설계의 접근모형과 교수전략을 다루었고, 4장에서는 유아교육기관에서 사용하는 교수-학습방법과 원리 그리고 교수-학습의 형태를 다루었으며, 5장에서는 유아교육기관에서 사용하는 교재・교구의 중요성과 교재・교구를 선정하고 제작, 활용, 보관하는 것에 대하여 다루었다. 6장에서는 비전기적으로 작동되는 교수매체 중 그림자료, 융판자료, 인형자료, 디오라마자료의 특성 및 선택기준을 제시하고, 실제 제작하는 방법에 대하여 다루었다. 7장에서는 정보화시대에 교수매체로 부각되는 멀티미디어 교수매체와 인터넷 활용하기에 대하여 다루었고, 8장에서는 컴퓨터를 이용한 멀티미디어 교수매체 제작의 실제를 다루었다. 제9장에서는 영아와 유아의 교재・ 교구 제작과 활용의 실례를 실었다.

이상의 내용을 통해서 독자들이 교육방법과 교육공학 기초이론과 교수매체를 다루는 실제능력을 함양하고, 컴퓨터를 이용한 교수매체 제작기술을 익힐 수 있도록 하였다.

이 책의 집필진은 대학에서의 교육과 연구뿐만이 아니라 유아교육현장에서 다년간 경험한 바를 반영하기 위해 노력하였다. 유아교육을 전공하는 학생들을 위해 대학교재로서 사용할 수 있도록 하였으나 완벽하게 구성하지 못한 점에 대해서 독자 여러분께 용서를 구하며, 미비한 점에 대해서는 추후 계속 보완해 나가도록 약속드린다.

유아교육의 발전을 위해서 이 책이 출판될 수 있도록 도와주신 양성원 임직원 여러분께 감사드린다.

2020년 8월

저자 일동

차 례

Chapter 04 교수-학습방법

Chapter 05 교재 · 교구

Chapter 06 비전기동작 교수매체

Chapter 07 멀티미디어 교수매체

Chapter 08 컴퓨터를 이용한 교수매체 제작

Chapter 09 영유아 교재·교구의 실제

CHAPTER

01

교육방법

1. 교육방법과 교육공학

교육의 목적을 달성하기 위해서는 적합한 내용이 있어야 하고 그 내용을 효과적으로 유아들이 익히도록 하는 방법이 있어야 한다. 방법의 사전적 정의는 어떤 일을 해 나가거나 목적을 이루기 위하여 취하는 수단이나 방식을 말한다. 교육에 있어서 방법이란 어떤 교육내용을 효율적으로 다루는 것을 의미한다(Dewey, 1916). 그러니까 교육방법은 교육의 목적을 달성하기 위해서 교육내용을 효율적으로 다룰 수 있는 여러 가지 선택 가능한 수단이나 방식을 의미한다. 물론 여기서 수단이나 방식에는 이론적인 지식과 이를 실행할 수 있는 능력이 포함된다.

교육목적을 달성하는 데 있어서 교육방법이 필요한데 그렇다고 아무 방법이나 사용하면 되는 것은 아니다. 반드시 최선의 방법이 동원되어야 한다. 최선의 방법이란 유아들이 학습하는 데 효과적이어야 하고, 들인 노력에 비하여 더 효과가 좋아야 한다. 그리고 유아들이 그 방법을 좋아해서 다시 그 방법으로 학습하고 싶은 마음이 들 만큼 매력적이어야 한다. 그뿐만 아니라 유아들에게 위해가 되지 않는 안전한 방법이어야 하고, 보편적 인륜에 반하지 않는 도덕적인 방법이어야 한다. 이러한 것이라면 좋은 교육방법이라고 할 수 있고, 교사들은 여러 가지 방법 중에서 좋은 교육방법을 찾는 노력을 해야 한다.

교육방법에는 교육학을 구성하는 요소들, 즉 교육과정, 교육행정, 교육상담 등에 있어서의 방법들까지 생각할 수 있으나 여기서는 교사가 수업에서 유아를 가르치는 방법에 초점을 둔다. 교사의 교수 행위에 초점을 두는 관점에서는 교사의 교수기법이나 교수기술, 태도에 더 관심을 기울인다. 유아교사의 입장에서는 유아의 학습동기를 유발시키는 방법이나 흥미를 끌거나 유지시키는 방법, 통제하는 방법, 각종 교수매체를 사용하는 방법 등에 관심을 기울일 것이다. 이는 교사가 교육활동을 이행하는 과정에서 구체적인 기술이나 기법, 혹은 전략 등을 의미한다. 다시 말하면 교사가 유아들에게 내용을 효과적으로 전달하거나 이해시키는 기술인 것이다. 결국 교육방법은 교사와 유아 그리고 교육내용 간에 작용하는 상호작용 체제(이용환, 김문환, 1990)로 볼 수 있다.

한편 교육방법의 주체를 어디에 두느냐에 따라 교수활동과 학습활동으로 나누어 생각할 수 있다. 교육방법을 교수활동에 초점을 두면 교수이론이 중요해지고, 학습활동에 초점을 두면 학습이론이 중요해진다. 그러나 교육이라는 것은 교사의 교수행동과 유아의 학습행동이 상호작용하는 가운데 이루어질 수밖에 없으므로 교사와 유아를 동시에 고려하는 교육방법이 필요하게 된다.

이러한 면에서 생각하면 교육방법이라고 하는 것은 교사와 유아를 동시에 고려하는 교수−학습 과정이론 즉 수업이론이 필요하며, 교육방법은 교수방법 혹은 교수공학이라고 하는 편에서 논의될 수 있다. 교수공학이라는 말은 교육공학 분야에서 교육공학을 대신하여 사용되기도 한다. 실제로 교육공학계에서 영향력이 있는 미국교육공학회(AECT)는 교육공학과 교수공학이 상호 교환되어 사용될 수 있다고 보았다(Seels & Richey, 1994). 그동안 교육공학의 개념은 주요 관심 영역에 비해 넓은 의미로 인식되었다. AECT(1977)에서 정의한 교육공학이란 모든 인간 학습에 포함된 문제들을 분석하고, 그 해결책을 고안·실행하고 평가·관리하기 위하여 사람, 절차, 아이디어, 기계 및 조직을 포함하는 복합적이며 통합적인 과정이다. 이 정의대로라면 교육공학에는 교육학의 하위 영역인 교육과정, 교수, 상담, 행정, 평가의 영역을 모두 포함하는 것이다. 그러나 교육공학 학자들의 주요 관심은 점차로 교사가 가르치는 행위인 '교수'라는 측면에 더 가까워지는 '교수공학'에 두게 되었다(변영계, 김영환, 손미, 2005).

Seels와 Richey(1994)는 교수공학을 '학습을 위한 과정과 자원을 설계, 개발, 활용, 관리, 평가하는 이론과 실제'라고 정의한다. 이러한 정의에 근거하면 유아를 위한 교수공학은 다음과 같은 의미를 갖는다(나일주, 정인성, 2007).

첫째, 유아를 위한 교수공학은 유아들의 학습활동 과정과 결과에 영향을 주는 데 목적이 있다. 즉, 유아들의 지식, 기술, 태도, 행동이 바람직한 방향으로 변화되도록 하는 데 목적이 있다.

둘째, 유아를 위한 교수공학은 유아의 학습을 위한 과정과 자원을 다룬다. 즉, 유아에게 학습이 일어나도록 하기 위해 투입되는 교수기술과 교수자료들을 연구하고 개발한다.

셋째, 유아를 위한 교수공학은 설계, 개발, 활용, 관리, 평가의 영역을 포함한다. 즉, 유아의 학습에 영향을 주기 위하여 교수과정과 교수자료를 설계하거나 개발하고, 개발된 자료를 효과적으로 활용하며, 지속적으로 활용할 수 있도록 관리하고, 평가를 통해 더 나은 교수과정과 교수자료를 준비하는 활동이다.

2. 교육공학의 기초이론

1) 호반(Hoban)의 교육과정 시각화 이론

호반(Charles F. Hoban Sr.)은 1937년에 「교육과정의 시각화」란 논문을 발표하였다. 시각보조물이란 추상적인 개념을 소개·형성·보충·분류하고, 바람직한 태도를 개발하고, 학습자의 역할에 더 나은 활동을 자극하기 위한 목적으로 학습자에게 구체적인 시각 경험을 제공하는 그림, 모형, 실물, 장치 같은 것이다. 시각보조물은 구체성과 추상성의 정도에 따라 [그림 1－1]과 같이 도식으로 체계화된다. 구체성이 강한 실제 장면에서부터 시각자료들을 나열하여 위로 갈수록 추상성이 증대된다(시청각교육사, 1972). 학습지도는 구체성이 많은 것부터 점차적인 것을 가지고 해야 한다.

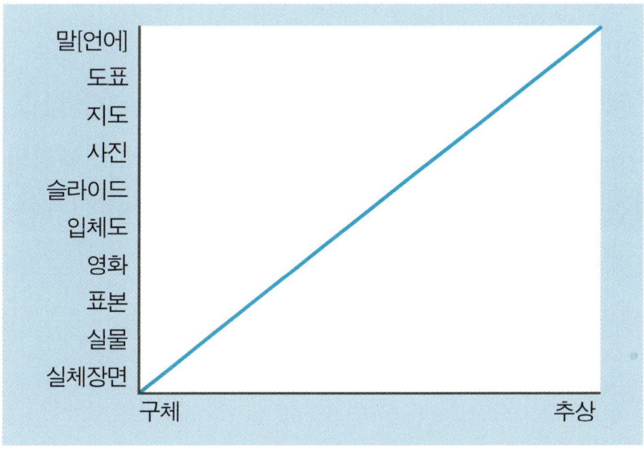

그림 1-1
호반의 시각교재체계

호반은 교육의 목표를 경험의 일반화라고 정의하면서 교육한다는 것은 학습자로 하여금 그의 모든 경험을 추출하여 가까운데서 일반적인 원리 원칙을 발견할 수 있도록 근본적인 추상화의 힘을 길러 주는 것이라고 보았다.

2) 데일(Dale)의 경험의 원추이론

데일(Edgar Dale)은 미국 오아이오 주립대학에서 시청각교육 분야에서 뛰어난 활동을 하다 1970년에 정년퇴임하였다. 그는 시청각교육에서 시청각교수방법과 자료의 기능과 속성에 관한 이론을 경험의 원추라는 형식으로 체계화하였다. 경험의 원추는 직접경험에서 추상적인 언어상징에 이르기까지 학습경험과 자료를 10단계로 분류하여, 학습과정에서 감각자료들의 관련성을 시각적으로 표시하였다.

데일의 시청각교육이론은 '가르치다'의 개념을 기반으로 전개하였는데, 가르치는 것은 전달하는 것이며 각자가 가진 공통의 경험을 나누는 것으로 본다. 가르치는 것에는 6가지 요소, 즉 누가, 누구에게, 무엇을, 왜, 어떻게, 언제가 있으며 이는 시청각교육의 원리와 부합한다고 보았다.

데일은 교육을 구체와 추상이라는 두 개의 흐름으로 보았는데, 추상은 너무 이론적이며, 구체는 깊이가 얕다는 단점이 있다. 그러기 때문에 구체와 추상의 두 가지 경향이 균형을 이루는 것이 바람직하다. 데일이 의미하는 구체성과 추상성은 양분된 것이 아니다. 구체적인 것은 볼 수 있는 것으로 시간과 공간 사이에 존재하는 것이고, 추상적인 것은 보려고 해도 우리의 감각에 접할 수 없으므로 상상적인 창조가 필요하다고 보았다.

데일의 이론에 의하면 교육의 목표는 개념 형성이며, 개념 형성은 구체적이고 감각적인 경험을 토대로 이루어진다. 모든 학습경험은 행동에 의한 학습, 관찰에 의한 학습, 상징에 의한 학습의 세 유형으로 이루어진다. 이 세 유형의 학습경험을 구체성과 추상성의 정도에 따라 10단계로 세분화하여 '경험의 원추'(cone of experience)를 창안하였다. [그림 1-2]에

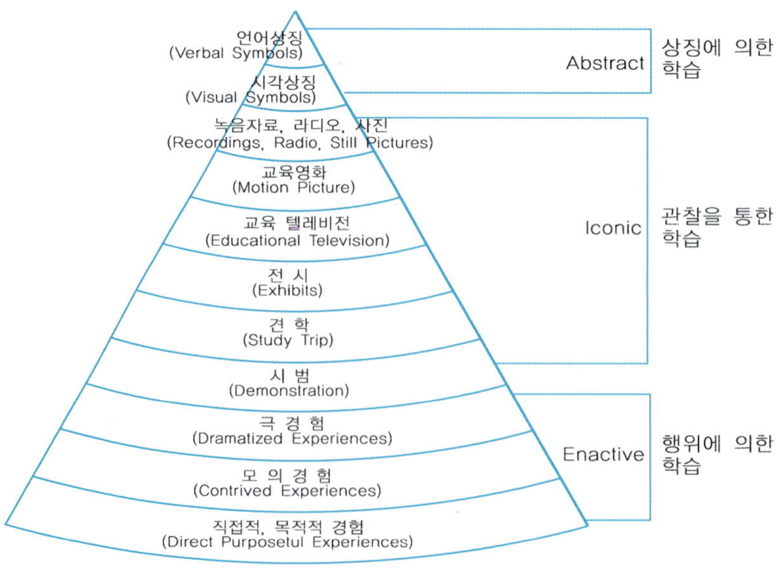

그림 1-2
데일의 경험의 원추
출처: Edgar Dale(1954).

서 보듯이 위로 올라갈수록 추상성이 높아지고, 아래로 내려올수록 구체성이 높아지는 것이다(Dale, 1954).

데일의 경험의 원추는 교수설계에 있어서 매체 선택에 도움을 준다. 원추에 위치한 매체와 12단계는 학습자의 연령에 따라 나열된 것이라고 볼 수 있다. 직접적·목적적 경험은 실물, 동물, 사람과의 물리적인 접촉을 통한 행위에 의한 학습이다. 연령이 올라갈수록 학습에서 경험에 대한 모의 대리물이 활용되며, 고도로 지적인 학습자에게는 원추의 정점인 언어상징에 의한 학습이 되도록 한다(Gagné & Briggs, 1973).

3) 올센(Olsen)의 학습경험

올센(Edward G. Olsen)은 『학교와 지역사회(School and Community)』라는 그의 저서에서 학교와 지역사회의 공존방법을 제시하였다. 학교는 지역사회의 건설적인 활동에 능동적으로 참여하고, 지역사회는 학교를 위한 생생한 실험장이 되어 지역사회의 생활영역과 문제가 학교의 교육과정에 기초가 되는 것이다. 그는 지역사회의 생활에 기초한 교육프로그램을 만들고 학습자가 어떻게 학습할지에 대한 방법으로 학습경험의 방법과 교수자료의 유형을 세 가지 유형으로 분류하여 설명하였다.

- 제 1 형 : 직접경험
- 제 2 형 : 대리경험
- 제 3 형 : 상징경험

직접경험은 현실에 직접 접촉하여 감각을 통하여 학습하는 것이며 모든 지식의 기반이 되는 경험이다. 대리경험은 매체에 의한 경험으로 시청각자료에 의한 구체성, 추상성을 띠는 경험이다. 상징에 의한 경험은 학습의 상부구조를 형성하며, 문자에 의한 추상적 경험이 강조된다.

올센은 이 세 가지 학습경험을 근거로 후에 학습경험의 방법을 네 단계로 분류하여 교사가 학습지도를 효과적으로 할 수 있도록 제안하였다(Olsen, 1954). [그림 1-3]은 학습경험의 방법을 네 단계로 분류한 모형이다.

첫 번째 단계는 지역사회를 통한 경험으로 지역사회의 주변 환경과 직접 감각적 접촉에 의한 직접경험의 단계이며, 기초학습 방법의 단계이다.

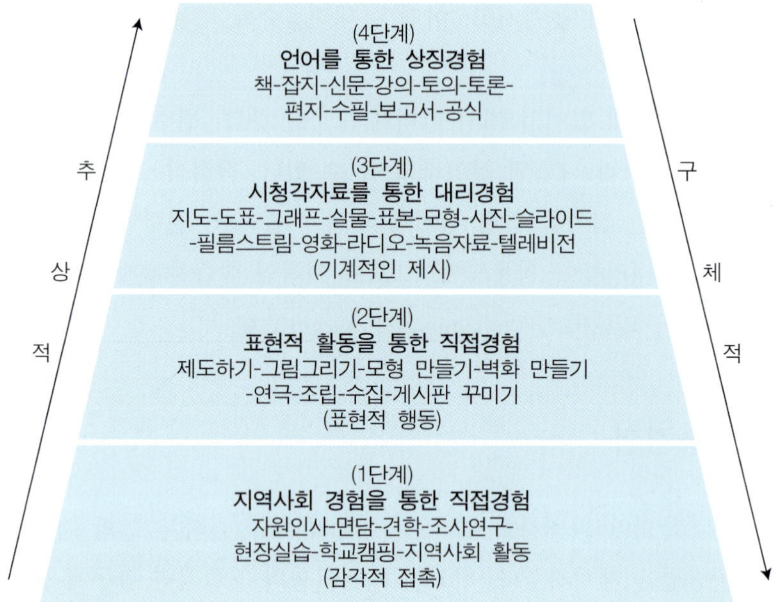

그림 1-3
올센의 학습경험의 유형과 교수자료
출처: Edward G. Olsen(1954), p.29.

두 번째 단계는 학습자의 역할에 의한 직접경험이며 표현적 행동으로 학습한다. 학습자는 개인적으로 창의적인 활동을 하여 자신의 경험, 사상, 느낌, 통찰된 바를 표현한다.

세 번째 단계는 시청각자료를 활용한 방법으로 현실을 기계적인 방법을 통하여 표현하는 대리경험의 단계이다. 학습자가 불가피한 시간과 공간의 제한을 초월하도록 도와주는 학습경험의 방법이다.

네 번째 단계는 언어를 통한 대리경험의 단계로 구어와 문어로 나뉘며, 추상적인 상징이기는 하나 경험을 전달하고, 공유하고, 판단하는 데 가장 좋은 방법이다.

4) 킨더(Kinder)의 정신활동 과정 이론

킨더(James S. Kinder)는 『시청각자료와 기술(Audio-visual materials and techniques)』이라는 저서에서 시청각자료의 가치와 기능 그리고 학습과정을 설명하였다. 그는 학습의 궁극적인 목표는 개념형성에 있다고 보고, 올바른 개념형성을 위해서는 감각적이고 구체적인 경험이 있어야 하며, 이는 시청각교재에 의해 가능하다고 보았다. 그는 시청각자료의 기능을 아동의 심리적 발달단계와 관련시켜 설명하였다. 아동의 인지발달 과정은 직접적 구체적 단계에서 상징적 간접적 단계로 옮아가는데, 먼저 아동의 감각기관에 의한 감각작용으로 지각되면 그 정보가 뇌에 기억되고, 기억된 자료를 근거로 상상하고, 여러 가지 자료를 비교하여 그 자료에 대한 속성을 파악하게 되어 마침내 개념이 형성되게 되는 것이다. 사물과 사상에 대한 많은 개념이 형성되면 그것을 근거로 개념과 개념들 사이의 관련성을 바탕으로 고등사고인 추리적 사고를 할 수 있게 된다.

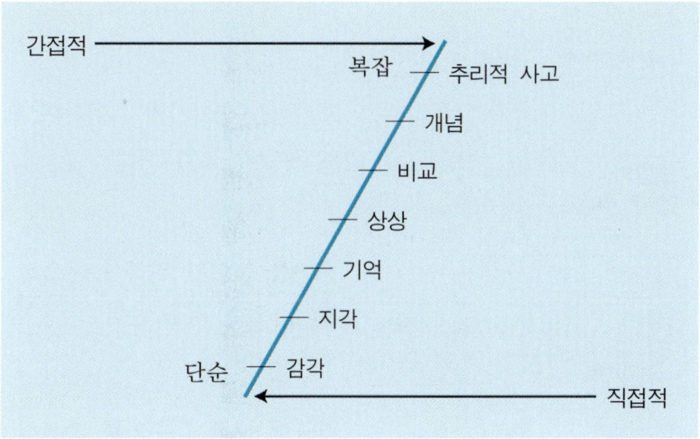

그림 1-4
킨더의 정신활동 과정

[그림 1-4]는 아동의 정신활동 과정을 모형으로 나타낸 것인데, 상층의 과정은 하층의 과정을 토대로 이루어진다. 이 원리는 일반화된 추상적인 사상이나 개념은 그것을 뒷받침하는 구체적인 현실 없이 독립적으로 성립될 수 없다는 것을 말한다.

시청각적 교수방법과 자료는 아동의 정신활동 과정에 관여하는데, 사물에 대한 감각적인 인식에서부터 논리적인 인식으로 발전되는 단계마다 촉매 역할을 한다는 것이다.

또한 킨더는 아동의 학습과정을 [그림 1-5]처럼 감각적 운동기-조작적 충동기-모방기-상상기-표현충동기의 5단계 모형으로 나타냈는데, 각 단계에서 교사가 아동의 개념형성을 위하여 사용하는 교수방법을 제시하였다.

첫째, 감각적 운동기: 사물에 대한 주의를 확실히 하기 위하여 신체활동의 기회를 준다.

둘째, 조작적 충동기: 흥미를 높이기 위하여 손으로 조작할 수 있는 것을 준다.

셋째, 모방기: 호기심을 환기시키기 위하여 모방물을 학습에 도입한다.

넷째, 상상기: 상상을 자극하기 위하여 극화요소를 학습에 도입한다.

다섯째, 표현 충동기: 완전한 개념 파악을 위하여 표현할 수 있는 모든 자유형식의 수단을 동원한다.

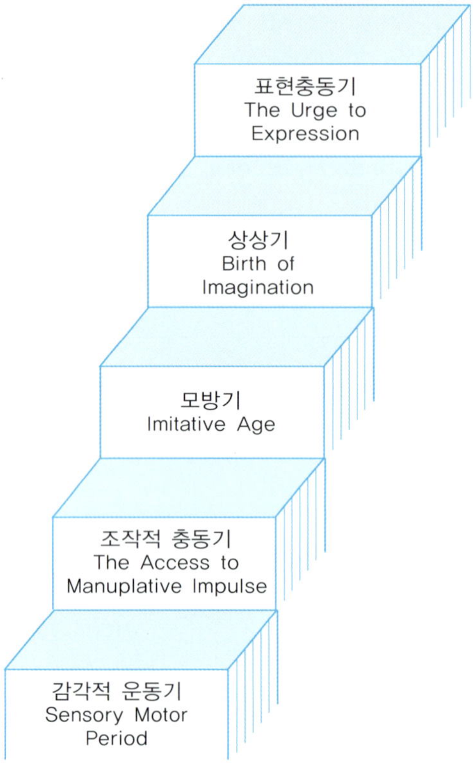

완전한 개념 파악을 위하여 표현할 수 있는 모든 자유형식의 교재를 도입한다.

상상을 자극하기 위하여 극화 요소를 학습에 도입한다.

호기심을 환기시키기 위하여 모방물을 학습에 도입한다.

흥미를 높이기 위하여 손으로 조작할 수 있는 것을 준다.

사물에 대하여 주의를 확실히 하기 위하여 신체활동의 기회를 준다.

그림 1-5

킨더의 아동학습 과정의 5단계

출처: 시청각연구회(1973).

5) 위츠(Wittich)와 쉴러(Schuller)의 개념과 학습과정

위츠(Walter, A. Wittich)와 쉴러(Charles F. Schuller)는 교육의 목표가 달성되면 아동이 언어, 숫자와 같은 상징을 사용하여 반성적 사고를 할 수 있고, 스스로 문제해결을 할 수 있게 되는데, 이렇게 되려면 아동이 충분한 개념을 형성해야 가능하다고 보았다. 그는 학습이 일어나는 과정을 개념과 관련시켜 모형으로 나타냈다(Wittich & Schuller, 1973).

[그림 1-6]에서 왼편의 삼각형은 아동이 개념이 부족한 상태, 즉 범위가 좁고 단순한 성질의 미숙한 개념에서 점차로 복합적이고 포괄적인 개념으로 형성되어 나가는 과정을 나타낸 것이고, 오른편의 삼각형은 개념을 획득하는 방법을 나타낸 것으로 개념을 형성하기 시작할 때에는 다양하고 구체적인 경험에 의존하지만 점점 개념을 많이 획득할수록 구체적인 경험에 덜 의존하게 되어 마침내 상징에서 유도된 간접경험을 통하여 아동

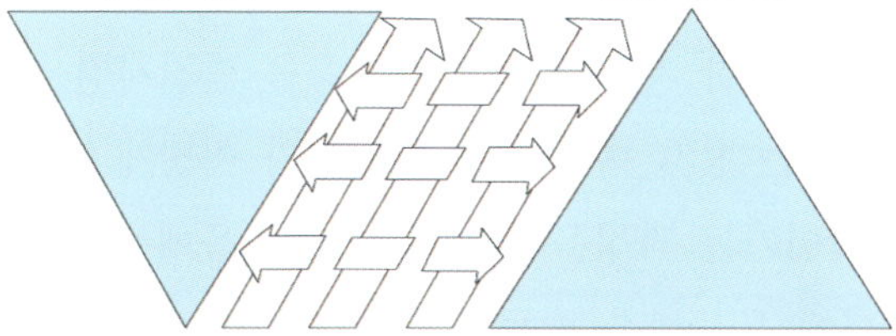

그림 1-6
위츠와 쉴러의 개념과 학습경험
출처: Water A. Wittich and Charles F. Schuller (1973), p. 56.

이 세계에 대한 도식을 확장해 나가는 과정을 나타낸다. 이는 나이 어린 유아들은 구체적인 경험을 통해야 도식을 만들 수 있지만 나이 많은 성인들은 이미 정교화 된 많은 개념이 획득되어 있어 언어와 같은 추상적인 상징만을 통해서도 도식을 확장해 나갈 수 있는 것과 같은 것이다.

3. 교수-학습방법의 패러다임

1) 행동주의

행동주의 심리학자들은 인간 행동의 모든 면을 설명할 수 있다고 전제한다. 이들은 학습을 경험의 결과로 나타나는 관찰 가능한 행동의 변화라고 정의하며, 자극과 반응의 관계로 본다. 이때 행동이란 직접적으로 관찰 가능한 반응만을 의미하지 관찰할 수 없는 내적 정신과정의 변화는 학습으로 보지 않는다. 따라서 행동주의자들은 관찰, 측정, 비교가 가능한 행동만을 연구의 대상으로 삼는다. 학습을 자극과 반응의 관계로 규정하기 때문에 교수-학습의 관계는 학습자 외부에서 주어지는 교수라는 자극과 학습자가 그 자극에 반응하여 학습이 이루어지는 것으로 설명한다.

학습이란 학습자 스스로의 목적이나 심리적 필요에 기인하는 것이 아니라 외부의 자극을 통한 생리적 충동이나 기계적 통제에 기인한다고 본다. 그렇기 때문에 교육이 지향하는 환경적 자극은 바람직한 행동은 강화하고, 그렇지 못한 행동은 줄이거나 제거하는 방법으로 자극을 선택한다. 행동주의의 대표적 이론으로 시행착오 학습이론, 고전적 조건화 학습이론, 조작적 조건화 학습이론이 있다. 이들의 원리와 유아교육에의 시사점은 다음과 같다.

(1) 손다이크(Thorndike)의 시행착오 학습이론(Trial-error learning theory)

손다이크(Thorndike)는 동물 실험을 통해서 특수한 자극과 특수한 반응을 연결시킨 시행착오 학습이론을 만들었다. 동물 실험에서 그는 상자 속에 갇힌 고양이가 어떻게 빠져나가는지, 미로 속의 배고픈 쥐가 음식물을 찾아가는 과정을 관찰한 결과 처음에는 헛된 동작과 많은 시간을 허비하지만 우연한 기회에 문제해결 행동을 경험하게 되면 나중에는 습관적으로 그 행동을 하고 결국 행동이 학습된다고 봄으로써 학습에서 시행착오이론을 주장하였다. 그는 이 실험에서 학습의 3가지 법칙을 제시하였는데 그 법칙을 유아교육에 적용하면 다음과 같다.

① 준비성의 법칙 : 이는 유아가 어떤 행동을 하는 데 준비가 되어 있는가를 의미한다. 자극과 반응이 결합되려면 준비가 되어 있을 때만 만족스럽게 된다는 것이다. 예를 들어, 유아가 현재 평균대를 균형 잡으며 걸어가는 과제를 수행한다고 할 때 유아의 수준이 아직은 그 과제를 수행하는 데 비효율적이라고 판단될 때는 이를 진행시키지 말고 수준에 도달할 때까지 기다렸다가 과제를 부여하는 것이 좋다는 것이다.

② 연습의 법칙 : 이는 연습 횟수가 많으면 많을수록 자극과 반응의 결합은 강해진다는 것이다. 또한 연습은 쉬운 단계에서부터 어려운 단계로 나누어 단계별 실시가 효과적이라는 것이다. 따라서 유아들에게 주어지는 과제는 단 한 번으로 끝나는 것이 아니라 반복해서 연습할 수 있도록 하되 연습 수준을 나누어 쉬운 것부터 하게 하여 성공하는 경험을 갖게 함으로써 강화를 받아 점점 더 복잡하고 어려운 과제도 성공할 수 있도록 하는 것이다.

③ 효과의 법칙 : 이는 자극에 대한 반응의 결과로 나타나는 결합의 행동이 학습자에게 유쾌하고 만족스러운 상태를 준다면 그 행동은 횟수나 강도가 증가하고 불쾌하고 불만족스러운 상태를 준다면 행동의 횟수나 강도가 감소한다는 것이다. 따라서 교사의 교수 행위에 유아들이 바람직한 행동을 보인다면 교사는 그 행동에 대하여 유아가 유쾌한 기분이 들도록 피드백을 주는 것이 좋다.

(2) 파블로프(Pavlov)의 고전적 조건화(Classical conditioning)

파블로프(Pavlov)는 개가 침을 분비하는 여러 가지 상황을 관찰하여 학습의 현상을 설명하는 데 적용하였다. 이는 환경을 적절히 조작함으로써 원하는 학습행동을 이룰 수 있다는 단서를 제공했다. 개는 음식물을 보면 침을 흘리는 무조건반사(unconditioned response: UR)를 하는데, 침을 분비하는 것과 전혀 상관없는 중립자극(neutral stimulus: US)인 벨소리와 음식물을 결합하여 반복적으로 제시함으로써 나중에는 벨소리만 들어도 침이 나오게 된다. 이때 벨소리는 조건자극(conditioned stimulus: CS)이라 하며, 이러한 조건자극에서 일어난 반사는 조건반사라 하고, 이러한 과정을 조건형성이라 한다.

유아교육에서 이러한 원리를 적용한다면 유아교육기관의 환경을 재미있고, 편안하게 만들고 교사의 상호작용이 유아들에게 적절한 방법이 되어야 할 것이다.

(3) 스키너(Skinner)의 조작적 조건화(Operant conditioning)

스키너(Skinner)는 "인간 행동의 원인들을 조작할 수 있는 만큼 인간 행동을 통제할 수 있다."라고 하는 조작적 조건화 이론으로 인간 행동의 원리와 법칙을 교육에 적용하였다. 스키너의 조작적 조건화와 파블로프의 고전적 조건화의 차이점은 고전적 조건화가 행동을 유발시키기 위해 자극에 관심을 두는 반면, 조작적 조건화는 자극보다는 유발된 행동의 결과에 관심을 둔다. 그는 자극의 결과로 유발된 행동을 더욱 자주, 강하게 일어나게 하기 위해 강화(reinforcement)라는 수단을 이용한다. 강화는 원하는 행동을 유지시키거나 원하는 행동이 나타날 확률을 높이고자 하는 것이다. 강화는 정적 강화(positive reinforcement)와 부적 강화(negative reinforcement)가 있는데, 정적 강화는 원하는 행동을 보일 때 보상(좋아하는 선물, 칭찬)을 주어 후에 그 행동이 다시 일어날 확률을 증가시키는 것이고, 부적 강화는 원하는 행동을 보일 때 주어진 혐오 상황(화장실 청소)을 면제해 줌으로써 후에 그 행동이 다시 일어날 확률을 증가시키는 것이다. 강화와 반대되는 개념으로 원하지 않는 행동을 제거시키는 벌(punishment)이 있다.

유아교육에서 스키너의 조작적 조건화 이론을 적용할 수 있다. 어떤 유아가 교사가 원하는 바람직한 행동을 했다면 즉각 보상을 주어 그러한 행동이 다시 일어나도록 강화의 방법을 사용하는 것이다. 유아들은 작은 칭찬이나 보상에도 고무되어 바람직한 행동을 더욱 자주 하게 되고 결국 학습되어 자연스런 행동으로 나타나게 된다.

행동주의 관점에서 학습자는 지식의 수동적 수용자로 보며, 교육자는 이미 정해진 지식을 효율적으로 전달하는 전달자로 본다. 따라서 교사의 역할은 학습자가 따라 배워야 할 가장 모범적으로 사전에 규정된 성인의 모습을 보이는 것이고, 지식의 원천으로서 학습자를 통제하는 책임을 맡게 된다. 행동주의는 단편적인 지식의 획득 및 이해에 있어서는 효과적인 결과를 가져올 수 있지만 전체 지식을 통합하여 실제의 상황을 이해하거나 문제를 해결하는 데 있어서는 제한적이다(윤광보 외, 2006). 행동주의가 이러한 단점에도 불구하고 유아교육에서 광범위하게 교수-학습의 원리로 적용되고 있다.

2) 인본주의

인본주의 교육은 앨포트(Alport), 로저스(Rogers), 콤즈Combs)가 주장하는 인본주의 심리학을 기초로 형성되었다. 인본주의 심리학은 인간을 목적을 가진 전인으로 본다. 행동주의가 인간을 겉으로 드러나는 반응들로만 판단하려는 것과 외부 환경에 지배되는 수동적인 존재로 보는 것, 인간의 삶을 지나치게 분석적이며 결정론적으로 보는 입장에 반대한다. 또한 인간이 무의식 속에 있는 비이성적인 힘에 의해 지배된다고 보는 정신분석학자들의 입장에도 반대한다.

행동주의와 정신분석학은 주로 동물이나 비정상적인 사람을 대상으로 인간 현상을 설명하려 하는데 비해 인본주의는 건전한 인간 자체를 대상으로 삼아, 사람을 능동적으로 성장하려는 잠재력을 가진 주체적인 존재로 본다. 사람은 수동적이며 본능에 지배되기보다 자기 조절적이고, 자기 통제적이며, 자기 선택적이기 때문에 강요와 통제를 지양하고 자발성과 자율성을 강조하여야 한다(서울대학교 교육연구소, 1981). 따라서 인본주의는 인간의 무한한 발달 가능성을 인정하며, 인간이 가진 잠재성을 최대한 발휘하도록 하는 데 교육의 목적이 있다고 본다.

(1) 매슬로우(Maslow)의 이론

인간은 내적 욕구를 가지고 태어나며, 이 욕구를 만족시키기 위해 노력한다고 보며, 이 욕구들은 단순한 생물학적 만족이나 긴장의 감소에 그치는 것이 아니라 자아실현의 추구라고 본다. 이러한 인간의 욕구는 생리적 욕구, 안전 욕구, 소속과 애정 욕구, 자기 존중 욕구, 자아실현 욕구가 위계적이어서 하위 욕구가 충족되어야 상위 욕구가 충족된다. 자아실현이란 개인이 가지고 있는 잠재력을 실현하는 것이다. 매슬로우(Maslow)는 건전한 아동은 자기의 경험에 대해 만족하려고 한다는 사실을 발견했다. 이러한 관점에서 유아들에게 자유로운 선택을 할 수 있는 기회를 주면, 유아들은 자신들을 위해 바람직한 선택을 한다는 가정을 할 수 있다. 따라서 유아들이 자기 실현을 할 수 있게 돕기 위해서는 안전과 안정이 보장된 환경에서 자유롭게 놀이하고 탐색할 수 있도록 해주는 것이 중요하다.

(2) 콤즈(Combs)의 이론

콤즈(Combs)는 한 개인을 이해하기 위해서는 그가 세상을 보는 관점이 무엇인지 알아야 하고, 개인이 자신과 자신을 둘러싸고 있는 세계에 대하여 어떻게 느끼고 생각하는지 알아야 한다고 본다. 교사가 유아를 이해하고자 할 때는 유아가 자신의 행동을 어떤 방식으로 지각하는지를 알아야 한다. 교육은 인지학습에만 강조점을 둘 것이 아니라 유아의 정의적 성장에도 강조점을 두어야 하기 때문에 유아에게 긍정적 자아개념을 갖도록 도와주는 것이 중요하다. 인간의 행동은 적절성의 요구에 의해 유발되며, 학습자들은 이 적절성을 성취하기 위해 학습행동이 일어난다.

인본주의 학습 이론을 유아교육에 적용한다면 교사는 유아에게 지시하고, 유아의 행동을 조절하는 절대적이고 주도적인 존재가 아니라, 격려하고, 촉진하고, 성장을 돕는 친구로서 행동하는 것이다. 콤즈는 이러한 점을 감안하여 훌륭한 교사의 6가지 자질을 지적하였다(김태련 외, 1980).

① 교사는 교과에 대해서 정통해야 한다.
② 교사는 유아와 동료 교사의 감정에 민감하여야 한다.
③ 교사는 유아들이 학습할 수 있다는 신념을 가져야 한다.
④ 교사는 자아존중감을 가져야 한다.
⑤ 교사는 모든 유아를 조력하는 데 최선을 다해야 한다.
⑥ 교사는 다양한 교육방법을 시도해야 한다.

3) 인지주의

인지는 지식을 습득, 저장, 전환, 창출, 평가, 활용하는 과정을 말한다(Ashman & Conway, 1989). 인간의 인지과정은 밖으로부터 들어온 정보를 변환하거나 의미를 부여하거나, 기억하는 과정이다. 인지주의 학습이론에서는 학습자의 행동보다 그 행동을 일으키는 정신활동인 인지활동에 관심을 둔다. 인지이론가들 입장에서 학습이란 이해를 통한 학습자의 인지구조의 변화라 보며, 학습자가 조각의 정보들을 서로 연결시켜 자신의 인지구조 속에서 그 정보들의 관계를 파악했을 때 학습이 일어난다고 본다. 또한 인간의 행동은 외부자극에 대한 수동적인 반응이 아니고, 환경을 지각하고, 해석하고, 판단하는 사고과정을 거쳐 행동으로 반응한다고 주장한다. 이들은 학습자의 자발적인 발견을 통한 학습을 강조하는데 학습자가 환경을 능동적으로 지각하고, 탐구하는 데 관련되어 있는 정신적 과정을 중시한다. 그렇기 때문에 아동들은 매일 매일 환경과의 접촉을 통해 새로운 사실,

개념을 형성해 간다.

이러한 원리를 유아들의 학습에 적용할 때 교사는 유아들이 새로운 정보를 기존의 지식에 의미 있게 연결할 수 있도록 조직하여 유아가 알고 있는 지식을 사용하여 현재 지식구조를 새로운 상황에 맞게 변화시키도록 도와주어야 한다.

(1) 쾰러(Köhler)의 통찰설(Insight theory)

쾰러(Köhler, W.)는 학습이란 반복과 보상에 의하여 일어나는 S－R 연합이 아니라, 반복을 필요로 하지 않는 통찰에 의하여 전체적인 관계를 파악함으로써 이루어진다고 주장한다. 통찰이란 장면을 이루고 있는 요소들이 갑자기 모아져서 가장 효과적인 통로가 명료해지고 문제가 해결되는 현상을 말한다(임창재, 1999). 쾰러는 침팬지 실험에서 방 안에 몇 개의 상자를 넣어 주고 팔이 닿지 않는 높이의 천장에 달려 있는 바나나를 어떠한 방법으로 따먹는가를 관찰하였다. 침팬지는 목적물과 사태와 도구와의 관계를 발견하여 상자 위에 다른 상자를 얹고 올라가 바나나를 따먹었다. 쾰러는 침팬지가 이러한 관계를 발견하는 것을 통찰(insight)이라고 보았고, 통찰은 탐색과정을 통해서 일어난다. 여기서 탐색은 우연만을 중시하는 시행착오와는 다르다. 통찰학습의 과정은 먼저 문제의 장면을 구조화된 전체로 지각하고, 그 다음 그 장면 속의 중요한 관계들을 지각하는 것으로 이루어진다. 이러한 통찰을 아하!(aha!) 현상이라고 하기도 하는데, 이처럼 학습은 점차적으로 이루어지는 것이 아니고 순간적인 성공이나 해결로 갑작스럽게 이루어지는 것이다. 유아들이 통찰에 의한 학습이 일어나게 하려면 다음과 같은 점이 고려되어야 한다.

① 유아들의 학습에 있어서 통찰이 이루어지려면 과제가 유아들이 이해하기에 알맞은 것이어야 한다.
② 통찰은 관계의 지각이기 때문에 각 부분간의 관계를 탐색하는 과정이 있어야 하고, 과제의 수준이 단계적으로 제시되어야 한다.
③ 유아에게 통찰이 잘 일어나게 하려면 학습목표가 명확해야 되고, 그 목표가 유아에게 의미가 있어야 한다.

(2) 레빈(Lewin)의 장이론(Field theory)

레빈(Lewin, 1890~1947)은 학습이란 장(field) 또는 생활공간에 대한 인지구조의 변화라고 보았다. 개인의 행동은 개체와 환경과의 상호작용, 즉 생활공간의 전체구조에 의하여 일어나는 $B=f(P \cdot E)$라 보며, 개인은 심리적 환경에 둘러싸인 생활공간 속에 있고, 생활공간이란 지리적 · 물리적 공간이 아니고 행동을 일으키는 요인으로서 개인이 가지고 있는 주관적 공간이다. 따라서 객관적으로 동일한 환경이라도 개인에 따라 다른 생활공간이 될 수 있는 것이다. 생활공간 내에서 개인과 심리적 환경과의 관계는 상호 의존적이다. 레빈은 학습과정을 분화-종합-재구조화로 설명한다. 분화는 지식 내의 영역을 세분화하는 과정이고, 종합은 분화된 영역들을 하나의 통일된 생활공간으로 범주화하는 것이고, 재구조화는 종합된 사실을 바탕으로 또 다른 것과의 새로운 관계를 인식하는 것이다.

학습자는 자신의 요구 또는 목표와 관련하여 환경의 지각영역, 즉 인지구조를 변화시켜 가는 능동적 활동주체로 간주된다. 따라서 교사는 유아에게 지시하는 식으로 가르치지 말고, 유아가 자신의 목표에 따라 환경을 통제하거나, 조작하여 스스로 자신의 인지구조를 변화시켜 갈 수 있도록 해야 한다.

(3) 피아제(Piget)의 인지구조화 이론

피아제(Piget, 1896 ~ 1980)는 모든 생명체는 인지적 적응(cognitive adaptation) 기능과 인지적 조직화(cognitive organization) 기능, 인지적 평형화(cognitive equilibration) 기능이라는 세 가지 기본적인 성향을 가지고 태어나 이를 통해 학습과 인지적 성향이 이루어진다고 보았다. 인간의 인지활동이란 지각한 환경에 대한 조직의 활동이며, 그에 대한 적응의 활동인 것이다. 그는 인간의 행동에는 반드시 심리학적인 기본 단위인 도식(schema)과 동화(assimilation)와 조절(accommodation)이라는 과정이 관련된다고 보았다.

피아제는 인간은 신체와 같이 정신도 구조를 가지고 있다고 믿고, 이러한 정신구조를 설명하기 위해서 도식이라는 용어를 사용하였다. 도식은 사상을 조직하는 지적 구조이다. 아기는 출생 시 빨거나 쥐기와 같은 단순한 반사적 도식을 가지지만 발달하면서 도식은 더 분화되고 복잡해진다. 도식은 적응과 조직화를 통해서 창조되고 발전하며, 모든 도식은 다른 도식과 협응되고, 부분들은 다른 것과 함께 전체를 구성한다. 도식은 적응에 필요한 생물학적 수단의 정신적 부분인 것이다.

조직화(organization)란 지적 과정으로 아동의 현존하는 도식을 새롭고 더 복잡한 지적 구조로 조합시키는 것을 말한다. 아동은 어떤 도식이든 더 복잡하고 적응적인 구조로 끊임없이 조직한다. 조직화의 목적은 환경의 요구에 부합하는 과정인 적응(adaptation)을 촉진시키는 것이다. 적응은 동화와 조절이라는 두 개의 상보적인 활동을 통해 일어난다

(Shaffer, 2000).

동화는 이미 가지고 있는 세계에 대한 모델, 즉 이전에 가지고 있는 도식에 근거하여 새로운 경험을 해석하는 과정이다. 조절은 동화와 상보적인 것으로 새로운 경험을 설명하기 위해 현존하는 인지구조를 변경하는 과정이다. 유기체의 인지구조와 외적 자극 사이에 동화와 조절이 원활하게 이루어질 때를 평형 상태라 하고, 이들 사이에 지적 갈등이 생기게 되면 유기체는 이 갈등을 해결하고 새로운 평형을 이루고자 유기적인 반응을 한다. 피아제는 지적 갈등을 해결하고 새로운 평형을 이루는 과정을 평형화 과정이라 하고, 새로운 평형은 유기체가 자신의 인지구조를 변화시켜 갈등을 해결함으로써 이루어진다고 보았다.

유아들은 세상에 적응하기 위해 인지구조를 변화시킨다. 교사는 유아들이 인지구조를 변화시킬 수 있도록 인지적인 갈등 국면을 제시하여 유아들이 스스로 갈등을 해결하는 기회를 주어야 한다. 유아들이 인지적 갈등을 해결하고 평형화를 이루면 인지구조는 세상에 더 잘 적응할 수 있는 구조로 변화되는 것이다.

(4) 브루너(Bruner)의 발견학습

브루너는 학습자의 인지구조에 맞는 적절한 교수방법을 이용하면 어떤 연령의 아동에게도 효과적으로 교육시킬 수 있다고 보았다. 오늘날과 같이 지식이 폭발적으로 증가하는 시대에는 모든 지식을 교육과정 속에 조직할 수 없을 뿐만 아니라 평생을 배워도 다 배우지 못하므로 지식의 구조를 가르쳐야 한다는 것이다. 지식의 구조란 해당 지식을 성립시키는 일반적 원리나 기본적 개념으로서 이를 토대로 다양한 사실적 지식이 파생되어 새로운 영역을 개척할 수 있는 것을 의미한다. 지식의 구조는 기억하기 쉽고, 이해하기 쉬우며, 적용하기 쉽고, 초등지식과 고등지식 사이의 간격을 좁힐 수 있다는 것이다. 지식의 구조를 가르친다는 것은 아동들에게 해당 분야의 학자들과 동일한 일을 하도록 하는 것으로 해당 분야의 기초를 이루고 있는 일반적 원리를 발견하고 그 원리를 사용하여 사물과 현상을 이해하는 것이다.

브루너의 발견학습은 개념들 간의 관계를 파악하거나 개념을 변형시키는 것을 의미한다(이옥형 외, 1994). 발견학습은 수업에서 교사의 지시를 최소한으로 줄이고 아동의 자발적인 학습을 이끌어내어 학습의 목표를 성취하게 하는 학습 형태를 말한다. 아동들은 발견학습을 통하여 문제를 해결할 수 있는 기술을 습득하고, 학습하는 방법을 학습할 수 있다. 수업이론의 형성을 위하여 최소한의 학습의욕, 지식의 구조, 계열성, 강화방법의 네 측면을 효율화해야 하는데, 이 네 가지 요소를 가장 이상적으로 조작할 수 있는 수업 방법이 바로 발견학습이라고 보았다(Bruner, 1988).

학습의욕은 문제를 해결하려는 욕구로 탐구행동이 계속되도록 해야 한다. 그러기 위해서는 탐색에서 얻은 이득이 실패에서 오는 위험보다 더 커야 한다.

학습구조는 학습과제를 학습자의 발달단계나 능력 수준에 관계없이 학습자가 조작하고 포착할 수 있도록 조직되어야 한다. 어떤 지식도 3가지 방식으로 구조화하여 표현할 수 있다. 즉, 동작 또는 행위를 통해서 표현하는 작동적 표현, 영상이나 도표로 주어진 개념을 이해하도록 하는 영상적 표현, 상징적 또는 논리적 명제를 조직함으로써 주어진 개념을 학습하도록 하는 상징적 표현이다.

계열성은 학습자가 학습내용을 이해 · 변형 · 전이하는 데 도움이 될 수 있도록 조직하고, 제시하는 것을 말한다. 일반적으로 작동적, 영상적, 상징적 표현의 순서를 따라 학습과제가 제시되어야 한다.

강화의 방법에 있어서 가장 효과적인 학습을 위해 자기 학습의 결과를 확인하고 거기서 만족을 느끼는 내적 강화가 이루어지도록 해야 한다.

〈표 1-1〉 피아제와 브루너의 인지발달 단계 비교

<table>
<tr><th>나이</th><th>피아제의 인지발달 단계</th><th>브루너의 인지발달 단계</th></tr>
<tr><td>14세 이상</td><td rowspan="3">형식적 조작기</td><td rowspan="4">상징적 단계</td></tr>
<tr><td>13세</td></tr>
<tr><td>12세</td></tr>
<tr><td>11세</td><td rowspan="4">구체적 조작기</td></tr>
<tr><td>10세</td><td rowspan="5">영상적 단계</td></tr>
<tr><td>9세</td></tr>
<tr><td>8세</td></tr>
<tr><td>7세</td><td rowspan="5">전조작기</td></tr>
<tr><td>6세</td></tr>
<tr><td>5세</td><td rowspan="5">작동적 단계</td></tr>
<tr><td>4세</td></tr>
<tr><td>3세</td></tr>
<tr><td>2세</td><td rowspan="2">감각운동기</td></tr>
<tr><td>1세</td></tr>
</table>

브루너의 지식의 표현방식인 작동적, 영상적, 상징적 3가지는 인지발달의 단계에도 적용된다. 그의 인지발달 단계와 피아제의 인지발달 단계를 비교하면 〈표 1-1〉과 같다. 〈표 1-1〉에서 보듯이 유아의 학습을 위한 지식의 표현 양식은 작동적, 영상적이어야 한다. 무엇보다도 유아들이 몸으로 움직여 지식을 표현하는 기회와 시각적 경험을 할 수 있도록 해야 한다.

4) 구성주의

구성주의는 지식의 본질이 무엇인지에 대한 이론인 인식론과 인간이 지식을 어떻게 획득하는가에 대한 학습이론에 대한 패러다임이다. 구성주의가 출현하게 된 것은 1980년대 이후 사회의 변화에 따라 객관주의의 한계에서 오는 교육현장의 문제점들을 해결하기 위해서 제기되었다.

전통적인 인식론인 객관주의에서 지식은 절대적인 것, 인식의 주체자와 분리된 것으로 본다. 그러나 구성주의 인식론에 의하면 지식은 인식의 주체자에 따라 의미가 다를 수 있다.

구성주의는 주관주의 인식론에 근거하여 학습자들이 자신이 위치한 맥락에서 능동적인 경험을 통하여 자신에게 적합한 지식을 구성한다고 본다. 객관주의 관점에서의 학습은 교사에 의해 이미 존재하는 지식이 전달되는 것이고, 모든 학습자는 획일적인 방법으로 실재를 알게 된다. 그러나 구성주의 관점에서의 학습은 학습자들이 위치한 물리적·사회적 세계와 능동적으로 상호작용하는 해석적, 순환적, 구성적인 의미를 만드는 과정이라고 할 수 있다(Fosnot, 1996). 지식은 모방이나 반복을 통하여 획득되는 것이 아니라 경험에 의해 구성되는 것이다. 그러니까 학습은 주어진 상황에서 개인의 주관적 경험과 사회적 상호작용을 통한 의미 구성이다.

교육은 학습자들로 하여금 맥락에 적합한 의미를 구성하고 실재를 구성하는 방법을 학습하도록 도와서 자신이 살고 있는 세계에 잘 적응하고, 필요에 따라 세상을 변화시킬 수 있어야 한다. 구성주의에서 교수-학습의 중심은 지식 구성의 주체인 학습자에게 있다. 무엇을 학습할 것인지 결정하는 것은 교사가 아니라 학습자 자신의 기대와 목적에 달려 있다. 학습자가 수업 목적을 자신의 것으로 이해하고 받아들이지 않는다면 학습에 큰 영향을 주지 못한다. 이상의 구성주의의 특성을 종래의 교육 패러다임인 객관주의와 비교하면 〈표 1-2〉와 같다.

〈표 1-2〉 객관주의와 구성주의의 비교

구 분	객관주의	구성주의
지식	개인과 별개로 존재하고, 고정적이며, 개인의 내부로 전달되는 것	개인의 사회적 경험을 바탕으로 인식의 주체에 따라 구성되는 것
지식의 특성	초역사적, 초공간적, 범우주적 성격	사회, 문화, 역사의 상황을 반영
교수-학습의 원리	• 상황에 관계없이 적용될 수 있는 지식을 제공 • 형식을 단순화하고 작은 단위로 세분하여 제시 • 모든 지식은 수업 이전에 미리 세밀한 계획에 따라 구조화, 순서화, 체계화하여 제시 • 교사와 학생의 역할: 지식의 전달자와 지식의 습득자로서의 관계 • 개별학습 환경: 개인과제, 개인활동, 개인의 성취 • 지식의 암기와 축적	• 구체적인 상황을 배경으로 제공 • 현실의 복잡함을 그대로 여과 없이 제시하여 인지적 도전을 유도 • 모든 지식과 과제는 실제적 상황을 전제로 제시 • 교사와 학생의 역할: 학생의 학습을 도와주는 조언자, 촉매자로서의 교사와 자율적이고 적극적이고, 책임감 있는 학습의 주체로서의 학생의 역할 • 협동학습 환경: 다양한 견해와 인식 습득 • 문제해결, 사고력, 인지적 전략의 습득, 지식의 전이성 강조
수업평가	• 교사 • 수업 종료 후 맨 나중에 실시 • 객관식 평가	• 학습자 스스로, 동료, 교사 • 수업과정 중 지속적으로 • 객관식, 주관식, 관찰, 포트폴리오

(1) 구성주의 교수-학습의 원리

구성주의 인식론에 근거한 학습은 단순한 자극-반응의 관계가 아니라 자기 조절과 반성과 추상을 통해 맥락에 적합한 지식을 구성하는 것이다. 메릴(Merrill, 1991)이 제안하는 구성주의 학습의 특성을 요약하면 다음과 같다.

① 지식은 학습자에 의해서 능동적으로 구성되는 것이다. 학습은 지식의 구성과정이며, 지식의 구성과정은 정보의 기록에 의해서 일어나는 것이 아니라 정보의 해석에 의해 일어난다. 그러므로 학습자가 교수-학습전략의 초점이 되어야 한다.

② 학습은 경험에 대한 개인의 해석이며, 해석은 기존의 지식에 의존한다. 그러므로 동일한 경험이라도 학습자에 따라 학습된 내용은 다를 수 있다. 각자의 입장에서 받아들인 내용을 토의를 통해 공유되도록 하는 것이 좋다.

③ 지식이란 지적·물리적·사회적 맥락에 의존한다. 그러므로 학습은 실제 관련 상황에서

해야 하고, 공동으로 협력하는 것이 효과적이다.

구성주의자들은 학습의 목적을 지식의 능동적 활용, 추론, 창의적 · 비판적 · 반성적 사고, 문제해결, 인지적 유연성 등을 함양하는 데 두고 있다. 이러한 구성주의 학습의 특성을 고려하고, 학습의 목적을 성취하기 위한 학습 원리는 다음과 같이 요약할 수 있다.

첫째, 유아가 학습할 가치가 있다고 판단하도록 유아에게 의미 있는 과제를 제시한다.

둘째, 교사는 지식의 전수자가 아닌 인도자 · 조언자이며, 유아와 함께 학습하는 학습의 동반자가 된다.

셋째, 유아들에게 사회에서 실제로 존재하는 상황적 지식을 제공한다.

넷째, 개인적인 인지작용에 그치지 않고, 다양한 관점을 공유할 수 있도록 협동학습을 권장한다.

(2) 구성주의 교육에서 교사의 역할

구성주의 교육에서는 교사는 지식의 전수자가 아니라 유아들이 개인적으로 지식을 이해하고 구성하도록 보조하는 학습의 촉진자 또는 보조자 역할을 한다. 좋은 교사는 유아들의 학습을 촉진하기 위해 격려와 탐구할 기회를 주며 유아와의 긍정적 상호작용을 위해 노력하는 교사라 할 수 있다. 구성주의적 교사가 되기 위한 실천사항을 Brooks와 Brooks(1993)가 제안한 것을 유아교사의 역할로 재구성하면 다음과 같다.

① 구성주의적 교사들은 유아들의 자율성과 진취적인 자발성을 북돋운다.
② 구성주의 교사들은 살아 있는 정보와 직접 얻을 수 있는 자원을 사용하되, 조작이 가능하고, 통합적이며 실물과 함께 사용한다.
③ 구성주의 교사들은 학습할 과제를 제시할 때 분류, 분석, 예상, 창조와 같은 인지적인 용어들을 사용한다.
④ 구성주의 교사들은 유아들의 반응에 따라 수업을 진행하고, 수업전략을 바꾸고, 수업내용을 변경한다.
⑤ 구성주의 교사들은 자신들이 알고 있는 개념을 유아들과 나누기 이전에 이 개념에 대한 유아들의 이해 정도를 알아본다.
⑥ 구성주의 교사들은 유아들 서로 간에, 또는 교사와 유아들 간에 대화에 참여하는 것을 격려한다.
⑦ 구성주의 교사들은 고등사고를 요하는 열린 질문을 하여 유아들이 탐구학습을 하도록 권

장하며, 유아들 상호 간에 이러한 질문을 하도록 권장한다.

⑧ 구성주의 교사들은 유아들의 첫 반응을 알차게 하는 법을 강구한다.

⑨ 구성주의 교사들은 유아들이 그들이 설정한 가설에 반대가 되는 결과를 초래하는 학습경험을 하게 하기도 하고, 이를 토론하게 한다.

⑩ 구성주의 교사들은 질문을 제시한 후 기다리는 시간을 갖는다.

⑪ 구성주의 교사들은 유아들의 관계를 엮어 주고, 비유적 언어를 생각해 낼 수 있도록 충분한 시간을 준다.

⑫ 구성주의 교사들은 학습주기 모형을 사용함으로써 유아들의 호기심과 흥미를 유발시킨다.

⑬ 가르친다는 것(이해에 초점)과 훈련(기능 숙달)한다는 것을 구별해야 한다.

⑭ 외부에 보여지는 것보다는 유아들의 정신적 사고과정에 관심을 가져야 한다.

⑮ 언어는 지식을 전달하는 수단이라기보다는 학습을 안내하는 수단이라는 생각을 가져야 한다.

⑯ 유아들의 반응이 교사의 예상과 다른 것은 유아들이 오해하고 있는 것을 알기 위한 과정으로 인식해야 한다.

⑰ 토론에 의한 지도는 유아들의 인지구조를 알려는 것뿐만 아니라 유아들을 변화시키려는 시도로 인식해야 한다.

4. 교육방법의 변화

교육방법은 인류의 삶의 변화와 함께 변화해 왔다고 할 수 있다. 무엇보다도 인간에 대한 관점과 지식에 대한 관점, 가치관이 어떠하냐에 따라 새로운 교육방법이 등장하였다. 우리는 시대에 따라 교육방법이 어떻게 변화되었는지 알아봄으로써 현재의 바람직한 교육방법을 선택하고, 미래의 교육방법을 연구하는 데 도움을 갖고자 한다.

1) 고대의 교육방법

고대사회의 교육을 이야기하려면 그리스와 로마의 교육을 살펴볼 필요가 있다.

(1) 그리스 교육

B.C. 20세기에서 B.C. 12세기경 발칸반도를 남하하여 에게해 연안 그리스 지역에 정착한 사람들은 B.C. 10세기경부터 여러 개의 폴리스를 형성하였다. 그리스 지역은 전성기에 100여 개의 폴리스가 있었고, 이 중 대표적인 폴리스는 스파르타와 아테네였다.

① 스파르타 교육

스파르타는 도리아(Doria)족이 라코니아(Laconia) 지방을 점령하여 세운 국가였다. 스파르타는 소수의 시민계급과 준시민계급 그리고 노예계급으로 구성되어 스파르티아타이(Spartiatai)라고 하는 소수의 정복계급이 다수의 원주민을 다스리는 구조였다. 스파르타에서는 강인한 전사를 길러내기 위해 어릴 때부터 거친 환경에 노출시키고, 강도 높은 신체훈련을 시켰다. 아이가 태어나면 포도주로 목욕을 시켜 강인함을 체크하고, 레스케(Leske)라는 장소로 데려가 신체검사를 받게 했다. 신체검사에 통과를 해야 토지를 분배받는 등 국가의 시민으로서 자격이 주어진다. 건강하지 않은 갓난아기는 연못에 버리거나 산 속에 버려 동물의 먹이가 되도록 하였다. 강인한 태아를 기르기 위해 여성들은 경주와 씨름 등 체육으로 몸을 단련하였다.

어린이는 부모의 손에 마음대로 양육되는 것이 허용되지 않았고, 국가의 통제를 받았다. 7세가 되면 아고게(Agoge)라는 국가의 공동교육장소에 입소하여 양육되었다. 아이들은 강인한 신체 단련을 위해 옷을 입지 않았으며, 목욕을 하고 몸에 기름을 바르는 것을 금지했다. 18세부터는 본격적인 군사훈련을 받기 시작했다.

스파르타의 교육목적은 전쟁에서 승리하기 위한 전사 양성, 신체적으로 완벽한 국민 양성이라고 볼 수 있으며, 교육방법은 놀이와 일을 통한 무의식적 모방과 교화법으로 전체주의의 획일적 교육이었다.

② 아테네 교육

민주국가 형태의 아테네는 스파르타와는 대조적이었다. 아테네의 교육은 기원전 6, 7세기경 솔론법에 의해 확립되었다. 이 법에 의하면 교육은 국가주의와 개인주의의 양면성을 가졌고 국가의 통제보다는 가정의 영향이 컸다. 아이들의 교육에서 신체와 정신의 도야를 강조하였으며, 7세가 되면 학교에 다니면서 신체훈련뿐만 아니라 창가, 피리, 독서, 읽기, 쓰기, 산수를 배웠다. 18세가 되면 에페베(Ephebe)에 가입하였고, 20세까지 군사훈련을 받았다. 아테네에서 여자의 교육은 일상생활에 필요한 것 이상은 가르치지 않았으며, 전적으로 가정에 맡겨졌다. 소녀들은 가정에서 바느질, 베짜기, 뜨개질 등을 배웠다.

아테네에서는 개인의 자유가 허용되어 개인의 역량에 의해 명성을 얻을 기회가 많았으며, 개성을 발전시키는 기회가 있었다.

(2) 로마의 교육

로마는 그리스로부터 고대 문화를 이어받아 이탈리아 반도의 작은 도시국가로 출발하여 지중해 주변을 통일한 대제국으로 성장하였다. 로마 역사의 변화는 건국 초창기의 왕정시대, 공화정시대, 제정시기로 구분되며 교육도 이 역사의 변화에 따라 변하였다.

① 공화정시기

공화정시기(B.C. 510~B.C. 27) 교육은 가정에서 신앙생활을 바탕으로 이루어졌다. 교육은 아동을 가정에서의 미덕과 국가사회에 봉사하는 선한 성품을 가진 사람으로 기르는 것이 중요했다. 가정교육의 중심은 어머니였으며, 어머니는 아이의 옳은 인생관과 생활태도의 바탕을 마련해 주는 역할을 하였다. 아이가 7세가 되면 아버지가 주로 교육하였다. 아버지는 아이의 동료이자 좋은 교사로서 아이들이 살아가는 데 필요한 모든 것을 가르쳐야 한다. 이 시기 교육은 지식의 전수라기보다는 전통의 전달과 사회생활을 통한 실생활 교육이었다. 공화정 후기로 가면서 그리스 문화가 들어오고 상류계층을 중심으로 그리스식 문법과 변론술의 교육이 유행하였다.

② 제정시기

제정시기(B.C. 31 ~ A.D. 476)는 식민지를 가진 대제국으로 되면서 교육의 형태도 변해갔다. 제정시대에는 사치와 향락이 심해지며 가정이 흔들리고 가정의 중심이었던 어머니는 가사와 육아를 노예에게 일임하고 유흥에 열중하였다.

교육의 목적은 넓은 교양과 유창한 언어능력을 갖춘 훌륭한 웅변가를 양성하는 것이었다. 학교에서는 문학, 철학, 수사학, 변론술을 가르쳤다.

교육사상가인 퀸틸리아누스(Marcus Fabius Quintilianus, 35 ~ 96)는 훌륭한 웅변가를 기르기 위해서는 유아기에서부터 이상적인 인간형성이 중요함을 강조하였다. 그의 저서 『웅변가의 교육』에서는 이상적인 웅변가는 연설에 대한 재능뿐만 아니라 정직, 용기, 인내 등의 덕목을 지녀야 한다고 보았다. 그의 저서 제 1 권에는 유아교육에 관한 언급이 있다. 새가 날 수 있는 능력을 가지고 태어나듯이 인간은 학습능력을 가지고 태어난다고 보았다. 유아는 가정에서 어머니와 유모의 양육을 받는 시기로 유아도 무엇인가 배울 수 있다고 보았다. 양털이 한 번 더러운 것으로 오염되면 다시 지워지지 않는 것처럼 유아기에 잘못 들인 인성은 고쳐지지 않는다고 보았다. 따라서 유아기의 교육을 중요하게 생각하였다. 유아들은 각기 다양한 특성을 지닌 존재이므로 유아를 교육할 때는 자질이나 재능에 맞도록 해야 한다고 보았다. 유아들에게 공포감과 불안정을 주어서는 안되며, 글자교육을 위해 상아로 된 글자 놀잇감을 가지고 놀면서 글자를 익히도록 하였다.

2) 중세의 교육방법

중세사회는 기독교가 지배한 사회였다. 313년 콘스탄티누스 황제 때에 기독교가 공인된 이후 점차 사회문화 전반에 기독교가 침투하였다. 따라서 중세 교육은 기독교문화를 바탕으로 영적인 교육이 강조되었다. 중세의 교육은 교회의 권위에 의하여 지배되고 기독교와 관계없는 학문은 배척되고 교회에 충실할 것을 강요하였다.

그리스-로마의 교육이 현세적인 진선미를 실현하고자 하였다면 중세의 교육은 내세의 생활을 동경하는 내세주의적, 금욕주의적 교육을 강조하였다.

중세의 대표적인 교육학자 보베이(Beauvais)의 교육론에 대해 알아보자. 보베이는 루이 9세가 그를 초빙하여 왕자의 교육을 맡겼을 때 『왕자교육』이라는 저서를 펴냈다. 학습은 천성, 수양, 훈련 세 가지 요건이 구비되어야 한다고 보았다. 오성과 기억은 천성이며, 노력하여 천성을 발전시키는 것이 수양이다. 훈련은 옳은 행동에 의하여 생활과 과학을 일치시키는 것이다. 훈련을 위해서는 징벌 즉, 힐책, 위협, 체벌이 있어야 한다고 보았다.

3) 근대의 교육방법

(1) 코메니우스(Comenius, 1592~1671)

코메니우스(Comenius, 1592 ~ 1671)는 감각적 실학주의 교육을 주장하였다. 그는 단편적이고 비능률적이며, 폭력적이고, 강압적인 교육방법으로부터 아동을 보호하고 가르칠 수 있는 방법에 몰두하여 『대교수학(Great Dicdatic, 1628)』과 『분석교수학』, 『세계도회(The World in Pictures, 1658)』라는 저서를 남겼다. 『대교수학』은 교수방법에 관한 이론을 다루고 있는데 그의 교수법은 자연에서 그 원리를 찾았다. 그는 대교수학 첫 장에 "인간은 창조된 모든 사물 중에서 가장 고상하고, 가장 절대적이며, 가장 탁월한 존재"라고 언급함으로써 인간을 위대한 존재로 인식하고 있음을 볼 수 있다. 그는 대교수학을 가지고 가르치는 사람도 배우는 사람도 다 같이 고통이나 권태를 느끼는 일 없이 즐겁게 가르치고 배울 수 있는 기술로 하려고 한다고 밝힘으로써 교수방법에 대한 많은 노력을 하였음을 알 수 있다.

코메니우스는 아동들에게 수동적인 맹종을 강요하지 말며, 감각이 약화되지 않도록 직접적인 관찰의 기회를 제시하고, 교사들의 억압과 폭력을 제거하며, 공포 대신 즐거움으로 학습동기를 부여해야 한다고 권고하였다. 그의 교수개혁은 '확실히, 빨리, 재미있게'라는 세 가지 원칙에 의하여 제시되었다.

최고의 인식이란 사물을 있는 그대로 인식하는 것이라고 보고, 『세계도회』를 저술하였다. 세계도회는 각 장이 각각 150개의 그림으로 구성되어 있으며, 각 그림의 중요 부분에는 각각 번호가 붙어 있고 그것을 언어와 대비시키는 최초의 시청각교재라고 할 수 있다.

코메니우스는 자연의 법칙에 따라 사물들을 하나하나 분석하는 과정을 통하여 배우는 분석적 방법과 사물들을 하나로 합하는 과정을 통하여 지식을 얻을 수 있는 종합적 방법, 사물들의 각 부분과 전체를 서로 비교하는 과정을 통하여 지식을 얻는 혼합적 방법을 제시하였다. 혼합적인 방법을 유아들에게 적용하기 위해서 여러 가지 모형이나 그림을 사용하는 시각적인 방법을 사용하였다. 이를 위하여 저술한 것이 『알려진 언어의 문』과 『세계도회』이며, 당시 어린이들이 언어학습을 하는 데 교재로 사용되었다.

코메니우스는 『대교수학』에서 교수방법의 원리를 자연의 질서에 비유하여 다음과 같이 제시하고 있다.

첫째, 자연이 시기에 따라 운행되듯이 유아의 교육도 적절한 시기에 맞춰 행하여야 한다. 이는 유아들이 배우는 교과과정은 나이에 맞게 수준이 선정되어야 한다는 것이다.

둘째, 유아들에게 가르치기에 앞서 교육내용의 자료를 충분히 준비해야 한다. 이는 유아들에게 수업 효과를 극대화할 수 있는 구체물을 준비해야 한다는 것이다.

셋째, 유아들에게 가르치는 내용은 쉽고 단순한 것에서부터 시작하여 어렵고 복잡한 내용으로 서서히 옮아가야 한다. 이는 구체적인 개념을 먼저 가르치고, 그 다음 추상적인 개념을 가르쳐야 한다는 것이다.

넷째, 자연이 어느 단계를 뛰어넘는 일이 없듯이 유아의 교육도 서두르지 않고 순서에 따라 단계적으로 해야 한다.

다섯째, 자연이 일단 시작한 것은 중지하지 않듯이 유아의 교육도 완성의 단계에 이르기까지 멈추지 않고 지속적으로 해야 한다.

여섯째, 자연에는 한 가지씩 한 가지씩 완성되어 가는 질서가 있듯이 유아의 교육에 있어서도 한 가지씩 가르쳐야 한다. 이는 과중한 부담을 주지 않아야 한다는 것이다.

일곱째, 유아들은 무엇이든 감각에 호소하여 가르쳐야 한다. 이는 유아들이 감각기관으로 사물을 지각하도록 구체적인 자료를 가지고 가르쳐야 한다는 것이다.

(2) 루소(Rousseau, 1712~1778)

루소(Rousseau, 1712 ~ 1778)는 프랑스의 혁명 사상가이다. 그는 '자연으로 돌아가라'고 외친 자연주의자로서 인간의 자연성인 본성과 발달과정에 가치를 두고, 그것에 준하여 학습하고 성장하도록 하는 교육원리를 주장하였다. 루소의 교육방법은 소극교육의 원리, 합자연의 원리, 동기의 원리, 직접 관찰과 경험의 원리로 설명할 수 있다.

첫째, 소극교육의 원리. 루소는 그의 저서 『에밀』에서 "조물주는 만물을 선하게 만들었는데 인간의 손에 넘어와서 모든 것이 타락하게 되었다."고 보았다. 그러므로 교육은 인간의 자연성을 회복하는 데 주안점을 두는 소극교육을 주장하였다. 소극교육은 유아를 무관심하게 방치하는 것이 아니라 유아의 자연스러운 성장을 방해하는 그릇된 습관을 제거하고 타고난 자연성대로 성장하도록 하는 것이다. 유아가 받는 최초의 교육인 소극교육은 유아로 하여금 어떤 습관에도 물들지 않게 하는 교육이다. 아동에게 부딪치는 장애를 제거하여 자연적인 성장을 도모하는 것이다.

둘째, 합자연의 원리. 교육은 유아 개인의 본성에 기초해야 하며, 자연법칙에 따라야 한다. 교육활동의 주체는 교사가 아닌 유아 자신이 되어야 한다. 교사는 유아의 재능과 적성, 흥미와 같은 본성을 알아내고 그것을 제대로 드러낼 수 있도록 기회를 제공해야 한다. 어린이의 자연적인 성장을 위해서는 유아 초기의 훈련이 중요하며, 유아의 성장과 지능이 성인과 다르기 때문에 유아에게 강제하는 교육이 되어서는 안 된다. 유아가 자율적으로 자신의 자연성을 발달시켜 가도록 도와주어야 한다.

셋째, 동기의 원리. 유아에게는 가능한 자유를 최대한 허용한다. 그러나 아동은 필요

이상의 지나친 행동은 하지 않는다. 유아에 대한 구속보다는 사회환경을 조절하고 통제함으로써 유아를 효과적으로 자극하여 동기를 유발해야 한다는 것이다.

에밀에게 물질적인 혜택이나 손으로 만질 수 있는 자유 등을 보상으로 주었다. 유아를 인위적으로 처벌하지 않고 유아 스스로 자신의 나쁜 행위를 발견하고 반성하도록 도와주어야 한다. 학문을 직접적으로 강제하지 않고 유아가 스스로 학문을 하도록 지도해야 한다. 학문을 직접 가르치는 데 교육목적을 두지 않고 학문에 취미를 갖게 하고, 배우는 방법에 관한 지식을 제공하는 데 있다.

넷째, 직접 관찰과 경험의 원리. 유아들은 언어적 설명으로 배우기보다 스스로 사물을 관찰하고 경험하는 것에서 더욱 정확하고 명백하게 배운다. 정적인 생활은 유아의 성장에 유해하기 때문에 유아들은 항상 움직여야 한다. 경험에 의한 학습은 아동이 완전한 자유를 누릴 때만이 가능하며, 오랜 구속에 시달려 온 유아는 자유를 얻을 때 오히려 그 자유를 남용한다. 유아는 자신이 시행착오를 경험하면서 성장하는 것이 가장 바람직하다. 유아는 감각과 인상을 통해 직접적으로 자연을 경험함으로써 학습하게 된다. 시행착오와 시간을 낭비하더라도 유아 스스로 자신의 경험을 통하여 발견해 나가는 것이 중요하다.

(3) 페스탈로치(Pestalozzi, 1746~1827)

페스탈로치(Pestalozzi, 1746 ~ 1827)는 빈민구제사업을 실천하면서 인간교육의 일반원리를 만들었다. 그는 루소의 『에밀』을 읽고 크게 감명 받아 그의 아들에게 루소의 교육이상을 실현하려고 노력한 것이 어린이 교육을 연구하는 계기가 되었다. 페스탈로치가 활약한 18세기 말에서 19세기 초는 교육의 현실이 언어중심, 주입식 교육이 만연했고, 페스탈로치는 이러한 교육현실에 대한 비판으로써 직관에 의한 교수방법을 생각해 냈다. 그는 인간 본질에 대해 이해하려는 노력도 일찍부터 하였는데, 『은자의 황혼』(1780) 서두에 "왕좌 위나 초가지붕 아래서나 모두 똑같은 인간"이라고 지적한 것을 보면, 그가 인간에 대하여 어떤 가치관을 가지고 있는지 알 수 있다.

페스탈로치는 1800년 저술한 『교수방법』에서 "자연 그 자체의 직관이 인간교육의 진실한 기초이다. 왜냐하면 그 직관은 인식의 유일한 기초이기 때문이다."라고 하였다. 이는 유아가 무엇을 알아갈 때는 감각에 의하여 지각하고, 그것을 기초로 알아간다는 것이다. 직관은 인식을 위한 유일하고 절대적인 기초이기 때문에 교육의 근본원리를 직관 위에서 확립하였다. 외적인 직관에서 내적인 직관으로 발전해 갈 때 참다운 인식과 사고가 형성된다고 보았다. 이는 감각기관을 통해서 대상을 지각하고 그것을 가지고 사고하는 과정으로까지 옮아가야 진정한 앎이 이루어진다는 것이다. 감각기관을 통해서 사물의 본성이나 모양을 파악하게 되면 유아의 지식은 더욱 정확하게 된다.

페스탈로치는 감각적 인상을 명백한 관념으로 발전시키기 위해서 수, 형, 언어를 구조화하는 방법을 모색하였다. 직관을 통하여 명확하게 인식된 대상을 논리적으로 닦는 힘은 실제로 계산하거나 측정하는 경험을 통해서 신장된다고 보았다. 수, 형, 언어는 직관한 것을 개념화하는 중요한 수단이다(Pestalozzi, 1801). 직관은 대상의 본질인 수, 형, 언어를 파악하는 것이다. 그러니까 수, 형, 언어가 인식의 기초가 되며, 이는 교육의 기초적 수단이 되는 것이다. 유아가 인식을 위해 기본능력을 길러야 하는데 언어능력의 근원으로서 음성에 대한 능력을 길러야 되고, 형태 인식의 근원으로서 감각적인 표상능력을 기르고, 양의 단위에 대한 인식과 계산능력의 근원으로서 계량적 표현능력을 길러야 한다(정금자, 2004). 직관교수는 수와 형상과 언어에 대한 기본 능력을 길러 주는 것이다.

페스탈로치는 유아의 교육내용으로 정신력과 심정력, 기술력을 도야해야 한다고 보는데 이들 교육내용을 위한 교육방법은 다음과 같다.

첫째, 정신력 도야 방법. 쉬운 것부터 어려운 것으로, 가까운 곳에서부터 차츰 먼 곳으로, 저차원에서 고차원으로 가르쳐야 한다.

둘째, 심정력 도야 방법. 페스탈로치는 교육의 3육(三育) 중에서 심정력 도야를 가장 중요하게 생각하였다. 심정력 도야를 위해서는 어린이가 내면에 깃든 양심의 소리에 귀 기울이도록 일깨워 주어야 한다.

셋째, 기술력 도야 방법. 유아는 일상생활을 통해서 인간에게 필요한 기술을 연습함으로써 신체적 능력을 발달시켜야 한다. 노작교육을 통해서 신체적인 기능 훈련은 물론 적성을 함양하고, 정신적인 의지를 단련할 수 있다고 보았다.

페스탈로치는 가정교육을 중요하게 생각했다. 유아들이 가정에서 부모의 삶을 보고 배우며, 모성이야 말로 천부적 교사로서의 사명을 자각하는 것으로 여겼다. 가족끼리의 사랑, 믿음, 감사, 순종이 도덕의 원천이 되는 것이다.

(4) 프뢰벨(Fröbel, 1782~1852)

프뢰벨(Fröbel, 1782~1852)은 유년시절의 불우한 환경을 딛고, 여러 직업을 경험하면서 인간과 자연, 신에 대한 생각을 정립해 자신만의 독특한 교육관을 만들었다. 그는 1840년 유치원을 설립하여 은물과 노작으로 유아의 자기 활동이 이루어지도록 교육을 전개하였다. 자기 활동은 외부의 명령에 의한 것이 아니라 유아가 스스로 내면의 욕구를 외부로 표현하는 것이다. 유아는 자기 활동을 통해서 무엇인가 하는 경향, 무엇을 할지 결정하는 지혜, 하려는 의지 등을 키워 나간다고 보았다. 교육은 유아의 자연적 발달속도에 맞추어져야 하며, 단순히 유아를 위한 것이 아니라 유아에 의하고, 유아를 통해서 수행된다(Hughes, 1899)고 보았다.

인간은 신처럼 창조하는 능력의 싹을 가지고 태어났으며, 교육은 이 싹을 어떻게 발전시킬 것인가에 관심이 있다. 프뢰벨은 실제 물체를 다루는 것을 통해 정신을 개발하도록 하였으며, 사고에 의한 감각보다 느낌에 의한 감각을 더 중요하게 여기는 직관에 의한 교육방법을 고안하였다. 프뢰벨은 신을 쉽게 이해하기 위해서 복잡하고 다양한 자연계를 단순화하여 은물에 응축시켰다(Lange, 1966). 유아들은 은물을 통해서 자연의 법칙을 알고, 신의 역할을 알고, 마침내 자기 스스로를 알게 된다. 구체에서부터 점에 이르는 체계적인 모양은 유아들이 은물 속에 흐르는 생명합일의 법칙, 대립조화의 법칙, 부분적 전체의 법칙을 직관하도록 고안된 교구이다. 은물의 중요한 목적은 외적 신체활동이 아니라 정신활동과 같은 내적인 활동을 위하고, 정신을 발달시키기 위한 것이다. 은물 속에는 적고 많음, 부분과 전체, 복잡과 통일 등의 원리가 함축되어 있다. 유아들은 은물을 다룸으로써 인식의 형식, 미의 형식, 생활의 형식을 표현할 수 있다(Jager, 1978). 프뢰벨의 10가지 은물은 다음과 같다.

첫째 은물 털실로 감싼 6가지 색깔(빨강, 노랑, 파랑, 주황, 초록, 보라)의 공으로 직경이 6cm이다.

둘째 은물 나무로 만든 직경 6cm의 구, 원기둥, 입방체(정육면체)로 되어 있으며, 이 세 물체의 윗부분에는 금속 고리가 붙어 있어, 끈을 달면 회전놀이를 할 수 있다. 회전놀이를 위한 막대 2개와 막대의 틀이 들어 있는 상자, 구멍 뚫린 상자 뚜껑도 포함되어 있다.

셋째 은물 8개의 입방체(각 변의 길이가 3cm)와 상자 1개

넷째 은물 8개의 입방체(각 변의 길이가 3.6cm, 1.5cm)와 상자 1개

다섯째 은물 39개의 입방체(각 변의 길이가 3cm인 입방체 21개, 이 입방체를 대각으로 2등분한 삼각주 6개, 밑면에 직각으로 이등분한 작은 삼각주 12개)와 9cm인 입방체 상자 1개

여섯째 은물 36개의 입방체(각 변의 길이가 3.6, 1.5cm인 입방체 18개, 이 입방체를 가로와 세로로 2등분하여 얻은 입방체 6개의 변의 길이 1.5cm의 정방형을 밑변으로 하고 높이 1.5cm인 직입방체 12개)와 입방체 상자 1개

일곱째 은물 한 변의 길이가 3cm인 원, 반원 및 여러 가지의 삼각형, 정삼각형, 직각이등변삼각형, 둔각, 예각삼각형 각 100개와 색판

여덟째 은물 다섯 종류의 3, 6, 9, 12, 15cm의 가는 막대기 각각 300개(대나무 또는 스테인리스로 된 것)

아홉째 은물 금속으로 만든 세 가지 크기(3, 4.5, 6cm)의 고리 각각 100개와 같은 세 가지 크기의 반고리 각각 100개와 입방체 상자 1개

열째 은물 콩이나 작은 조약돌 또는 알갱이로 직경 10mm, 두께 5mm인 것 500개와 입방체 상자 1개

프뢰벨은 은물 이외에 11가지의 작업을 고안하였다.

종이에 구멍 뚫기 5~6mm의 눈금이 그어진 두꺼운 카드보드지에 송곳으로 구멍 뚫기

종이에 바느질하기 첫 번째 작업에서 뚫은 카드보드지의 구멍을 털실로 바느질하듯 꿰매기

그림 그리기 12단계의 그리기

색칠하기 셋째 작업에서 그린 그림을 물감이나 크레용으로 칠하기

종이끈으로 형태 만들기 종이 접기와 종이 짜기

매트 짜기 정사각형(10cm×10cm) 또는 직사각형(10cm×15cm) 종이를 가운데만 세로로 잘라서 그 사이를 종이끈으로 엮기

종이 접기 색종이(10cm×10cm) 접기

종이 오리기 신문지를 작은 조각으로 오리는 것부터 시작하여 나중에는 특정한 규칙에 따라 기하학적 형태로 오리기

콩 작업 말린 콩을 물에 12~18시간 담갔다가 가늘고 둥근 긴 막대기에 끼우면서 구성활동하기

점토로 모형 만들기 다양한 종류의 찰흙, 밀가루 반죽 등을 모형 만들기

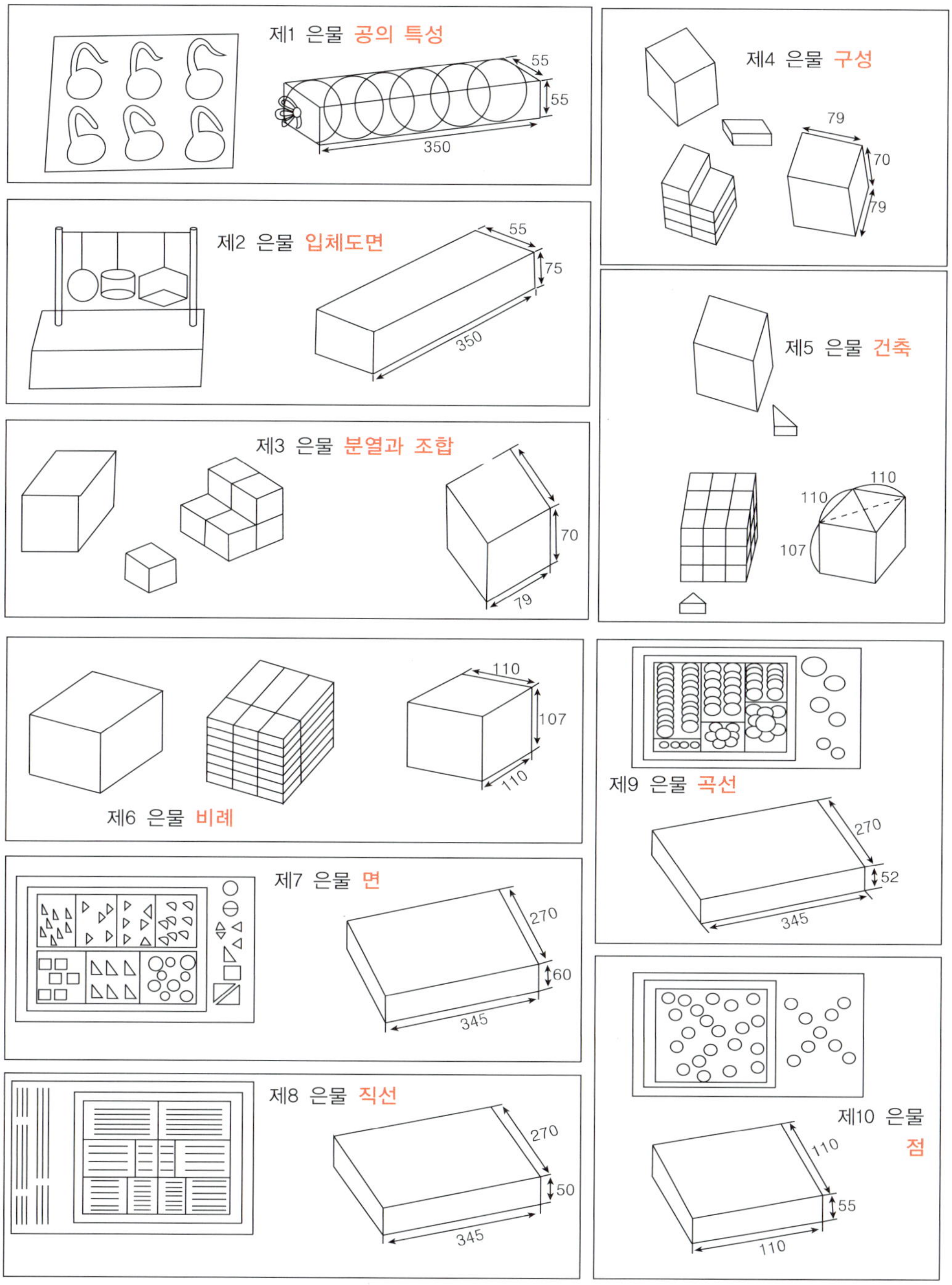
제1 은물 공의 특성
55
55
350
제2 은물 입체도면
55
75
350
제3 은물 분열과 조합
70
79
제4 은물 구성
79
70
79
제5 은물 건축
110
110
107
제6 은물 비례
110
107
110
제7 은물 면
270
60
345
제8 은물 직선
270
50
345
제9 은물 곡선
270
52
345
제10 은물 점
110
55
110

그림 1-7 은물

(5) 몬테소리(Maria Montessori, 1870~1952)

몬테소리(Maria Montessori, 1870 ~ 1952)는 이탈리아 최초의 여의사이다. 그녀의 전공이 정신과이었기 때문에 로마대학 부속 정신병원에 수련의로 있으면서 치료대상 환자를 뽑기 위해 정신지체아와 접촉을 많이 하게 되었다. 몬테소리는 정신의 문제는 의학적인 문제라기보다는 교육적인 문제라고 확신하고 이들을 돕고자 하였다. 정신지체아의 교육방법은 합리적으로 행해져야 한다고 믿고 노력한 끝에 정신지체아들의 정신력은 놀랄 만큼 향상되어 정상아와 같이 공립학교 입학시험을 통과할 정도로 성과가 좋았다. 이를 계기로 그의 교육방법이 정상아에게도 효과가 있을 것이라 확신하고 교육학 공부를 하게 되었다. 몬테소리의 이런 노력은 로마의 공동주택협회가 건립한 로렌쯔 빈민가의 공동주택에 설치한 어린이 교육시설을 맡게 되면서 구체화되었다. 몬테소리는 이 교육시설을 어린이집(Casa dei Bambini)이라 이름 짓고 1907년 문을 열었다. 그 후 어린이집이 더 세워졌고, 몬테소리 교육방법이 전 세계로 전파되었다. 몬테소리의 교육 성과로 인해 1922년 이탈리아 정부는 몬테소리를 학교감독관직에 임명하였다.

몬테소리의 아동관과 교육관은 그녀만의 독특한 교육방법을 낳았다. 그녀의 아동관과 교육관(신화식, 1998)을 요약하면 다음과 같다

첫째, 인간은 출생할 때 정신적 생명을 간직한 채로 태어난다고 보고, 교육은 궁극적으로 유아의 정신발달을 조성하는 데 목적이 있다고 하였다.

둘째, 유아는 주변 환경으로부터 정보를 수집하여 독자적으로 탐색하고 학습하는 능동적 존재이다.

셋째, 유아는 내면의 발달단계에 따라 학습이 이루어지며 학습능력의 성장에는 개인차가 있다.

넷째, 유아는 특정 행동에 감수성이 예민하여 쉽게 배울 수 있는 민감기가 있다.

다섯째, 유아는 흡수정신으로 환경을 받아들이며, 스스로 경험하여 배우게 된다.

여섯째, 유아의 올바른 성장과 발달을 자극할 수 있는 준비된 환경이 중요하다.

준비된 환경은 두 가지 범주가 있으며, 하나는 교육적 자료와 연습이고, 다른 하나는 환경을 준비하는 교사이다.

이러한 몬테소리의 관점은 다음과 같은 그녀의 교육방법을 낳았다(Lillard, 1973).

첫째, 준비된 환경에 의한 교육. 몬테소리는 준비된 환경에서 필수적이라고 여기는 일상영역, 감각영역, 학문영역, 문화영역으로 나누어 교구를 고안하였다. 교사는 교구를 제시할 때 교구가 가진 개념을 가르치는 것이 아니고 유아가 교구를 반복적으로 사용하여 스스로 개념을 이해하도록 한다. 교사는 교육환경을 준비하고 지켜보는 것이며, 유아가 교육환경에 접촉하도록 교구를 제시하고 시범을 보이는 것으로 유아의 발달에 영향을 준다.

둘째, 유아의 자발적 선택을 중시. 유아가 교구를 선택하여 개별활동 또는 소집단 활동의 형태로 자발적으로 활동하도록 한다.

셋째, 개별화교육. 유아는 자신이 선택한 교구로 시간 제한을 받지 않고 능동적으로 작업함으로써 학습한다.

넷째, 공동체 생활을 통한 상호작용 강조. 유아는 공동체 생활을 통하여 자신 및 타인에 대해 책임감을 가지며, 사회적 관계 속에서 자유를 가지며, 다른 유아의 권리를 방해할 때만 제한을 받는다.

그림 1-8
몬테소리 학습활동

① 일상생활 훈련교구

a. 단추 끼우기	b. 지퍼 올리기	c. 리본 매기	d. 안전핀 꽂기
e. 똑딱단추 끼우기	f. 벨트 매기	g. 구두단추 끼우기	h. 구두끈 매기

꼭지원기둥
분홍탑
빨간 막대
갈색 계단
색원기둥
색판
기하도형서랍
구성삼각형 1
구성삼각형 2
금색 비즈
기하도형
기하입체
나사와 나사못
구슬
모래숫자판
미각병
바둑알
분수봉
비즈
소리상자
수막대
수막대와 카드
온도감각판
의상 세트
의상 2
잠그기
중량판
촉각 세트
후각병
숫자판
따르기

그림 1-9
몬테소리 교구

② 감각훈련교구

감각훈련교구는 시각, 청각, 미각, 후각, 촉각을 발달시키는 10가지로 구성되어 있다.

꼭지원기둥 4세트 : 각 세트당 10개의 원기둥

분홍탑 : 한 면의 길이가 1~10cm까지 되는 10개의 정육면체

빨간 막대 : 길이가 10cm ~ 1m로 10개

갈색 계단 : 길이가 20cm, 가로, 세로가 각 1 ~ 10cm까지로 10개의 정육면체

색원기둥 : 꼭지원기둥, 세트와 같으나 꼭지가 없으며, 각 상자 속에 들어 있는 원기둥의 색은 상자의 색과 같으며, 각 상자는 색이 서로 다름

색판 : 세 개의 상자에 들어 있음

제 1 상자 : 삼원색의 판이 한 장씩 들어 있음

제 2 상자 : 삼원색과 중간색 모두를 합한 11쌍의 판이 들어 있음

제 3 상자 : 진한 색에서 옅은 색까지 19가지의 판이 들어 있음

기하도형서랍 : 6개의 서랍형 상자로 되어 있고 그 안에는 맞추기 식으로 되어 있는 다양한 기하도형이 각각 6개씩 32가지가 들어 있음

기하도형카드 3세트

제 1 세트 : 색이 전부 칠해져 있는 도형

제 2 세트 : 굵은 선으로 그려진 도형

제 3 세트 : 가는 선으로 그려진 도형

구성삼각형-1 : 4개의 상자에 직사각형, 삼각형, 작은 육각형, 큰 육각형이 들어 있음

구성삼각형-2 : 파란색 삼각형의 구성 상자

ㄱ. 촉각판(사포를 이용)

ㄴ. 무게판(크기와 두께는 같으나 무게가 다른 조그만 나무판)

ㄷ. 헝겊 맞추기(6쌍의 다른 직물 조각)

ㄹ. 기하입체(다양한 모양의 입체모양과 이 모양의 한 면을 나타내는 평면을 나무판 위에 만든 것)

ㅁ. 온도병(물의 온도를 20°C, 40°C, 50°C, 70°C의 스테인리스 병)

ㅂ. 청각교구 : 소리의 변별력을 증진시키기 위한 교구로 질이 다른 12개의 나무 원기둥으로 이루어져 있다.

ㅅ. 미각교구 : 맛의 식별 능력을 기르는 것으로 작은 항아리 8개로 되어 있다.

ㅇ. 후각교구 : 냄새가 가각 다른 음식이 들어 있는 8개의 나무컵으로 4개씩 한 세트를 이룬다.

③ 수학교구

수학교구는 수세기, 숫자에 대한 개념 갖기, 십진법 알기, 사칙연산 등 유아들이 추상

적 사고가 필요한 것을 구체물로 보여줌으로써 쉽게 이해할 수 있도록 하였다.

수막대 2cm × 2cm × 10cm의 직육면체로 길이가 다른 막대 10개
숫자판 0~9까지의 숫자를 거친 표면에 쓴 것
수막대와 숫자카드 위의 수막대와 숫자카드
방추형 막대와 상자
숫자와 바둑알 1 ~ 10까지의 숫자와 바둑알
구슬과 구슬대

4) 현대의 교육방법

(1) 듀이(Dewey, 1869~1952)

듀이(Dewey, 1869 ~ 1952)는 시카고 대학 교수로 재임하는 동안 소규모 대학부속 초등학교를 개설하였는데 이것이 실험학교(The Laboratory School)이다. 그의 실험학교는 4 ~ 14세까지의 아동 16명과 경험 많은 교사 2명으로 시작하였다. 그는 실험학교에서 어린이 중심의 자연스런 학습이 될 수 있도록 환경을 조성하고 활동중심 교육을 펼쳐나갔다. 듀이의 유명한 저서 『학교와 사회(The School and Society, 1899)』는 그의 실험학교 3년간의 경험을 바탕으로 저술한 것이다. 듀이의 실험학교에서 교육에 관한 실험은 교육계에 커다란 공헌을 하였고, 듀이 자신의 교육철학이 타당한 것임을 확신하는 계기가 되었다. 그는 독자적인 철학을 발전시켜 '실험주의', '도구주의'로 불리는 '프래그머티즘'을 주장하였다. 프래그머티즘은 미국의 사회발전 형태에 입각한 철학적인 이데올로기로서 미국 철학의 주류를 이루었다.

듀이는 사회개조 방법을 정치에 의해서가 아니라 사고력을 육성하는 교육에서 추구하였다. 헤르바르트(Herbart)가 '교사가 어떻게 가르칠 것인가?' 하는 교수방법을 중요시한 것에 반해 듀이는 '학생이 어떻게 학습할 것인가?'에 관심을 둠으로써 가르치는 것보다는 배우는 것, 교사보다는 학습자에 강조점을 두는 아동중심교육을 주장하였다.

학습은 현실생활의 경험을 통하여 문제를 해결하는 과정에서 학습을 할 수 있다고 보며, 학습은 현실생활에서 학습자가 반성적 사고(reflective thinking)의 과정을 통해서 이루어질 수 있는 것이다. 반성적 사고의 과정은 ① 문제의식 - ② 자료수집 - ③ 가설설정 - ④ 검정 - ⑤ 일반화라는 5단계로 진행된다(윤광보 외, 2006). 이러한 과정에 의한 학습을

문제해결학습이라고 하며 듀이의 교수방법이다.

흥미란 성취동기를 자극하기 때문에 유아교육에서 매우 중요하다. 듀이는 유아의 흥미를 담화와 교류의 흥미, 탐구와 발견의 흥미, 제작과 구성의 흥미, 예술적인 표현의 흥미로 구분하였다. 교사가 유아에게 제시하는 경험은 유아에게 흥미를 유발하고, 유지할 수 있은 것이어야 한다. 유아들의 흥미를 자극하고, 유아들이 흥미를 갖는 교육활동이 흥미중심 교육방법이다.

듀이가 교육의 목표로 제시하는 지성적 성장을 도모하기 위해서는 학습자중심 교육이 되어야 하며, 학습자가 지성을 발달시키기 위해서는 사고를 발달시켜야 한다. 듀이는 학습자의 사고를 발달시키는 교육방법으로 4가지 단계를 제시하였다(고후순 외, 2006).

① **사고의 경험 단계**: 유아들이 사고를 하기 위해서는 실제적인 경험의 장면이 필요하다. 교사는 유아들에게 무엇인가 배울 것을 부여해 주지 말고 무엇인가 행할 것을 부여해 주어 사고를 자극시킬 수 있도록 함으로써 지성이 개발될 수 있도록 해야 한다. 이것이 행함으로써 배운다(learning by doing)는 듀이의 교육방법이다.

② **자료의 사고 단계**: 사고의 자료란 수업활동에서 존재하는 기억, 관찰, 독서, 의사소통 등을 말한다. 이 단계는 구체적인 행동, 사실, 사건, 사물의 관계에서 비롯된다.

③ **관념의 형성 단계**: 관념은 재료를 가지고 사고를 통해 얻어진다. 관념이란 암시, 추리, 가정, 추측된 의미, 시험적 설명 등이다. 학습자가 자료만 가지고 새로운 문제를 해결할 수 없기 때문에 자료에 대한 창조적인 사고가 요구된다. 이 창조적 사고를 통해서 학습자는 관념을 형성할 수 있다. 창조적 사고는 이미 있는 사실들을 미지의 관계에 도입시켜 새롭게 사용하는 것이다. 새로운 관념을 만들어 내는 능력이 지성인 것이다.

④ **관념의 검증 단계**: 관념이란 문제를 해결하는 하나의 예상에 불과하므로 학습자는 실제적인 실천행동을 통하여 관념을 검증해 보아야 한다. 검증되지 않은 관념은 현실세계와 유리된 쓸모없는 것이다. 현실세계에서 소용될 수 있는 관념을 소유한 사람이 지성적인 사람인 것이다.

(2) 킬패트릭(Kilpatrick, 1871~1952)

킬패트릭(Kilpatrick, 1871 ~ 1952)은 듀이의 경험중심 교수방법을 구안법(project method)으로 현장에서 실천한 사람이다. 프로젝트라는 말이 교육방법의 용어로 사용된 것은 농사시험장에서 어떤 연구문제를 해결하게 위해서 장기간에 걸쳐 시험재배를 할 때 실제로 연구를 계획하고 실시하는 것을 프로젝트라고 불렀는데 이러한 프로젝트가 농업교육의 방법으로 도입되게 되면서이다. 농업학교 학생들이 학교에서 배운 것을 방학 때 자기 집의 농지를 이용하여 여러 가지 작물을 시험적으로 재배하는 활동을 프로젝트라고 불렀다. 이것이 점차 일반 학교에서 응용되고 학생이 스스로 계획을 세워 무엇을 만들어 보는 것을 프로젝트라고 부르게 되었다. 킬패트릭은 무엇을 만드는 것만을 프로젝트라 보지 않고 이를 확대하여 학습자가 스스로 목적을 세우고, 그 목적을 실현하기 위하여 계획하고, 실행하는 활동과정을 모두 프로젝트라고 보았다.

구안법은 교수-학습과정에서 다음과 같은 단계를 가진다.

① **목적의 단계**: 목적의 단계는 학습문제를 선택하고 학습목적을 확인한다. 유아가 충분한 동기를 가지고 유아 자신의 문제를 선택하게 한다. 학습문제는 학습자의 흥미, 이전 지식, 기능을 고려해야 하며, 자료는 얻기 쉬워야 하고, 배울 내용과 관련이 있어야 한다.

② **계획의 단계**: 선택한 문제를 해결하기 위해서 필요한 자료의 목록을 만들고, 수행에 필요한 절차를 계획한다.

③ **수행의 단계**: 유아가 흥미를 가지고 활발하게 탐구, 토의, 조사를 통하여 문제를 해결해 나간다. 교사는 유아들의 수행에 직접 지시하거나, 간섭보다는 조력자의 역할을 한다.

④ **평가 단계**: 유아들은 자기 평가와 동료 평가를 하고, 교사는 유아들의 수행 결과를 평가한다.

킬패트릭은 유아들로 하여금 집단적 활동을 하게하며, 집단의 구성원이 서로 돕고 공헌하는 방법으로 학습하게 한다. 그는 인간 학습에 기본학습, 연합학습, 동시학습의 세 가지 학습작용이 동반한다고 보았다. 기본학습과 연합학습에는 주로 지식과 기능의 습득에 관한 것이나, 동시학습은 태도, 습관, 성격의 형성과 분리할 수 없는 것이라 보았다. 모든 교육은 이 세 가지 학습을 동시에 고려해야 한다는 것이다.

킬패트릭의 프로젝트법이 일반학교에서 적용되기에 이르렀고, 영국에서는 Plowden 보고서(1967)를 통해 프로젝트에 의한 학습활동은 교사가 아닌 학습자의 흥미에서 우러나올 때 더 효과적임을 강조하였다. 프로젝트는 한동안 일반 교육에서 관심을 끌지 못하였으나 유아교육분야에서는 꾸준히 연구되어 왔다. 카츠와 차드(Katz & Chard, 1989)는 종전의 프로젝트에 의한 학습방법을 프로젝트 접근법이라는 용어로 재조직하여 발표하였다. 이를 계기로 유아교육계에서 유아의 지적·정서적·사회적 발달을 위한 유용한 교육방법으로 활발한 논의가 진행되고 있다.

참고문헌

고후순, 김동일, 조옥희(2006). **유아교육사상사**. 경기: 양서원.
나일주, 정인성(2007). **교육공학의 이해**. 서울: 학지사.
변영계, 김영환, 손미(2005). **교육방법 및 교육공학**. 서울: 학지사.
시청각교육사(1972). **교육공학사전**. 서울: 시청각교육사.
신화식(1998). **몬테소리교육의 이론과 실제**. 경기: 양서원.
윤광보, 김용옥, 최병옥(2006). **교육방법과 교육공학의 이해**. 경기: 양서원.
임창재(1999). **교육심리학**. 서울: 학지사.
이옥형, 이종숙, 임선빈(1994). **교육심리학**. 서울: 집문당.
정금자(2004). **유아교육사상사**. 서울: 교육과학사.

AECT(1977). *The definition of educational technology*. Washington, DC: AECT.
Ashman, A. F. & Conway, R. N. F.(1989). *Cognitive strategies for special education: Processbassed instruction*. New York: London Routledge.
Brooks, J. G. & Brooks, M. G.(1993). *The case for constructivist classrooms*. Alexandria, VA: Association for Supervision and Development.
Bruner, J. S.(1988). *The process of education*(이홍우 역). 서울: 배영사. (원저 1975년 출판)
Dale, Edgar(1954). *Audio-Visual methods in teaching(2nd ed.)*. New York: Holt, Rinehart and Winston.
Dewey, J.(1987). **민주주의와 교육**(이홍우 역). 서울: 교육과학사. (원저 1916년 출판)
Fosnot, C. T.(1996). Constructivism: A psychological theory of learning. In C. T. Fosnot(Ed.), *Constructivism: Theory, perspectives, and practice*. New York: Teacher College University.
Gagne, H. R. & Briggs, L. J.(1973). *Principles of instructional design*. New York: Holt, Rinehart and Winston, Inc.
Hughes, J. L.(1899). *Fröbel's educational laws for all teacher*. New York: D. Appleton and Company.
Jager, W. K.(1978). *Fröbel-Material zur Förderung des entwicklungsgestörten und des behinderten Kinds*. Raversbug, Otto aier Verlag.
Katz, L. G. & Chard. S. C.(1989). *Engaging children's minds*. N.Y.: Ablex.
Lange, F.(1966). *Friedrich Fröbels gesammette Pädagogische Schriften Berlin*. Faksimiliedruck Osnabruck.
Lillard, Paula P.(1973). *Montessori a morden approach*. New York: Schocken Books.
Merrill, M. O.(1979). Leamer-controlled instructional strategies: An empirical investigation final report on NSF Grant No. SED76-01650, February 16.
Olsen, G. E.(1954). *School and community(2nd ed.)*. Englewood Cliffs, New Jersry: Prentice-Hall, Inc.
Pestalozzi(1801). *Wie gertrud ihre kinder lehrt*. Bd. Ⅳ.

Shaffer, D. R.(2000). *Developmental psychology childhood & adolescence*(5th ed.)(송길연, 김수정, 이지연, 양돈규 공역). 서울: 시그마프레스. (원저 1999년 출판)

Seels, B. & Richey, R. C.(1994). I*nstructional Technology: The definition domains of the field*. Washington, DC: AECT. I.

Wittich, A. W. & Schuller, C. F.(1973). *Instructional technology: It a nature and use*. New York: Haper and Row Publishers.

CHAPTER

02

영유아 교육활동

1. 영유아 교육활동의 개념

유아교육기관에서 교육활동이란 영유아가 등원하는 시간부터 귀가하는 시간까지 이루어지는 모든 활동을 의미한다.

영유아 교육활동은 상급학교에서 이루어지는 교육활동과는 다르다. 초·중·고등학교에서 교육활동은 교사, 학생, 교육내용 3요소 간에 언어를 주 매개체로 하여 전개된다. 그러나 영유아들을 대상으로 한 교육활동은 '교과서'에 담겨 있는 내용을 위주로 교육활동이 이루어지는 것이 아니라 '놀이'활동을 중심으로 교육활동이 이루어진다. 따라서 유아교육기관의 영유아들은 무엇인가의 놀이에 열중하는 속에서 자신이 관심있는 것, 알고 싶은 것들을 학습하게 된다. 유아들은 놀이를 하는 속에서 자연스럽게 그들이 세상을 살아가는 데 필요한 지식과 기능들을 습득해 나가게 되는 것이다. 유아들의 하루생활은 놀이로 시작해서 놀이로 끝을 맺는다.

2019개정 누리과정에서도 유아교육에서 놀이를 강조하고 있다. 놀이는 유아의 일상에서 자연스럽게 나타나며, 유아가 세상을 경험하고 배워 가는 방식이다. 유아는 온몸의 감각과 기억으로 자연과 세상을 만난다. 유아가 놀이하며 보여 주는 독특한 움직임, 표정, 재미있는 말과 이야기, 그림이나 노래 등은 모두 놀이의 과정이자 배움의 결과물이다. 유아는 놀이하며 다른 사람과 관계를 맺고 세상의 중요한 구성원으로 성장해 간다. 개정 누리과정에서는 유아가 각자 자신에게 가장 적합한 방식으로 스스로 놀이하며 배운다는 점에 주목하여 유아가 주도하는 놀이를 강조하였다(교육부·보건복지부, 2019).

또한, 영유아들은 발달 특성상 주의집중 시간이 짧고 자기 중심적이며 직관적 사고를 하는 시기이므로 영유아들의 학습에서는 내적 동기가 중요하다. 영유아 교육활동은 영유아들이 흥미 있어 하고, 의문을 제기하고 직접적으로 경험을 통해서 스스로 발견하고 학습할 수 있도록 전개되어야 한다. 영유아들이 학습활동에 흥미를 가지고 스스로 활동에 참여하여 적극적으로 활동에 몰입하게 하기 위해서는 교수활동이나 교재·교구가 영유아들의 호기심을 끌 수 있어야 한다. 영유아를 위한 교재·교구는 구체적이고 직접적인 탐색이 가능한 실물 위주의 자료이어야 하며, 교육활동은 영유아들의 일상생활과 관련되고 영유아들의 직접적이고 실제적인 참여가 가능한 경험을 제공하여야 한다. 실물 위주의 직접적인 경험이 가능하고 일상생활과 통합되는 교육활동에 참여하는 과정에서 영유아들은 다양한 일상생활에 필요한 지식과 기술을 습득하게 되며 의미있는 학습이 이루어질 것이다. 궁극적으로 일상생활과 통합된 직접적인 경험을 통하여 학습활동의 효율성을 극대화할 수 있을 것이다.

유아교육기관에서 일과 운영을 시간대별로 분리하여 분절된 교과목 형태나 특별활동 형태로 운영하는 것은 영유아의 발달에 적합하지 않다. 영유아의 전인적 발달을 위해서는 분절된 교과목 형태로 구분한 활동보다는 생활 주제를 중심으로 여러 교과영역의 활동이 통합적으로 이루어지는 것이 바람직하다. 따라서 유아교육기관의 교육활동은 대부분 생활주제를 중심으로 통합적으로 운영하며 영유아에게 흥미 있는 여러 영역의 활동이 동시에 서로 연결될 수 있도록 운영되어야 한다. 유아교사는 교과서에 제시된 내용에 따라 수업을 진행시키는 초·중등 교사와 달리, 자신이 담당하는 유아들의 연령 및 사회경제적 배경, 흥미, 필요 등을 고려하여, 유아들이 학습하고 발달시켜야 할 교육내용을 놀이 활동 안에 통합하여 제시하게 된다. 일과를 통합적으로 운영할 때 영유아의 흥미가 반영되어 자발적인 활동 참여가 높아지게 되고, 영유아의 개인차를 고려한 수준별 교육활동이 이루어지게 된다. 만일 영유아가 자신의 능력이나 흥미에 관계없이 성인의 일방적인 지시로 활동에 참여하게 된다면 유아가 능동적으로 활동에 참여하기 어려울 수 있다.

전통적으로 유아교육은 놀이중심으로 교육활동이 이루어져 왔다. 그러나 2019개정 누리과정에서는 놀이중심 교육활동을 더욱 강조하고 있다. 이는 유아교사들이 유아주도적인 놀이중심 교육에 대해 올바르게 이해하고 유아교육기관에서 유아주도적인 놀이를 지원할 수 있는 교수학습을 수행하도록 하고자 하는 것이다.

다음은 2019개정 누리과정에 제시된 교수·학습에 대해서 요약·정리하고자 한다(교육부·보건복지부, 2019).

유아중심 및 놀이 중심을 추구하는 개정 누리과정에서는 교사를 유아의 놀이 지원자로 제안하고 있다. 교사는 놀이의 특성, 의미, 가치를 이해하여 유아가 즐겁게 놀이하면서 배우는 경험을 지원할 수 있다. 교사는 적절하게 환경을 구성하고, 유아와 바람직한 상호작용을 하여 유아가 놀이에 몰입하고 놀이를 확장하도록 돕는 역할을 한다.

첫째, 유아가 흥미와 관심에 따라 놀이에 자유롭게 참여하고 즐기도록 한다. 유아가 주도하는 놀이는 유아가 자신만의 방식으로 자유롭게 이끌어 가는 놀이를 의미한다. 교사는 놀이에 대한 이해를 바탕으로 유아가 주도하는 놀이를 지원할 수 있어야 한다. 유아가 주도하는 놀이는 성인의 간섭과 통제가 최소화되고 유아가 다양한 놀이 환경과 만날 때 활발하게 나타난다. 따라서 실내의 제한된 흥미 영역에서 교사가 미리 준비한 놀이를 선택하게 하는 방식보다는 유아가 자유롭게 놀이하며 즐기는 방식으로 바꾸어 갈 필요가 있다. 교사는 놀이 상황과 맥락에 따라 새롭게 생성되는 유아의 놀이를 존중하고 이해하면서 유아가 필요로 하는 놀이자료, 놀이 공간, 놀이 규칙과 안전 등을 고려하여 필요한 지원을 할 수 있다.

둘째, 유아가 놀이를 통해 배우도록 한다. 유아는 어디서나 자유롭게 놀이하며 배울 수 있지만, 유치원과 어린이집에서 이루어지는 유아의 놀이는 교사의 지원을 통해 더욱 유의미한 배움이 될 수 있다. 교사는 다양한 방식으로 유아가 놀이를 통해 배우고 성장할 수 있도록 돕고 지원하는 역할을 해야 한다. 교사는 놀이와 연계한 활동을 통한 유아의 배움을 지원해야 한다. 교사가 활동을 운영할 때 유아가 주도하는 놀이의 내용과 연계하여 유아가 즐겁게 배울 수 있도록 지원하는 것이 중요하다. 예를 들어, 현재 유아가 하고 있는 놀이에 부합하면서 유아의 흥미와 관심과 관련된 동화 듣기, 노래 부르기, 요리하기, 게임 등을 제안하여 즐겁게 놀이하는 방식으로 활동을 할 수 있다. 만일 교사가 유아의 놀이를 지원하기 위해 다양한 활동을 계획했더라도 이는 유아의 관심과 흥미에 따라 얼마든지 수정할 수 있다. 유아의 흥미나 관심 등을 고려하지 않고 미리 정해진 생활주제에 따라 활동을 진행하기보다는 유아가 주도해 가는 놀이와 연계하여 활동을 진행하는 것이 바람직하다. 교사는 자율성을 바탕으로 유아의 놀이 배움을 지원해야 한다. 교사는 유아가 놀이하며 배울 수 있도록 상황에 따라 필요한 교육적 판단을 자율적으로 할 수 있어야 한다. 교사가 유아의 놀이를 존중한다는 것은 유아의 놀이를 바라만 보거나 방관하는 것이 아니라, 유아의 배움에 필요한 지원 내용을 생각하고, 준비하고, 지원하는 과정을 모두 포함한다. 예를 들어 교사는 유아가 놀이하며 경험한 내용을 관찰하고, 놀이에서 나타나는 배움에 주목하여 이를 기록할 수 있다. 이러한 기록은 유아의 놀이 지원을 위한 교사의 자율적 판단의 근거가 된다. 교사는 계획안을 활용하여 유아가 실제 놀이한 내용을 적합한 방식으로 기록하고, 그에 따른 교사의 지원 내용도 함께 작성할 수 있다. 계획안은 유아가 놀이하며 배우는 과정을 이해하는 자료가 되며, 이를 작성하면서 유아에게 필요한 놀이 지원도 함께 계획할 수 있다.

셋째, 유아가 다양한 놀이와 활동을 경험할 수 있도록 실내외 환경을 구성한다. 놀이 환경은 유아가 놀이하는 실내외 모든 공간과 놀이자료를 포함한다. 유아가 보고 듣고 만지며 자유롭게 표현할 수 있는 놀이 환경은 놀이가 다양하게 이루어지도록 하는 중요한 교육적 자원이다. 따라서 교사는 다양한 실내외 놀이 환경과 풍부한 놀이자료를 제공하여 유아의 놀이가 활성화되도록 돕는다. 교사는 놀이 공간을 구성하고 변형해 나가며 유아의 자유로운 놀이를 지원할 수 있다. 교실의 흥미 영역은 유아들이 가장 좋아하는 놀이를 중심으로 구성하는 것이 좋으며, 유아들이 흥미를 보이지 않는 영역은 다른 영역과 통합하여 재구성하거나 다른 영역으로 대체하는 것도 가능하다. 또한 유아의 관심과 흥미, 요구에 따라 새로운 영역을 구성할 수 있으며, 이때 유아가 주도적으로 놀이 영역을 창조할 수 있도록 지원해야 한다. 실외 공간은 유아가 마음껏 뛰어놀며, 자연과 계절의 변화를 만나고 탐색할 수 있는 놀이 환경이다. 실외 놀이 환경은 유아가 안전하게 놀이할 수 있는 공간과 자료로 구성해야 한다. 또한 유아들이 활발한 신체 움직임을 바탕으로 모험과 도전을 하면서 궁금한 것을 찾아 자유롭게 탐색하는 놀이를 다양하게 경험할 수 있는 놀이 환경을 구성한다. 놀이자료는 유아가 놀이에 사용할 수 있는 놀잇감, 매체, 재료와 도구 등을 포함한다. 유아에게 놀이자료는 자신의 감정과 생각, 상상 등을 자유롭게 표현하는 수단이자 세상에 대한 이해를 넓혀 나가는 데 중요한 역할을 하는 매개물이다. 교사는 유아에게 일상의 평범한 사물, 자연물, 악기, 미술 재료, 그림책, 재활용품 등을 적절히 제공할 수 있으며 계절이나 행사, 국경일과 관련된 자료는 시기에 맞게 제공할 필요가 있다. 또한 비구조적인 열린 자료를 풍부하게 제공하여 유아가 자신만의 방식으로 활용할 수 있도록 지원하며 유아가 찾아낸 새로운 놀이자료나 창의적인 놀이 방식을 인정하고 존중해야 한다. 놀이자료를 제공할 때는 유아가 자유롭게 탐색할 수 있도록 자료의 사용 방법이나 놀이 방식을 지나치게 제한하지 않도록 유의한다.

넷째, 유아와 유아, 유아와 교사, 유아와 환경 간에 능동적인 상호작용이 이루어지도록 한다. 유아가 주도하는 놀이 중심의 교육에서는 유아와 유아 간의 상호작용이 더 활발하고 빈번하게 일어난다. 유아는 놀이에서 또래 친구와 교사, 자연 환경 등과 적극적으로 상호작용하면서 세상을 이해하고 배움을 이루어 간다. 유아는 또래들과 함께 놀이하면서 자신의 생각을 표현하고, 친구들의 의견을 듣고 때때로 생각을 바꾸기도 한다. 교사는 유아들이 자유롭고 활기차게 놀이할 수 있는 분위기를 제공하여 유아 간의 다양한 상호작용을 격려해 주어야 한다. 교사는 유아의 흥미와 관심이 어디에 있는지 파악하고, 칭찬, 격려, 미소, 공감 등 정서적 또는 언어적 상호작용을 통해 유아의 놀이를 긍정적으로 수용하고 격려한다. 교사는 답이 정해진 질문을 하거나 일방적으로 지식을 전달하기 위해 개입하는 것이 아니라 유아의 흥미와 관심에 교감하여 놀이를 지원하는 상호작용을 하도록 한다. 유아·놀이 중심 교육과정에서는 유아와 환경 간의 상호작용이 매우 중요하다. 환경은 유아의 놀이가 활성화되는 배경이자 유아가 다양한 배움을 경험하는 원천이 된다. 유아는 놀이에서 다양한 사물, 자료, 자연물 등을 만지고 움직여 보며 새로운 흥미와 관심을 가지게 되고, 이는 창작적 표현으로 이어지기도 한다. 유아는 물과 모래, 블록과 종이 등을 가지고 매일 다른 놀이를 하며 즐긴다. 또한 종이로 접은 새에게 물을 먹여 주기도 하고, 나뭇잎이 떨어진 나무를 춥다고 감싸 주며 즐거워한다. 유아가 환경과 교감하면서 표현하는 말과 행동은 모두 유아가 환경과 상호작용하며 배우는 과정이다. 교사는 유아와 환경 간의 상호작용에 주의를 기울이고 존중하며 유아들이 환경과 즐겁게 상호작용할 수 있도록 지원해야 한다.

다섯째, 5개 영역의 내용이 통합적으로 유아의 경험과 연계되도록 한다. 교사는 개정 누리과정에 포함된 5개 영역의 내용이 유아가 놀이를 하며 통합적으로 경험하는 것임을 이해해야 한다. 5개 영역의 내용을 유아의 경험과 연계하는 방식은 다양하다. 유아는 놀이를 통해 여러 가지 영역을 통합적으로 경험하며, 5개 영역의 내용은 정해진 생활 주제 이외에도 유아의 관심과 흥미에 따라 다양하게 통합할 수 있다. 예를 들면, 교사는 유아가 놀이하면서 자연스럽게 경험하게 되는 계절이나 국경일과 같은 친근한 주제, 유아가 놀이하면서 관심을 보이는 동화나 곤충, 그네 등과 같은 주제를 중심으로 유아의 경험과 5개 영역을 통합적으로 연계하여 지원할 수 있다. 유아가 관심을 가지는 그림책, 사물, 우연한 상황 등도 충분히 유아의 경험을 통합적으로 연계하여 지원할 수 있는 자원이 될 수 있다.

여섯째, 개별 유아의 요구에 따라 휴식과 일상생활이 원활히 이루어지도록 한다. 유아의 하루 일과는 놀이와 휴식을 적절하게 안배하여 운영하며, 개별 유아의 요구를 반영해야 한다. 획일적인 하루 일과를 운영하기보다는 배변이나 낮잠, 휴식 등 유아마다 다른 신체 리듬을 반영하여 하루 일과를 운영해야 한다. 교사는 놀이의 상황과 개별 유아의 요구 등을 적절히 반영하여 일과가 원활하게 이루어지도록 운영해야 한다.

일곱째, 유아의 연령, 발달, 장애, 배경 등을 고려하여 개별 특성에 적합한 방식으로 배우도록 한다. 유아는 서로 다른 관심과 능력을 가지고 있으며 다양한 맥락 속에서 자신만의 방식으로 놀이하고 배운다. 교사는 유아의 특성에 적합한 지원을 위해 발달적 특성이나 장애 정도, 문화적 배경을 우선적으로 파악해야 하며, 필요할 경우 관련 기관 또는 전문가와 협력할 수 있다.

2. 영유아 교육활동의 유형

유아교육기관에서 이루어지는 활동은 크게 교육활동과 일상생활과 관련된 활동으로 나눌 수 있다. 일과운영에서 영아들의 경우에는 교육활동보다는 일상생활과 관련된 활동이 차지하는 비율이 높은 편이며, 유아들의 경우에는 일상생활과 관련된 활동보다는 교육활동에 대한 비중이 높은 편이다.

이 중 유아교육기관에서 교육활동은 자유선택활동과 집단활동으로 나눌 수 있다. 자유선택활동은 교사가 유아들의 수준을 고려하여 여러 가지 흥미영역별 활동과 교재·교구를 준비하고 각 유아들이 자신의 수준과 흥미에 적합한 활동을 선정하여 활동하는 것이다. 즉, 영유아가 개별적인 흥미, 욕구 및 발달수준에 따라 스스로 선택한 놀이 활동에 자유롭게 참여하는 활동을 의미한다. 집단활동은 현재 학급에서 이루어지고 있는 생활주제를 중심으로 대·소집단 유아들을 대상으로 계획·운영되어지는 활동을 의미한다. 집단활동은 다양한 유형의 활동으로 진행될 수 있으며 소집단·대집단 형태로 진행된다.

1) 자유선택활동

(1) 자유선택활동의 의미

유아교육기관의 하루 일과 중에서 비중이 높고 중요한 교육활동이 자유선택활동이며 유아들이 가장 선호하는 활동시간이기도 하다. 즉, 자유선택활동은 유아들이 자신의 흥미와 요구에 따라 자발적으로 활동을 선정하여 활동하는 속에서 자연스럽게 학습이 이루어지는 시간이다. 자유선택활동시간은 놀이 중심, 유아중심, 개별화 원리의 유아교육을 실행할 수 있는 매우 중요한 시간이다.

유아교육기관의 일과 운영 중 자유선택활동이 차지하는 비중은 유아교육기관 교육활동의 1/3을 차지하며, 최근 종일제 유아교육기관이 늘어나면서 자유선택활동이 차지하는 비중이 더 커지게 되었다. 종일제의 경우 자유선택활동은 오전과 오후에 모두 이루어지며, 총 2시간 30분 이상을 차지한다. 이러한 자유선택활동을 통하여 유아들은 자신이 하고 싶은 활동을 스스로 선택하는 기회를 가지게 되면서 자율성을 기르고 이에 따르는 책임감을 형성하게 된다. 뿐만 아니라 놀이의 규칙을 지키기 위해 차례를 기다리고 협력하고 양보하는 경험을 통하여 자신의 행동을 절제하고 조절하는 것을 배우기도 한다.

그러나 간혹 교사들의 자유선택활동시간에 대한 정확한 이해의 부족으로 자유선택활동 시간이 방임의 시간이나 교사의 대·소집단활동 준비 시간으로 이용되는 경우가 있다. 자유선택활동은 유아와 교구와의 상호작용, 유아와 유아와의 상호작용만 이루어지는 시간이 아니라 유아와 유아, 유아와 교구, 유아와 교사 간의 상호작용이 이루어짐으로써 유아의 전인적 발달을 이끌 수 있는 시간이다. 자유선택활동 시간에 교사가 어떤 역할을 담당하는가에 따라서 자유선택활동 시간이 유아의 수준을 고려한 수준별 교육이 이루어지는 중요한 교육시간이 될 수도 있고 교육활동의 시간이 아닌 단순 놀이의 시간으로 끝날 수도 있다.

따라서 자유선택활동 시간에 교사는 끊임없이 유아를 관찰하면서 유아들이 필요로 할 때 직접적으로 놀이자로 참여하거나 새로운 교재·교구를 제시해 주거나 유아들 간에 문제가 발생했을 때 적절한 개입을 하여 문제가 해결될 수 있도록 지원해 주어야 한다.

자유선택활동 시간은 각 흥미영역에 준비된 교육활동 중에서 유아가 스스로 원하는 활동을 선택하여 활동함으로써 무엇인가를 배워 나가며, 유아들 간의 상호작용, 교사와의 상호작용을 통해서 유아들이 여러 가지의 경험을 나누어 갖는 소중하고 중요한 기회가 되는 시간이다.

이러한 자유선택활동 시간의 교육적 의의(이정환, 1999)를 살펴보면 다음과 같다.

① 유아들의 능동적 학습이 이루어지는 시간이다. 이 시간에는 유아들이 스스로 구체적인 사물을 직접 다루어 봄으로써 효율적인 학습이 이루어지게 된다. 교사가 주도하는 대집단활동과는 달리 이 시간에는 유아들이 개별적인 흥미와 요구에 따라 자발적으로 놀이에 참여하게 되고 이러한 놀이 경험이 유아의 성장을 촉진시킨다.

② 개별학습이 이루어지는 시간이다. 집단활동에서 교사는 대집단이나 소집단의 유아를 이끌어가는 입장에 있기 때문에 유아 개개인에게 적절한 교육적 배려를 할 수 없는 경우가 많다. 그러나 자유선택활동 시간에는 유아들이 개별적으로 놀이에 참여하기 때문에 교사는 유아들과 긴밀한 상호작용을 하면서 개인차에 따른 지도를 할 수 있다. 즉, 교사와 유아의 일대일 상호작용과 수준별 교육이 가능한 시간이다.

③ 통합교육이 이루어지는 시간이다. 언어, 역할, 쌓기, 조형, 음률, 과학, 조작 등 여러 가지 흥미영역이 구성되어 있어서 학습해야 할 하나의 개념을 각 영역의 놀이경험을 통하여 반복, 통합하여 습득할 수 있다. 또한 지적 학습뿐만 아니라 정서발달, 신체발달, 사회성

발달, 언어발달 등 모든 영역의 발달이 통합적으로 이루어질 수 있다. 즉, 전인교육이 가능한 시간이다.

④ 다양한 상호작용이 가능한 시간이다. 이 시간에는 유아-유아, 유아-교사, 유아-교구 간의 적극적인 상호작용이 긴밀하게 일어난다. 허용적이고 자유로운 분위기에서 놀이를 하면서 다양한 상호작용을 통하여 다양한 인간관계를 체험하고 배울 수 있게 된다.

⑤ 유아 개개인의 흥미와 자유가 존중되는 시간이다. 유아가 개인의 흥미에 따라 풍부하고 다양한 놀이를 할 수 있는 시간이다.

⑥ 유아들의 사회성, 자립심, 기본생활습관, 인지적 · 정서적 발달이 이루어지고 유아 스스로 선택하고 결정하고 책임을 지는 일련의 경험들을 해 볼 수 있는 시간이다.

유아들의 능동적 학습, 개별화 수업, 전인적 발달이 이루어지는 자유선택활동의 운영은 일반적으로 개별 활동의 형태로 이루어지거나 소집단 활동의 형태로 이루어진다. 뿐만 아니라 자유선택활동을 계획할 때는 모든 발달영역의 균형적인 발달과 교육의 효율성 증대를 위해 활동 상호 간에 연결이 되도록 계획해야 한다. 또한 다양한 활동이 유아의 흥미를 지속시킬 수 있도록 계획 · 운영되어야 한다. 자유선택활동은 활동의 유형이나 참여인원 등에 따라서 실내뿐만 아니라 실외에서 진행될 수도 있다.

영유아는 자신의 흥미와 요구에 따라 다양한 활동을 자유롭게 선택하고 즐기며 또래와 즐거운 놀이를 진행하면서 자신감과 성취감을 높일 수 있다. 대 · 소집단 활동 시간, 낮잠, 점심과 간식 시간 등이 단체 활동 시간이라면, 자유선택활동 시간은 영유아가 주도적으로 놀이를 선택하여 진행하는 개별 활동 시간이다. 따라서 자유선택활동 시간에는 영유아의 일상생활 및 놀이 활동이 개별적인 흥미나 속도에 맞추어 다양하게 이루어지도록 해야 한다. 이때 유아교사는 개별 영유아의 흥미와 요구, 능력에 맞게 진행되고 있는 다양한 놀이에 개별적으로 상호작용을 해주어야 한다.

(2) 실내 흥미영역의 구성

유아교육기관의 자유선택활동은 흥미영역을 중심으로 이루어진다. 교실은 다수의 영유아가 함께 생활하며 다양한 놀이가 같은 시간대에 이루어지는 장소이다. 따라서 놀이 특성에 따라 교실 공간을 구획하여 자료를 영역별로 배치하면 영유아의 놀이가 서로 방해받지 않고, 지속될 수 있다.

흥미영역(interesting center)이란 분리대나 여러 형태의 교구장으로 활동내용에 따라 놀이영역을 구분지어 교재 · 교구를 중심으로 유아들의 개별화 교육이 이루어지도록 구분한 학습의 공간이다. 흥미영역은 영유아의 놀이나 활동 특성에 따라 교실 공간을 나누고 각 놀이 특성에 따라 교재 · 교구들을 모아서 영역별로 배치하는 것을 의미한다. 이러한 흥미영역은 유아들로 하여금 자발적으로 놀이 활동에 개인 혹은 소집단으로 참여하도록 이끌며, 교사의 도움이나 간섭을 받지 않고 유아들의 학습이 이루어지도록 하며, 유아들의 개별적인 특성에 따른 개별화 교육이 이루어지도록 한다. 따라서 흥미영역은 영유아가 자유롭게 선택할 수 있어야 하고 서로 방해받지 않고 영역별 놀이나 활동을 할 수 있도록 구성되어야 한다.

흥미영역별 활동을 운영할 때에는 유아들이 자신의 흥미와 수준에 따라 자유롭게 활동을 선택할 수 있도록 다양성과 자율성이 부여되어야 한다. 다양성은 동일한 수준의 내용에 대해서 수준별 교육활동이 전개될 수 있도록 수준이 다른 다양한 교재 · 교구가 제시되어야 함을 의미하고 다양한 내용의 교육활동이 전개됨으로써 개별적인 영유아들의 다양한 흥미와 관심을 이끌 수 있어야 함을 의미한다. 자율성은 유아가 스스로 본인의 흥미와 관심에 적합한 내용을 선정하여 활동을 전개해 가고 마무리할 수 있도록 환경이 구비되어야 함을 의미한다. 따라서 흥미영역을 중심으로 교육활동이 전개될 때 유아교사는 다양성과 자율성이 부여될 수 있도록 활동을 계획하고 전개하여야 할 것이다.

유아교육기관에서 설치하고 있는 흥미영역은 역할놀이영역, 쌓기놀이영역, 언어영역, 조작놀이영역, 조형영역, 과학영역, 음률영역, 컴퓨터영역, 수영역, 요리영역 등이다.

프로스트(Frost, 1997)에 의하면 이러한 실내 흥미영역의 구분은 조용하고 건조한 곳, 활동적이고 건조한 곳, 조용하고 물이 있는 곳, 활동적이고 물이 있는 곳으로 구분할 수 있다.

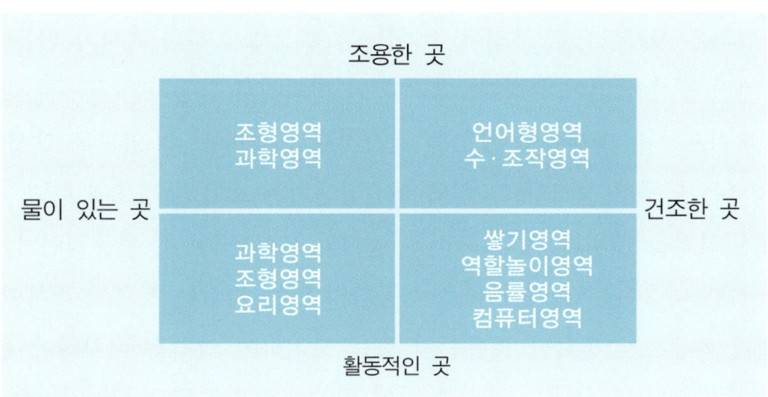

이러한 기준에 따라 실내 흥미영역을 구분해 보면, 조용하고 건조한 곳에는 언어, 수·조작영역을 배치할 수 있으며, 건조하고 활동적인 곳에는 쌓기, 역할, 음률, 컴퓨터 영역을 배치할 수 있다. 물이 필요한 영역에는 조형, 과학, 요리영역을 배치할 수 있으며, 물이 있으면서 활동적인 공간에는 요리영역을 배치할 수 있고, 조형이나 과학영역은 물이 있으면서 조용하거나 활동적인 공간 어느 곳에나 배치할 수 있다.

흥미영역의 구분은 교구장, 개인 사물함, 움직일 수 있는 가림대, 의자, 소파, 카펫 등을 이용하여 구분할 수 있다. 활동영역을 분명하고 다양하게 분리할 수 있도록 하려면 낮고 이동할 수 있는 교구장, 탁자, 낮고 접을 수 있는 가리개, 책꽂이, 부분 카펫 설치 등의 방법을 이용하는 것이 좋다. 또한 영역에 따라 벽의 색, 가리개의 색에 차이를 둘 수도 있고, 바닥 단의 설치를 높이거나 혹은 낮춤으로써 구분할 수 있다. 또한, 공간이 좁아 교실에 모든 영역을 배치하기 어려운 경우에는 영역의 소음 정도나 움직임 등을 고려하여 통합하여 배치할 수 있다.

이러한 흥미영역을 구성할 때 유의해야 할 사항은 다음과 같다.

첫째, 유아들의 발달수준에 맞아야 한다. 연령에 따라 흥미영역의 수와 교구 등이 달라질 수 있으며 흥미영역의 종류가 달라질 수 있다. 연령이 어린 경우에는 흥미영역의 수를 적게 배치하고, 연령이 증가할수록 흥미영역의 수를 증가시킬 수 있다. 뿐만 아니라 학기 초에는 영역을 적게 구분하고 학기가 진행됨에 따라 영역을 다양하게 배치해 줄 수 있다.

둘째, 충분하고 다양한 공간을 마련하여 자유롭게 주위 탐색을 할 수 있도록 해주며, 너무 복잡하거나 쉽게 싫증을 내지 않도록 해야 하고 유아들로 하여금 편안하게 느낄 수 있도록 해야 한다.

셋째, 흥미영역은 시각적으로 분리될 수 있도록 구성해야 하나 교사가 한눈에 다 살필 수 있도록 숨겨진 공간이 없어야 한다. 그러나 한 영역에서 활동하는 유아가 다른 영역에서 활동하는 유아로부터 방해받지 않도록 시각적으로 분리될 수 있도록 구성해야 한다.

넷째, 각 영역은 활동의 성격과 그 영역에서 발생하는 소음의 정도에 따라 구성·배치해야 한다. 흥미영역을 배치할 때 시끄러운 놀이와 조용한 놀이, 활동적인 놀이와 비활동적인 놀이, 물을 사용하는 놀이와 물을 사용하지 않는 놀이는 서로 분리하여 배치하는 것이 좋고 전기 콘센트가 필요한 활동인지 등을 고려하여 영역을 배치해야 한다.

다섯째, 유아교육기관의 실내는 가정과 같이 편안하고 안정된 느낌이 들 수 있도록 흥미영역을 구성해야 한다.

여섯째, 흥미영역에 배치된 활동이 다양한 상호작용을 유발할 수 있도록 영역을 배치해야 한다. 개별적인 활동과 함께 소그룹 활동을 통하여 유아－유아, 개별 유아－교구, 유아－교사와의 다양한 상호작용이 이루어질 수 있도록 영역을 구성하여야 한다.

유아교육기관에서 흥미영역의 구체적인 구성은 다음과 같은 순서로 이루어질 수 있다.

첫째, 교실의 실제 모양과 고정된 특징을 그대로 그린다. 교실의 가로·세로의 크기, 출입문, 창문 등의 크기와 위치를 자세하게 그린다.

둘째, 출입구, 주요 통로, 화장실 배치 등을 확인한다.

셋째, 교실의 특징을 반영하면서 교실을 대략적으로 4등분한다(조용하고 건조한 곳, 조용하고 물이 있는 곳, 활동적이며 건조한 곳, 활동적이며 물이 있는 곳).

넷째, 물이 있는 활동영역에는 조형, 요리, 기저귀 갈기 등의 영역을 배치하고 바닥은 청소가 용이하고 미끄러지지 않는 재질을 사용한다.

다섯째, 조용한 활동영역에는 언어, 수·조작영역 등을 배치하고 이 영역은 출입구에서 떨어져 있고, 물을 사용하지 않는 활동영역에 배치한다.

여섯째, 물이 필요한 활동영역과 조용한 활동영역을 먼저 배치하고 나머지 공간에 활동적인 활동영역을 배치한다.

① 연령에 따른 실내 흥미영역 구성

다음에는 연령별 구체적인 흥미영역의 구성 방법에 대해 살펴보고자 한다.

영아반

영아들을 위한 교실환경 구성에서 가장 중요한 것은 건강, 안전 그리고 안락함이다(Petersen, 2003). 영아들의 하루 일과는 하루 종일 먹고, 쉬고, 자고, 화장실을 가는 등의 일상생활이 주를 이룬다. 따라서 이러한 영아들의 일과 특성이 반영되도록 교실환경을 구성하여 영아들의 일상적인 욕구가 충족될 수 있도록 공간과 자료를 마련하여야 한다.

영아기는 스스로 움직이려고 하거나 스스로 자립하려는 욕구는 강하나 신체조절 능력이 미성숙하여 사고의 위험이 많은 시기이므로 영역 구성 시 영아들의 미숙한 이동에 방해가 되지 않도록 해야 하며 안전을 고려해야 한다. 뿐만 아니라 영아들은 오감각을 통하여 모든 사물을 탐색하려는 시도를 하기 때문에 영아들이 자신의 오감각을 통해 주변의 사물을 탐색하고 원활한 신체발달을 이끌 수 있도록 환경이 구성되어야 한다.

따라서, 영아들을 위한 교실 실내 환경구성은 기본적인 욕구를 충족해 줄 수 있는 일상생활 공간과 흥미있는 자료를 탐색하는 속에서 무엇인가를 알아갈 수 있는 놀이공간을 적절하게 구성하여야 한다.

일상생활 공간으로는 기저귀 갈기, 수유 등을 위한 일상적 양육을 위한 공간이나 설비가 필요하며 교실 내에 마련되어야 한다. 배변훈련을 위해 화장실은 교실 가까이에 배치되어 쉽게 이용할 수 있게 해야 한다. 또한 영아가 배설을 실수하였을 경우, 씻을 수 있는 욕조가 마련되어야 하며 배변훈련이 힘든 영아를 위해서 이동식 변기를 마련해 주도록 해야 한다.

놀이영역의 구성 시에는 유아처럼 여러 개의 영역을 배치하기보다는 몇 개의 영역을 통합해서 배치하는 것이 좋다. 또한 영아가 움직일 때 부딪힐 만한 부분이 없도록 배치하여야 하며 모든 영역에서 활동하고 있는 영아들이 교사의 시야에 들어올 수 있도록 구성하여야 한다. 영아의 경우 신체발달이 미숙하므로 신체조절 기술의 습득을 위해 끊임없이 움직이며, 신체를 이용하여 적극적인 탐색을 시도하는 등의 대근육활동이 강조되어야 하고, 감각활동이 많이 이루어지도록 해야 한다.

영아를 위한 흥미영역은 유아에 비해 대·소근육 활동과 감각활동을 중심으로 단순하게 구성해야 한다. 대근육 활동영역에는 오르내리기, 공차기, 균형잡기 등 움직임이 많은 신체활동을 즐길 수 있도록 개방된 공간과 대근육 활동을 위한 실내 놀이시설을 마련해 주어야 한다. 감각영역은 소근육을 발달시키고 영아 스스로가 집중하여 무엇인가를 성취할 수 있는 영역이다. 오감각을 활용할 수 있는 영역이어야 하므로 오감각을 활용할 수 있는 충분한 교구를 배치해 주어야 한다.

이러한 영아반 실내 흥미영역 구성 시 고려해야 할 구체적인 사항을 살펴보면 다음과 같다.

- 영역을 세분화하지 않고 가능한 유아반보다 영역의 수를 적게 배치해야 한다.
- 영아반은 일상생활공간(기저귀 갈기, 수유, 잠자기 등)과 놀이공간을 함께 마련해야 한다.
- 대·소근육 활동과 감각활동을 중심으로 구성해야 한다.
- 실내에 대근육 활동을 할 수 있는 낮은 오르기 기구, 터널, 흔들말 등을 준비해 주어야 한다.
- 편안하고 조용한 휴식영역이 배치되어 있어야 한다.

- 화장실과 세면대를 교실 가까이에 배치하여 쉽게 접근할 수 있고 교사의 관리감독이 용이하도록 해야 한다.
- 1세의 경우, 기저귀 갈이대와 영아 개인별 물품을 보관할 장소를 마련해야 한다.
- 2세의 경우, 대근육 활동이나 감각활동뿐만 아니라 교실 공간에 따라 책읽기 영역, 조형영역, 쌓기역역, 역할놀이영역 등을 더 배치할 수 있다.

영아반 실내 흥미영역 배치도의 구체적인 예는 [그림 2-1]과 같다.

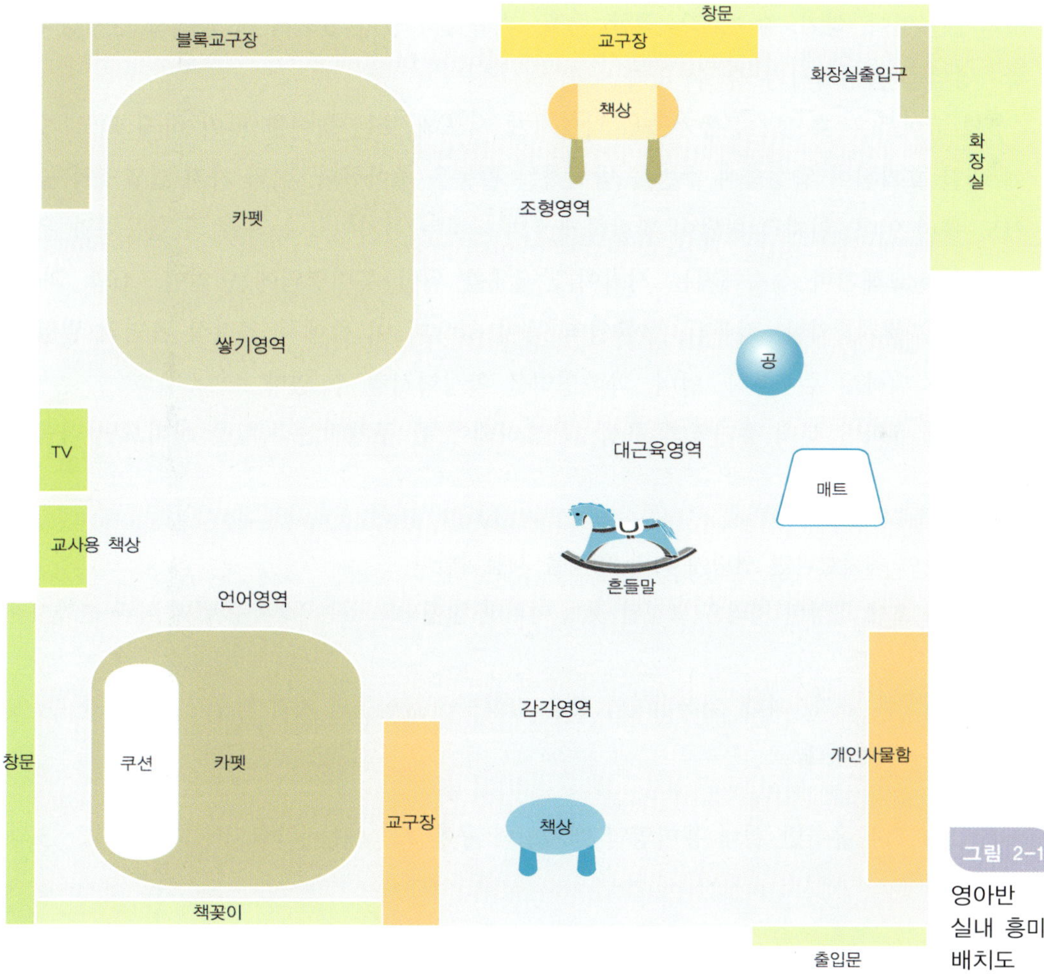

그림 2-1
영아반 실내 흥미영역 배치도

유아반

유아들은 원활하게 신체를 조절할 수 있고 언어능력이 급속도로 발달함에 따라 끊임없이 움직이면서 무엇인가를 탐구해 나가기를 원한다. 따라서 유아반의 실내 환경구성은 유아들의 지적인 탐구에 대한 욕구를 충족시킬 수 있도록 구성하여야 할 것이다. 3세의 경우에는 이전의 시기에 비해 언어발달이 현저하게 증진되어 말하는 것을 즐기고 말놀이를 좋아한다. 자기 중심적이어서 혼자 노는 것을 좋아하지만 병행놀이를 하는 경우도 많으며 상상력이 풍부하며 성인의 역할에 관심이 많고 모방하려 한다. 3세를 위한 흥미영역에는 언어, 쌓기, 수·조작, 역할, 음률, 과학영역 등이 있으며 이 중에서 언어영역과 쌓기영역을 활성화시켜 줄 수 있다.

5세 유아들은 자신의 운동기술을 다양하게 시도해 보는 놀이를 많이 하게 되고 주변에 대한 호기심이 왕성하여 주변을 탐색하는 활동을 좋아한다. 여러 가지 발달영역 중에서도 특히 언어, 인지적 발달이 활발하게 이루어지는 시기이고 눈과 손의 협응력과 운동능력이 정교해지며 성숙해지는 시기이다. 5세를 위한 흥미영역에는 언어, 조형, 과학, 수·조작, 쌓기, 역할, 컴퓨터, 음률영역 등이 있으며 이 중에서 인지적 측면의 발달을 강조하기 위하여 수·조작, 언어, 과학영역을 활성화시킬 수 있다.

이러한 유아반 실내 흥미영역 구성 시 고려해야 할 구체적인 사항을 살펴보면 다음과 같다.

- 공간이 허락한다면 연령에 따라 영역을 세분화한다.
- 학기 초에 형성된 영역은 고정된 것이 아니라 진행되고 있는 '생활주제'에 따라 변화시켜 줄 수 있다.
- 언어, 수·조작, 과학, 컴퓨터영역 등을 강화시켜 유아들의 지적 탐구가 이루어질 수 있도록 해야 한다.

만 3세, 5세 유아반 실내 흥미영역 배치도의 구체적인 예는 [그림 2-2], [그림 2-3]과 같다.

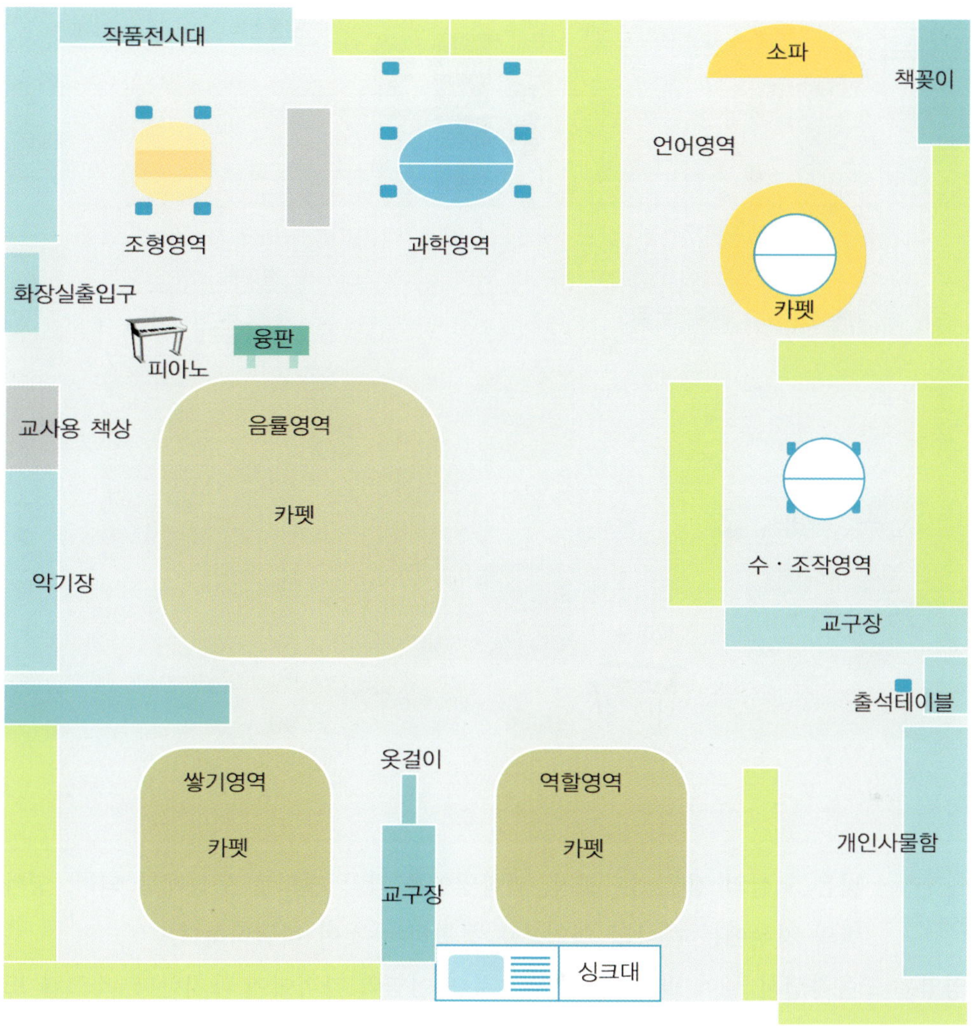

그림 2-2
만 3세반
실내 흥미영역
배치도

② 실내 흥미영역의 배치방법

다음에는 각 실내 흥미영역별 구체적인 배치방법에 대해 살펴보고자 한다.

언어영역 교실에서 가장 조용하고 햇빛이 잘 드는 밝은 곳에 배치하며 화장실이나 출입구와는 떨어진 곳에 배치하는 것이 좋다. 책이나 자료를 편안한 자세로 볼 수 있도록 바닥에는 카펫을 깔고 낮은 책상과 쿠션 등을 준비해 주는 것이 좋다. 유아반의 경우 영역의 크기에 따라 듣기, 말하기, 읽기, 쓰기 활동 공간을 배치할 수 있다.

그림 2-3 만 5세반 실내 흥미영역 배치도

수 · 조작 영역 넓은 교실의 경우 수, 조작, 과학영역을 각각 별도로 구성해도 되며, 영아반의 경우에는 하나의 영역으로 통합하는 것이 바람직하다.

수영역은 조용하면서 물이 필요없는 영역으로 언어영역 가까이에 배치한다. 소그룹 또는 개별적으로 놀이할 수 있도록 다양한 놀잇감을 제공해 주어야 한다.

과학 영역 과학영역은 햇빛이 잘 들고 물이 필요한 영역에 배치해야 하며 세면대나 화장실 가까이에 배치하며 미술영역과 인접하여 배치한다. 유아가 개별적으로 주의집중하여 탐색할 수 있는 활동과 소그룹 활동을 통하여 활발한 상호작용이 일어날 수 있는 활동을 함께 배치해 둔다.

과학활동으로는 자연을 관찰하거나 동 · 식물 기르기와 같은 활동도 이루어질 수 있으나 영유아들이 직접적으로 사물을 탐색할 수 있고 직접적인 경험을 해 볼 수 있는 활동을 다양하게 함께 제시해 주어야 한다.

조형영역 물이 필요한 영역이므로 세면대 혹은 화장실 가까운 곳에 배치해야 한다. 활동 중에 옷이 더러워지는 것을 막기 위해 앞치마를 준비해 주는 것이 좋다. 조형영역은 쉽게 더럽혀 질 수 있는 영역이므로 청소가 용이한 바닥재질을 깔아 두어야 한다. 그리고 영유아들 스스로 활동 중 간단한 정리정돈을 할 수 있도록 유아용 청소도구를 배치해 둘 수 있다.

쌓기영역 모든 연령의 영유아들이 선호하는 영역이다. 교실이 충분히 넓지 않다면, 역할영역과 쌓기영역을 통합하여 구성한다. 활동적인 활동이 이루어지는 영역이므로 다소 넓은 공간을 확보해야 한다. 조용한 영역과 떨어진 공간에 배치하고 바닥에 카펫이나 경계선을 표시해 두어 영역에서 활동하는 영유아들이 방해를 받지 않도록 해야 한다. 이때 카펫은 블록쌓기 등의 활동이 원활하게 이루어질 수 있도록 너무 푹신한 것을 사용해서는 안된다.

역할영역 움직임이 많고 활동적이므로 조용한 영역과 떨어진 활동적인 영역에 배치하고 다소 넓은 공간을 확보해야 한다. 출입문 가까이 혹은 사물함 근처 등 활발한 활동이 이루어지는 곳에 배치해야 한다. 쌓기놀이영역과 이웃하여 배치하는 것이 좋다.

음률영역 동적이고 활동적이므로 조용한 영역과 구분하여 활동적인 영역에 배치하도록 한다. 유아가 자신의 생각을 마음껏 표현하고 움직일 수 있도록 충분한 크기의 공간을 마련해 주어야 한다. 벽면에는 유아들이 자신의 움직임을 보면서 활동을 할 수 있도록 전신거울 등을 설치하는 것도 유용하다. 역할 및 쌓기영역 가까이에 배치할 수 있다.

(3) 자유선택활동의 운영

유아교육기관에서 자유선택활동을 계획할 때는 학급 유아의 연령, 현재 진행되고 있는 생활주제 등을 고려하여 활동을 선정하고, 활동을 선정하고 난 후에는 구체적인 집단유형, 활동목표, 활동자료, 활동방법 등을 계획해야 한다. 유아교육기관에서 자유선택활동 계획안의 구체적인 예는 〈표 2-1〉과 같다.

〈표 2-1〉 자유선택활동 계획안

활 동 명	윷놀이를 해요	대 상	만 5세
생활주제	전통놀이	소 주 제	전통놀이의 방법
활동유형	자유선택활동(조작활동)	집단 유형	소집단
활동목표	• 윷놀이의 규칙을 알 수 있다. • 다양한 전통놀이의 기법을 경험해 본다. • 집중력과 사고력을 기를 수 있다. • 게임에 즐겁게 참여할 수 있다.		
활동자료	윷, 윷놀이 판, 말 4개		
활동방법	1. 2팀으로 편을 나눈다. 2. 말을 시작 칸에 세운다. 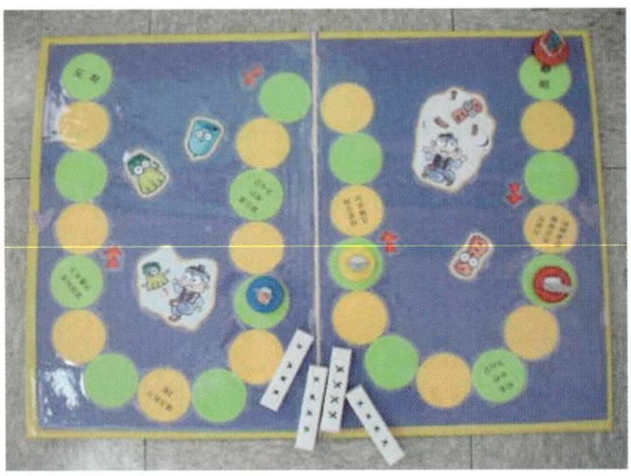 3. 가위, 바위, 보로 이긴 팀이 먼저 윷을 던진 후 도, 개, 걸, 윷, 모의 규칙에 따라 말을 이동한다.		

4. 말을 이동한 후 도착지에 있는 과제를 수행한다.

〈과제〉 제기차기 3회
엉덩이로 이름 쓰기
앞으로 세 칸
뒤로 두 칸
전통놀이의 종류 3가지 이야기하기

5. 과제를 수행할 경우, 제자리에 있도록 하고 과제를 수행하지 않았을 시에는 한 칸 뒤로 이동한다.
6. 도착지점에 먼저 도착하는 팀이 이긴다.

다음에는 각각의 흥미영역을 운영할 때 고려해야 할 구체적인 사항에 대해 살펴보고자 한다.

① 대근육 활동

건강한 영유아는 잠시도 쉬지 않고 움직이면서 신체활동을 하고, 주변 환경이나 자연을 탐색하면서 활동에 열중한다. 영유아기는 신체가 빠르게 발달하는 시기이다. 신체활동으로 주변 사물을 탐색하고 경험하면서 안정된 자세와 몸의 균형을 유지하는 것은 물론 체력, 안전 능력, 사회성 발달과 지적 능력을 향상시킨다. 그러므로 영유아들이 새로운 운동기술을 익히고 연습할 수 있도록 다양한 대・소근육 활동자료를 제공해야 한다.

영아기는 기고, 서고, 걷고 하는 운동능력이 급속도로 발달하는 시기이며 잡기와 같은 소근육의 발달이 급속도로 이루어지는 시기이다. 따라서 영아기에는 다른 활동영역보다 대·소근육 활동의 운영에 더 큰 비중을 두어야 할 것이다.

영아는 뒤집기, 앉기, 기어다니기, 일어서기, 걷기, 달리기 등의 이동운동능력이 향상되고, 손 뻗기, 움켜쥐기, 잡기 등의 눈과 손의 협응력이 순차적으로 발달해 나간다. 대근육 활동에는 일반적으로 기어오르기, 걷기, 뛰기, 내려오기, 미끄럼타기, 줄 타고 내려오기, 신체를 이용한 게임, 낮은 높이의 경사진 기구를 오르고 내리는 활동이나 탈것 타기, 구르기, 공 던지기 등이 포함된다. 소근육과 눈과 손의 협응력 향상을 위한 활동에는 찢기, 구기기, 끼우기와 빼기, 자르기, 집기, 꿰기, 맞추기, 두드리기, 집어넣기 등의 다양한 활동이 있다.

만 1세 미만의 영아는 대근육 활동으로는 뒤집기, 앉기, 걸음마하기, 음악에 맞추어 몸 흔들기, 발차기 등의 활동을 할 수 있다. 또 소근육 발달을 위하여 두드리기, 끼우기, 손가락으로 잡기 등의 활동을 할 수 있다. 대·소근육 활동은 신체적 발달이 급속도로 이루어지는 영유아기 어느 시기에나 중요한 활동이나 특히 영아반 교사는 일과 운영 중에 영아의 대·소근육을 발달시킬 수 있는 다양한 활동을 매일 일정한 비율로 제공해야 할 것이다.

② 언어활동

영유아기는 일상생활에서 자신의 의사소통 능력을 기르며 글자에 대한 관심과 흥미를 갖게 된다. 영유아기는 신체, 정서발달과 더불어 언어발달이 급속하게 이루어지는 시기로 언어와 관련된 다양한 자극이 필요하다. 영유아의 언어활동은 듣기, 말하기, 읽기, 쓰기의 네 영역으로 구성되며, 이들은 따로 분리하기보다는 통합적으로 진행하는 것이 바람직하다. 즉, 자신이 좋아하는 그림책을 보며, 교사가 읽어,주는 것을 귀로 듣고, 다 듣고 나서 자신의 생각을 말이나 그림으로 표현함과 동시에 다른 친구가 말하는 것도 들을 수 있다. 영유아기는 새로운 낱말을 빠르게 습득하고 문장을 이해하며 자신의 생각을 언어로 표현하는 등 듣기와 말하기 능력을 키우는 중요한 시기이다. 이와 함께 긁적거리기에서 비롯되는 초기의 쓰기 시도와 인쇄물이나 그림책 읽기 활동이 활발해지면서 읽기와 쓰기도 빠르게 발달한다. 다양한 상황에 대해 이야기해 보기, 자신의 느낌을 말로 표현해 보기, 그림책을 읽고 그 느낌을 이야기하기, 자신만이 알아볼 수 있는 글자나 그림으로 자유롭게 표현하기 등을 실시해 볼 수 있다. 매일 듣기, 말하기, 읽기, 쓰기의 네 영역의 활동을 골고루 편성해야 한다.

특히 영아의 경우에는 어휘수가 급격히 늘어나고, 긁적거리기 등 쓰기를 시도한다. 구조화된 언어로 말하거나 읽고 쓰기가 어려우므로 영아의 발달단계에 적합한 수준의 언어활동을 준비해야 한다. 영아들이 좋아하는 그림책을 많이 보여주고 읽어 줌으로써 일찍부터 글자에 대한 관심과 흥미를 갖도록 해야 한다. 유아기는 성급하게 글자쓰기에 집중하기보다는 언어를 활용한 풍부한 경험을 제공하도록 해야 한다.

기초적인 언어활동은 연령에 따라 조금씩 차이를 두어야 하지만, 일상생활을 통해 의사소통능력을 증진시켜야 한다. 유아교사는 자연스럽게 주변의 다양한 소리를 들려 주고 영아의 소리에 반응하면서, 전화놀이, 그림책 읽어 주기, 사물 명칭 말해 보기, 잘 찢어지지 않는 종이나 큰 종이에 긁적거리거나 그리기 등의 활동을 하게 할 수 있다. 긁적거리기 활동은 의미 있는 무엇을 나타내고자 하는 것은 아니지만, 이러한 활동에 대한 격려는 이후의 쓰기 활동과 자연스럽게 연계될 수 있다.

연령이 많아지면 교사가 읽어 주는 그림책을 또래와 함께 보기, 혼자서 그림책 보기 등의 활동이 가능하다. 영유아는 단순한 내용의 그림책을 몇 번씩 반복하여 읽어 달라고 하거나 그림을 보면서 낯익은 사물의 명칭을 말해 보기도 하며, 듣고 말하기, 책을 읽어 주는 선생님 모습 흉내내기 등을 즐긴다. 또 단순히 그림책 읽기 외에도 OHP를 이용한 동화 듣기, 막대인형, 손인형, 손가락인형 등을 이용한 이야기 나누기, 이야기 꾸미기, 가족 사진이나 화보용 그림을 보며 이야기 나누기 등의 활동을 다양하게 진행할 수 있다. 긁적거리기와 같은 활동도 조금씩 정교해지므로 다양한 종이와 쓰기 재료를 제공하여 관련된 활동을 할 수 있도록 한다.

따라서 유아교육기관에서는 영유아의 언어 습득을 통합적으로 지원할 수 있는 다양한 활동자료를 제공해야 한다. 유아가 글자에 대한 관심을 갖기 시작하면 그 관심을 확장시킬 수 있도록 매력적이고 다양한 읽기활동 자료를 제공해 주어야 한다. 이를 통해 유아는 일상생활 속에서 그들 나름대로 읽어보는 활동을 자연스럽게 할 수 있는 기회를 갖는다. 유아에게는 성급하게 글자 쓰기에 집중하기 보다는 언어를 활용한 풍부한 경험을 제공하는 것이 바람직하다. 예를 들어 다양한 상황에 대해 이야기해 보기, 자신의 느낌을 말로 표현해 보기, 그림책을 읽고 그 느낌을 이야기하거나 자신만이 알아볼 수 있는 글자나 그림으로 자유롭게 표현해 보기 등의 활동을 장려할 수 있다. 이 시기에 글자의 철자법을 정확히 사용하도록 강요하거나 학습지 등을 사용하여 성급하게 쓰기 등을 강요하는 것은 영유아로 하여금 글에 대한 흥미를 떨어뜨리고, 후에 책을 싫어하거나 글을 쓰기 싫어하게 할 수도 있다. 유아는 글에 대한 관심이 커지면서 자연스럽게 쓰기 도구에 관심을 갖게 되므로 다양하고 적절한 쓰기 도구를 제시해 주어야 한다.

따라서 듣기와 말하기 기회를 다양하게 제공하고, 읽기와 쓰기에 관심을 갖도록 하는 활동을 자주 해야 한다.

③ 수·조작활동

영유아의 수 · 조작에 대한 개념은 영아기부터 시작하여 단계적으로 발달하며, 이에 관련된 활동은 영유아가 논리적, 분석적, 합리적인 사고를 형성하는 데 매우 중요한 역할을 한다. 유아교사는 영유아의 수준과 흥미를 고려하여 다양한 수 활동을 계획하되 추상적인 자료나 경험을 제공하기보다는 구체적이고 일상생활과 밀접한 사건과 사물을 기초로 접근하는 것이 바람직하다.

영유아는 감각을 통하여 주변 세계를 탐색하고 이로써 수 개념, 일대일 대응, 분류 개념, 측정능력을 기르고, 손과 손가락을 능숙하게 사용하는 능력 · 눈과 손의 협응력 등의 활동은 소근육의 발달을 이끈다. 이러한 내용은 영아기부터 주변 환경 탐색을 통해 자연스럽게 경험되는 것이 좋으며, 이때 사용하는 자료는 평면 자료보다는 주위에서 친근하게 볼 수 있는 다양한 실물 자료가 바람직하다.

따라서 영유아의 수준과 흥미를 고려한 다양한 수 · 조작 활동을 계획해야 한다. 구체적이고 현실적인 일상생활과 밀접한 사건 또는 사물을 기초로 접근해야 한다. 개념을 습득하기 위해서는 오감각을 이용할 수 있는 입체적인 실물자료나 자연물을 이용하는 것이 바람직하다.

일반적으로 영유아기에 다룰 수 있는 수활동으로는 모양, 색, 크기, 길이에 따라 분류하기, 일대일 대응하기, 수세기, 크기 비교하기, 순서대로 놓기, 가족 그래프 만들기 등이 있다. 소근육 활동으로는 옷의 단추를 끼우기, 지퍼 올리기, 신발 끈 매기 등의 활동이 있다.

④ 과학활동

영유아는 감각을 통하여 주변 세계를 탐색하고 이로써 과학적 사고와 태도, 지식을 습득하게 된다. 유아는 주변 환경을 탐색하면서 계속적으로 새로운 점을 발견해 나가므로 교사는 유아가 주변 환경에 대해 관심을 가지고 꾸준히 탐색하고자 하는 과학적 태도를 가지도록 지원해야 한다. 이를 위해서는 유아가 직접 문제를 해결하기 위해 실험하고 탐색할 수 있도록 다양한 자료를 제시하여야 한다.

유아교사는 영유아의 수준과 흥미를 고려하여 다양한 과학활동을 계획하되 추상적인 자료나 경험을 제공하기보다는 구체적이고 일상생활과 밀접한 사건과 사물을 기초로 접근하는 것이 바람직하다.

일반적으로 영유아기에 다룰 수 있는 과학활동으로는 우리 몸 탐색하기, 동식물 관찰하기, 자연현상 알아보기, 여러 가지 물체 탐색하기, 도구와 기계 관심 갖기 등이 있다. 영아의 경우에는 과학에 대한 기초가 되는 사물 모양 만져 보기, 주변의 사물이나 꽃·나무 등의 질감 만져보기 등의 활동을 자주 제공할 수 있다.

영유아를 위한 과학활동은 영유아들의 직접적인 참여가 가능한 활동, 영유아들의 직접적인 조작이 가능한 실물 위주의 교재·교구를 준비하는 것이 바람직하다. 실물 위주의 직접적인 활동 참여가 가능한 과학활동은 영유아들로 하여금 과학적 사고의 확장을 이루도록 할 것이다. 뿐만 아니라 영유아기의 과학활동은 과학의 학문적 지식도 중요하지만 과학적 태도와 과학적 탐구능력을 향상시킬 수 있는 방향으로 이루어져야 할 것이다.

⑤ 음률활동

영유아는 신체뿐만 아니라 다양한 악기, 소품, 그리기 도구, 생활용품 등의 사물을 탐색하고 그것을 가지고 노는 과정에서 자신의 고유한 생각과 느낌을 자유롭게 표현하면서 즐거움을 경험하며, 창의성과 미적인 감각을 발달시킬 수 있다. 따라서 이를 위해 유아교육기관에서는 음악, 동작, 미술 등과 같은 표현활동이 활발히 일어날 수 있도록 다양한 자료를 제공해야 한다.

음률활동은 영유아들이 매우 좋아하는 활동 중의 하나이다. 영유아는 다양한 악기나 소품들, 신체를 활용하여 자신의 감정이나 생각을 자유롭게 표현함으로써 즐거움을 경험하고 창의성을 키울 수 있으며, 다른 친구의 창의적인 표현을 감상하면서 심미감을 기를 수 있다. 창의적인 음률활동의 예로는 주변에서 나는 다양한 소리를 탐색해 보거나, 그러한 소리를 자신이 만들어 보기, 다양한 리듬악기나 폐품악기 등을 이용해서 소리내 보기, 독특한 자신만의 리듬 만들어 보기, 다양한 음악을 듣고 그 느낌을 신체로 표현해 보거나 소품을 이용하여 자유롭게 표현해 보기 등이 있다.

이를 위해 유아교사는 영유아가 자신만의 독특한 반응이나 표현을 나타내도록 격려해

주어야 한다. 창의적 음률활동은 집단으로 노래 배우기, 교사를 따라서 율동 해보기, 그리고 손유희 함께 하기 등의 활동과는 구별된다. 유아교사는 교사의 지시에 따라 대집단으로 모든 영유아가 똑같이 활동을 하도록 진행하기보다는 개별이나 소집단별로 활동을 진행하며 개별적 표현을 장려하고 자신의 흥미를 지속시켜 나가도록 격려해 주어야 한다.

다양한 악기나 동작활동 자료를 이용하여 소리나 음악 듣기, 창의적으로 표현하기, 주변에서 나는 다양한 소리를 탐색하기, 다양한 리듬악기나 폐품악기 등을 이용해서 소리내기, 독특한 자신만의 리듬 만들기, 다양한 음악을 듣고 그 느낌을 신체로 표현하거나 소품을 이용하여 자유롭게 표현해 보기 등의 활동을 할 수 있다.

영아의 경우에는 충분한 자료를 제공하면서 독창적인 표현을 격려해야 한다. 영아와 함께 할 수 있는 음률활동으로는 교사의 노래 듣고 몸을 흔들어 리듬 표현하기, 소품을 이용하여 느낌 표현하기, 작은 북이나 마라카스, 실로폰 등의 악기 두드려 리듬 만들기, 소리 만들기 등이 있다. 유아에 비해 교사를 모델링하기 쉽지만 교사의 방법을 강요하지는 말고 단순한 두드림 등 리듬을 타고 몸을 흔들어 표현하거나 소품을 이용하여 자유롭게 표현하도록 격려해야 한다.

음률, 미술, 신체표현과 같은 표현생활 영역의 내용은 크게 탐색, 표현, 감상의 3가지 부분으로 구성되어 있다. 유아교육기관에서 흔히 표현활동은 강조되고 있으나 탐색과 감상활동은 활발하게 이루어지고 있지 못한 실정이다. 그러나 창의적인 표현은 구체적이고 깊이 있는 탐색활동과 우수한 예술작품에 대한 감상활동을 통해서 이루어질 수 있다. 따라서 유아교사는 유아교육기관에서 음률활동을 다룰 때 탐색, 표현, 감상의 3가지 영역의 내용이 골고루 다루어질 수 있도록 유의하여야 할 것이다.

⑥ 미술활동

미술활동은 대부분의 영유아가 즐겨하는 표현활동이며, 영유아는 미술활동으로 즐거움과 슬픔, 흥미로웠던 경험이나 기억, 좋아하는 사람이나 물체, 사건 등을 표현한다. 미술활동은 영유아의 정서, 창의성, 인지, 소근육 발달을 촉진하고 또래와의 협동심을 기른다. 가위질, 색칠 등의 활동은 소근육과 눈과 손의 협응력을 발달시키며, 손가락그림 등의 활동은 소근육뿐만 아니라 대근육의 발달을 이끈다. 유아들의 발달적 수준에 적합한 미술활동의 결과물을 완성해 보는 과정 속에서 성취감을 맛보게 되며 부정적인 정서를 순화하는 경험을 가지게 된다.

영아는 미술활동의 주제나 내용은 영유아의 흥미나 발달단계에 따라 결정해야 한다. 미술자료를 영유아 스스로 선택하여 사용하도록 하고, 여러 가지 자료를 충분히 활용할 수 있는 다양한 미술활동의 기회를 제공해야 한다. 작품의 완성 속도나 순서에서 개인차를 존중해야 한다. 전형적인 표현이나 견본 작품을 따라하는 모방활동보다는 독창적인 표현이나 구성을 장려해야 한다. 이때 영유아가 표현하고 싶은 주제나 내용을 각자의 흥미에 따라 결정하여 표현하도록 함은 물론 미술활동 자료도 스스로 선택하도록 하며, 작품의 완성 속도나 순서에서도 개인차를 존중해 주어야 한다. 예를 들어, 온갖 종류의 폐품을 자유롭게 이용하여 공간 구성을 하는 경우 여러 가지 병뚜껑이나 빨대 같은 소품은 버스의 바퀴로 쓰는 등 작품의 부분을 장식하고 꾸미는 데 활용하도록 격려할 수 있다. 그러나 교사가 이미 만든 완성품을 영유아에게 보여주고 전체 유아가 똑같이 모방하게 하거나 기술적으로 잘 만들어진 결과만을 중요시하는 것은 바람직하지 않다. 영아의 경우에는 자료 사용과 탐색에 한계가 있을 수 있으므로 연령에 따라 수준에 맞게 조절하여 활동의 기회를 제공하는 것이 필요하다.

영유아의 창의성 신장과 창의적 표현력을 길러 주기 위하여 유아교사는 가능한 한 다양한 자료와 내용으로 미술활동을 계획하고 진행해야 한다. 미술활동은 그리기와 자르기, 접기 등의 활동 외에도 입체 구성하기, 콜라주, 찰흙으로 구성하기, 노끈이나 실 같은 선을 이용하여 활동하기, 찍기, 붙이기 등의 다양한 내용을 포함한다. 자료는 종이뿐 아니라 천, 비닐, 돌, 잎, 과일껍질, 호일 등 주변의 여러 가지 재질을 활용하도록 한다.

유아교육기관에서 미술활동은 일반적으로 평면 미술활동과 종이와 크레파스 등의 한정된 자료를 이용한 미술활동으로 국한되어 이루어지고 있다. 그러나 유아의 창의성을 신장시키고 창의적인 표현력을 증진시키기 위한 미술활동은 평면 미술활동뿐만 아니라 입체 미술활동과 다양한 종이와 미술활동의 도구를 이용한 미술활동을 균형 있게 다루어야 할 것이다.

영아의 경우 크레파스와 같은 간단한 재료를 가지고 긁적거리거나 큰 붓으로 그리기, 도장 찍기, 종이 찢기와 붙이기, 간단한 가위질 등의 다양한 활동을 영아가 원하는 시간에, 원하는 방식으로 시도할 수 있도록 격려해야 한다.

⑦ 쌓기활동

쌓기놀이는 영유아의 대·소근육을 발달시키고 공간지각 능력을 키워 줄 뿐 아니라,

또래와의 사회적 관계를 향상시킨다. 쌓기놀이는 단순하게 블록을 쌓아 무너뜨리는 활동에서부터 도로나 교각, 교차로, 건물 등을 구성하는 것으로 발전하며, 점차 복잡하고 정교한 도시나 동물원, 우주센터 등을 건설하는 놀이로 연결된다. 또 역할놀이로 확장됨으로써 놀이가 더욱 활성화될 수 있다. 유아교사는 적절한 시간과 공간, 충분한 놀잇감을 제공하여 영유아의 흥미가 유지되고, 놀이가 확장되도록 도와주어야 한다.

영유아기 쌓기놀이의 발달은 다음과 같은 단계로 이루어진다.

- 1단계: 단순하게 블록을 쌓고 무너뜨리기, 블록을 나열하기
- 2단계: 도로, 다리 구성하기
- 3단계: 복잡하고 정교한 도시, 동물원, 주차장, 이층 건물 등을 건설하기

이러한 영유아들의 쌓기활동의 발달단계를 고려하여 쌓기활동을 진행할 수 있다. 영아의 경우에는 유아에 비해 단순한 행동을 반복한다. 즉, 한두 가지 행동만이 포함된 단순한 역할놀이나 쌓기놀이가 진행될 수 있다. 예를 들면, 큰 스펀지 블록을 위로 쌓아 보기, 블록을 한 쪽에서 다른 쪽으로 옮기기 등이다. 교사는 영유아의 쌓기놀이 행동의 발달에 대해 올바르게 이해하고 이러한 영유아들의 창의적인 쌓기활동이 이루어질 수 있도록 도움을 제공해야 한다.

유아의 경우에는 단순한 쌓기활동에 머무르지 않고 유아의 창의적이고 독창적인 생각이 반영될 수 있도록 쌓기활동을 운영하여야 한다. 우주, 동물원 등을 구성하면서 다양한 인지적 기술과 즐거움을 맛볼 수 있는 경험을 제공하고 자신들이 만든 구성물을 이용하여 다양한 역할놀이가 이루어질 수 있도록 간단한 역할놀이 소품을 함께 제공해 주어야 할 것이다.

⑧ 역할놀이

영유아기는 자아에 대해 기초적인 개념을 파악하고 인식하기 시작하는 시기이다. 그러므로 영유아가 일상생활에서 보고 듣고 경험한 역할 등을 모방하고 재현해 볼 수 있게 기회를 마련해 주는 것이 좋다. 영유아는 역할놀이나 쌓기놀이 자료를 이용하여 일상생활에서 경험한 내용부터 상상한 내용에 이르기까지 다양한 주제를 놀이로 표현한다. 영유아는 역할놀이를 통해 사회적 지식을 재구성하고 사회 내 다양한 역할을 연습한다.

역할놀이는 영유아가 경험한 다양한 사건이 주제가 된다. 예를 들어, 병원을 다녀온

영유아는 병원에서 본 의사, 간호사를 흉내내고, 기차를 처음 타 본 영유아는 기차를 타서 내릴 때까지의 모든 과정을 재연해 보고 싶어 할 것이다. 이 외에도 음식점 놀이, 가게 놀이, 미용실 놀이, 서점 놀이, 버스 놀이, 결혼식 놀이 등 영유아가 속한 지역사회의 특성, 영유아의 나이와 경험한 내용에 따라 다양한 주제로 놀이를 할 수 있다. 역할놀이가 풍부하게 이루어지기 위해서는 유아교사의 계획에 따라 대집단으로 놀이를 진행하기보다는 영유아가 자발적으로 역할을 결정하고 그 역할에 따라 소품을 준비하며 놀이의 진행과정을 스스로 결정하는 것이 바람직하다. 유아교사는 놀이에 필요한 소품과 함께 시간과 공간을 충분히 제공하고, 영유아의 흥미와 관심이 무엇인지를 잘 알고 있어야 한다. 역할놀이 주제로는 병원 놀이, 음식점 놀이, 가게 놀이, 미용실 놀이, 서점 놀이, 버스 놀이, 결혼식 놀이, 목욕탕 놀이 등을 할 수 있다.

영아기 초반의 모방활동은 교사와 옹알이하기, 까꿍 놀이, 동물 흉내내기 등으로 시작하여 월령이 높아질수록 대체물을 이용한 단순 상징놀이로 확대된다. 그러므로 일상생활에서 영아들이 쉽게 경험할 수 있는 구체적인 자료를 다양하게 제공함으로써 놀이에 대한 흥미가 확장되도록 해야 한다.

영아에게 적합한 역할놀이 주제로는 아기에게 우유 먹여 주기, 인형 업어 주기, 인형을 유모차에 태워 밀어 주기, 전화하기, 머리 빗겨 주기 등이 있다. 유아의 경우에는 유아가 자발적으로 역할을 결정하고 그 역할에 따라 소품을 준비하며 놀이의 진행과정을 스스로 결정하여 놀이할 수 있는 기회를 제공해야 한다.

(4) 교사의 역할

유아교육기관에서 일반적으로 자유선택활동 시간은 유아 주도적으로 활동이 이루어진다. 유아 주도적으로 활동이 이루어진다고 해서 교사의 역할이 강조되지 않는 것은 아니다. 유아 주도적으로 활동이 이루어지는 속에서 교사가 어떤 지지자의 역할을 담당하는가에 따라 유아의 사고를 확장시킬 수 있는 교육활동으로 자유선택활동이 운영될 수 있고 단순한 놀이 활동으로 활동이 진행될 수도 있다. 따라서 유아교육기관에서 자유선택활동 시간은 교사들의 예리한 관찰력과 민첩성, 예민함, 순발력 있는 행동들이 요구된다.

유아교사는 영유아가 스스로 가치 있다고 느끼고 독립된 개체로 존중받는다고 느낄 수 있도록 말과 행동으로 이를 표현해야 한다. 유아교사의 이러한 말과 행동은 영유아가 다른 사람들과 의사소통하는 방법에 영향을 주며, 남을 존중하고 받아들이는 능력을 키우는 데 도움이 된다.

영유아는 환경의 변화에 민감하고 개별적인 배려가 많이 필요하며, 호기심이 왕성하여 질문과 요구를 많이 한다. 영유아의 개별 요구와 질문에 누군가 반응해 준다는 것은 영유아로 하여금 환경에 대한 통제력을 느끼게 하는 데 도움이 되며, 더 넓은 세상을 탐색할 수 있는 능력의 기초를 이루게 한다. 그러므로 유아교사는 영유아가 자유롭게 자신의 요구를 표현하고 의문이 생길 때 질문할 수 있도록 허용하는 분위기를 만들어 주어야 한다. 그리고 영유아에게 지속적으로 관심을 기울여 관찰하고 영유아의 행동이나 표현을 이해하고 적절하게 반응하려는 자세가 필요하다.

영유아의 자유선택활동은 학습의 시간이므로 유아교사가 주의 깊게 관찰하고 참여하여야 한다. 유아교사가 영유아의 실내·외 놀이에 참여하고 적절히 개입하는 것은 영유아의 놀이 수준을 높여 주며, 놀이를 지속하게 해주고 확장해 주는 것이다. 놀이가 단순히 반복되어 흥미를 잃게 되는 시점이나 다른 놀잇감이 필요할 때, 또는 놀이 친구가 필요할 때, 유아교사가 놀이 아이디어와 놀잇감을 제안하거나 놀이상대자로 개입할 수 있다.

영유아들이 놀이하는 모습을 관찰해 보면 매우 활동적으로 노는 영유아가 있는 반면, 앉아서 조용히 노는 영유아가 있고 또래가 가지고 노는 놀잇감에 관심이 많고 애착을 보이는 영유아도 있다. 이와 같이 영유아의 놀이방법이나 진행방법은 개별 영유아의 연령, 발달수준이나 흥미, 기질, 배경 등에 따라 조금씩 다르기 때문에 유아교사의 놀이에 대한 적절한 지원과 참여 그리고 활성화는 영유아의 놀이내용을 풍부하게 한다.

유아교사가 영유아의 놀이에 항상 참여해야 하는 것은 아니며, 영유아의 연령과 놀이 종류에 따라 유아교사의 개입이 효과적이지 않을 때도 있다. 따라서 유아교사는 영유아의 놀이를 주의 깊게 관찰하여 필요한 경우 적절한 방법으로 개입해야 한다. 유아교사는 영유아의 놀이에서 일부 역할을 담당하여 개입함으로써 교사 자신도 이를 즐기고 놀이를 더 활성화할 수 있다. 또 영유아와 놀이를 하면서 개개인의 발달 특성을 파악할 수 있다.

자유선택활동 시간에 교사들이 담당해야 할 구체적인 역할에 대해 살펴보면 다음과 같다.

첫째, 영역별 활동 자료를 준비해야 한다. 생활주제에 따라 각 활동영역별로 발달에 적합하고 유아들의 다양한 흥미를 이끌 수 있는 활동과 교재·교구를 준비하여 영유아들의 다양한 활동 참여가 이루어질 수 있도록 유도하여야 한다.

둘째, 자유선택활동 시간의 활동은 영유아들이 중심이 되어 진행하도록 배려해야 한다. 자유선택활동 시간은 영유아들의 개인차를 고려한 수준별 교육이 이루어지는 시간이다. 이에 따라 유아교사는 자유선택활동 시간에 유아 주도적으로 활동이 이루어지도록 이끌고 필요시 적절한 개입을 통하여 유아들의 활동이 확장될 수 있도록 지원하여야 할 것이다.

셋째, 필요시 놀이의 상대 역할을 해야 한다. 유아교사는 유아들의 활동을 관찰하다가 놀이 상대자로 참여하거나 필요한 교재·교구를 제시해 주는 등의 역할을 담당해야 한다.

넷째, 유아들로 하여금 한 가지 놀이에만 집착하지 말고 다양한 놀이 활동에 골고루 참여하도록 도와야 한다.

다섯째, 유아들 간에 일어나는 문제나 갈등에 대해서는 유아 스스로가 규칙을 세우고 해결하도록 도와준다.

여섯째, 교사는 모든 유아가 잘 보이는 위치에서 유아들의 활동을 관찰하며 발달상황을 점검하도록 한다.

2) 집단활동

(1) 집단활동의 의미

유아교육기관에서 집단활동이란 자유선택활동과 대비되는 개념으로써 함께 모여서 하나의 교육활동을 하는 것을 말하며 공동의 목표를 가지고 서로 영향을 주고받으며 진행하는 활동이며 대집단 활동과 소집단 활동으로 나눌 수 있다. 대집단 활동이란 한 학급 전체의 유아가 함께 모여 하는 활동을 의미하며 하루의 일과 계획, 출·결석 상황 알아보기, 이야기 나누기, 동화·동시 듣기, 새노래 부르기, 게임, 간식, 낮잠 등이다. 소집단 활동이란 한 학급의 유아를 2~3개의 집단으로 나누어 4~15명 정도 내외의 유아들이 함께 활동을 하는 것을 의미한다.

집단활동을 통해 유아들은 자신의 생각을 표현해 볼 수 있는 시간을 가질 수 있으며, 다른 사람들의 생각과 사고를 접해 볼 수 있는 기회를 가질 수 있다. 뿐만 아니라 공동의 활동에 참여하는 과정 속에서 자기 통제 및 협동하는 방법을 배울 수 있다.

(2) 집단활동의 계획

유아교육기관에서 집단활동을 계획할 때는 현재 진행하고 있는 학급의 주제, 학급 유아의 특징, 교사의 수, 학급 환경의 특징, 자료의 분배, 교사의 능력, 교재·교구 등을 고려하여 결정하고 실시되어야 한다.

이러한 집단활동의 구체적인 계획 순서는 다음과 같다.

첫째, 일과계획을 세울 때에 가장 먼저 해야 할 일은 주제에 따른 집단활동의 유형(이야기 나누기, 게임, 동화 듣기, 음률활동 등)을 정하는 것이다.

둘째, 교육내용과 활동의 유형에 따라 소집단 활동과 대집단 활동을 결정한다.

셋째, 계획된 활동의 순서를 정하고 소요시간을 정한다.

넷째, 소집단으로 운영하려고 할 때에는 여러 가지 여건과 활동의 성질에 따라 집단의 크기와 구성원을 결정한다.

다섯째, 정해진 활동의 종류와 인원수에 따라 가장 효과적으로 사용할 수 있는 자료를 선택한다.

여섯째, 학기초(3~5월)에는 가급적 대집단활동은 피하고 개별학습, 소집단활동을 강조한다. 이것은 유아의 성공적인 학습을 위해서 중요하다. 특히 유아의 연령이 어릴수록 개별학습이나 소집단활동을 필요로 한다.

유아교육기관에서 집단활동은 현재 진행중인 생활주제와 가장 밀접하게 관련되는 활동이다. 유아교사는 다양한 활동유형의 집단활동을 계획하고 운영하여 유아들이 다양한 놀이 활동에 참여하는 과정 중에 현재의 생활주제에 대한 폭넓은 경험을 할 수 있도록 해야 한다.

유아교육기관 집단활동 계획안의 예는 〈표 2-2〉와 같다.

〈표 2-2〉 활동계획안 예시

활 동 명	몸에 좋은 음식과 나쁜 음식	대 상	만 5세
생활 주제	음 식	소 주 제	몸에 좋은 음식과 나쁜 음식
활동 유형	집단활동(이야기 나누기)	집단 유형	대집단
활동 목표	• 몸에 좋은 음식과 나쁜 음식을 구별할 수 있다. • 음식을 구별하여 먹음으로써 올바른 식생활 습관을 기를 수 있다.		
활동 자료	• 융판, 동화책(난 토마토 절대 안 먹어) • 좋은 음식(김치, 피망, 무, 된장, 콩나물, 시금치, 우유, 고사리 등) 그림자료 • 해로운 음식(아이스크림, 초콜릿, 사탕, 햄버거, 피자, 불량식품, 콜라 등) 그림자료		
활동 방법			
도 입	1. 아침에 먹고 온 음식들에 대해 이야기 나눈다. - 오늘 아침에 어떤 음식을 먹고 왔어요? 2. 교사는 〈난 토마토 절대 안 먹어〉 동화책을 읽어 준다. 3. 책의 내용에 대해 이야기 나눈다. - 이 책에 어떤 음식들이 나왔죠. - 우리 몸에 좋은 음식은 무엇일까요? 		
전 개	4. 음식 그림자료를 보면서 이야기 나눈다. - 여기 이 음식은 어떤 음식인가요? - 이 음식은 우리 몸에 좋을까요, 나쁠까요? 5. 위와 같은 방법으로 준비한 그림자료에 대해 차례대로 이야기 나눈다. 6. 그림자료를 섞어둔다. 7. 섞여 있는 그림자료 중에서 몸에 좋은 음식 10개, 몸에 나쁜 음식 10개를 찾아내어 분류해 본다.		
마무리	8. 몸에 좋은 음식과 나쁜 음식에 어떤 것이 있었는지 다시 한 번 이야기 나눈다.		
활동 평가	• 몸에 좋은 음식과 나쁜 음식을 구별할 수 있게 되었는가 • 음식을 구별하여 먹음으로써 올바른 식생활 습관을 가질 수 있게 되었는가?		

(3) 집단활동의 운영

유아교육활동은 유아들의 직접적이고 구체적인 경험을 강조한다. 이에 유아교육기관에서는 유아들의 직접적인 참여를 높이기 위하여 집단활동보다는 개별활동을 더 강조하는 편이다. 집단활동이 자유선택활동보다는 유아의 참여가 적고 교사주도적으로 활동이 진행되므로 유아의 직접적인 참여를 높일 수 있는 개별활동을 더 선호하는 경향이 있다. 그러나 집단활동이라도 교사가 어떻게 집단활동을 운영하는가에 따라서 유아들의 적극적인 참여와 상호 의견교환을 이끌 수 있을 것이다.

특히, 집단활동 시 일반적으로 유아교사들은 모든 것을 교사가 계획하고 준비해야 된다고 생각하는 경향이 있다. 그러나 집단활동이라고 해서 교사가 모든 것을 준비하고 유아들에게 일방적으로 설명하는 시간이 아니라, 활동의 특성에 따라 활동의 계획, 자료준비 등의 활동에 유아들의 참여를 이끌 수 있을 것이다.

대집단 활동은 유아들의 주의집중시간에 따라 유아가 흥미를 잃지 않을 때까지 실시할 수 있으며, 각 연령과 발달수준에 따라 10~30분 내외로 실시할 수 있다. 대집단 활동 시간은 유아의 연령, 흥미, 발달 수준, 경험 등을 고려하여 정하고, 유아의 주의 집중력을 고려해야 한다. 또한 유아들의 발달 수준, 선행 경험을 고려하여 활동과 관련된 자료를 제시하고, 유아의 경험을 회상하거나 사물을 제시하는 등의 다양한 지도 방법을 사용한다(교육과학기술부, 2009).

이러한 대집단 활동의 운영을 위해서는 먼저 유아들의 주의를 집중시킬 수 있는 전략을 세우는 것이 중요하다. 대집단 활동 시 유아들의 주의를 집중시킬 수 있는 전략을 살펴보면 다음과 같다.

첫째, 유아의 집중도를 높일 수 있는 곳을 선정하여 적절한 좌석의 배치를 고려한다. 활동하기에 충분한 공간을 확보하여 유아의 정신이 산만하게 되지 않도록 조용하고 아늑한 장소를 택한다. 교사가 유아 전체를 볼 수 있도록 장소를 정돈한다. 교사는 벽을 등지고 앉고, 문·창문을 등지지 않는 것이 좋다. 왜냐하면 유아들의 시선이 흩어지기 쉽기 때문이다. 활동이 끝날 때까지 집중도를 유지하기 위하여 유아의 좌석 배열도 고려한다. 즉, 친한 친구끼리는 떨어지도록 하고, 조용한 유아와 동적인 유아의 순으로 앉힌다. 또한 상황에 따라 활동 중간에도 좌석을 바꾸어 줄 수 있다.

둘째, 유아가 다 모일 때까지의 시간차를 이용하여 속삭임, 유머, 손유희, 노래부르기, 관찰력 게임, 말 이어가기, 수수께기, 수놀이, 간단한 표현활동 등을 한다. 이것은 유아를 집중시키려고 하는 것이므로 될 수 있는 한 짧게 하도록 유념한다.

셋째, 유아가 집중되면 계획된 집단활동으로 들어간다. 주입식이 아닌 자연스러운 상호작용을 하며, 유아의 반응에 따라 민감하게 대처한다.

넷째, 전체로 진행되는 활동에 방해되지 않는 부수적 행동은 무시하지만 문제가 발생하면 민첩하면서도 조용하게 대처한다.

다섯째, 교사의 지도방법에 많은 변화를 요한다. 교수매체로도 변화 있게 진행한다. 음성으로 크게, 작게, 속삭이듯, 빠르게, 느리게 등으로 변화 있게 진행한다. 교사의 표정으로 변화 있게 진행한다. 적절한 유머를 사용하면서 즐거운 분위기로 지루하지 않게 진행하도록 한다.

여섯째, 유아의 적절한 행동을 인정하면서 그와 반대인 산만한 행동은 무시해 버릴 수도 있다. 특정한 유아의 행동이 방해가 될 때는 그 유아의 특성에 적절한 방법을 강구해야 한다. 좋은 말로 넌지시 타이른다. 자리를 바꾸어 본다. 교사의 옆이나 혹은 앞자리에 앉게 한다. 때로는 교사의 바로 옆자리에 앉게 하고는 손을 붙잡고 있을 수도 있다. 때로는 유아에게 교사의 역할을 대신해 볼 수 있는 기회도 제공한다.

소집단 활동으로 운영 시 한 학급의 유아를 두 집단 혹은 세 집단으로 나누어 같은 교사가 교대로 동일한 학습을 지도할 수도 있고 집단마다 각각 다른 교사가 동일한 활동을 지도할 수도 있다. 또한 각 집단마다 다른 교사가 동시에 다른 활동을 할 수도 있다. 즉 동일한 조형활동을 하면서 그룹을 나누어서 할 수도 있고, 두 그룹으로 나누어서 한 그룹은 주활동을 다른 그룹은 다른 영역의 활동을 진행할 수도 있다. 소집단 활동에서는 유아들의 활발한 인지적 상호작용이 일어날 수 있도록 유도해야 한다.

이러한 소집단 활동의 장점은 개별적인 상호작용을 통해서 긍정적인 인간관계를 형성할 수 있으며 유아 개개인에게 적합한 활동을 계획하여 실시할 수 있으며 개인 파악, 개인적인 성격이나 흥미, 능력 등을 진단할 수 있고 교사가 유아의 행동에 적절한 반응을 할 수 있다.

(4) 집단활동의 유형

집단활동으로 이루어질 수 있는 활동은 다양하다. 이야기 나누기, 동시·동화 듣기, 게임하기, 음률활동, 신체표현 등의 다양한 활동이 이루어질 수 있으며, 이 중에서 이야기 나누기, 동화 듣기, 게임활동의 구체적인 운영방법에 대해 살펴보고자 한다.

① 이야기 나누기

이야기 나누기 시간은 교사와 유아가 한 자리에 모여 결석한 친구를 조사하고 하루의 생활을 계획하고 평가하는 시간으로, 특히 이 시간에는 계절의 변화 · 연중 행사 · 생활주제에 대한 이야기를 나눔으로써 지식과 흥미의 범위를 넓혀 줄 수 있다. 새 소식이나 경험한 것을 다른 사람 앞에 나와서 이야기하고, 다른 사람의 이야기를 듣는 기회를 가지는 시간이다. 이야기 나누기 시간에는 가장 일상적인 날씨, 날짜 등의 이야기로부터 시작하여 유아들의 지식을 확장시킬 수 있는 생활주제에 따른 이야기 나누기까지 다양한 활동이 이루어질 수 있다.

이러한 이야기 나누기 시간의 의의를 살펴보면 다음과 같다.

첫째, 한 학급의 친구가 누구인지 확인하고, 결석 · 출석 등을 함께 알아보며 결석했던 사유를 묻거나 오랜만에 만난 친구를 반겨 주면서 그 날의 일과를 교사와 함께 계획한다.

둘째, 집단적 언어활동을 통해 생활주제에 따른 여러 가지 개념과 뜻을 종합 · 정리하며 유아들의 학습활동을 점검한다.

셋째, 자신의 생활경험이나 느낌을 친구 앞에서 발표하는 기회를 가진다. 즉, 주말에 각 가정에서 경험한 것과 새 소식을 친구 앞에서 짧은 말로 표현하고 서로 의견을 나누는 언어적 생활경험을 말한다.

넷째, 다른 사람의 이야기를 집단 안에서 경청하는 경험을 가진다.

다섯째, 문제를 토의하고 평가하는 경험을 갖는다.

이야기 나누기 시간의 운영에서, 내용은 도입 – 전개 – 마무리(결말) 부분이 뚜렷하도록 구성한다. 도입 부분에서는 손유희, 수수께끼 등을 통한 유아 집중시키기, 간단한 소개 등이 이루어질 수 있다. 전개 부분에서는 주의 깊게 관찰, 발문을 통해 유아들이 상호작용하도록 격려하여야 한다. 마무리 부분에서는 활동하고 발견한 것을 서로 토의하도록 격려한다.

이러한 활동 진행 중 교사의 언어는 명령, 지시 등이 최소화되어야 하며 많은 유아가 직접 참여하도록 따뜻하고 허용적이어야 한다. 또한 교수 · 학습자료가 풍부해야 하며, 주제에 맞는 충분하고 다양한 학습자료가 준비되어야 한다. 상호작용은 교사와 유아의 언어적 상호작용만을 의미하는 것이 아니라 교사 – 교재 – 유아의 상호작용 모두가 중요하다.

이야기 나누기 시간의 집단 구성은 다루고자 하는 주제의 특성과 교사가 계획한 이야기 나누기 방식에 따라 대집단, 소집단으로 융통성 있게 할 수 있다. 따라서 이야기 나누기 시간을 효율적으로 운영하기 위하여 교사가 유념할 점은 다음과 같다.

첫째, 이야기 나누기 시간이 매일 있어야 하는 것은 아니다. 일주일에 2~3회 실시할 수 있으나 이야기 나누기 시간은 유아교육기관의 활동 중 중요한 비중을 차지하는 활동이다.

둘째, 이야기 나누기 시간을 반드시 대집단으로 실시해야만 하는 것은 아니다. 두 집단으로 나누어 실내·외 활동이나 서로 다른 활동을 번갈아가면서 할 수도 있고 이야기 나누기 내용의 종류에 따라서 집단의 크기를 조절해야 한다.

셋째, 대상의 연령별 특징 및 주의집중시간을 고려해야 한다. 3~6세인가에 따라 주의집중 시간이 다르기 때문에 활동내용의 선정, 전개방법 등이 달라져야 한다. 활동시간의 길이도 달라져야 한다. 유아들의 주의집중 시간은 15~20분 정도이다. 따라서 이것을 고려하여 활동을 계획해야 할 것이다.

넷째, 대화를 위한 장소를 준비한다. 유아들의 좌석을 고려하여 안배한 후 분위기를 조성하고 시작해야 하는데 반원형, 원형, 두 줄 반원형, 세모형 등으로 앉게 하고 이야기를 시작한다. 또한 유아들의 좌석이 안정되어야 하고 유아와 교사가 마주 보고 얼굴을 볼 수 있어야 하며 외부에서의 잡음이 들리지 않는 조용한 곳을 선택하는 것이 중요하다.

다섯째, 동기유발을 위한 준비가 필요하다. 이야기 나누기 주제와 관련된 이야기를 도입하거나 노래부르기를 하는 등 본론에 들어가기 전에는 될 수 있는 대로 짧고, 재미있게 시작하도록 해야 하며, 서론이 길면 재미가 없을 뿐만 아니라 유아들의 집중도가 떨어진다.

여섯째, 언어 사용에 유의한다. 명확한 발음으로 말하며 어휘는 유아가 이해할 수 있는 말을 사용한다. 문장의 구조가 단순하고, 복잡하지 않도록 유의한다.

일곱째, 목소리를 조절한다. 유아들의 흥미를 끌거나 주의집중을 높이기 위하여 목소리를 높게, 낮게, 빠르게, 느리게 다양하게 조작한다.

여덟째, 준비물은 구체적인 것들로 준비한다. 구체적인 시청각 자료를 준비하면 유아의 집중도가 높아지므로 시청각 교재를 사용하여 유아의 흥미에 맞도록 하는 것도 필요하다. 이야기 주제와 관계되는 구체적인 자료와 그림, 사진, 인형 종류뿐만 아니라 비디오, 슬라이드, OHP 등을 이용하여 유아의 흥미와 호기심을 지속시키는 것도 잊어서는 안 된다.

아홉째, 교사의 태도도 중요하다. 교사 스스로가 그 활동에 몰입해야 한다. 교사가 흥미가 없으면 유아도 흥미가 없다. 자연스러운 상호작용으로 이 시간을 진행하는 것이 바람직하다. 이야기가 끝난 후에는 동극, 작업, 노래, 신체표현 등으로 내용을 이해하였는지를 다양한 방법으로 알아보는 기회를 갖는 것도 바람직하다.

이야기 나누기 시간에 교사의 머릿속에는 유아들과 나누고자 하는 이야기의 전체가 체계적으로 정리되어 있어야 하며 계획한 것에 의해 진행하지만 이야기 나누기의 주도권은 유아들에게 있기 때문에 유아들의 요구나 흥미, 상황에 따라 얼마든지 변경될 수 있다. 실물이나 다양한 시청각 자료를 많이 사용하고 주제에 따라 유아들이 알고 있는 것, 경험한 것을 발표할 기회를 많이 주는 것이 좋다. 설명식은 피하고 토의식, 문답식이나 질문식으로 하는 것이 좋으며 확산적 질문을 많이 하여 유아의 사고력을 확장시켜 줄 수 있도록 하며 질문을 한 후에는 유아들에게 생각할 시간을 준다. 유아들에게 발표할 기회를 골고루 주고, 많이 알고 대답을 잘하는 유아를 기준해서 진행해 나가지 않도록 주의한다. 교사가 정확한 답을 모를 때는 솔직하게 '잘 모르겠으니 책을 찾아보거나 전문가에게 알아보고 다음날 이야기하기로 하자'라고 한 후 유아들에게도 알아 오게 하여 다음날 이야기를 계속한다. 연령과 시기, 내용에 따라 5~20분 이내에 계획된 내용을 충분히 토의·제시해 주고 유아가 흥미를 잃기 전에 끝마치도록 한다. 이야기 나누기 시간에 사용하였던 자료도 종류에 따라 유아들이 개인적으로 자유선택활동 시간에 재구성·재활용해 볼 수 있도록 제시해 준다.

이야기 나누기 시간의 성공적인 수행은 다른 사람과 다른 생각을 허용하는 분위기와 정해져 있는 답만을 유도하려 하지 않는 교사의 태도, 유아 입장에서의 적절한 질문을 통해 중재자의 역할을 하는 교사의 꾸준하고 일관성 있는 노력에 의해서 이루어진다.

② 동화

유아교육기관에서 집단활동 시간에 이루어지는 동화 듣기는 생활주제와 관련된 동화를 선정하여 구연동화, 그림동화, 융판동화, 테이블동화 등의 다양한 방법으로 들려 줌으로써 생활주제와 관련된 유아들의 사고를 확장해 주고 흥미를 높여 주며 유아들의 심미적인 감각을 발달시키는 기회를 제공하는 시간이다. 유아교육기관에서 동화 듣기 활동은 유아들의 상상력과 창의력을 길러 주고, 경험을 풍부하게 해주며, 자기를 표현할 수 있도록 도와주고, 언어능력을 기를 수 있도록 하는 중요한 활동이다.

동화 활동을 할 때 중요한 점은 무엇보다도 좋은 내용의 동화를 선정하는 것이다. 내용이 좋을 뿐만 아니라 현재 유아교육기관에서 진행하고 있는 활동의 내용을 심화·확장시켜 줌으로써 학습의 효과를 극대화할 수 있는 내용을 선정하는 것이다. 이러한 동화를 선택할 때 고려해야 하는 사항에 대해서 살펴보면 다음과 같다

첫째, 유아들의 발달수준에 적합해야 한다.

둘째, 현재의 활동주제와 연관성이 있어야 한다.

셋째, 유아들의 흥미를 이끌 수 있는 내용이어야 한다.

넷째, 동화의 내용이 건전하고 교육적이어야 한다.

다섯째, 유아들에게 감동을 줄 수 있고 문학적인 가치가 있어야 한다.

여섯째, 유아들에게 상상의 세계를 제공해 줄 수 있어야 한다.

동화 듣기 활동은 어린 영아에서부터 유아기에 이르기까지 지속적으로 다루어 주어야 하는 활동이다. 동화 듣기 활동을 진행할 때 그림동화의 기법만을 이용하는 것이 아니라 유아의 흥미와 호기심을 자극할 수 있도록 다양한 기법을 적용해야 한다. 이러한 동화의 제시방법으로는 테이블 동화, OHP 동화, 그림자 동화, 손가락인형 동화, 막대 동화, 자석 동화, 앞치마 동화, 융판 동화, TV 동화, 그림 동화 등의 방법이 있다. 교사는 이러한 여러 가지 동화 들려 주기 기법을 이해하고 각각의 동화내용에 따라, 생활주제의 성격에 따라 다양한 동화기법을 이용하여 동화를 들려 주어야 한다.

동화를 들려 줄 때 유의할 점을 살펴보면 다음과 같다.

첫째, 도입을 흥미롭게 하여 유아들의 주의를 집중시켜야 한다.

둘째, 생동감 있는 전달을 위하여 직접화법을 많이 사용하는 것이 좋다.

셋째, 마지막 부분에서 교사의 이야기에 대한 요약이나 훈계는 짧게 하는 것이 좋다.

③ 게임

유아교육기관에서 게임은 여러 명의 집단 구성원들이 함께 어울려 일정한 규칙이 존재하는 놀이 활동에 참여하는 활동으로, 지적·신체적 발달뿐만 아니라 협동심과 정서적인 만족감을 가질 수 있도록 하는 활동이다. 영유아에게 있어, 게임(이정환, 1999)은 풍부한 학습상황을 제공해 주고 상호작용 과정에서 요구되는 방법과 규칙을 창조하고 비언어적인 행동을 이해할 수 있게 하는 가치로운 훈련을 제공하며 사회적인 상호작용을 실행하기 위한 기회를 제공해 준다. 유아들은 여러 종류의 게임을 경험하면서 다음과 같은

목적을 달성하게 된다.

첫째, 운동신경 및 운동감각을 발달시킨다.

둘째, 자제력 및 자신감이 길러진다.

셋째, 바른 자세와 신체의 균형적 발달이 이루어진다.

넷째, 정서적 만족감을 갖는다.

다섯째, 단체의 일원으로서 규율을 지키고 공통된 목적을 달성하기 위해 함께 협력해야 함을 배운다.

여섯째, 의사결정 과정에 참여하는 기회를 가진다.

게임활동의 방법에는 원게임과 편게임이 있다. 원게임은 편을 나누지 않고 모든 유아들이 둘러앉아 일정한 규칙의 활동에 동시에 또는 순서적으로 참여하는 게임활동이다. 이러한 원게임에 참여하는 과정에서 모든 유아들이 성취감을 맛볼 수 있고 즐거움을 맛볼 수 있다. 또한 게임의 규칙에 익숙하지 않은 유아도 쉽게 참여할 수 있기 때문에 어린 영아들이나 학기초에는 편게임보다는 원게임으로 운영하는 것이 적합하다. 원게임을 통해 게임의 의미를 알게 되면 편게임을 제시할 수 있다. 편게임은 편을 나누어 일정한 규칙에 따라 게임이 이루어지고 승리하는 팀과 승리를 하지 못하는 팀이 존재하는 게임이다. 4~5세의 유아들에게는 원게임으로 운영할 수도 있지만, 유아들의 적절한 성부욕이나 성취감을 자극하기 위해서는 편게임으로 운영하는 것도 적절하다. 편게임에 익숙해지면 유아들이 게임 자료를 직접 찾아보고 게임의 방법과 규칙을 만들어 보는 기회를 가지는 것도 바람직하다.

유아들과 함께 할 수 있는 게임활동의 종류에는 목적물 맞추기, 경주, 숨기기, 알아맞히기, 언어적 지시 따르기, 카드게임, 판게임 등이 있다. 이러한 게임활동 중 편게임은 다음과 같은 방법으로 진행할 수 있다.

먼저, 교사는 출발선, 반환점, 신호도구(악기 등)를 준비한다.

둘째, 유아들을 두 편으로 나누어 게임 대형으로 앉히고 양편의 수를 알아본다.

셋째, 준비한 게임 도구를 보여주고 게임의 이름과 게임의 방법에 대해 알아본다.

넷째, 교사나 몇 명의 유아를 선정하여 직접 간단하게 게임에 대한 시범을 보인다.

다섯째, 게임활동을 실시할 때 지켜야 할 규칙에 대해 유아들과 함께 알아본다.

여섯째, 본 게임을 실시한다.

일곱째, 게임활동의 승패를 알아보고, 게임활동에 참여하는 과정에서의 바람직한 태도에 대해 평가한다.

교사는 게임활동을 유아교육기관에서 운영할 때 다음과 같은 점(류진희, 2000; 이정환, 1999)들을 고려해야 한다.

첫째, 학기초에나 어린 유아들에게는 원게임이나 자유대형 게임을 많이 하고 차츰 난이도가 있는 편게임을 한다.

둘째, 안정된 상태에서 게임에 대한 설명을 한다. 우선 게임의 대형으로 앉혀 자리정돈이 된 후, 교사는 게임에 대한 설명을 한다.

셋째, 게임에 대한 규칙을 유아들과 함께 알아본 후, 교사가 간단 명료하고 정확하게 이야기해 준다. 그리고 이해하기 어려운 부분이 있을 때에는 몇 명의 유아가 먼저 나와서 해보게 한다. 교사가 시범을 보여주는 것보다 유아들이 집적 해보게 하면 유아의 수준에서 이해되지 않은 부분을 정확하게 알 수 있으므로 다시 바르게 알려 줄 수 있는 기회가 되기 때문이다.

넷째, 교사는 모든 유아들이 즐겁게 참여할 수 있도록 게임의 방법을 고려해야 한다.

다섯째, 게임방법과 규칙은 교사가 생각한 것에 유아들의 의견을 반영하여 결정하고, 교사가 다시 한 번 간단명료하게 설명해 준다. 또한 유아들이 게임의 방법을 만들어 보는 기회를 제공할 수 있다. 게임 시작 전에 미리 지켜야 할 약속이나 규칙을 유아들이 찾아보도록 할 수 있다.

여섯째, 필요할 경우에는 게임을 하는 도중이라도 응원하는 유아들의 태도나 직접 게임을 하는 유아의 태도에 대해 언급할 수 있다. 만약 유아들이 지나치게 흥분한 상태라면 게임을 잠시 중단시켜 감정을 조절할 수 있는 시간을 주는 것도 좋다.

일곱째, 평가를 할 때에는 단순한 게임의 승패보다는 게임에서 목적하는 바를 중요시해야 한다. 즉, 누가 빨리 들어왔느냐보다는 누가 게임의 규칙을 얼마나 잘 지켰느냐는 사실을 부각시켜야 한다. 또한 게임을 하는 유아뿐 아니라 응원을 하는 유아들의 응원태도도 함께 평가를 한다. 따라서 교사는 게임의 결과보다 과정의 중요성을 느낄 수 있도록 평가와 아울러 게임에 임하는 태도도 함께 평가해 주어 지나치게 승부에 집착하지 않도록 도와주어야 한다.

여덟째, 게임에서 이긴 편에게는 진 편 유아들이 축하의 박수를 보내고, 진 편에게도 이긴 편의 유아들이 박수를 보내도록 하여 모든 유아들이 지나치게 승부에 집착하지 않도록 해야 한다.

아홉째, 자율감을 부여한다. 게임에서의 규칙은 생활에 대한 규칙이므로 참가자 전원이 규칙을 잘 이해하고 약속을 지키고 실천해야만 한다. 또한 게임에서는 규칙을 만들어 그 규칙을 지키게 되므로 유아들 스스로가 규칙을 만들 수 있는 특별한 기회를 가지게 되고, 유아 스스로 자발적으로 그 규칙을 받아들이게 되고 규칙을 지켜야 할 필요성을 이해하게 된다. 따라서 유아 자신이 스스로를 조정하여 공정한 놀이자가 될 수 있게 지도하는 것이 중요하다.

참고문헌

교육과학기술부(2009). **유치원지도서**, 1-13. 서울: 두산.

교육부, 보건복지부(2019). **2019개정 누리과정 해설서**.

김은심, 유향선, 문용은(2010). **유아교재 연구 및 지도법**. 서울: 파란마음.

류진희(2000). **유아교사를 위한 교육실습과 교육활동**. 경기: 양서원.

윤희경, 신혜영, 임미혜, 김애주, 나은숙, 이분려, 장미아(2005). **발달에 적합한 영유아 교육과정**. 경기: 양서원.

이정환(1999). **유아교육 교수-학습방법**. 서울: 교문사.

Frost, J. L.(1997). **놀이환경: 놀이의 중요성과 창의적인 실외환경 구성**. 이은해 역. **어린이와 환경**. 삼성복지재단 국제학술대회, pp.37-55.

Petersen, E. A.(2003). *Early childhood curriculum: Linking thematic, emergent, and skill-based planning to children's outcome(2nd ed.)*. Boston: Allyn and Bacon.

CHAPTER

03

교수설계와 교수전략

교수-학습의 효율성을 높이기 위한 하나의 방법이 바로 교수설계와 교수전략이다. 교사와 학습자 사이에서 일어나는 교수활동은 학습의 성과와 관련이 깊다. 교실의 수업상황에서 학습자가 학습목표를 최상으로 달성하도록 돕는 것이 곧 교수설계와 교수전략의 목적이다. 수업목표를 설정하고, 학습자의 학습동기를 유발하고, 학습내용을 제시하고, 학습자의 학습활동을 평가하고, 피드백을 제공하는 일련의 과정이 바로 교수-학습의 효율화를 높이기 위한 수업의 원리이다. 따라서 학습자의 학습은 잘 계획된 교수설계와 학습자 개개인의 특성을 고려한 교수전략에 영향을 받는다.

1. 교수설계의 개념

교수설계의 개념 정의를 위해서는 먼저 교수(instruction)와 설계(design)의 개념을 구체적으로 살펴보아야 할 것이다.

교수(instruction)란 학습자가 학습목표를 달성할 수 있도록 의도된 학습임과 동시에, 의도된 학습목표의 달성을 촉진할 수 있도록 계획된 학습 조건의 준비이다(Driscoll, 1994). 즉, 교수란 학습자에게 최적의 학습효과를 이끌어 낼 수 있도록 학습자의 내·외적 상황을 체계적으로 조성하는 것을 의미한다.

교수는 수업과 혼용하여 사용되는 경향이 많다. 그러나 엄밀한 의미에서 볼 때, 교수는 수업보다는 포괄적이며 광의적인 개념이다. 수업은 가르치는 일에 종사하는 교사나 교육 관련자 등이 학습경험을 촉진하는 의미로 사용되는 용어이며, 교수는 수업을 포괄하여 학습자 등이 촉진하는 학습경험을 포함한다.

교수는 교육(education), 수업(teaching), 훈련(training) 등과 흔히 혼용되어 사용되기도 한다. 그렇다면 이러한 용어들은 어떠한 관련이 있는가? 교수, 교육, 수업, 훈련은 다음 [그림 3-1]과 같이 구별할 수 있다(Smith & Ragan, 2003).

설계(design)는 당면한 문제를 해결하기 위한 체계적이고 의도된 계획과 사고의 과정을 의미한다. 보다 구체적으로 말하면, 설계는 문제를 해결하기 위하여 세우는 계획과 문제해결을 위한 해결전략의 개발, 그리고 평가의 과정에서의 세심한 주의, 전문적인 지식, 고도의 정확성과 창의성의 사용이 요구되는 활동이다(Smith & Ragan, 1993). 교수와 설계의 개념을 종합한 교수설계(instruction design)의 개념은 다음과 같이 정의할 수 있다.

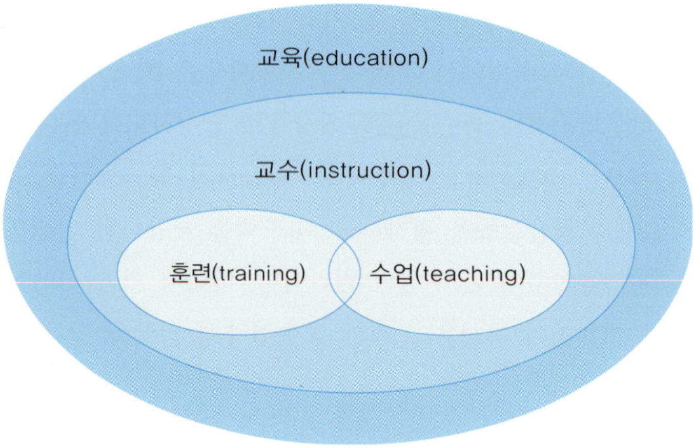

그림 3-1
교수와 관련된 용어 간의 관계

교수설계는 교수프로그램을 개발하고, 교수의 과정을 개선함으로써, 학습자에게 기대하는 지식과 기능의 변화를 이끌어내기 위한 최적의 수단과 교수방법을 찾아 제공하는 것이라 할 수 있다(Reigeluth, 1983). 학습자의 긍정적인 변화적 측면에서 정의한다면, 교수설계(instruction design)는 학습자에게 기대되는 변화를 일으킬 수 있는 최적의 교수방법을 고안하고, 처방하는 과정이며, 과학적인 분석과 고도의 전문성 및 창의성이 요구되는 지적 활동이다(김신자, 2001).

이상의 개념 정의를 통해서 알 수 있듯이, 교사가 교수를 계획할 때는 학습자의 학습목표 달성 여부를 세밀하게 고려해야만 한다. 이는 교수의 목표가 곧 학습의 최적화이기 때문이다.

학습과 교수활동의 최적화를 위해서는 효율적인 교수설계가 필수 조건이다. 교수설계는 교사와 학습자 모두의 측면에서 수업효과를 극대화하기 위한 활동이다. 따라서 교수설계의 목적은 교사와 학습자 사이에서 일어나는 수업과정을 분석하고 개선함으로써 교수의 효율성을 최대화하는 것이라 할 수 있다.

2. 교수설계의 접근

교수설계의 접근에서 고려해야 할 사항은 다음과 같다.

첫째, 최적의 학습을 발생시킬 수 있는 조건이 무엇인지 파악한다.

둘째, 최상의 효과를 달성할 수 있는 수업절차를 확인한다.

셋째, 논리적 단계를 통하여 수업을 설계한다.

효율적인 학습의 교수활동이 이루어지기 위해서는 여러 요소와 절차를 통합적으로 처리하는 체계적 접근이 필요하다(고영희, 1981). 교수설계의 기본적인 구성요소는 다음과 같다(Kemp, Morrison, & Ross, 1998).

첫째, 학습자의 수업활동을 위한 학습자의 특성, 둘째, 학습자가 성취해야 할 학습목표, 셋째, 학습자가 학습목표를 달성하기 위한 최적의 학습방법인 교수전략, 넷째, 학습자가 성취한 내용을 확인하는 평가이다.

캠프 등(Kemp etc., 1998)은 전형적인 교수설계의 모형은 여섯 가지의 절차를 통하여 순환적으로 작용한다고 보았다. 그것은 먼저 주제(topic)를 선정하고, 목표(objectives)를 설정하고, 교수(instruction)활동을 전개하고, 평가(evaluation)가 이루어지고, 평가는 수정(revision)의 과정을 거쳐 이전의 단계인 목표와 교수활동의 과정으로 피드백(feedback)을 제공하는 순환과정을 반복한다. 이러한 순환 과정은 [그림 3-2]와 같이 나타낼 수 있다.

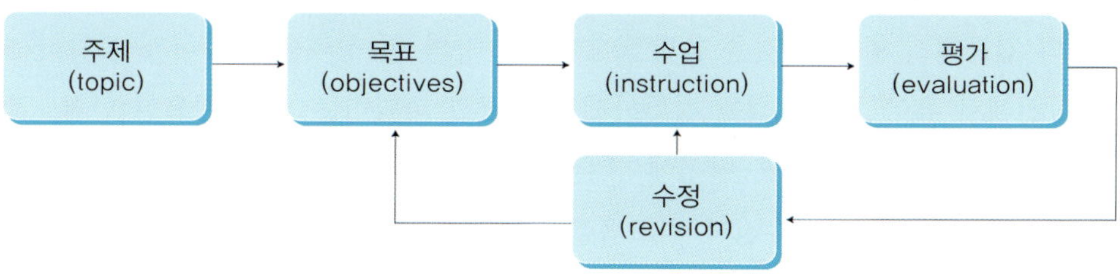

그림 3-2

교수설계의 접근과정

출처: Kemp ect., 1998.

교수설계의 구성요소를 보다 구체적으로 세분화하면 교수설계의 접근을 이해하는 데 용이할 것이다. 교수설계의 구성요소를 세분화하면 다음과 같다(Kemp etc., 1998).

첫째, 주제에 따른 목표를 설정하는 주제 선정 및 목표 설정

둘째, 유아 개개인의 주요한 특성을 파악하는 유아 특성 파악

셋째, 교수목표를 구체적으로 진술하는 구체적 목표 진술

넷째, 각 목표에 따른 학습과제를 분석하고 활동내용을 선정하는 과제 분석

다섯째, 주제에 대한 유아들의 현재 수준과 환경을 결정하기 위한 선수학습 수준 평가용 검사도구의 개발

여섯째, 활동내용들을 계열적으로 조직하는 계열화

일곱째, 학습목표를 달성하기 위한 교수전략

여덟째, 학습자료와 교구 등을 계획하는 교수매체의 선정

아홉째, 유아들의 학습목표 달성을 평가하는 평가도구의 개발

열째, 교수-학습 일정, 활동 예산, 활동 시설설비 및 인적자원을 결정하고 조정하는 자원의 선정

교수설계의 접근은 다음과 같은 장점을 갖는다(Briggs, Gustafson, & Tillman, 1991).

첫째, 유아가 학습목표를 성취하는 데 도움을 주는 효과성

둘째, 유아의 학습시간을 단축하고, 소요되는 경비를 줄이고, 노력의 정도와 양을 감소시키는 등 기대목표를 성취하도록 돕는 효율성

셋째, 유아의 학습동기를 유발하고 유지시키는 데 도움을 주는 흥미성

넷째, 교수목적, 교수방법, 교수평가 등의 기대목표 수준을 성취하는 데 최적의 교수-학습과정이 이루어지도록 돕는 일관성

다섯째, 유아들이 획득해야 하는 지식이나 기능에 도움을 주는 관련성이다.

교수설계의 접근에서 중요한 것은 출발점에서 학습자의 현 상태를 명확하게 파악하는 일이다. 출발선에서 유아들의 특성을 정확하게 분석하고 파악하는 일이 중요한 만큼, 교수활동 과정에서는 유아들의 목표 달성에 대한 평가가 중요하다. 왜냐하면 평가는 학습의 효과를 극대화시키기 위한 수정과 피드백을 결정하는 중요한 요소로 작용하기 때문이다.

3. 교수설계 모형

교수설계 모형의 사전적 정의(교육공학 용어사전 편찬위원회, 2005)는 교수체제 설계 활동의 이해를 돕고 설계 활동을 보다 체계적으로 수행할 수 있도록 하는 지침이자 수단이다. 교사는 교수설계 모형을 통하여 교수 상황의 문제를 보다 잘 이해하게 될 뿐만 아니라, 구체적인 단위로 분석함으로써 문제를 효과적으로 해결할 수 있는 해결책을 찾을 수 있다.

교수설계 모형은 하나의 현상을 설명하고 예언하기 위한 수단이 되는 일련의 원리들

이며, 이들은 체계적으로 통합되어 있다(Reigeluth, 1993).

교수설계의 모형은 유형별로 종류가 다양하다(Gustafson & Branch, 1997). 학자들에 따라 교수설계 모형을 분류하는 데 있어서도 차이를 보이고 있다. 교수설계 모형은 교실지향 모형, 산출지향 모형, 체제지향 모형의 세 가지로 분류(Gustafson, 1991)할 수 있으며, 또한 단순화 조건법과 웹기반 교육 프로그램 교수설계 모형으로도 분류(Reigeluth, 1993) 할 수 있다.

첫째, 교실지향 모형은 교수설계자인 교사가 자료의 선택과 활용 등을 비롯하여 자신의 교수 스타일이나 교수전략 등을 개선하고자 할 때 활용하는 것이다. 교실지향 모형의 주안점은 기존의 자료들과 교수전략을 어떻게 선택하고 활용하는가에 있다. 따라서 이 모형의 지향점은 교사가 학습자인 유아에게 전달하고자 하는 학습내용을 어떻게 효과적으로 전달하느냐 하는 것이다. 대표적인 모형은 스말디노(Smaldino), 러셀(Russell), 하인리크(Heinich), 몰렌다(Molenda)의 모형(Smalino, Russell, Heinich, & Molenda, 2005)과 켐프(Kemp, 1985)의 모형 등이다.

둘째, 산출지향 모형은 교실지향 모형과는 달리 기존의 자료의 선정이나 활용보다는 새로운 자료의 개발과 제작을 시도하고자 할 때 활용하는 것이다. 산출지향 모형의 주안점은 독자적인 교수 산물이나 매체 중심의 교수 산출기준을 개발하는 데 있다. 따라서 이 모형의 지향점은 새로운 교수자료의 개발과 산출이며, 이러한 교수 산물이 어떻게 하면 다양한 교수 운영자들에 의해 사용될 수 있느냐 하는 것이다. 대표적인 모형은 버그만과 모어(Bergman & Moore, 1990)의 모형과 반 패튼(Van Patten, 1989)의 모형 등이다.

셋째, 체제지향 모형은 교실지향 모형이나 산출지향 모형과 달리 전체 과정의 규모가 큰 교수설계에 초점을 두고 있다. 따라서 교수 체제의 광범위한 전개를 전제로 하며, 문제해결을 위한 바람직하고 신뢰할 만한 결정을 강조한다. 대표적인 모형은 딕(Dick)과 캐리(Carey)의 모형(1996)을 들 수 있다. 딕과 캐리의 모형은 학습자인 유아가 학습을 마쳤을 때 무엇을 알고 실천할 수 있는가에 초점을 맞추고, 유아의 학습과정을 지속적으로 검토하고 점검한다.

넷째, 단순화 조건법은 주어진 학습과제를 단순화시킬 수 있는 조건들을 찾아내어 과제를 분석하고 이러한 조건들을 활용하는 것이다. 단순화 조건법의 기본 지침(김영환, 1998)은 과제의 부분보다 전체를 염두에 두며, 단순한 형태의 과제와 실제적이고 현실적인 유형의 과제를 찾을 뿐만 아니라, 전체 과제에 대해 대표성이 높은 유형의 과제를 찾는다.

다섯째, 웹기반 교육 프로그램 교수설계 모형은 기존의 전통적인 교수설계 모형들과는 달리, 웹 환경에서 기획, 설계, 개발, 운영, 평가 등의 체계적인 내용들을 제공하기 위해 제시된 모형이다. 대표적인 모형은 NBISD(Network-Based Instructional Systems Design) 모형(정인성, 1997)과 WBI-ID 모형(나일주, 1999) 등이다.

이상과 같은 교수설계 모형은 교사가 수업을 계획하는 단계에서 고려된다. 교사가 유아의 학습을 계획하는 데 있어 도움이 되는 교수모형을 몇 가지 살펴보면 다음과 같다(정용부, 오성숙, 2007). 그것은 첫째, 교수절차 모형, 둘째, 협동교수 모형, 셋째, 변별교수 모형, 넷째, 개념교수 모형, 다섯째, 경험교수 모형, 여섯째, 직접교수 모형이다.

1) 교수절차 모형

교수절차 모형은 수업과정의 일반적인 모형이다. 수업을 어떻게 운영할 것인가에 초점을 둔다. 즉, 수업을 전개하는 과정에서 어떤 절차적 요소를 가지며, 그러한 요소들을 어떻게 배열했을 때 수업의 효과를 향상시킬 수 있는가가 주안점이다. 대체적으로 교수절차 모형은 계획, 진단, 전개, 평가 등의 과정을 거친다. 이를 도식화하면 [그림 3-3]과 같다.

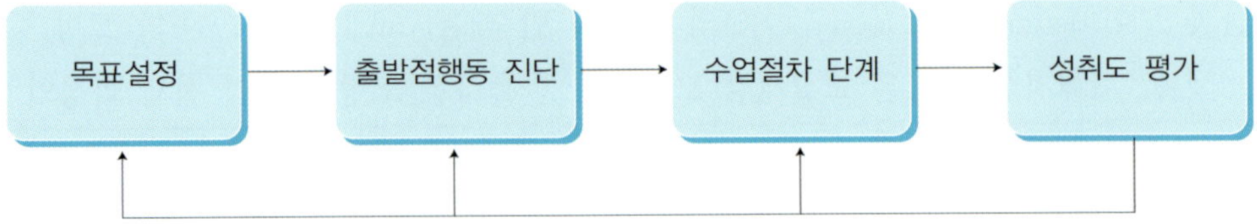

그림 3-3
교수절차 모형

교수절차 모형의 과정을 구체적으로 설명하면 다음과 같다.

(1) 목표설정 단계

이 단계는 수업을 계획하는 단계이다. 교사는 유아가 학습할 내용과 유아에게 기대하는 학습의 목표를 설정하는 단계이다. 이 단계에서 중요한 점은 유아 개개인의 특성을 파악하는 일이다. 이는 학습내용을 선정하는 데 있어서 학습자의 이해 수준을 정확하게 파악하고, 학습의 목표를 설정하는 일이 반드시 요구된다는 것을 의미한다.

(2) 출발점행동의 진단 단계

이 단계는 유아가 새로운 학습과제를 학습할 때 부딪칠 문제점들을 사전에 예측하고 적절한 해결책을 강구함으로써 학습의 효과를 높이는 데 목적이 있다. 이 단계에서 중요한 점은 목표설정의 단계와 마찬가지로 학습자인 유아 개개인의 출발점행동을 정확하게 파악하는 일이다. 이는 유아의 출발점행동이 학습의 성공을 결정하는 주요한 변인으로 작용하기 때문이다. 따라서 출발점행동의 진단은 유아의 학습능력, 유아의 일반적 심리(적성, 흥미, 지능, 태도 등)와 특정한 활동내용에 대한 성취수준의 사전 진단이라 할 수 있다.

목표설정과 출발점행동 진단의 단계는 계획단계에 해당된다. 계획은 교사가 수업을 전개하기 위한 준비의 단계로서 교재연구를 하거나 수업계획을 짜는 단계이다. 계획단계는 교사가 수업계획을 하는 과정에서 학습의 효율성을 높이기 위해 준비하는 과정이다. 학습목표가 무엇이며, 학습에 활용될 자료를 선정하고, 어떠한 활동방법을 통하여 목표에 도달할 것인지를 파악한다는 점에서 계획단계는 중요하다. 따라서 계획의 단계는 교재연구 및 수업계획을 위한 교사의 전문적인 능력이 요구된다.

(3) 수업절차의 단계

이 단계는 수업을 진행하는 과정에 해당된다. 이 단계에서 가장 기본적으로 요구되는 변인은 학습의 효과를 높일 수 있는 동기유발 원인(drive), 학습문제를 해결할 수 있는 단서(cue), 학습에 몰입하고 열중하는 참여와 연습(practice), 학습의 효과와 강도를 강화시키는 보상(reward)이다(황정규, 1984).

수업에서 교사는 학습자인 유아로 하여금 학습의 흥미를 갖도록 동기를 부여하고, 학습내용을 설명하고 학습을 촉진시키는 안내자이자, 촉진자이며, 조력자의 역할을 한다.

(4) 성취도 평가의 단계

이 단계는 계획의 단계에서 설정한 학습목표를 학습자가 달성하였는지의 여부를 판단한다. 평가는 학습자의 학습능력을 향상시키는 데 있어서 중요한 역할을 한다. 교사는 학습자인 유아의 목표달성 상태를 정확하게 분석하고 평가하여 다음의 학습목표, 학습내용, 학습과정에 반영할 수 있다. 교사는 유아 개개인의 학습 성과를 평가하고 다음의 학습에 반영함으로써 유아가 학습결손이 누적되는 일이 없도록 객관적인 평가를 게을리하지 않아야 한다. 평가는 학습의 성공과 실패를 결정하는 데 있어 중요한 영향을 미치기 때문이다.

2) 협동교수 모형

협동교수 모형을 이해하기 위해서는 먼저 협동학습에 대한 개념 정의가 필요하다. 협동학습이란 학습능력이나 개개인의 특성이 각기 다른 유아들이 동일한 학습목표를 달성하기 위하여 소집단 내에서 함께 활동하는 수업방법을 의미한다(Slavin, 1985). 협동학습은 학습자들이 공동의 과제와 문제를 해결하기 위하여 집단의 목표를 설정하고, 집단의 성과를 높인다. 보상은 정해진 규준에 따라 그 집단의 성과의 질과 양에 근거하여 집단 전체에 부여한다(Johnson & Johnson, 1974). 따라서 교사는 학습자인 유아들을 소집단으로 구성하여 그 집단의 구성원들이 공동으로 학습문제와 과제를 해결할 수 있도록 학습 상황을 구성할 수 있다.

협동학습은 다음과 같은 특성이 있다(서울대학교 사범대학 교육연구소, 1989).

첫째, 유아들이 학습문제를 해결하고 학습과제를 수행하기 위해서는 협력이 이루어져야 한다.

둘째, 협력은 능력, 적극성 및 리더십 등의 성향, 학습동기, 성별 등을 고려하여 가능한 이질적이고 혼합된 집단으로 구성되어야 한다.

셋째, 보상은 학습자 개인 지향적이기보다는 집단 지향적이어야 한다.

협동학습은 그 성격에 따라 유형이 다양하게 분류된다. 협동학습을 성격에 따라 분류하면 다음과 같다(Gunter, Estes., & Schwab, 1995).

첫째, 분담학습 모델(JM: Jigsaw Model)

이 모델은 주제탐구에 초점을 맞춘다. 학습자인 유아들은 자신의 흥미에 따라 주제를 선택하고, 교사는 유사한 주제를 선택한 유아별로 소집단을 편성한다. 소집단의 구성원은 약 3~6명이다. 유아들은 각 집단별로 주제탐구 활동을 전개한 후, 전체 집단이 모여 소집단별로 활동을 발표한다. 이러한 과정을 통해서 유아들은 각 집단의 주제를 이해하게 될 뿐만 아니라, 전체 구성원들이 각각의 주제를 이해할 수 있게 된다. 이 모델은 유아들이 자신들이 탐구한 주제에 대한 전문가가 되어 다른 유아들을 지도할 수 있도록 하는 전략이다. 따라서 소집단의 구성원들은 자신이 속한 집단의 주제에 전문가가 될 뿐만 아니라, 협동학습을 통하여 학급 내에서 이루어진 전체 주제에 대하여 이해하게 된다.

둘째, 집단조사 학습(GI: Group Investigation)

이 모델은 한 가지 주제를 전체 유아들이 동시에 탐구한다. 교사는 2~6명의 유아들로 소집단을 편성한다. 전체 유아들이 학습해야 할 주제를 집단 수에 맞추어 작은 단위로 세분하여 제시한다. 유아들은 소집단별로 배치되어 자신의 집단에 주어진 세분화된 주제에 대하여 토의한다. 소집단 내에서도 유아 각각 개개인에 따라 작업이나 역할이 다르게 정해진다. 각 소집단별로 조사한 내용은 학습 전체 구성원들에게 발표하고 교사와 유아들은 집단별로 전체 학급에 기여한 기여 정도를 평가한다. 평가는 집단에서의 기여도에 따라 유아 개개인에 대한 개인평가와 집단별 전체에 대한 기여도에 따라 집단평가가 동시에 이루어지기도 한다. 평가 후에 이루어지는 보상 또한 평가와 마찬가지로 유아 개개인 또는 집단별 보상 등이 자유롭게 이루어진다.

셋째, 학습자 팀 학습(STL: Student Team Learning)

이 모델은 모든 유아들이 함께 학습하고, 유아 개개인의 학습뿐만 아니라 소집단의 다른 유아들의 학습에도 공동의 책임을 진다. 따라서 집단에 속한 개개 유아들의 학습목표 달성과 집단에 속한 모든 유아들의 학습목표 달성을 중요시한다. 이 모델에서의 핵심은 집단에 대한 보상, 유아 개개인의 개별적인 책임, 그리고 성공에 대하여 균등한 기회를 제공한다는 것이다. 이 모델은 경쟁학습과 달리 보상을 받기 위하여 다른 집단과 경쟁하지 않으며, 집단의 성공이 그 집단에 속한 유아 개개인의 책임에 따라 좌우된다는 점을 강조한다. 보상은 다른 유아와의 경쟁에서 이겼을 때 주어지는 것이 아니라 각각의 유아들이 개개인의 발달 정도에서 높은 성취도를 보였을 때 주어진다. 이 모델은 학습에 참여한 모든 유아들이 자신의 목표 달성의 정도에 따라 적절한 보상을 제공하기 때문에 학습자인 개개 유아들에게 높은 성취감과 높은 학습동기를 촉진하는 장점이 있다.

넷째, 동반 학습(LT: Learning Together)

이 모델은 유아들을 4~5명의 이질적 집단으로 편성한다. 학습과제도 집단별로 제시하고 보상과 평가도 집단별로 이루어진다. 각 집단의 구성원인 유아 개인의 목표성취의 정도가 집단 및 개인에게 영향을 미치기 때문에, 이 모델은 집단 구성원 개인의 긍정적인 상호 의존성과 개인의 책무성을 중요시한다.

동반학습은 18단계로 세분화할 수 있다(Johnson & Johnson, 1987a).

① 수행해야 할 학습목표와 협동적인 목표를 설정하는 교수목표의 설정 단계
② 과제의 성격, 시간, 협동의 기능 등을 철저히 분석하여 4~5명의 범위 내에서 소집단을 편성하는 집단 크기의 결정 단계
③ 이질적인 집단을 구성하여 유아들을 각각의 집단으로 배정하는 이질집단 편성 단계
④ 소집단으로 구성된 집단들이 구성원 사이에서 상호 의사소통과 학습 토의가 활발하게 이루어질 수 있도록 하는 집단별 자리 배열의 단계
⑤ 학습자 간에 상호 의존성을 높일 수 있는 교수자료의 계획 단계
⑥ 집단별로 학습자들 각각의 역할을 정하는 집단 구성원들의 역할 배정 단계
⑦ 학습에 참여한 유아들에게 학습목표, 학습정보 등을 제공하는 학습과제의 설명 단계
⑧ 학습 결과 산출의 긍정적인 목표와 상호의존성을 구조화할 수 있도록 돕는 상호 의존성 구조화 단계
⑨ 개인 또는 집단별 성취에 대하여 점수를 부여하는 책무성 구조화 단계
⑩ 집단의 학습자 모두가 각각의 목표에 도달하였을 때 학습자 전체를 보상하는 집단 간의 협동 구조화 단계
⑪ 목표의 도달 정도를 평가하고 학습자들에게 평가준거를 설명하는 성공과 평가준거 설명 단계
⑫ 학습자들이 자신이 속한 협동집단 내에서 요구되는 행동을 조작적으로 정의할 수 있도록 돕는 과제 행동 상세화 단계
⑬ 과제수행에 대한 어려움을 파악함으로써 집단 내에서의 협동적인 활동을 촉진하고 돕기 위한 학습자의 행동 모니터 단계
⑭ 유아들에게 과제를 해결하기 위해 필요한 중요한 단서를 제공하는 과제 성취 조력 단계
⑮ 유아들이 각각의 집단 내에서 학습과제를 효과적으로 성취할 수 있도록 돕는 개입 단계
⑯ 학습자들에게 학습의 요점을 정리하여 발표하거나 질문을 함으로써 학습내용을 상기시킬 수 있도록 돕는 학습 종결 단계
⑰ 학습자들이 달성한 학습의 질과 양을 평가하는 학습에 대한 평가 단계
⑱ 각각의 집단이 얼마나 협동적으로 활동하였는지를 평가하는 집단의 협동 평가 단계이다.

동반 학습의 장점은 세분화된 18가지 단계를 적절하게 통합하여 활용할 수 있는 융통성의 폭이 넓다는 점이다. 유아에게 동반 학습을 성공적으로 이끌어 내기 위해서 교사의

전문성이 요구된다. 따라서 교사는 학습에 실질적인 도움을 주는 안내자의 역할을 충분히 수행할 수 있도록 철저한 사전 교육을 받아야 한다. 단점이라면 이 모델에 대한 전문성을 획득하기 위한 교사의 노력과 시간이 많이 요구된다는 점이다.

이상에서 살펴보았듯이 협동교수 모형은 모형의 유형에 따라 다양한 과정을 거친다. 다양한 유형에 기초하여 협동교수 모형의 과정을 정리하면 다음과 같다.

(1) 교수목표의 설정 단계

이 단계는 학습자 개개인은 물론이고 집단이 달성해야 할 학습과제와 목표를 분석하고 설정한다. 이 단계는 계획의 단계에 해당되며 교사는 학습목표, 집단 크기, 집단별 이질성 판단, 집단별 자리 배치 등을 세밀하게 분석한다.

(2) 교수내용 설정 단계

이 단계는 학습자 개개인과 집단이 각각의 학습과제를 해결하는 데 있어서 필요한 학습내용이 무엇인지를 설정하고 학습자들에게 설명한다. 교사는 학습의 효율성을 높이는 데 도움이 되는 교수자료를 함께 제시함으로써 학습자들의 학습동기를 부여한다.

(3) 집단 편성의 단계

이 단계는 협동교수 활동이 효과적으로 이루어지기 위하여 요구되는 집단 편성에 대한 설명과 집단 구성원 각각의 역할에 대하여 설명한다. 교사는 집단 구성원들이 각각의 역할을 충실히 이행함으로써 집단의 협력이 원활하게 이루어질 수 있도록 한다.

(4) 협동교수의 단계

이 단계는 협동학습을 전개하는 과정에 해당된다. 교사는 학습자인 유아들이 각각의 집단에서 자신의 역할을 충실히 이행함으로써 학습의 효과를 높일 수 있도록 집단의 활동을 돕는다.

(5) 평가와 보상의 단계

이 단계는 협동학습의 결과에 대한 평가와 보상이 이루어진다. 평가와 보상은 유아 개개인의 발달에 대한 평가와 집단의 성취에 대하여 융통성을 가진다. 교사는 평가결과를 다음의 학습에 반영하고 즉각적인 피드백을 제공함으로써 학습자의 학습목표와 내용을 선택하는 데 있어서 중요한 정보로 활용할 수 있다.

3) 변별교수 모형

변별학습은 유아가 주어진 두 가지 이상의 다양한 자극에 대하여 정확한 변별반응을 계속할 수 있게 되는 변별반응 능력의 변화를 의미한다. 변별학습은 지각능력에 대한 척도로 사용되어 오다 최근에는 개념학습과 문제해결능력으로 사용되고 있다. 유아교육에서 변별학습은 사물에 대한 형태, 색채, 방향 등의 차이를 변별하는 능력에서 흔히 활용된다. 유아의 연령이 증가함으로써 점차 지각능력이 발달하고 변별학습의 효과도 상승된다. 변별학습의 보편적인 형태는 어떠한 정보나 준거에 따라 개념을 분류하는 것을 들 수 있다. 예를 들면, 유아들은 연령이 증가함에 따라 일상생활을 하면서 자주 접하게 되는 환경에서 사물의 모양, 크기, 색상, 맛, 냄새, 형태, 공간과 공간과의 거리 등을 구별하는 능력이 발달하게 된다.

유아들은 자신의 주의집중, 호기심과 동기, 강화, 기억 등 복잡한 과정을 통하여 변별능력을 발달시킨다. 따라서 유아들의 시지각적 자극이나 청각자극의 변별능력은 효과적인 학습능력을 향상시키기 위한 기초기능이라 할 수 있다.

변별교수 모형은 유아들의 정보처리능력을 개선함으로써 변별능력을 향상시키는 효과적인 학습성취를 돕는다.

변별교수 모형은 주제목록 열거, 목록의 유목화, 유목화의 범주화 등의 과정을 거친다(Joice & Weil, 1996). 변별교수 모형의 과정을 구체적으로 설명하면 다음과 같다(Gunter, Estes, & Schwab, 1995).

(1) 목록 제시의 단계

이 단계는 학습자인 유아들에게 학습과제인 주제에 대하여 관련된 모든 목록들을 제시한다. 교사는 학습에 참여한 모든 유아들이 이해하기 쉽도록 유아들의 개인적인 경험이나 이전의 학습내용들을 참고하여 목록을 작성한다. 따라서 제시된 목록들은 유아의 발달단계를 고려하여 추상적인 개념보다는 보다 구체적이고 사실적인 것이어야 한다. 이 단계는 학습의 첫 단계이므로 목록은 무엇보다 학습자인 유아들의 흥미와 욕구를 충족시킬 수 있도록 제시되어야 한다. 이 단계는 프로젝트 접근법의 브레인스토밍(brain storming)과 유사한 단계이다. 가능한 유아들에게 많은 생각과 연상작용을 이끌어낼 수 있도록 많은 양의 목록들을 제시하는 것이 중요하다. 이 단계에서 중요한 것은 유아들의 학습을 일반화할 수 있도록 목록들이 포괄적으로 제시되어야 한다는 점이다.

(2) 목록의 유목화 단계

이 단계는 제시된 목록들을 유사한 개념별로 분류하고 함께 묶는다. 유아들은 제시된 목록들이 상호 어떠한 관련성이 있는지를 탐색한다. 이 탐색과정에서 요구되는 것은 변별을 위한 준거를 찾는 것이다. 어떠한 준거에 의하여 목록들이 관련성이 있는지, 아니면 차별화되고 구별되는지를 명확하게 이해하는 단계이다. 예를 들면, 같은 색끼리 분류하는가, 유사한 맛끼리 분류하는가, 아니면 형태에 따라 분류하는지 등의 유목화를 위한 변별준거가 명확해야 한다.

(3) 유목화에 따른 명명

이 단계는 유목화한 묶음에 대하여 이름을 붙인다. 유아들은 유사한 것끼리 일정한 변별준거에 따라 목록들을 분류하였다면, 이 분류된 목록들을 종합적으로 설명할 수 있는 대표적인 이름을 정해야 한다. 이 탐색과정에서 요구되는 것은 목록들을 유목화 이유에 대한 명확한 이해를 파악하는 일이다. 교사는 유아들이 유목화한 이유가 타당한지를 파악하기 위하여 유아들에게 다양한 질문을 해야 한다. 이러한 과정에서 유아들은 자신의 생각이 변별기준에 합당한지에 대해 이해하게 된다. 따라서 유목화의 명명 단계에서 교사의 중요한 역할은 유아들이 상호 간에 끊임없이 질문하고, 깊이 사고하고, 문제에 대해 원활한 의사소통을 촉진할 수 있는 환경을 조성해 주는 일이다. 이러한 과정을 통하여 유아들은 자신이 내린 결정을 가치롭게 느낄 뿐만 아니라, 높은 학습 성취도를 느낄 수 있다.

(4) 유목화의 재수정 단계

이 단계는 이전의 단계에서 유목화한 목록들을 재탐색하여 수정하고 다시 새롭게 유목화한다. 유아들은 자신들이 결정한 유목화의 목록들을 세심하게 관찰하고 깊이 있게 사고해야 한다. 그러한 과정에서 이전의 유목화 목록에서 차별화될 수 있는 목록을 이끌어 낸다. 교사의 역할은 유아들이 이전의 유목화 목록들을 세심하게 관찰함으로써 차별화된 목록들을 끄집어 낼 수 있도록 단서가 되는 질문을 해야 한다. "이 목록들은 모두가 비슷한데, 다른 목록이 있다면 어떤 목록인지 생각해 보자.", "만일 이 목록들에서 조금 덜 비슷한 것을 꼽는다면 어떤 목록일까?", "이 목록들을 다른 곳으로 보내는 이유가 있다면 무엇이니?"와 같은 질문은 유아들이 이전의 유목화에서 보다 구체적인 준거를 통하여 목록들을 유목화하도록 촉진한다.

따라서 이 단계에서 유아들은 이전의 단편적인 유목화의 준거를 제시하였다면, 하나의 사물을 다양한 시지각적 또는 다양한 특성들을 고려하여 변별하고자 하는 탐색능력을 발달시킬 것이다.

(5) 정보의 종합 단계

이 단계는 유아들이 유목화한 자료의 특성들을 정리한다. 유아들은 모양, 크기, 형태, 색 등의 공통적인 특성에 따라 분류하는 기술적 분류와 유아들 자신의 개인적 경험에 기초하여 분류하는 상황적 분류, 두 가지 이상의 복합적인 준거에 기초하여 분류하는 복합 분류 등의 정보를 종합한다. 교사는 유아들이 어떤 변별기준에 의하여 목록들을 유목화하고 그룹으로 편성하였는지에 대한 일반화 가능성을 정리할 수 있도록 도와야 한다.

(6) 평가의 단계

이 단계는 유아들의 변별능력의 발달을 평가한다. 목록을 분류하여 유목화하고, 이름을 붙이고, 유목화를 재수정 및 재구성하고, 정보를 조합하는 과정에서 유아들은 어떠한 발달을 보였는지에 초점을 맞춘다. 이 단계는 유아 개개인이나 집단에서 형성된 학습의 발달 정도를 보다 명확하게 평가하는 교사의 역할이 중요하다. 평가의 단계는 유아가 학습한 개념 및 학습의 효과를 분석하고, 다음 학습의 목표를 설정하는 데 피드백을 제공할 뿐만 아니라, 유아가 학습한 개념에 대한 일반화 가능성을 파악하는 단계이기 때문에 그렇다.

4) 개념교수 모형

개념교수 모형을 이해하기 위해서는 먼저 개념에 대한 정의가 필요하다. 개념은 구체적인 개념과 정의된 개념으로 설명할 수 있다(Gagné, 1970). 구체적인 개념은 사물의 속성이나 대상의 위치를 구체적으로 구별할 수 있는 능력을 의미하며, 정의된 개념은 2개 이상의 단순한 개념 간의 관련성과 차이점을 찾는 능력을 의미한다.

대체적으로 개념학습 모형은 구체적인 수준, 동일시 수준, 분류 및 유목화 수준, 형식적 수준의 과정을 거친다(Taba, 1967). 유아가 하나의 개념을 학습하는 데 있어서의 발달 과정은 처음 구체적인 수준에서 출발하여 점차 개념이 확장됨으로써 추상적인 수준에까지 도달하게 된다. 이를 도식화하면 [그림 3-4]와 같다.

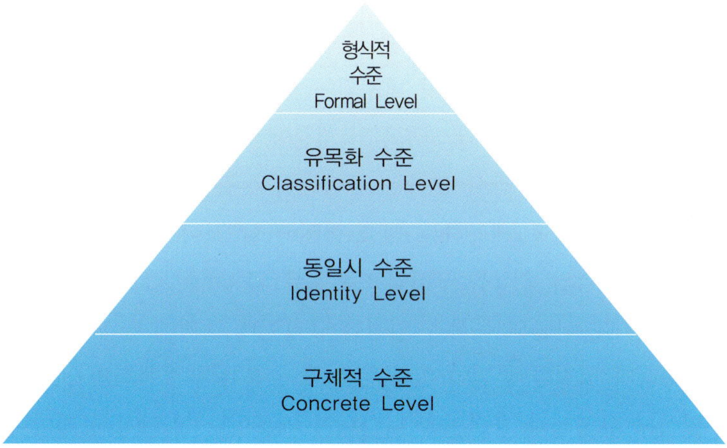

그림 3-4
개념학습 모형

타바(Taba, 1969)가 제시한 개념학습 모형 과정을 구체적으로 설명하면 다음과 같다.

① 구체적 수준은 개념학습의 최초의 출발점이다. 이 단계에서는 사물의 속성에 초점을 맞춘다. 따라서 사물 사이의 차이는 속성의 차이이다.

② 동일시 수준은 구체적 수준의 단계에서 얻은 모든 정보와 지식을 동원하여 사물들의 두 개 이상의 다른 형태를 구별하는 데 초점을 맞춘다.

③ 유목화 수준은 사물이 두 개 이상의 동등한 가치를 가지며 준거에 의해 유사한 것으로 묶을 수 있다는 분류에 초점을 맞춘다.

④ 마지막 단계인 형식적 수준은 개념의 종합적 능력에 초점을 맞춘다. 이 단계에서는 사물의 속성을 이해하고, 명명하며, 개념을 분류하는 타당한 준거와 규칙 및 속성이 무엇인지를 이해하며, 가설을 설정하고, 설정된 가설을 기억하고 평가할 수 있으며, 필요시 가설을 추론할 수 있다.

개념학습의 네 가지 요소는 다음과 같다.

① 명칭이다. 명칭은 한 문화권에서 공통적으로 이해되고 표현되는 상징적 단어나 기호를 의미한다. 모든 사물에는 상징적인 의미를 지닌 이름이 있다. '고양이'와 '개'는 동물로, '사과나무'와 '배나무'는 식물로 구별되며, 각각은 명칭이 있다.

② 표본이다. 표본은 사물의 개념에 대한 사례를 말한다. 개념을 이해한다는 것은 긍정적인 사례와 부정적인 사례를 인지하고 구별하는 것을 의미한다. 유아들은 '고양이'와 '개', '사과나무'와 '배나무' 등과 같이 구체적인 개념 이해가 가능하다. 그러나 '행복', '사랑' 등과 같은 추상적인 개념에 대한 이해는 어려움을 느낀다.

③ 속성이다. 속성은 하나의 사물을 특징짓는 단서가 된다. '사과'의 속성은 달콤하거나 시큼한 맛, 사과의 색상, 먹을 수 있다는 등의 다수의 속성을 지니고 있다. '사과'와 마찬가지로 하나의 사물에는 다양한 속성이 내포되어 있다. 속성은 유목화에서 유용하게 활용된다. 즉, 속성은 사물의 유사성과 차별성의 기준에 따라 유목화와 분류화를 하는 데 하나의 준거가 될 수 있다. 따라서 교사는 유아들이 본질적인 속성과 비본질적인 속성을 구별할 수 있는 학습환경을 제공하는 데 노력해야 할 것이다.

④ 규칙 및 준거이다. 개념의 속성을 구체적으로 분류하는 것이 바로 규칙이나 준거이다. 유아들은 하나의 제시된 사물의 목록을 일정한 규칙이나 준거에 따라 분류한다. 이러한 규칙과 준거는 속성과 밀접한 관련이 있다. 유아들이 분류한 유목화와 분류화의 개념은 바로 속성에 있어서 유사성과 차별성을 나타내기 때문이다. 따라서 규칙이나 준거는 하나의 사물에 대한 모든 본질적인 속성들을 차별화함으로써 개념의 성격을 명확하게 밝혀준다. 이런 차원에서 규칙과 준거에 의한 개념적 정의는 보다 구체적이고 객관적이라고 할 수 있다.

유아들이 하나의 사물에 대하여 효율적으로 개념을 획득할 수 있도록 돕는 개념교수 모형의 과정을 구체적으로 설명하면 다음과 같다(박성익, 1987).

(1) 교수할 개념의 선정 단계

교사는 유아가 학습할 내용에 대한 개념을 선정해야 한다. 개념 선정을 위한 기본 조건은 학습과 관련된 생각이나 명칭, 속성 및 본보기, 규칙이나 준거 등을 먼저 계획하는 것이다. 따라서 교사는 전문성을 지니고 있어야 한다. 개념을 선정하는 데 있어서 교사는 자신이 먼저 선정하고자 하는 개념에 대하여 이해하고 있는지를 점검해야 한다. 개념에 대한 사전 점검은 교사는 물론이고 유아들의 학습준비도를 점검하고 교수과정 및 평가과정을 수립하는 데 도움이 된다.

학습의 효과를 높이기 위해서 교사는 학습자의 개념 난이도 수준을 평가해야 한다. 유아의 학습 수준을 정확하게 판단하여 개념을 선정하는 것이 곧 학습의 성공과 실패를 좌우하기 때문에 그렇다.

학습의 난이도를 결정하는 기준은 다음의 다섯 가지를 들 수 있다.

① 유아의 경험이다. 학습자인 유아들의 사전 경험과 관련성의 정도에 따라 개념의 이해도가 달라진다. 경험한 사실이 없거나, 간접경험보다는 직접경험이 유아의 개념 이해도에 더 관련성이 높을 것이다. 관련성의 정도가 높다는 것은 개념의 난이도는 매우 쉬울 것이며, 관련성의 정도가 낮을수록 개념의 난이도는 매우 어려울 것이다.

② 사례의 제시이다. 표본이나 사례를 제시하는 것은 유아들의 학습효과를 상승시키는 데 도움이 된다. 교사는 유아의 학습을 유도하는 데 있어서 타바(Taba, 1969)의 단계처럼 구체적인 표본에서 점차 추상적인 표본을 제시해야 할 것이다. 구체적인 사례는 개념의 난이도가 쉬울 것이며, 추상적인 사례는 개념의 난이도가 어렵고 높을 것이기 때문이다.

③ 개념의 범위이다. 유아들이 개념을 학습하는 데 있어 개념의 범위가 좁거나 소수의 개념일 경우에는 난이도가 쉽고, 개념의 범위가 넓거나 또는 다수의 개념일 경우는 난이도가 높을 것이다.

④ 개념규칙의 세분화이다. 개념의 규칙은 객관적이고 과학적인 증거로 명확하게 통제할 수 있을 때 유아들은 개념의 난이도를 쉽게 이해한다. 그러나 개인적인 해석에 따라 변하는 속성은 개념의 난이도가 매우 높고 어렵기 때문이다. 규칙은 가능한 한 세분화하고 구체화하는 것이 요구된다.

⑤ 속성들의 상호관련성이다. 하나의 사물이 갖는 다양한 속성들이 통합되어 설명되는 것은 바로 개념의 속성들이 상호 관련성이 있음을 의미한다. 몇 개의 속성이 통합되어 설명될 수 있다면 개념의 난이도는 쉽다고 할 수 있다.

(2) 교수전략 및 자료 개발과 적용 단계

교수전략은 학습의 체계적인 조직을 의미하며, 학습의 효율성을 높이기 위한 교수방법적 접근이다. 교사는 교수전략을 세우는 데 있어 먼저 학습자인 유아의 발달을 고려해야 한다. 개념학습에서는 가능한 한 유아의 발달에 기초한 접근, 개념학습 이론에 기초한 접근을 통하여 학습자들의 개념 획득을 돕는 교수전략을 선택해야 한다. 이를 구체적으로 설명하면 다음과 같다.

① 발달에 기초한 접근이다. 이 접근은 유아들의 직접경험을 중요시한다. 이는 개념 획득이 유아의 발달에 기초한다는 점에서 유아들의 사고과정은 구체적인 체험을 통하여 효율적으로 이루어질 수 있다고 보기 때문이다.

② 개념학습에 기초한 접근이다. 이 접근 또한 유아들의 직접체험을 중요시한다. 개념학습을 위하여 가능하면 유아들에게 구체적인 표본을 제시함으로써 유아들이 개념의 규칙을 스스로 찾아낼 수 있도록 촉진하며 추상적이거나 가설적인 상황에 대한 추론은 지양한다. 따라서 가능한 한 많은 표본을 제시하고 유아들이 중요한 속성을 쉽사리 확인할 수 있도록 도와야 한다.

③ 개념 획득에 기초한 접근이다. 이 접근은 교수모형과 밀접한 관련이 있다. 교수모형에 따라 개념 획득의 정도가 영향을 받기 때문이다. 개념 획득을 위한 교수모형은 수용조건에서 이루어지는 모형으로 유아에게 직접적으로 가르치는 수용모형, 선택조건에서 이루어지는 모형으로 유아들이 주도적이고 능동적으로 구안된 개념을 획득하는 선택모형, 그리고 비조직적 자료를 동시에 제시함으로써 유아들의 개념 획득을 돕고, 일상생활에까지 획득된 개념이 전이될 수 있도록 촉진하는 비조직적 모형이 있다.

(3) 평가절차의 개발 및 적용 단계

평가의 단계는 유아들이 획득한 개념의 정도가 어떠한지를 판단한다. 개념의 숙달 정도를 평가하는 하나의 방법이 바로 규칙을 설명하게 하거나 개념의 속성에 대하여 기술하도록 하는 것이다. 그러나 보다 더 명확한 평가는 학습자가 이미 획득한 개념에 대하여 변별하는 능력을 평가하는 것이다. 평가의 결과는 다음 학습에 반영하여 유아의 발달과정을 점차적으로 향상시키는 유용한 자료가 된다.

5) 경험교수 모형

경험교수 모형은 유아의 발달에 적합한 경험을 제공해 줌으로써 유아의 논리적 사고를 계발하는 데 목적이 있다. 경험학습이란 유아들이 학습과제에 대하여 직접 경험과 체험을 통하여 학습하는 형태를 말한다. 경험교수 모형에서 교사는 유아의 사고기능을 발달시키는 최선의 방법이 직접적인 경험과 체험에 기초한다고 본다. 따라서 교사는 유아들의 경험과 흥미와 욕구를 중요시한다. 학습의 효과를 상승시키기 위한 최상의 방법이 유아의 관심과 흥미를 자극함으로써 학습동기를 유발시키는 것이라는 점에 초점을 둔다.

경험교수 모형은 학습자가 자신이 속한 환경과의 상호작용 경험을 통하여 학습하고 성장 · 변화한다고 보는 피아제(Piaget)의 이론에 바탕을 두고 있다.

경험교수 모형의 기본 가정은 다음과 같다(정용부, 오성숙, 2007).

① 교수과정은 물리적, 논리 · 수학적, 사회적 영역에서의 사고과정을 촉진할 수 있도록 구성하여야 한다.
② 교사는 유아 개개인의 흥미와 경험을 토대로 학습활동을 계획해야 한다. 이는 유아들의 학습이 환경과 상호작용하는 가운데 가장 효율적으로 이루어지기 때문이다.
③ 교사는 유아들에게 직접 조작해 볼 수 있는 구체적이고 다양한 자료를 제공해 주어야 한다. 이는 유아들이 환경으로부터 얻게 되는 정보나 지식을 효율적으로 처리하는 능력을 획득할 수 있도록 돕기 때문이다.

경험교수 모형의 전개과정을 구체적으로 설명하면 다음과 같다(이백휘, 유병열, 2000).

(1) 주제 설정하기 단계

주제 설정 단계는 먼저 해결해야 할 문제를 제시하고, 학습주제를 선정하는 데 있어 유아의 이전 경험을 통해 학습할 주제를 설정한다. 이때 주제의 선정은 유아의 발달과 이해 수준에 적합할 뿐만 아니라, 유아의 흥미와 관심을 유발할 수 있어야 한다.

(2) 계획 세우기 단계

계획 세우기 단계는 유아들이 해결해야 할 주제에 대하여 양질의 경험을 할 수 있도록 짜여져야 한다. 교사가 단독으로 계획을 세울 수도 있고, 유아들이 상호 논의하여 결정할 수도 있다. 유아들이 계획을 세울 때 교사의 역할은 학습과제의 실행 가능성과 현실성을 객관적으로 평가하는 일이다. 따라서 이때 교사는 적절한 아이디어와 단서를 제공하거나 조언을 하는 안내자와 조언자의 역할을 동시에 수행할 수 있어야 한다. 계획의 단계에서는 학습과정에서 어떤 점에 중점을 두고 경험학습이 이루어져야 하는지, 경험한 내용을 정리하고 발표하는 방법에 대한 계획도 세워야 한다.

(3) 경험학습 전개 단계

이 단계는 유아들이 학습을 통하여 실제적인 경험학습에 참여한다. 예를 들어, '우리 동네 기관이 하는 일'을 학습하고자 한다면, 동네의 기관들을 방문하여 종사자들을 찾아보고, 이들과 직접적인 만남을 통하여 인터뷰를 하고, 종사자들의 역할을 수행해 봄으로써 실천사례를 정리하도록 한다. 교사는 경험학습이 계획대로 잘 진행되고 있는지를 항상 주의 깊게 살펴보고 적절한 때에 적절한 지도 조언을 해야 한다. 교사는 유아들이 계획한 경험을 충분히 경험하는지, 이러한 과정을 구체적으로 기록하고 있는지를 살펴보고, 발표 자료를 준비하여 정리할 수 있도록 도와야 한다.

(4) 경험 공유하기 및 일반화 단계

경험 공유하기 및 일반화의 단계는 경험교수 모형에서 가장 중요한 단계이다. 유아들은 자신들이 학습한 개별 경험을 구체적으로 전체 유아들에게 발표하고, 이에 대한 자신의 생각과 느낌을 구체화함으로써 다른 사람과의 경험을 공유하고 공감하기도 한다. 또한 자신의 생각과 다른 의견에 대하여 이의를 제기함으로써 경험을 통한 학습을 심화시켜 나가고 확장시켜 나간다.

(5) 정리 및 평가 단계

정리 및 평가 단계는 경험에 의하여 얻어진 학습결과와 학습과정에 대하여 정리하고 평가한다. 학습할 과제에 대하여 계획했던 문제를 종합하고 정리함으로써 학습과정을 수정한다거나 앞으로의 학습에 피드백을 제공할 수 있다. 이 단계는 학습과정과 학습활동에 대한 반성적 사고를 촉진함으로써 경험의 폭을 넓히고, 경험의 깊이를 심화시킬 수 있는 기반을 다지는 기회가 된다.

6) 직접교수 모형

직접교수(direct instruction)는 교사중심의 교수방법이다. 교사는 유아들이 학습할 내용을 미리 선정하고 구체적이고 세부적인 단계까지를 조직하여 학습에 반영한다. 직접교수 모형은 교사가 순서적이며 구조적인 자료를 활용하거나, 유아들에게 구체적인 설명을 한다. 또한 모델을 제공하여 시범을 보이거나, 유아로 하여금 연습할 기회를 많이 제공할 뿐만 아니라, 학습결과에 대하여 즉각적인 피드백을 제공한다(Gunter, Estes, & Schwab, 1995). 이러한 점에서 직접교수는 학습자의 특성을 고려하기보다는 가르쳐야 할 학습내용에 초점을 맞추는 교수접근법에 더 가깝다.

직접교수에서 교사는 학습의 성패를 좌우하는 중요한 역할을 한다. 교사는 유아들의 학습을 성공적으로 유도할 수 있는 전문성을 지니고 있어야 한다. 직접교수 모형은 교사 중심적인 접근이라는 점에서 행동주의적 입장과 맥을 같이 한다.

따라서, 모델링(Modeling), 반복학습, 피드백, 강화, 행동수정의 원리와 반두라(Bandura)의 모델 관찰학습 및 모델행동 따라 하기, 비고츠키(Vygotsky)의 비계설정 등의 원리에 기초한다.

학습의 효과를 높이기 위해서 교사는 교재를 개발하거나 전달하고자 하는 학습내용에 대해서는 규칙이나 전략을 명확하게 제시하여야 한다. 직접교수 설계 원칙을 제시하면 다음과 같다(Nancy, Timothy, & Ronald, 2004).

① 교수전략으로서 철저하게 학습 향상을 위한 피드백을 제공하고, 잘못된 반응은 신속하고 정확하게 교정해 주어야 한다.
② 학습자들이 지루하지 않도록 학습의 진도를 빠르게 진행시키면서 학습자의 숙달 정도를 높일 수 있어야 한다.
③ 교사는 유아들이 교수활동을 능숙하게 전개해 나갈 수 있도록 바람직한 교수활동의 시범과 체계적인 도움을 주어야 한다.
④ 교수활동이 종료되었을 때는 지속적으로 학습자들의 학습 향상을 촉진할 수 있도록 평가하고, 평가내용은 교수활동에서 다루었던 것과 밀접한 관련이 있도록 구성한다.

직접교수 모형의 과정은 다음과 같이 구체적으로 설명할 수 있다(정용부, 오성숙, 2007).

(1) 학습목표 소개의 단계

학습목표 소개의 단계는 유아들에게 새로운 내용을 설명하고 유아의 이전 경험인 배경지식과 연결시키며, 유아들이 새로운 내용을 이해하도록 돕는 단계이다. 이 단계에서는 다음의 두 가지 활동이 이루어진다.

① 이전에 배운 관련된 학습을 간략하게 소개하고 상기시킨다. 특히 현행학습에 선행학습이 영향을 많이 미친다면, 현행학습에 앞서 선행학습을 재학습하도록 한다. 교사는 유아들이

새로운 학습에 앞서 선행학습에서 익혀야 하는 기능수준을 파악하는 일이 중요하다.

② 학습할 목표를 제시한다. 학습목표는 간단하고 명료하게 제시하여야 한다. 이는 유아들이 학습내용과 방법을 쉽게 이해할 수 있도록 돕기 위해서이다.

(2) 새로운 정보와 기술 제시의 단계

새로운 정보와 기술을 제시하는 단계에서 교사는 유아들이 학습할 새로운 기술과 그 제시 순서를 명확히 해야 한다. 각각의 단계마다 명확하고 구체적인 설명과 지도를 해야 한다. 교사들은 유아들에게 새로운 정보와 기술을 제시할 때, 시범을 보이고, 유아들에게 질문을 하고, 그림 자료나 시청각 자료 등의 적절한 자료를 활용하여 설명하는 것이 바람직하다. 이 단계에서 교사가 파악해야 할 내용은 다음과 같다. ① 학습내용의 정확한 분석, ② 학습내용의 도표화하기, ③ 학습내용을 유아들의 특성에 맞춰 세부적으로 분할하기, ④ 새로운 학습내용을 촉진시키기 위한 선행조직자를 개발하기, ⑤ 학습을 촉진시키는 질문하기, ⑥ 학습한 내용에 대하여 요점을 정리하고 다음 단계와 연결짓기이다.

(3) 연습 및 지도의 단계

연습 및 지도의 단계는 새로운 기술이 작은 단위로 분할되어 제시되고, 유아들은 충분한 연습을 통해서 각 단계의 기능을 익힌다. 교사는 시범을 통하여 개개 유아 및 집단의 유아를 지도하고 교정하는 활동을 한다. 이 단계는 유아들이 학습내용을 충분히 이해하고 기능을 익힐 수 있을 때까지 반복적인 연습과 지도가 이루어진다.

(4) 개별 연습의 단계

개별 연습의 단계는 유아들이 충분한 연습을 할 수 있도록 기회를 제공한다. 교사는 유아들의 연습 상황을 주의 깊게 관찰하고 이에 적절하게 개입하여 지도해야 한다. 숙달된 기능에 대해서는 지속적인 평가의 과정을 반복할 뿐만 아니라, 미숙한 기능에 대해서는 능숙하게 숙달될 때까지 계속 연습할 수 있도록 과제를 제공한다. 새로운 학습내용에 대해서는 주기적으로 반복연습을 할 수 있도록 한다. 교사는 유아들이 성취해야 할 학습과제가 충분히 달성되지 않았다면 무엇이 문제인지를 파악해야 한다. 교사는 유아들의 학습 효과를 향상시키고 적절한 도움을 제공하기 위하여 다음과 같은 질문을 반복해야 할 것이다. 그것은 ① 새로운 학습에 필요한 전제조건이 무엇인가, ② 학습내용이 보다 작은 단위로 세분화되었는가, ③ 선행학습이 각 단계별로 제시되었는가, ④ 학습목표와 방향이 명확한가, ⑤ 내용이 논리적이며, 적절한 예와 설명이 제시되었는가, ⑥ 학습내용에 대한 이해를 확인하는 질문내용이 적절한가, ⑦ 연습이 충실하게 지도되고 이행되고, 교정되었는가, ⑧ 유아들의 개개인과 집단의 연습에 대하여 충분한 점검이 있었는가, ⑨ 충분한 연습의 기회와 반복적인 연습 기회가 제공되었는가 등이다.

4. 교수전략

전략(strategy)이라는 단어는 고대 그리스어인 'strategos(군대의 지도자)'에서 유래하였다. 그런 의미에서 전략은 문자 그대로 '지휘기술 및 통솔의 능력'을 의미한다. 그러나 교육에 전략이 적용되면서, 교수전략이라는 용어에 사용되고 있다.

교수전략은 교사가 학습효과를 극대화시키기 위하여 사용하는 기술이라고 할 수 있다. 교육현장에서 교사가 활용하는 교수전략은 학습의 성공에 크나큰 영향을 미친다. 따라서 교사는 유아 개개인의 특성을 고려하여 적절한 교수전략을 계획하고 실천하는 능력을 지녀야 한다. 교수전략은 교사가 유아들에게 학습내용을 효율적으로 전달할 수 있는 방법과 관련된다.

교수전략은 교수설계와 교수모형의 효율성을 높여 줄 뿐만 아니라, 학습자에게는 학습의 효과를 높여 준다는 점에서 중요하다. 따라서 교사는 학습자 개개인의 특성들을 파악하여 다양한 교수전략을 분석하고 적용할 수 있는 전문성을 가져야 한다.

1) 교수전략의 유형

암스트롱(Armstrong, 1993; 1994)은 교수전략을 학습자의 다양한 특성들을 고려하여 일곱 가지로 구분하였다. 구체적으로 설명하면 다음과 같다.

(1) 언어적 교수전략

이 교수전략은 주로 전통적인 설명식 위주의 교수에서 활용되며, 흔히 교실환경에서 이루어지는 전략이다. 이 전략에서 흔히 볼 수 있는 활동은 브레인스토밍(brainstorming), 이야기하기(storytelling), 일지기록, 녹음, 출판 등이 있다.

① 브레인스토밍은 주제와 관련되어 떠오르는 모든 생각들을 이끌어 내어 말하게 하는 활동이다. 이때 교사는 유아들이 이끌어 내는 모든 생각들을 수용함으로써 보다 많은 생각들을 유도해야 한다.
② 이야기하기는 유아들에게 전달하고자 하는 기본적인 개념이나, 생각이나, 학습목표를 창의성과 융통성을 발휘하여 이야기로 구성하는 활동이다.
③ 일지기록은 중요하다고 판단되는 사실을 일지에 계속적으로 기록하는 활동이다. 일지의 형태는 사진이나 그림, 또는 스케치 등 또는 비언어적인 자료를 수록하는 방식 등 융통성 있게 꾸밀 수 있다.
④ 녹음은 학습내용을 녹음하여 말하기와 듣기 등 언어적 의사소통 기술을 향상시킬 뿐만 아니라, 학습과제에 대한 문제해결이나 내적 감정을 효과적으로 표현하는 능력을 향상시킬 수 있다.
⑤ 출판은 학습자들의 학습결과를 책으로 제본하거나 묶어서 배부하는 활동이다. 유아들은 서로의 작품에 대하여 토의하고 서로의 생각을 공유할 수 있는 기회를 갖는다.

(2) 논리·수학적 교수전략

논리 · 수학적 교수전략은 계산과 수량, 발견학습, 과학적 사고, 분류와 범주화, 소크라테스식 질문 등과 관련이 있다.

① 계산과 수량은 수학적 사고의 기반을 조성한다. 교사는 유아들이 수학이나 과학이 비수학적 교과에서도 계산 또는 수량과 관련된 문제를 다룰 수 있도록 기회를 제공해야 한다.
② 발견학습은 유아들이 비유, 유추, 하위 목표의 단계적 제시, 자신과 관련된 문제를 발견하기 등을 통해서 주어진 학습과제를 해결한다. 교사는 유아들이 학습과제를 탐색하는 데 있어서 흥미와 호기심을 갖도록 촉진해야 한다.
③ 교육과정 전반에 걸쳐 교사는 유아들에게 과학적 사고를 할 수 있는 질문을 해야 한다. 따라서 질문내용을 구체적으로 분석하고 교육과정에 적용하는 일이 선행되어야 한다.
④ 분류와 범주화는 정보를 체계화하는 것을 말한다. 어떠한 준거에 의하여 정보를 체계화하는가는 학습자의 학습효과를 높이는 데 유용하다. 예를 들면, 벤다이어그램, 연대표, 마인드 맵 등은 분류와 범주화를 이해하는 데 유용한 전략이 된다.

⑤ 소크라테스식 질문은 유아의 비판적 사고를 육성하기 위한 전략이다. 교사는 대화를 통하여 끊임없는 질문을 한다. 질문은 유아들의 비판적 사고를 촉진시킬 수 있어야 한다. 교사는 이러한 과정을 통하여 유아들이 자기 신념의 옳고 그름을 스스로 판단할 수 있는 능력을 형성할 수 있도록 도와야 한다.

(3) 공간적 교수전략

공간적 교수전략은 유아들의 시각화, 색상에 대한 단서, 그림은유, 아이디어 스케칭, 그리고 상징적 그림 등의 공간적 능력을 향상시키는 데 효과가 있다. 유아들은 그들의 발달 특성상 사진, 그림, 슬라이드, 영화, 그래픽 등과 같은 상징적인 시각화에 민감하게 반응한다.

① 시각화는 책이나 학습자료를 그림이나 영상으로 변화시키게 하는 것이다. 교사는 유아들에게 눈을 감고 마음속으로 종이를 그리고, 그 위에 기억해야 할 필요가 있는 단어, 수학 공식, 역사적 사실 등을 기록하도록 한다. 이는 연상작용을 이끌어 내는 교수전략이다.
② 색상에 대한 단서는 색을 사용하여 유아들이 내용을 쉽게 변별할 수 있도록 돕는다. 교사는 학습내용에 따라 다양한 색의 펜, 종이, 또는 슬라이드를 사용함으로써 유아의 변별능력을 향상시킬 수 있다.
③ 그림은유는 어떤 생각을 시각적 이미지로 나타낸다. 교사는 유아들이 학습내용의 주요 개념을 시각적 이미지와 연결짓고, 기존의 지식과 새로운 학습과제를 연결시킬 수 있도록 도와야 한다.
④ 아이디어 스케칭은 유아들이 학습하는 과제의 핵심, 주제, 기본 개념, 요점 등을 간략한 그림으로 표현해 보는 활동이다. 교사는 유아들이 자신의 생각을 자유롭게 표현할 수 있도록 자유로운 학습 분위기를 제공해야 한다.
⑤ 상징적 그림은 학습해야 할 내용을 그림이나 도표로 나타내는 활동이다. 교사는 유아들이 학습해야 할 개념을 상징적으로 표현할 수 있는 기회를 제공한다.

(4) 운동감각적 교수전략

운동감각적 교수전략은 유아들의 운동감각 능력을 향상시킬 수 있는 학습과제를 선정하는 데 초점을 맞춘다. 운동감각적 교수전략은 유아들의 기억과 이해를 증진시키는 데 중요하다. 이 교수전략은 동극, 운동감각적 개념, 체험적 사고 등을 들 수 있다.

① 동극 교수전략은 유아가 학습해야 할 내용과 과제를 극화시켜 연출하거나 역할놀이를 하는 활동이다. 교사는 유아들이 동극에 적극적으로 참여할 수 있도록 유도해야 한다. 또한 동극이 원활하게 진행될 수 있도록 동극이 진행되는 과정에서 필요하다고 판단될 경우 나레이터의 역할을 하면 적절하게 개입할 수 있다.

② 운동감각적 개념은 몸짓이나 무언극을 통해 어떤 개념이나 언어적 표현을 하는 활동이다. 이 활동은 언어적·논리적 정보를 활용하여 운동감각을 활용하여 표현하는 것을 말한다.

③ 체험적 사고는 유아가 사물을 직접 조작하고 만들어 보는 기회를 갖게 됨으로써 학습내용을 이해하도록 돕는다.

(5) 음악적 교수전략

음악적 교수전략은 리듬, 노래, 초기억 음악, 음악적 개념, 배경 음악 등을 활용할 수 있다. 음악적 교수전략은 학습에 음악을 사용하였을 때 유아들의 학습정보 기억력을 촉진시키는 데 도움이 된다는 이론에 기초한다.

① 리듬이나 노래는 학습해야 할 내용을 노래로 가사를 바꾸어 불러 보는 활동이다. 이 활동을 유아들이 학습할 내용을 보다 쉽게 기억하는 데 도움이 된다.

② 초기억 음악은 유아들에게 편안한 자세에서 음악을 들려 주면서 학습해야 할 정보를 전달하는 활동이다.

③ 음악적 개념은 음악을 이용하여 학습할 중요한 개념이나 도식, 유형 등을 전달하는 활동이다.

④ 배경 음악은 학습과제에 적절한 환경과 분위기를 조성할 수 있는 음악을 찾아 들려 주는 활동이다.

(6) 대인관계 교수전략

대인관계 교수전략은 협동학습, 집단학습 과정을 통해 학습의 효과를 높일 수 있다. 이 교수전략으로는 또래와 협력하기, 협동집단, 모의상황 등이 있다.

① 또래와 협력하기는 유아들이 또래 친구들과 학습내용을 함께 생각하고 학습하도록 하는 활동이다.

② 협동집단은 유아들을 소집단으로 구성하여 공통의 목표를 달성하도록 하는 활동이다.

③ 모의상황(simulations)은 유아들에게 가상적 환경을 제공함으로써 학습과제와 자료를 직접 경험할 수 있도록 하는 활동이다.

(7) 개인내 교수전략

개인내 교수전략은 유아들이 자신을 성찰하고 사색함으로써 자기 개성을 신장할 수 있는 경험을 마련해 준다. 개인내 교수전략으로는 사색하기, 목표 설정 시간, 선택시간 등을 들 수 있다.

① 사색하기는 유아들에게 반성적 사고를 할 수 있는 기회를 제공한다. 이 활동은 제시된 정보를 이해하고 일상생활과 연관지을 수 있도록 돕는다.
② 목표 설정 시간은 유아들이 자기 자신을 위하여 현실적인 목표를 선정할 수 있는 기회를 제공한다.
③ 선택시간은 유아들에게 학습경험을 스스로 결정할 수 있는 시간을 제공하는 활동이다.

이상과 같이 교사는 유아가 학습과제를 효율적으로 달성할 수 있도록 촉진하는 다양한 교수전략에 대한 전문적인 지식을 가져야 한다. 유아 개개인의 특성을 고려한 교수전략은 학급에서의 모든 유아들이 각각의 과제를 성공적으로 해결하는 데 중요한 변수로 작용하기 때문이다.

2) 교수행동

교사가 학급에서 사용하는 교수행동으로는 다음과 같은 여덟 가지 유형을 들 수 있다(Bredekamp & Rosegrant, 1992).

(1) 인정하기

인정하기는 유아의 행동에 관심을 보여주고, 유아의 활동을 긍정적으로 격려해 주는 것이다. 유아는 타인으로부터 자신이 인정받고 있다고 느낄 때 보다 적극적으로 활동에 참여한다. 학습목표를 달성할 수 있도록 촉진하는 하나의 방법이 바로 인정하기이다. 교사가 적절한 관심과 격려를 했을 때 유아들은 인정받고 있다고 인식한다. 유아들은 이러한 인식을 바탕으로 학습의 흥미와 자신감을 높여 나간다.

인정하기는 유아가 행한 사실에 근거하여야 하며, 구체적이고 명확하게 인정하고 격려함으로써 유아가 이해하고 수긍할 수 있어야 한다. 사실에 근거하지 않고 과장되거나 지나친 인정하기는 오히려 부정적인 영향을 미칠 수 있다. 따라서 교사는 유아를 세심하게 관찰함으로써 인정하기의 명확하고 사실적인 근거를 찾아, 가능한 한 유아가 이해하기 쉽도록 구체적으로 제시해야 한다.

(2) 모델보이기

교사는 유아가 학습하기를 원하는 바람직한 행동을 직접 행함으로써 학습의 모델을 제시할 수 있다. 유아들은 교사의 행동을 모방하고자 하는 욕구를 기본적으로 지니고 있다. 따라서 교사는 학습내용을 직접 행동으로 보여줌으로써 유아의 학습욕구를 촉진시키는 방법이 바로 모델보이기이다.

모델보이기의 유형은 명시적인 모델보이기와 함축적인 모델보이기 형태로 구분된다. 명시적인 모델보이기는 유아의 학습활동에 필요한 정보를 제공하거나 조언하는 지시적 경향을 띤다. 그러나 함축적인 모델보이기 형태는 명시적 모델보이기 형태와 달리 교사가 유아에게 기대하는 학습활동을 직접 실천하여 모델 행동을 보인다.

(3) 촉진하기

촉진하기는 유아에게 기대하는 학습활동에 유아가 흥미와 욕구를 갖도록 동기를 부여하는 활동이다. 교사는 유아의 학습 준비도를 철저히 분석하고, 유아가 학습을 완성한 후 다음 단계로 진행할 수 있도록 지속적인 자극을 제공해야 한다. 유아는 자신의 학습 수준보다 약간의 높은 과제에 대하여 흥미와 성취욕구를 갖는다는 점에서 교사는 유아의 학습과제 선정에 세심한 주의를 기울여야 한다. 약간의 불일치가 유아의 학습에 대한 동기를 유발하고 학습의 성취도를 촉진하기 때문이다. 이러한 성취감은 유아들이 학습과제를 달성하는 데 있어서 시행착오를 두려워하지 않고 자신감 있게 과제를 수행하도록 격려한다.

(4) 지원하기

지원하기는 촉진하기와 유사한 개념이다. 그러나 촉진하기는 유아의 학습과제 수행과정에서 일시적으로 도움을 제공하는 경향을 띤다면, 지원하기는 유아의 학습과제 수행 과정 전체에 걸쳐 지속적인 도움을 제공한다는 점에서 구별된다. 따라서 지원하기는 유아와 교사가 학습과제를 수행하는 시작과 끝을 함께 결정하며, 촉진하기는 교사가 일시적으로 도움을 제공하고 학습과제를 유아 스스로 주도하여 수행한다는 점에서도 차이가 있다.

지원하기는 교사의 역할에 따라 자칫 교사중심적인 경향으로 치우칠 수 있는 위험이 있기 때문이다. 교사는 학습과제를 수행하는 주도자가 유아가 될 뿐만 아니라, 교사는 적절한 때에 지원해 주는 바람직한 지원자의 역할을 수행할 수 있도록 각별한 주의를 기울여야 한다.

(5) 지지하기

지지하기는 비고츠키(Vygotsky)의 비계설정하기의 기론에 기초한다. 교사는 유아 개개인의 발달수준을 고려하여 유아가 기대수준에 도달할 수 있도록 학습목표를 설정한다. 교사는 유아의 발달에 적합한 학습과제를 설정하고, 유아가 그 목표를 달성할 수 있도록 도전의 기회와 도움을 제공해 준다. 교사의 역할은 유아의 발달수준을 정확하게 파악하기 위하여 끊임없이 유아의 발달과정을 관찰하고 분석해야 한다. 교사는 관찰자료를 토대로 유아의 학습목표를 설정하고 유아가 새로운 능력을 발달시킬 수 있도록 지지해 주어야 한다.

(6) 협력적 구성하기

협력적 구성하기는 교사가 유아와 함께 학습과제를 해결해 나가는 과정을 말한다. 함께 구성하기는 지지하기보다 다소 지시적인 경향을 띤다. 함께 구성하기에서 교사와 유아는 활동에 함께 참여함으로써 공동의 구성원이 된다. 그런 의미에서, 교사는 유아와 함께 학습자임과 동시에, 유아와 함께 교사의 역할을 동시에 수행한다.

이 활동에서 교사는 유아의 학습활동을 촉진하는 촉진자의 역할을 한다. 유아의 활동에 교사가 함께 참여함으로써 유아가 활동에 보다 흥미를 가지고 참여할 수 있도록 동기를 부여한다. 따라서 협력적 구성하기는 유아의 학습과제 성취도를 향상시키는 효과적인 교수-학습전략이라 할 수 있다.

(7) 시범보이기

시범보이기는 교사가 유아에게 기대한 학습과제를 시범을 보이고, 유아는 이를 관찰하는 형태를 말한다. 시범보이기는 교사와 유아가 함께 협력적으로 구성하기보다 다소 지시적인 교수-학습전략이다. 이 활동에서 교사는 적극적인 활동의 참여자이며, 반면에 유아는 교사의 지시적인 시범을 관찰하는 수동적인 참여자이다. 이 활동은 교사가 유아의 잘못된 행동이나 학습을 수정하고 재조정하기 위한 목적을 가지고 의도적으로 사용하기에 적합한 교수-학습전략이라 할 수 있다.

(8) 지시하기

지시하기는 교사가 유아에게 기대한 학습과제를 구체적으로 제시하는 형태의 교수-학습전략이다. 단시간에 어떤 학습의 효과를 기대할 때 교사는 유아의 시행착오를 최소화하기 위하여 구체적이고 정확하게 학습과제를 지시해야 한다.

참고문헌

고영희(1981). **학생들은 학교에서 어떻게 실패하는가?**. 서울: 배영사.

교육공학용어사전 편찬위원회 편(2005). **교육공학 용어사전**. 서울: 교육과학사.

김신자(2001). **체제적 교수설계**. 서울: 문음사.

김영환(1998). **교육방법 및 교육공학**. 서울: 학지사.

나일주 편저(1999). **웹기반 교육**. 서울: 교육과학사.

박성익(1987). **수업방법의 탐구**. 서울: 교육과학사.

서울대학교 사범대학 교육연구소(1989). **교육학 용어대사전**. 서울: 배영사.

이백휘, 유병열(2000). **도덕교육론**. 경기: 양서원.

이태영, 김정권(1991). **정신박약아 심리**. 서울: 형설출판사.

정용부, 오성숙(2007). **유아교육현장에서의 수업기술 향상을 위한 교과교재연구 및 지도법**. 서울: 학지사.

정인성 (1999). **웹기반 교수-학습 체제설계 모형**. 서울: 교육과학사.

황정규(1984). **학교학습과 교육평가**. 서울: 교육과학사.

Armstrong, T.(1993). *7 Kinds of smart: Identifying and developing yours many intelligences*. New York: Plume/Penguin.

Armstrong, T.(1994). **복합지능과 교육**. (전윤식, 강영심 역). 서울: 중앙적성출판사.

Bergman, R., & Moore, T.(1990). *Managing inter active video/multi media projects*. Englewood Cliffs, NJ: Educational Technology Publications.

Bredekamp, S. & Rosegrant, T.(1992). *Reaching potentials: Transforming early childhood curriculum and assessment(vol. 1)*. Washington DC: NAEYC.

Briggs, L. J., Gustafson, K. L., & Tillman, M. H.(Eds.)(1991). *Instructional design principles and applications*. Englewood Cliffs, New Jessy: Educational Technology.

Bruner, J. S.(1960). *The process of education.* Cambridge MA: Harvard University Press.

Dick, W.(1996). The Dick and Carey model: Will it survive the decade? *Educational Technology Research and Development, 44*(3), 55-63.

Driscoll, M. P.(1994). *Psychology of learning for instruction.* Boston: Allyn & Bacon.

Gagné, R.(1970). *The condition of learning.* New York: Holt, Rinehart and Winston.

Gerlach, V. S., & Ely, D. P. (1980). *Teaching and media: A systematic approach(2nd ed.).* Englewood Cliffs, NJ: Prentice-Hall Incorporated.

Gunter, M. L., Estes, T. H., & Schwab, J.(1995). *Instruction: A model approach.* Mass.: Allyn & Bacon.

Gustafson, K. L., & Branch, R. M.(1997). *Survey of instructional development models(3rd ed.).* Syracuse, New York: Clearinghouse on Information & Technology.

Gustafson, K. L.(1991). *Survey of instructional development models.* By Eric Plotnick. ERIC Digest ED 411 778.

Johnson, D. W., & Johnson, R. T.(1974). Instructional structure: Cooperative, competitive, or individualistic. *Review of Educational Research, 44,* 213- 240.

Johnson, D. W., & Johnson, R. T.(1987a). *Learning together and alone: Cooperative, competitive, and individualistic learning(2nd ed.).* Prentice-Hall International, Inc.

Johnson, D. W., & Johnson, R. T.(1987b). Implementing cooperative learning: The teachers' role. In R. T. Johnson, D. W. Johnson & E. J. Holubec(Eds.), *Structuring cooperative learning: Lesson plans for teachers*(pp.13-40). Edina, Mn. Interaction Book Company.

Joice, B., & Weil, M.(1996). *Models of teaching.* Mass: Allyn & Bacon.

Kemp, J. E.(1985). *The instructional design process.* New York: Harper & Row.

Kemp, J. E., Morrison, G. R., & Ross, S. M.(1998). Designing effective instruction, Prentice-Hall, Inc.

Nancy, E. M., Timothy, A. S., & Ronald, C. M.(2004). *Introduction to direct instruction.* New York: Pearson Education.

Reigeluth, C. M.(1983). *Instructional design theories and models.* Hilsdale, NJ: Erlbaum.

Reigeluth, C. M.(1993). **교수설계의 이론과 모형**. (박성익, 임정훈 공역). 서울: 교육과학사. (원저 1983년 출판).

Slavin. R. E.(1985). Introduction to cooperative learning research. In R. Slavin, S. Sharan, S. Kagan, R. Hertz-Lazarowitz, C. Webb & R. Schmuck(Eds.), *Learning to cooperate, coorporating to learn(pp.5-15).* New York: Plenum Press.

Smaldino, S. E., Russell, J. D., Heinich, R., & Molenda, M.(2005). **교육공학과 교수매체(8판)**. (설양환, 권혁일, 박인우, 손미, 송상호, 이미자, 최욱, 홍기철 공역). 서울: 아카데미프레스. (원저 2005년 출판).

Smith, P. L., & Ragan, T. J.(1993). *Instructional design.* New York: Macmillan Publishing Company.

Smith, P. L., & Ragan, T. J.(2003). **교수설계이론의 탐구**(김동식, 정옥년, 장상필 역). 서울: 원미사. (원저 2001년 출판).

Taba, H.(1967). *Teacher's handbook for elementary social studies.* Addison-Wsley.

Van Patten, J.(1989). What is instructional design? In K. A. Johnson & L. K. Foa(Eds.), *Instructional design: New alternatives for effective education and training.* New York: Macmillan.

CHAPTER

04

교수-학습방법

교수매체를 활용한 교수－학습방법의 목적은 유아들의 학습효율을 극대화하는 것이다. 교수매체를 활용하기 위해서 교사는 유아의 교수－학습의 특성에 대하여 전문적인 능력을 가져야 한다. 이는 유아의 학습 성취도를 향상시키고, 유아의 학습에 대한 흥미와 욕구를 촉진시키기 위해서는 교사의 역할이 중요하기 때문이다. 본 장에서는 교수－학습방법에 대한 개념을 이해하고, 유아의 학습효과를 높이기 위한 교수－학습의 원리에 대하여 살펴보고자 한다.

1. 교수－학습방법의 개념

교수(instruction)는 가르치는 행위를 말한다면, 학습(learning)은 배우는 행위를 의미한다. 이런 의미에서 해석한다면, 교수는 교사에게, 학습은 학습자인 유아에게 더 책무성이 요구된다. 방법(how)은 교사가 교수활동을 통하여 학습자인 유아가 학습목표를 달성할 수 있도록 돕는 수단이라 할 수 있다. 따라서 교수－학습방법이란 학습자가 학습목표를 효과적으로 달성할 수 있도록 돕는 수단임과 동시에 교육방법의 일환이다. 따라서 좋은 교수－학습방법이 무엇인지를 심층적으로 파악하는 일이 요구된다.

좋은 교수－학습방법의 특징은 다음의 일곱 가지를 들 수 있다(박성익, 1997).

첫째, 학습목표가 명확하고 일관성을 유지하는 교수

둘째, 교수자인 교사와 학습자인 유아가 민주적인 인간관계를 유지하는 교수

셋째, 학습자인 유아의 탐구적인 태도를 중요시하는 교수

넷째, 학습의 전이를 높여 주는 교수

다섯째, 학습결과의 정착을 중요시하는 교수

여섯째, 학습자의 잠재능력이 충분히 발휘되도록 도와주는 교수

일곱째, 학습자 개개인의 특성을 고려한 교수이다.

좋은 교수－학습방법은 교수목표가 학습자의 창의적 사고와 문제해결력을 신장하는 데 초점을 맞춘다. 좋은 교수－학습방법은 탐구, 발견, 관찰을 중시하고, 학습자의 능동적이고 자율적인 참여를 유도하며, 학습자의 협동을 강조할 뿐만 아니라, 학습자 개개인의 개인차를 고려함으로써 과정중심의 열린교육을 중시한다. 좋은 교수－학습방법에서

교수평가는 목표지향적이며, 과정과 결과를 평가하고, 평가방법에 있어서도 다양화 양상을 보인다. 따라서 좋은 교수-학습방법에서 교사는 안내자, 촉진자, 동기 부여자, 조력자의 역할을 한다.

2. 교수-학습의 원리

교수매체는 교수-학습의 효율성을 높이기 위한 하나의 수단이다. 학습자의 흥미와 욕구를 촉진함으로써, 학습을 성공적으로 이끌고, 교수매체의 효과적인 활용을 위해 고려해야 할 교수-학습의 원리를 살펴보면 다음과 같다(교육부, 2000; 유혜령, 1998; 윤희경 외, 2003).

1) 놀이 중심의 원리

놀이 중심의 원리는 놀이가 곧 학습이라는 것, 학습은 곧 유아의 흥미와 자발성 및 능동성에 바탕을 두어야 한다는 것을 의미한다. 유아들은 자신의 호기심과 욕구를 충족시킬 수 있는 교수-학습활동에 흥미를 보이며 능동적이고 자발적으로 참여한다. 능동성과 자발성은 유아의 내부로부터 발생하는 본성이다. 유아의 내재된 동기를 유발시켜 학습에 대한 흥미와 호기심을 촉진시킬 때 학습의 효과는 극대화된다. 놀이 중심의 교수-학습은 유아가 학습의 주체가 되며, 적극적으로 활동을 주도하는 능동적인 행위자라는 점을 의미한다.

유아교육기관에서 놀이 중심의 원리가 가장 잘 드러나는 활동은 자유선택활동이라 할 수 있다. 자유선택활동 시간 동안 유아는 실내·외의 다양한 놀이영역에서 자신의 활동을 주체적이고 능동적으로 선택하고, 계획할 뿐만 아니라, 의욕적으로 참여하며, 활동에 대하여 스스로 평가하는 일련의 과정을 경험한다. 이러한 과정을 통하여 유아들은 주변의 물리적 환경뿐만 아니라, 주변의 인적 환경인 교사나 또래 유아들과 다양한 상호작용을 한다.

놀이의 특성은 다음과 같다.

첫째, 놀이는 자발적인 학습 동기를 유발한다.

둘째, 놀이는 다양한 학습의 기회를 제공한다.

셋째, 놀이는 유아의 전인적 발달을 촉진한다.

넷째, 놀이는 유아가 자신의 세계를 재창조하고 이해하는 과정이다.

다섯째, 놀이는 유아에게 자기 주도적 학습의 장(場)을 제공한다.

여섯째, 놀이는 유아의 욕구와 갈등을 해소시켜 주는 정서적 순화의 장(場)이다.

이러한 놀이의 특성은 유아 개개인이 자신의 학습목표에 효율적으로 도달할 수 있도록 돕는다는 점에서 그 의의가 크다.

유아는 놀이를 통하여 주변의 교사 및 또래 유아들을 비롯하여 물리적 환경과 끊임없이 다양한 상호작용을 한다. 교사는 유아가 스스로 놀이 활동을 계획하고, 적극적으로 참여할 수 있도록 격려하고 안내하며 놀이친구로서 동반자의 역할을 해야 한다. 또한 유아의 놀이가 활동적으로 이루어질 수 있도록 유아들의 놀이를 주의 깊게 관찰하고, 필요하다고 판단될 경우 적절하게 개입할 수 있어야 한다. 적절하고 바람직한 교사의 개입은 유아들의 놀이를 보다 더 활성화시키고 촉진시키기 때문이다. 유아에 대한 교사의 주의 깊은 관찰은 유아가 도달해야 할 학습목표를 점검하고, 유아의 능동적인 참여를 유도하며, 유아의 지속적인 발달을 꾀할 수 있도록 돕는 단서가 된다. 따라서 교사는 유아 개개인의 발달에 적합한 놀이환경을 제공하고, 유아가 스스로 자신의 활동을 계획, 전개, 평가할 수 있는 자기 주도적 학습의 주체가 될 수 있도록 촉진하고 격려하는 역할을 다해야 할 것이다.

2) 생활 중심의 원리

생활 중심의 원리는 유아의 일상생활 자체가 곧 학습이라는 것, 학습은 유아의 실제 생활환경 및 경험에 바탕을 두어야 한다는 것을 의미한다. 유아들은 자신의 주변세계에 대하여 관심과 호기심이 많다. 따라서 유아가 실제 생활에서 자주 접하고 경험하는 사건이나 매일의 생활이 학습과 연결되었을 때, 학습의 효과는 상승될 뿐만 아니라, 유아들을 적극적인 학습의 주체자로 유도할 수 있다.

유아교육기관에서 생활 중심의 원리가 가장 잘 드러나는 활동은 유치원의 하루 일과를 포함하여 현장을 직접 체험하는 체험학습, 역할놀이, 주제접근식 토론활동 등 폭넓고 다양하다. 유아와 직접적인 관련이 있는 가정, 교육기관, 교사와 또래들과의 경험, 병원, 소방서, 경찰서 등과 같은 지역사회 내에서의 여러 기관 및 직업, 그리고 유아들의 생활과 직접적인 관련이 있는 날씨나 계절의 변화, 생일이나 명절 등과 같은 특별한 날에 대한 경험 등 모든 일상생활과 관련된 내용들이 생활 중심의 원리에 따른 학습내용이라 할 수 있다. 따라서 유아들이 접하는 모든 주변세계가 유아들의 학습의 장(場)이 되며, 유아들이 접하는 모든 일상적 생활이나 경험들이 곧 학습의 내용이 된다.

유아에게 있어서 생활은 다음과 같은 특성을 갖는다.

첫째, 생활은 곧 경험이며, 경험은 곧 학습의 바탕이 된다.

둘째, 생활은 유아의 실제 체험의 장(場), 중요한 학습 환경이다.

셋째, 생활은 사건이나 행동이 반복되는 경험이며, 경험은 심화되고 확대되어 학습의 효과를 높여 준다.

넷째, 생활은 유아에게 물리적 · 인적 환경과의 다양한 상호작용을 촉진한다.

이러한 특성은 유아교육이 유아의 일상생활과 연결되었을 때, 유아 개개인이 자신의 학습목표에 효율적으로 도달할 수 있도록 돕는다는 점에서 의미가 있다.

교사는 생활 중심의 원리에 입각하여 유아의 학습활동을 계획하고, 학습내용을 선정하며, 활동을 평가해야 한다. 따라서 교사는 유아 개개인의 경험을 보다 깊이 있게 이해하고, 이를 바탕으로 교육을 계획하고 전개해야 할 것이다. 이를 위해서 무엇보다 교사는 유아 개개인의 일상생활에 대하여 주의 깊게 관찰하고 끊임없는 관심을 기울여야 한다.

3) 탐구학습의 원리

근본적으로 유아들은 탐구하고자 하는 욕구를 지니고 있다. 유아의 탐구하고자 하는 욕구는 유아들을 학습에 능동적으로 참여시킬 뿐만 아니라, 깊이 몰입할 수 있도록 유도한다. 탐구란 어떤 사실과 가치의 문제를 유아들이 자신이 지닌 지식에 기초하여 평가해 보고, 일련의 평가준거에 따라 타당화하는 과정이다.

탐구는 어떤 신념이나 가정된 지식 형태를 여러 근거에 비추어 능동적으로 일관성 있고 신중하게 고려한 후 결론을 도출해 내는 것이다(Dewey, 1961). 또한 탐구는 지식의 구조를 이루는 기본 개념과 그 관계를 이해하고, 문제를 해결하기 위한 지적인 활동임과 동시에, 지식의 타당성을 찾기 위하여 수행하는 논리적 사고과정이자 방법(Dewey, 1916)이라 할 수 있다. 탐구에 대한 정의는 다양하다. 윌슨(Wilson, 1974)은 탐구를 다양한 자극을 통하여 변화의 요인이나 속성을 찾아내는 광범위한 활동이라고 정의하였다. 이상의 정의를 종합해 볼 때, 탐구는 학습자의 능동적인 참여를 유도하고, 문제를 해결하기 위한 과학적 지식을 논리적으로 사고하고 처리하는 과정 그 자체라고 할 수 있다. 따라서 탐구학습이란 학습자가 학습상황에서 문제를 제기하고, 문제의 답이 될 수 있는 가설을 설정하며, 가설을 검증하기 위하여 실험과 관찰을 통하여 자료를 수집하여 이를 근거로 검증을 하며, 결론을 도출해 내는 학습과정을 의미한다.

탐구 학습은 다음과 같은 특성을 갖는다.

첫째, 유아 중심의 학습환경을 만든다(한안진, 1874; Sund & Trowbridge, 1967).

둘째, 새로운 지식을 획득하는 방법을 알게 한다(Voss & Brown, 1968).

이러한 특성은 유아교육이 유아의 탐구학습을 촉진함으로써, 유아들이 자발적인 학습방법을 익히고, 이를 통하여 문제를 해결할 수 있는 과학적 지식을 획득할 수 있도록 도와야 한다는 점을 시사한다.

교사는 탐구학습의 원리에 입각하여 유아가 능동적으로 학습에 참여할 수 있도록 유도해야 한다. 탐구학습의 가치는 유아가 스스로 문제를 해결하고 방법을 발견하는 과정을 통하여 독립적인 학습태도를 기를 수 있다는 데 있다. 따라서 교사는 유아들이 학습에 적극적으로 참여함으로써 유아 스스로 사고하고 올바른 판단을 내릴 수 있도록 격려하고 촉진해야 한다.

4) 개별화의 원리

개별화의 원리는 유아 개개인이 학습의 주체라는 것, 학습은 유아 개개인의 지적 자율성에 바탕을 두어야 한다는 것을 의미한다. 유아들은 내적 · 외적 환경에서부터 유아 개인의 지적 능력이나 발달 등 모든 면에서 각각 개인차가 있다. 교사가 유아 개개인의 개인차에 관심을 기울여야 하는 것은 개인차가 학습의 성패와 직접적인 관련이 있기 때문이다.

유아들은 다음과 같은 개인차를 갖는다.
첫째, 발달의 속도가 다르다.
둘째, 흥미와 욕구가 다르다.
셋째, 학습동기가 다르다.
넷째, 학습능력이 다르다.
다섯째, 학습 출발점이 다르다.

이러한 특성은 유아교육이 유아 개개인의 특성을 왜 고려해야 하는지에 대한 질문에 답하고 있다. 따라서 교사는 유아 개개인의 발달과 능력에 맞는 개별적 교수-학습을 통해 유아 개개인의 학습능력을 극대화시킬 수 있도록 교수활동을 계획하고 실천해야 할 것이다.

5) 다양성의 원리

다양성의 원리는 학습이 유아 개개인의 개인차를 고려한 다양성에 바탕을 두어야 한다는 것을 의미한다. 개별화의 원리에 입각하여 교사는 다양한 교수-학습 환경을 제공함으로써, 유아가 보다 더 풍부하고 다양한 학습경험을 할 수 있도록 격려해야 한다. 교사는 유아의 연령, 유아의 흥미, 유아의 욕구 및 호기심, 유아의 발달 및 능력에 따라 다양한 수준별 교육 프로그램, 다양한 수준별 교재·교구, 다양한 교수설계 및 교수전략 등을 제공해야 한다.

다양성의 원리에 입각한 교수-학습 환경의 특징은 다음과 같다.
첫째, 수준별 교육과정을 편성한다.
둘째, 수준별 교육환경을 제공한다.
셋째, 유아 개개인의 선택을 존중하고 격려한다.
넷째, 유아 개개인의 주도적인 활동을 격려한다.
다섯째, 유아 개개인에게 다양한 경험을 제공한다.
여섯째, 유아 개개인의 다양한 성과를 격려한다.

교사는 학급의 모든 유아들이 각각 개인의 능력과 발달에 적합한 교육경험을 할 수 있도록 가능한 모든 인적·물리적 학습 환경을 제공할 수 있어야 한다. 교사는 유아 개개인의 발달을 지속적으로 촉진할 수 있는 전문적인 능력을 지니고 있어야 한다. 유아의 개별화와 다양성의 원리에 입각했을 때, 효율적인 교수활동에서는 무엇보다 유능하고 능력 있는 교사의 역할이 절대적으로 요구되기 때문이다. 따라서 교사는 교사로서 자신의 전문성에 대하여 끊임없이 성찰하는 반성적 사고를 지녀야 할 뿐만 아니라, 교육의 실천자로서 지속적인 발달을 꾀해야 한다.

6) 통합의 원리

통합의 원리는 유아교육이 유아 개개인의 전인적 발달에 바탕을 두어야 한다는 것을 의미한다. 통합은 유아의 발달적 측면에서의 통합, 교육과정에서의 교육활동 측면에서의 통합, 교육기관과 지역사회 및 가정과의 연계성 등 포괄적이고 광범위하게 이루어질 수 있다.

유아의 발달적 측면에서의 통합은 신체, 언어, 사회, 정서, 인지 등의 발달영역들 간의 조화롭고 균형 있는 통합을 뜻한다. 이는 유아 개개인이 어느 한 측면의 발달에 치우치지 않고 전인적으로 성장·발달할 수 있도록 돕는 데 목적이 있다.

교육활동 측면에서의 통합은 활동영역과 교육내용들 간의 연계성과 통합을 뜻한다. 교사는 유아 개개인의 흥미와 요구에 부합되는 주제를 설정하여 교육과정에 포함시키고 주제와 관련된 교육활동을 전개하도록 계획해야 한다. 교육활동이 통합적이고 효과적으로 이루어질 수 있도록 교사는 주제에 부합되는 학습 환경을 구성하고, 유아들의 다양한 경험을 격려하고 촉진해야 한다. 선정된 하나의 주제는 다양한 활동으로 전개되고, 각각의 활동들이 상호 연계되어 통합적으로 전개되도록 해야 한다. 하나의 주제를 중심으로 다양한 학습경험을 계획하고 구성할 때 유아들은 다양한 학습경험을 할 수 있다.

교육기관과 지역사회 및 가정과의 통합은 유아의 교육활동이 유아교육기관에 한정되지 않고 보다 광범위하게 연결되어 상호 통합적으로 이루어져야 한다는 점을 의미한다. 예를 들면, '우리 동네'라는 주제를 탐색하는 활동에서, '우리 동네의 기관'을 알아보는 활동을 전개한다면, 유아들은 자신의 주변에서 쉽게 접하게 되는 '병원', '우체국', '마트', '은행' 등 다양한 기관들을 탐색하게 될 것이다. 교사는 지역사회의 기관들을 교육활동에 끌어들임으로써, 지역기관의 인사를 초청한다거나, 동네의 기관을 견학한다거나 하는 등의 교수활동으로 전개할 수 있다. 이렇게 교육활동은 지역사회와 유아교육기관이 상호 통합되었을 때 학습의 효과를 얻을 수 있다.

교사는 이상의 측면을 고려하여 모든 활동이 통합적으로 이루어질 수 있도록 통합의 원리에 기초하여 교육활동을 계획하고 선정해야 할 것이다.

3. 교수-학습의 형태

교육활동을 전개하는 과정에서 행해지는 교수-학습의 형태는 교수-학습의 주체에 따라, 집단의 형태에 따라, 학습의 목적에 따라, 또는 학습활동에 따라 분류할 수 있다. 교수-학습의 주체에 따른 분류는 교사중심 교수-학습, 유아중심 교수-학습, 그리고 교수매체중심의 교수-학습으로 구별된다. 집단 형태에 따른 분류는 대집단 교수-학습, 소집단 교수-학습, 그리고 개별학습으로 구별된다. 학습목적에 따른 분류는 프로젝트학습, 문제해결학습, 연습학습, 감상학습으로 구별된다. 그리고 학습활동에 따라서는 토의학습, 관찰학습 등으로 분류할 수 있다. 본 절에서는 교수-학습의 주체에 따라 분류한 교수-학습의 형태를 살펴보고자 한다.

교수-학습의 주체가 누구냐에 따라 교수-학습의 형태를 분류했을 때, 교수-학습의 형태는 교사중심 교수, 유아중심 교수, 그리고 교수매체중심 교수로 구별된다. 교사중심 교수로는 설명식 강의, 탐구학습, 문제해결학습, 실험 등이 해당되며, 유아중심 교수로는 관찰 및 견학, 모의활동, 프로그램 학습, 유아중심 토의 등이 해당된다.

교수-학습의 주체에 따른 교수-학습의 형태를 살펴보면 다음과 같다.

1) 설명식 강의

설명식 강의법은 언어를 통한 교수-학습방법이다. 교사는 교재나 지침서 등의 교육내용을 선정하고 계획하며, 이를 바탕으로 강의하며 학생은 수동적으로 반응하는 학습방법이다.

설명식 강의법의 유의점을 제시하면 다음과 같다(양진건, 이항재, 한규원, 2008).

첫째, 학습하고자 하는 목표를 분명히 선정해야 한다.

둘째, 학습자의 입장에서 학습내용을 고려해야 한다.

학습자의 능력이나 발달 상태를 분석하여 학습내용을 알기 쉽게 설명하고, 학습자의 흥미와 욕구를 자극시킬 수 있어야 한다.

셋째, 추상적인 설명보다는 구체적인 실물, 실연, 언어 등을 사용하여 단순한 것에서부터 복잡한 것에 이르는 단계적인 설명을 하도록 한다.

넷째, 강의 중 중요한 관념은 글을 쓰거나 혹은 다른 수단으로 강조해야 한다.

다섯째, 언어적인 기술은 유창하고 명확하여야 한다. 또한 정해진 시간에 요점을 분명히 강조해야 한다.

여섯째, 학습된 내용을 요약하고 마무리한다.

일곱째, 가능한 학습의 효과를 높이고 유아의 흥미를 유도할 수 있는 교수매체를 사용함으로써 학습의 변화에 대한 호기심을 유도한다.

이 학습방법은 교사중심의 전통적인 교수방법이다. 따라서 교사에 따라 적절하게 그 형태를 변형시키고 단점을 보완함으로써 보다 개선된 교수방법으로 활용할 수 있다.

2) 토의학습

토의의 목적은 문제해결방안을 모색하고 실천하는 데 있다. 토의란 두 사람 이상이 공동의 관심사가 되는 문제에 대한 바람직한 해결방안을 찾기 위하여 상호 의견을 주고받는 대화의 형태이다(이창덕, 임칠성, 심영택, 원진숙, 2000). 토의는 공동의 관심사가 되는 문제를 해결하기 위해서 집단적 사고를 통하여 합리적 사고를 도출해 내는 과정에서 반드시 필요한 활동이다.

토의학습은 교사와 유아, 유아와 유아 간의 의사소통을 통한 토의를 바탕으로 하여, 학습자 스스로 자신이 달성하고자 하는 학습 성과를 발견하여 깨닫게 하는 교수법이다(이성영, 서혁, 박수자, 정재찬, 1998). 이런 의미에서 토의학습은 유아가 상호 간에 자신의 생각과 의견을 교환함으로써, 유아가 공동으로 학습활동을 이끌어 나간다는 점에서 민주적인 학습방법이다. 그러나 토의학습은 교사가 주도적으로 문제해결책을 유도하고 이끌어 갈 수도 있고, 유아가 주도적으로 공동의 해결책을 강구할 수도 있다는 점에서 교사중심 교수활동도 될 수 있고, 유아중심 교수활동도 될 수 있는 양면성을 지닌다. 따라서 교사는 토의활동이 유아중심 교수활동으로 전개될 수 있도록 유아들을 격려하고 도와야 할 것이다.

토의학습은 다음과 같은 학습의 효과를 제공한다.
첫째, 유아에게 반성적 사고의 기회를 준다.
둘째, 참여자 상호 간 민주적인 관계 형성을 촉진한다.
셋째, 유아 중심의 학습을 가능하게 한다.
넷째, 상대방의 의견을 존중하는 태도를 증진한다.
다섯째, 의사소통능력을 촉진시킨다.
여섯째, 공동의 결정에 대한 협력적 태도와 책임감을 증진한다.

토의학습은 토의에 참가하는 사람의 수나 토의주제 등에 따라 공개토의, 심포지엄, 탁상토의, 배심토의 등의 유형으로 분류된다. 토의학습의 운영 방식에 따라 분단토의, 워크숍, 버즈토의, 브레인스토밍 토의, 패널 토의, 포럼 토의, 심포지엄 등으로 분류할 수 있다. 교사는 교육활동을 전개하는 데 있어 유아가 달성해야 하는 학습 주제와 목표에 따라 어떠한 유형의 토의학습을 선택할 것인지 결정해야 한다.

토의는 토의할 참가자들이 지정된 시간에, 지정된 장소에 모여, 언어적, 비언어적 또는 청취적인 여러 과정을 통해, 상호작용적으로 의사소통하면서 여러 교수목표를 달성하고자 한다(신헌재, 이재승, 1996). 토의과정에서 유아들은 질문을 제기하고, 제기된 질문에 답하고, 다시 질문을 제기하고, 답하는 과정을 반복한다. 이러한 과정에서 유아들은 비판적 사고력을 증진하게 된다.

따라서 교사는 토의활동을 역동적으로 유도할 수 있는 발문에 대하여 사전에 철저히 준비를 해야 한다. 또한 유아들의 토의학습이 긍정적이고 활발하게 이루어질 수 있도록 촉진하고 격려하는 역할을 해야 한다.

3) 문제해결학습

문제해결이란 직면한 문제를 일정한 단계나 일련의 논리적인 과정을 통하여 해결하는 것을 말한다. 문제해결 능력이란 어떠한 문제 상황이 주어졌을 때, 문제를 확인하고, 원인을 분석하며, 해결안을 도출하는 일련의 절차와 원리들을 응용할 수 있는 능력을 의미한다(임철일, 2000). 문제해결 능력은 어떠한 특정한 문제해결 모형을 습득하는 것이 아니라 주어진 문제를 분석하고, 주어진 문제에 정보와 지식을 적용함으로써 해결방안을 도출해 내는 과정을 학습자가 스스로 주도하여 이루어 가는 능력을 말한다(강인애, 1998).

문제해결학습은 반성적 사고에 바탕을 둔다. 반성적 사고는 그 자체가 경험의 재구성 원리이며 모든 영역의 문제를 사고하고 검토하는 통합된 방법론이다. 따라서 문제해결학습은 유아의 경험과 지식을 사고와 탐구의 과정으로 재구성해 가는 방법을 의미한다. 이러한 점에서 문제해결학습은 학습자 중심의 교수–학습방법으로서 교사나 학습자가 학습과제를 선택하여 해결하고 심도 있게 탐구하는 방법(최성훈, 이인경, 1999)임과 동시에 학습자가 주체가 되어 학습 문제를 선정하고, 계획하고, 깊이 있게 사고하고, 스스로 문제를 해결해 나가는 자기 주도적 학습이다.

문제해결학습의 일반적인 특징은 다음과 같다(Hanna, 1957).

첫째, 문제의 사건이 제시되어야 한다.

둘째, 제시된 문제는 유아들의 흥미와 호기심을 유발하고, 해결 가능한 것이어야 한다.

셋째, 문제가 명확하게 정의되어야 한다.

넷째, 유아들에게 자료의 수집, 검증, 조직에 대하여 암시를 주어야 한다.

다섯째, 다양한 방법을 통하여 자료를 수집할 수 있어야 한다.

여섯째, 유아는 가설에 따라 활동해야 한다.

일곱째, 유아는 처음의 문제 상황으로부터 도출해 낸 새로운 결론을 사용하여 새로운 문제들을 해결할 수 있어야 하며, 문제해결로 발전할 수 있음을 알아야 한다.

문제해결학습의 목표는 유아의 문제해결 능력이며, 이 문제해결 능력은 일반적인 문제 전반에 관한 학습자 주도의 문제해결 능력을 말한다.

문제해결학습의 목표인 문제해결 능력을 증진시키기 위한 학습 환경은 구조적인 특성을 갖는다(강인애, 1998; 송해덕, 1998).

문제해결학습은 첫째, 실세계의 복잡하고 비구조적인 문제들을 해결하는 것으로서 관련분야의 문제해결 및 비판적 사고력을 습득할 수 있게 해준다.

둘째, 학습자 중심이다.

셋째, 자기조절학습과 협동학습으로 나누어져 구성된다.

넷째, 평가는 학습자 중심으로 이루어진다.

이러한 문제해결학습의 특징을 고려한 문제해결학습의 과정은 학자에 따라 다양하게 분류한다. 문제해결학습의 과정은 반성적 사고의 과정을 통하여 해결이 요구되는 문제 상황을 탐구하고 검증하는 과정의 반복으로 점차 관념이 입증되고 정당성을 가지게 되는 과정이다. 문제해결학습의 과정에 대한 고정된 틀은 없다.

문제해결과정에 대한 의견(Gross, 1969; O'Neil, 1962)을 정리하여 단계별로 제시하면 다음과 같다.

첫째, 유아가 문제에 직면한다.

둘째, 문제를 명확히 한다.

셋째, 문제해결의 순서를 계획한다.

넷째, 문제해결에 필요한 지식을 모은다.

다섯째, 문제해결을 위한 가설을 세운다.

여섯째, 가설을 검토하고 확실한 해결방법에 도달한다.

문제해결과정의 단계는 문제를 이해하고 분석·계획하는 시작 단계, 문제를 해결하고자 정보를 수집하고 문제해결을 진술하는 검증의 단계, 그리고 진술된 문제해결책을 최종적으로 점검하고 평가하는 단계를 반복한다.

문제해결학습을 실천하기 위한 교수논리는 다음과 같다(한국교원대학교, 1992).

첫째, 교수-학습과정이 열려 있어야 한다.

교수-학습과정은 절대적이고 확정적인 지식을 주입이나, 암기과정이 될 수 없으며 사고가 보장된 열린 과정이어야 한다.

둘째, 교수-학습활동은 학습자의 흥미와 노력이 상호 증진되고 조화되어야 한다.

목적 없는 흥미에 좌우되거나 노력이 강요되지 않는 순수한 학습자의 자발적인 동기유발에 의한 과정이어야 한다.

셋째, 수업에서 다루는 지식은 학습자의 활동과 경험에 의미와 가치를 부여하는 것이어야 한다.

넷째, 내용과 방법이 연계성이 있어야 한다.

문제해결학습에서 교사와 유아의 역할은 중요하다. 교사는 학습자에게 지원자, 촉진자, 안내자, 교육과정 설계자 및 평가자로서의 역할을 한다. 반면 학습자인 유아는 능동적인 문제해결자, 스스로 학습내용과 방법을 선택하고 활동에 적극적으로 참여하며, 학습을 주체적으로 조절할 수 있는 평생학습자의 역할을 한다.

4) 프로젝트 학습

프로젝트(project)란 자신이 마음속으로 생각하고 있는 것을 밖으로 표출하고 객관화시켜서 구체적으로 실현하려는 자기 주도적 학습활동이다. 킬패트릭(Kilpatrick, 1918)은 프로젝트란 전심을 다하는 유목적적 활동이며, 학습자가 적극적으로 활동에 참여함으로써 주체적인 역할을 수행하는 것이라고 정의하였다.

프로젝트 학습은 유아가 학습의 전 과정에 대하여 주도성을 지니며, 주제, 문제, 쟁점 등에 관한 탐구활동이다. 또한 유아 스스로가 자발적으로 활동을 계획하고 창의적인 사고로 문제를 해결할 수 있도록 돕는다. 프로젝트 학습은 주제탐구 활동이며, 학습에 참여한 모든 유아들이 특정한 주제에 대하여 서로 협력하여 활동과정을 계획하고, 질문에 대한 답을 찾아가는 목적지향적인 활동이다.

프로젝트 학습은 다음과 같은 특성을 갖는다(지옥정, 1997).

첫째, 학습내용 선정방법과 교수-학습방법을 함께 제시하는 방법론적 이론이다.

둘째, 학습영역은 지식, 기능, 성향, 느낌 등 전 영역을 포괄함과 동시에 상호 보완적이고 유기적인 관계를 통한 인격적인 통합이 강조된다.

셋째, 학습내용이 유아 개개인에게 유의미하여야 한다.

넷째, 교수-학습과정 면에서 시작, 전개, 마무리의 3단계 과정을 구분되며, 각 단계마다 중심사건과 과정, 학습자들의 활동내용이 다르다.

다섯째, 유아의 부모나 주변 사람들, 지역사회 구성원들과의 협력적 관계를 강조한다.

여섯째, 프로젝트 전 과정을 통해 교사와 유아, 유아와 유아 간의 적극적인 사고의 교류와 상호작용 및 협동적인 학습을 강조한다.

프로젝트 학습의 전개과정은 학자에 따라 다양하게 분류된다. 프로젝트 학습과정을 시작, 전개, 마무리의 3단계로 구분하기도 하고(지옥정, 1997), 준비하기, 주제 설정하기, 활동 계획하기, 탐구 및 표현하기, 마무리하기, 평가하기 등 6단계의 과정으로 분류하기도 한다(김대현, 왕경순, 이경화, 이은화, 1999). 6단계의 과정에서 준비하기, 주제 결정하기, 활동 계획하기는 3단계의 과정에서 시작 단계에 해당된다. 탐구 및 표현하기는 전개 단계에 해당되며, 마무리하기와 평가하기는 마무리 단계에 해당된다. 프로젝트 학습의 전개 과정을 학자에 따라 목적의 단계, 계획의 단계, 실행의 단계, 비판의 단계의 4단계의 과정으로 분류하기도 한다.

프로젝트 학습은 다음과 같은 교육적 가치를 갖는다(김대현 외, 1999).

첫째, 내적 동기를 유발시키고, 학습의 효과를 높이며, 후속 학습에 대한 의욕을 고취시킨다.

둘째, 책임감을 길러 준다.

셋째, 긍정적인 자아개념을 길러 준다.

넷째, 협동심과 사회적 기술을 길러 준다.

다섯째, 학교와 사회의 관련성을 인식하게 하고 문제해결력을 길러 준다.

여섯째, 다양한 탐구활동과 표현활동 능력을 길러 준다.

일곱째, 사고의 유연성을 길러 준다.

여덟째, 체험적 학습기회를 제공한다.

아홉째, 교사에게 새로운 교수 경험을 제공한다.

열째, 교육에 대한 사회의 관심을 촉구한다.

이상의 교육적 가치는 교사의 교육활동에 대한 열의와 능력, 학습자의 적극적인 활동에의 참여와 협력, 그리고 교육 여건의 구비와 환경 개선을 통해서 실현될 수 있다. 따라서 교사는 유아가 학습의 목표를 효율적으로 달성할 수 있도록 격려하고 촉진할 수 있는 능력을 함양하는 데 게을리하지 않아야 할 것이다.

5) 프로그램 학습

프로그램 학습은 학습에 대한 기본 원리를 학습자의 내적 동기에 바탕을 둔다. 학습이란 학습자 개개인이 자신에게 주어진 교재를 가지고 스스로의 활동을 수행해 나가는 교수방법을 의미한다. 프로그램 학습은 유아 개개인이 자신의 개별적인 능력에 따라 진도에 맞춰 혼자서 학습을 진행시키고 확인할 수 있도록 고안된 교수기계나 프로그램 교재를 작성하여 사용하는 것이 특징이다.

이 학습방법은 유아 개개인의 능력이나 경험에 기초한 완전한 개별화 학습이 불가능하다는 점에서 출발하였다. 이 학습의 기저는 유아 개개인의 차이를 질(質)의 차이로 보지 않고 양(量)의 차이로 본다. 즉, 유아 개개인의 능력을 유아와 유아 간의 차이라기보다는, 유아 내에서의 차이에 초점을 맞춘다. 따라서 유아 개인내에서 능력의 차이가 있다면 질이 다른 과제를 진행시키는 것이 아니라, 동일한 과제를 진행시켜 그 속도의 빠름과 느림의 차이를 취하는 것과 유사하다.

프로그램 학습의 기본적인 원리는 다음과 같다(양진건, 이항재, 한규원, 2008).

첫째, 소단계(small step)의 원리이다.

이 원리는 학습과제를 논리적인 순차에 따라 매우 작은 단위로 세분화하여 구성해야 한다.

둘째, 적극적인 반응(active responding)의 원리이다.

이 원리는 학습과제가 작은 단위로 세분화되어 손쉽게 학습할 수 있으므로 학습자는 적극적으로 학습에 참여하게 된다.

셋째, 즉시 확인(feedback)의 원리이다.

문제에 대한 답이 즉각 제공되므로 학습자는 자기 반응의 옳고 그름을 즉시 알 수 있다. 그러나 이 원리는 문제가 작은 단위로 세분되어 제시되기 때문에 대부분 옳은 반응을 하게 되어 있어, 학습자들은 대부분 성공을 거두게 된다. 따라서 이러한 성공은 강화를 제공함으로써 학습자가 적극적으로 다음의 학습과제에 반응하게 된다.

넷째, 자기 속도(sefl pacing)의 원리이다.

학습자는 자기의 능력이나 필요에 따라 각자 다른 속도로 학습해 나갈 수 있다.

프로그램 학습은 유아와 유아 간의 차이가 아니라, 유아 개개인이 스스로 자신의 학습을 계획하고 혼자서 학습할 수 있도록 돕는다는 점에서 학습자 중심의 교수방법이다. 따라서 교사는 유아 개개인이 자신의 속도와 발달에 적합한 학습의 궤도에서 보다 진보적인 발달을 경험할 수 있도록 조력자의 역할을 충실히 해야 할 것이다.

참고문헌

강인애(1998). 문제중심학습: 또 하나의 구성주의적 교수-학습 모형. **대구교육대학교 초등교육연구 논총, 제12집**, 153-179.

강인애, 이민수, 김종화, 이인수(1999). 웹기반 문제중심학습의 개발 사례: 초등, 중증, 대학교의 경우. **교육공학연구**, 15(1), 301-330.

교육부(2000). **유치원교육활동지도자료 1- 총론**. 서울: 교육부.

김대현, 왕경순, 이경화, 이은화(1999). **프로젝트 학습의 운영**. 서울: 학지사.

박성익(1997). 교수－학습 **방법의 이론과 실제(1)**. 서울: 교육과학사.

송해덕(1998). 구성주의적 학습환경설계 모델들의 특성과 차이점 비교분석 연구. **교육학연구**, 36(1), 187-212.

신헌재, 이재승(1996). **열린 교육을 위한 국어과 교수·학습 방법**. 서울: 박이정.

양진건, 이항재, 한규원(2008). **새로운 교육학개론**. 서울: 교육과학사.

유혜령(1998). **유아교수매체의 이론과 실제**. 서울: 창지사.

윤희경, 임미혜, 김애옥, 이분려, 장미아, 고영희(2003). **현장중심 유아교수-학습방법**. 서울: 창지사.

이성영, 서혁, 박수자, 정재찬(1998). 국어과 토의·토론 학습의 수업 모형 개발 연구(1). **선청어문**, 26(1), 369-414.

이창덕, 임칠성, 심영택, 원진숙(2000). **삶과 화법**. 서울: 박이정.

임철일(2000). **교수설계이론: 학습과제유형별 교수전략**. 서울: 교육과학사.

지옥정(1997). **유아교육 현장에서의 프로젝트 접근법**. 서울: 창지사.

최성훈, 이인경(1999). 문제중심학습의 실천적 모형 탐색: 사례연구. **교육학연구**, 37(3), 247-277.

한국교원대학교(1992). **제6차 사회과 교육과정 개발연구**. 한국교원대학교.

한안진(1974). **탐구과학교육**. 서울: 화신출판사.

Dewey, J.(1916). *Democracy and education*. New York: Macamillan Co.

Gross, Richard. E.(1969). *The problem-solving approach. teaching the social studies. what, why, and how*. U.S.A: National Textbook Company.

Hanna, Lavone A.(1957). *Unit teaching in elementary school*. New York: Richard & Company Inc.

O'Neil, Leo W.(1962). Problem-solving, learning, and classroom decision. *Social Studies in Elementary Schools*. Washington DC: NCSS.

Sund, R. B. & Trowbridge, L. W.(1967). *Teaching science by Inquiry in the secondary school*. Columbus Ohio. Charles, E.: Merrill Publishing Co.

Voss, B. E. & Brown, S. B.(1968). *Biology as inquiry. A book of teaching methods*. St. Louis, CV: Mosley.

CHAPTER

05

교재 · 교구

1. 교재 · 교구의 개념 및 중요성

1) 교재 · 교구의 개념

유아교육은 놀이를 중심으로 교육활동이 이루어지며 이러한 놀이를 하는 속에서 유아들은 다양한 놀잇감, 즉 교재 · 교구를 가지고 활동을 한다. 따라서 유아교육기관에서 놀잇감인 교재 · 교구는 교육내용이며 교육의 질을 결정하는 중요한 요소라고 할 수 있다. 특히 언어능력이 미숙한 영유아를 대상으로 하는 유아교육기관의 교육환경과 교수-학습활동에서 교재 · 교구는 매우 중요한 부분을 차지한다. 유아는 놀이를 하는 속에서 교재 · 교구를 통하여 자신의 능력, 관심, 흥미 등을 발산하고 표출하게 되며, 새로운 지식을 습득하고 사고를 확장하게 된다. 따라서 유아교육기관에서 적어도 교재 · 교구만이라도 풍족하고 영유아들의 발달적 수준에 적합하게 구비되어 있고 적절하게 배치 · 관리된다면 다른 부분의 부정적인 요소들을 어느 정도는 보완해 줄 수 있을 것이다.

유아교육기관에서 교재 · 교구는 교수매체, 교수자료, 시청각 교재, 놀잇감, 장난감, 활동자료 등으로 다양하게 명명된다. 일반적으로 유아가 놀이 활동을 하는 속에서 다루는 자료를 놀잇감, 장난감으로 지칭하고 이러한 놀잇감 중에서 교육적 의도가 가미되어 유아의 놀이 활동에 사용되어지는 놀잇감을 교재 · 교구라 한다. 교재 · 교구는 유아교육기관에서 교육활동을 위하여 사용되어지는 모든 놀잇감 및 자료를 의미한다. 즉, 교육목적 달성을 위한 교수-학습활동에서 직접 사용되어 유아들의 학습활동을 돕고, 교사의 교수활동을 원활하게 해주는 모든 유형의 자료를 의미한다.

일반적으로 교재와 교구를 혼용하여 사용하는 경우가 많으며 둘의 개념을 분명하게 분리하기는 쉽지 않으나 교재와 교구의 구체적인 의미에 대해 살펴보면 다음과 같다. 교구란 교육활동에 이용되는 구체물로서 유아들이 학습할 내용과 활동을 연결하여 학습목표를 달성하기 위한 내용을 여러 가지 형태로 제시하는 데 쓰이는 물품이라 할 수 있다. 즉, 교육활동에서 사용되는 인형극 틀, 녹음기, 칠판 등을 의미한다. 교재란 교육목표를 달성하기 위해 영유아들이 학습할 내용이며 각종 정보 제시기기를 통하여 제시되는 교수자료로 볼 수 있다. 이러한 물품으로는 교육활동에 이용되는 책, 그림자료, 퍼즐, 인형극 소품, 동영상, 인쇄매체 등을 의미한다. 비품이란 책상, 의자, 교구장 등의 비교적 교수-학습활동에 보조적이고 간접적으로 사용되는 고정적인 물품을 말한다. 그러나 유아교육기관에서 때로는 비품도 교육활동에 이용될 때가 많다. 따라서 비품이 교수-학습활동에 직접적인 자료로 사용될 경우에는 교구나 교재라는 용어를 쓰는 것이 더 바람직하다.

유아교육기관에서는 교재·교구가 분명하게 구분되지 않는다. 주위의 모든 것이 유아교육활동에 이용되기 때문에 유아가 등원해서 귀가하는 시간동안 이용하는 모든 것이 교재·교구가 될 수 있다. 유아를 대상으로 하는 교육에서는 교수-학습활동이 유아들의 생활 또는 놀이와 구별되지 않으므로 의도적인 교수-학습활동에 쓰이지 않는다고 해서 교구나 교재가 아니라고 할 수 없으며 교구 그 자체가 학습의 내용이 될 수 있으므로 교재와 교구를 명확히 구별짓는 것은 불합리하다. 또한 자유로운 놀이에 사용되는 흔히 말하는 놀잇감, 장난감 등도 자연스런 상황에서의 학습을 유발시키므로 교재·교구에 포함되는 것이 바람직하다.

따라서 유아교육기관 현장에서의 교재·교구는 유아의 심신의 발달을 도모하기 위해 사용되는 모든 자료로서 집단활동뿐만 아니라 자유선택활동 시간의 개별활동 또는 실외활동 등에서 사용되는 모든 놀잇감, 실물 자료, 환경 구성 자료라고 할 수 있다. 즉, 유아들이 등원하는 시간에서부터 귀가하는 시간까지 모든 활동에서 사용하는 자료를 의미하며 이는 유아교육의 질을 결정하는 중요한 요소이다.

2) 교재·교구의 중요성

유아교육기관에서 교재·교구는 교육의 내용이며, 영유아들의 개인차를 고려한 개별화 교육이 가능하게 하는 수단이다. 이처럼 유아교육에서 교재·교구는 교육의 질을 결정하는 중요한 요소이다. 이러한 교재·교구의 중요성에 대해 구체적으로 살펴보면 다음과 같다.

첫째, 피아제(Piaget)의 인지발달 단계에 의하면, 유아기는 전조작기에 해당되며 전조작기의 중요한 인지적 특징 중에 하나는 직관적 사고와 자기 중심적 사고를 한다는 것이다. 이러한 직관적 사고를 하는 유아들은 상징매체에 의해서가 아니라 구체물을 직접 조작해 보는 속에서 자신의 세계를 탐색해 간다. 즉, 유아들은 구체적인 사물이나 자료를 가지고 활동을 할 때 가장 효과적인 학습이 이루어질 수 있으며, 오감을 사용하여 사물을 직접 만져 보고, 조작해 보고, 탐색해 가는 과정 속에서 지식을 구성한다. 이러한 직접적인 조작을 가능하게 하는 것이 유아교육기관의 교재 · 교구라고 할 수 있다.

둘째, 유아기는 인간의 발달 단계 중에서 환경의 영향을 가장 많이 받는 시기이다. 유아교육기관의 교실 환경이 어떻게 구성되어 있으며 교재 · 교구가 어떻게 비치되어 있는가는 유아교육의 질을 결정하는 요소이다. 따라서 유아의 발달 측면에서 유아교육기관의 물리적 환경인 교재 · 교구의 질과 양, 교재 · 교구의 적절한 활용은 매우 중요한 부분을 차지한다고 할 수 있다.

셋째, 유아교육은 놀이를 통해 이루어지므로 유아교육에서 놀이와 교육활동을 분리시켜 생각할 수 없다. 즉, 유아는 놀이를 통해 배우기 때문에 놀이를 하는 것이 곧 학습활동으로 연결되므로 유아교사는 유아들이 놀이를 통하여 다양한 경험을 가질 수 있도록 유도해야 한다. 따라서 유아의 호기심을 자극하여 다양한 놀이 활동을 이끌어 낼 수 있는 풍부한 교재 · 교구가 마련되어야 한다.

넷째, 유아기는 다른 시기에 비해 발달에 있어서 개인차가 매우 크기 때문에 전체 유아를 대상으로 하는 대집단활동보다는 주로 소집단활동이나 개별활동이 적절하다. 따라서 유아가 자신의 발달수준에 적합한 놀잇감인 교재 · 교구를 선정하여 개별활동이나 소집단활동을 할 수 있도록 하기 위해서는 다양한 수준의 교재 · 교구를 제공해 주어야 한다. 유아교육기관에서 교재 · 교구는 유아들의 개인차를 고려한 수준별 교육을 가능하게 한다.

다섯째, 유아들은 무한한 에너지를 가지고 있다. 놀이를 통하여 각종 교재 · 교구를 다룰 수 있는 기회를 제공하여 이러한 에너지를 발산할 수 있도록 해야 한다. 이러한 에너지를 놀이 활동을 통하여 발산할 수 있는 기회를 제공하지 않으면 다른 부정적인 행동이나 심리적인 압박을 받을 수 있게 된다.

교재 · 교구는 영유아의 적극적인 탐색활동을 유발하고 자극하여 교육의 내용과 질을 결정하게 되므로 유아의 학습을 촉진시키는 데 중요한 역할을 하는 요소이다. 뿐만 아니라 교재 · 교구는 아직 언어적 발달이 미숙하고 인지적으로 직관적 사고기에 해당하는 영유아들의 발달적 특성을 가장 잘 반영하여 영유아들의 주의집중을 불러일으키고 발달을 최상으로 이끌 수 있는 중요한 교육적 수단이다. 교재 · 교구는 끊임없이 탐색하고자 하는 영유아들의 욕구와 에너지를 밖으로 발산하게 하는 중요한 수단이다. 이에 유아교육기관에서는 이러한 영유아들의 발달적 특성을 이해하고 영유아들이 그들의 욕구와 에너지를 다양한 방법으로 밖으로 발산할 수 있도록 다양한 교재·교구를 제공해야 할 것이다.

2. 활동영역별 갖추어야 할 교재·교구

1) 영유아 교재·교구

(1) 대근육활동

영아기는 신체발달이 급속도로 이루어지는 시기이며, 영유아기는 대·소근육의 발달, 자조기술의 발달 및 눈과 손의 협응력 등이 발달하는 시기이다. 이에 이 시기에는 대근육 발달을 이끌 수 있는 활동과 소근육 발달을 이끌 수 있는 다양한 활동과 자료를 준비해 주어야 한다.

특히 영아기는 신체발달의 급성장기이며 대근육 발달이 이루어지는 시기이므로 영아에게는 새로운 운동기술을 익히고 연습할 수 있도록 다양한 신체의 움직임을 이끌 수 있는 대·소근육 활동자료를 제공해 주어야 한다. 대근육 활동자료는 반드시 구입해야 하는 것은 아니며, 교사가 직접 만들어주거나 영유아와 함께 만든 놀잇감 등을 다양하게 제공하는 것이 바람직하다. 활동자료를 제시할 때는 활동자료를 담아둔 바구니마다 놀잇감 사진과 이름을 붙여 주고, 교구장 바닥에도 같은 사진과 이름을 붙여 영유아가 쉽게 정리할 수 있도록 도와주어야 한다.

대근육활동 자료는 영아의 연령과 발달수준을 고려하여 구비해야 한다. 유아교육기관에서 구비해야 할 영아를 위한 구체적인 대근육활동 자료는 〈표 5-1〉과 같다.

〈표 5-1〉 대근육활동 자료

• 낮은 오름 매트	• 영아용 미끄럼틀
• 다양한 재질과 크기의 공	• 끌고 다닐 수 있는 놀잇감
• 페달 없이 탈 수 있는 놀잇감	• 여러 가지 종류의 크고 작은 자동차
• 큰 종류의 블록류	• 여러 가지 신체조절 놀잇감(고리 던지기, 볼링핀 맞추기 등)

(2) 감각활동

영아기는 무엇인가를 창의적으로 표현하고 지식을 탐구해 가기보다는 오감각을 통하여 외부의 세계에 대해서 끊임없이 탐색해 가는 시기이다. 따라서 영아는 다른 영역의 활동보다는 오감각을 사용하여 주변의 세계를 탐색할 수 있도록 다양한 감각활동 자료를 제시해 주어야 한다. 감각활동 자료를 준비할 때 영아가 오감각을 골고루 사용해 볼 수 있도록 자료를 준비하고 오감각을 통합하여 사용해 볼 수 있는 경험을 많이 제공해 주어야 한다. 특히 영아의 경우에는 촉감을 사용해 볼 수 있는 자료를 많이 제공해 주어야 한다.

유아교육기관에서 구비해야 할 영아를 위한 구체적인 감각활동 자료는 〈표 5-2〉와 같다.

〈표 5-2〉
감각활동 자료

• 밀가루 반죽	• 촉감판
• 감각놀이대	• 단순한 모양 끼우기
• 단순한 퍼즐	• 끼우고 빼는 자료
• 다양한 모양 · 색 · 소리 · 무게 · 감각 등의 놀잇감	• 알록달록한 블록
• 딸랑이	• 다양한 재질의 천으로 만든 공
• 세척이 용이한 인형	• 모빌
• 여러 가지 촉감의 그림책	

(3) 언어활동

언어활동은 크게 듣기, 말하기, 읽기, 쓰기의 4영역으로 나누어지며, 이러한 4영역의 언어활동은 분리되어 발달하는 것이 아니라, 영유아기를 거치면서 다양한 언어활동 속에서 통합적으로 발달해 간다. 과거에는 이러한 4영역의 언어활동 중에서 듣기, 말하기가 먼저 발달하고 이후에 읽기, 쓰기의 발달이 이루어지는 것으로 간주되었었다. 그러나 4영역의 언어발달은 영유아기를 거치면서 다양한 언어활동을 경험하는 속에서 함께 이루어지는 것으로 밝혀지고 있다. 따라서 영유아기부터 듣기, 말하기, 읽기, 쓰기의 다양한 언어활동 경험이 이루어질 수 있도록 이에 필요한 여러 가지 활동과 활동자료를 제공해 주어야 할 것이다.

영아반의 언어활동은 주로 교사와 함께 책을 보거나 교사가 읽어 주는 활동으로 이루어진다. 영아는 책에 있는 그림을 보거나 단순히 책장을 넘기는 활동을 즐기기도 한다. 따라서 영아반의 경우, 교사는 이러한 영아의 특성을 고려하여 다양한 재질의 그림책과 손인형, 그림자료 등을 골고루 배치하도록 해야 한다. 영아를 위한 듣기 활동자료는 영아가 일상적으로 쉽게 접할 수 있는 주변의 여러 가지 익숙한 소리를 변별해 볼 수 있는 기회를 제공하는 자료가 적합하다. 말하기 활동자료로는 아직 말하기 발달이 미성숙한 영아를 위하여 영아가 편안하게 성인의 언어활동을 모방해 볼 수 있는 기회를 제공하고 자신의 생각과 느낌을 몸이나 표정으로 나타내 볼 수 있는 기회를 제공할 수 있는 자료가 적합하다. 읽기 활동자료는 영아가 성인이 읽어 주는 이야기와 그림을 보면서 듣기와 읽기가 동시에 통합적으로 이루어질 수 있도록 준비해 주어야 한다. 이러한 읽기 활동자료로는 그림이 아름답고 선명하며 영아가 입으로 물거나 던져도 좋을 만큼 안전하고 견고한 재질로 된 책이 좋다. 쓰기 활동자료는 영아기에 긁적거리기의 발달이 유아기 쓰기 활동의 초석이라는 점을 염두에 두고 단순한 긁적거리기가 자연스럽게 쓰기 활동으로 이어지는 기회를 제공하기 위해 영아들이 마음껏 긁적거리기를 경험해 볼 수 있도록 자료를 준비해 주어야 한다.

유아반의 경우에는 읽기, 쓰기, 말하기, 듣기의 네 가지 언어활동이 골고루 균형적으로 다루어질 수 있도록 활동자료를 준비해 주어야 한다. 뿐만 아니라 네 가지 활동이 통합적으로 이루어질 수 있도록 고려해야 한다. 듣기는 말하기, 읽기, 쓰기의 기본이므로 주의 깊게 듣고 여러 가지 다양한 듣기 활동이 이루어질 수 있도록 듣기 활동자료를 준비한다. 말하기 활동자료에는 영유아가 스스로 이야기를 꾸미거나 자신이 아는 이야기를 반복하도록 촉진시키는 소품들이 준비되어야 한다. 읽기와 쓰기 활동자료는 단순 반복적인 읽기, 쓰기 활동이 아니라 창의적인 읽기, 쓰기 활동이 이루어질 수 있도록 다양한 읽기, 쓰기 활동자료를 준비해 준다. 유아는 글에 대한 관심이 커지면서 자연스럽게 쓰기 도구에 관심을 갖게 되므로 다양하고 적절한 쓰기 도구를 제시해 주어 영유아가 자발적으로 쓰기를 할 수 있도록 이끌어 주어야 한다. 요즘 유아교육기관에서 읽기, 쓰기 활동을 지나치게 강조하고 이에 대한 활동자료는 많이 제공해 주고 있으나 듣기, 말하기 활동과 그에 필요한 활동자료의 준비는 미흡한 실정이다. 그러나 듣기는 말하기, 읽기, 쓰기의 기초라는 점을 염두에 두고 다양한 듣기, 말하기 활동을 이끌 수 있는 방안이 모색되어야 할 것이다.

유아교육기관에서 구비해야 할 영유아를 위한 구체적인 언어활동 자료는 〈표 5-3〉, 〈표 5-4〉, 〈표 5-5〉, 〈표 5-6〉과 같다.

〈표 5-3〉 듣기활동 자료

영아반	유아반
• 잘 들리며 조작이 간단한 카세트 • 다양한 주제의 이야기 테이프 • 교사나 부모 등 친근한 사람의 목소리가 녹음된 테이프 • 이야기나 운율이 있는 언어놀이나 짧은 노래 테이프 • 자연의 소리 및 생활 주변의 소리가 녹음된 테이프	• 유아들이 스스로 조작할 수 있는 조작이 간단한 카세트 • 버턴에 조작 표시를 해 둔 카세트 • 다양한 주제의 이야기 테이프 • 다른 친구에게 방해가 되지 않도록 듣기 활동을 할 수 있는 유아용 헤드폰 • 교사나 부모 등 친근한 사람의 목소리가 녹음된 테이프 • 자연의 소리

〈표 5-4〉 말하기활동 자료

영아반	유아반
• 막대인형, 손인형, 손가락인형 등 세척이 가능한 헝겊인형 • 장난감 전화기 • 영아에게 친숙한 가족이나 친구, 사물 등을 나타내는 그림이나 사진 자료 • 그림 순서 카드	• 막대인형이나 테이블인형 • 융판이나 자석 인형 • 손인형 • OHP 그림 • 언어놀이를 할 수 있도록 수수께끼 상자나 순서대로 사건을 연결하여 이야기해 보는 그림카드 • 유아가 이름을 말할 수 있는 친숙한 사물이나 설명할 수 있는 상황 • 그림 보고 상상해서 이야기 꾸미기 자료 • 녹음할 수 있는 자료 • 하루 일과의 순서 등에 관한 그림이나 사진 자료

〈표 5-5〉 읽기활동 자료

영아반	유아반
• 크기나 소재가 다양하면서도 단순한 내용의 그림책, 촉감책, 봉제인형, 손인형, 그림 자료, 사진 자료, 짧은 이야기와 노래 테이프 • 글자가 적고 그림이 선명한 작은 크기의 책 • 영아의 안전과 위생을 고려하여 세척이 가능한 헝겊책이나 비닐책 • 감각놀이 책 • 영아에게 친숙한 과자봉지나 우유팩 등을 코팅한 그림 낱말카드	• 다양한 주제의 그림책 • 사진첩 • 유아들이 만든 그림책 • 간판, 메뉴판 등 실생활에서 볼 수 있는 단어 읽기 자료 • 잡지나 신문 광고, 행사용 포스터 자료 등 글씨가 크고 뚜렷하며 유아 주변의 친숙한 것 • 여러 가지 내용의 책 • 다양한 그림과 낱말카드 • 백과사전 • 동시 차트 • 단어놀이 게임 자료

〈표 5-6〉 쓰기활동 자료

영아반	유아반
• 짧고 굵은 크기의 크레용이나 색연필 • 잘 찢어지지 않는 다양한 모양의 종이 • 넓은 전지	• 크기와 모양이 다양한 종이 • 굵은 색연필이나 연필, 사인펜 • 일상생활에서 흔히 볼 수 있는 사물이나 단어를 이용한 그림낱말카드 • 컴퓨터와 프린트 • 부직포, 종이, 자석 등으로 만든 글자카드 • 스탬프 글자와 스탬프 • 화이트보드나 칠판 등의 쓰기판

나라
사진기
소방차

다 라 마
차 아 사 바

소방서

우리 마을 멋진 거인
도서관
소방관이 되고 싶어
아카시아 파마
가 나 다 라 마 바 아 하

이 외에 언어활동을 전개하기 위해서 언어영역에는 다음과 같은 비품들이 구비되어야 한다.

- 책꽂이

  책꽂이는 낱권으로 책표지가 보이도록 꽂을 수 있는 것이 적합하다. 영유아의 신체 크기를 고려하여 쉽게 꺼내 보고 정리할 수 있도록 크기와 높이를 고려한다.

  영아반의 경우 헝겊이나 펠트지, 투명 비닐 등을 이용하여 벽면에 걸 수 있는 벽걸이용 책꽂이를 만들어 낱권으로 꽂아 둘 수도 있다. 책꽂이가 없는 경우에는 교구장에 책표지가 보이도록 올려놓을 수도 있다.

  유아반의 경우 한꺼번에 모든 책을 제시하지 말고 생활주제나 유아의 흥미에 따라 적절하게 책을 바꾸어 주도록 해야 한다.

- 교구장

  언어활동을 위한 낱말카드나 손인형 등 다양한 활동자료를 비치할 교구장이 필요하다.

- 책상

  쓰기, 듣기 자료를 올려놓고 활동할 수 있도록 작은 개인용 책상이나 둥근 반달형 책상을 비치하는 것이 적합하며 언어영역에 배치된 교재·교구를 활용한 언어활동을 전개할 수 있도록 3~4명이 활동할 수 있는 낮은 책상을 배치한다. 낮은 책상을 배치하여 유아들이 안정감과 포근함을 느낄 수 있도록 배려해야 한다.

- 카펫, 등받이 쿠션이나 소파

  편안하게 기대어 책을 보거나 쉴 수 있도록 쿠션, 방석, 소파 등을 배치한다.

(4) 수·조작활동

유아교육기관의 교실이 넓은 경우에는 수, 조작, 과학영역을 각각 별도로 구성해도 되며, 영아반의 경우에는 탐색영역으로 통합하는 것이 바람직하다.

수·조작 활동 자료로는 구입한 교구, 교사가 만든 교구, 유아들과 함께 만들어 놓은 교구, 실생활에서 쉽게 찾아볼 수 있는 재료들, 자연물 등을 배치할 수 있다. 수·조작 활동 자료로는 영유아가 직접 만지며 조작할 수 있는 실물 자료가 적합하며 매력적이며 영유아가 반복 사용해도 망가지지 않을 정도로 튼튼해야 한다.

영아들의 경우에는 서로 다툴 수도 있으므로 영아들이 선호하는 놀잇감은 모양과 색깔이 같은 놀잇감을 여러 개 마련해야 한다. 뿐만 아니라 영아들의 경우에는 작은 조각이나 물체를 삼키지 않도록 주의를 기울여야 한다.

유아는 여러 가지 사물이나 자료 등으로 짝짓기, 분류, 서열, 패턴, 기본 수세기 등의 활동을 통해 기본적인 수학 개념을 형성해 나간다. 따라서 교사는 유아가 수의 기본 개념을 익히도록 하기 위해 평면 자료보다는 주위에서 친근하게 볼 수 있는 다양한 실물 자료를 많이 제공할 필요가 있다.

유아교육기관에서 구비해야 할 영유아를 위한 구체적인 수 · 조작활동 자료는 〈표 5-7〉과 같다.

〈표 5-7〉
수·조작활동 자료

영아반	유아반
• 모양 찾아 맞추기 • 크기순으로 고리 끼우기 • 색깔 맞추기 • 다양한 소리 탐색을 위한 자료: 두드리기, 흔들기, 긁기 자료 • 단순한 나뭇조각이나 4조각의 퍼즐 • 1 : 1 대응 등에 활용할 수 있는 일상용품들 • 큰 구슬 꿰기 • 크기가 달라지는 부품 • 큰 레고	• 주변의 친근한 자연물 • 작은 장난감 차 • 동물 인형 • 양팔저울 • 눈금자 • 눈금이 있는 컵 • 비표준화된 측정도구인 리본테이프나 크기가 다른 그릇 • 직접 만지며 조작할 수 있는 막대나 커다란 단추 • 모양이 다른 병뚜껑 • 다양한 수 게임 자료 • 주사위와 판 • 퍼즐 • 작은 블록들 • 구멍이 있는 구슬과 끼울 수 있는 줄 • 바느질 도구 • 일상생활 훈련틀

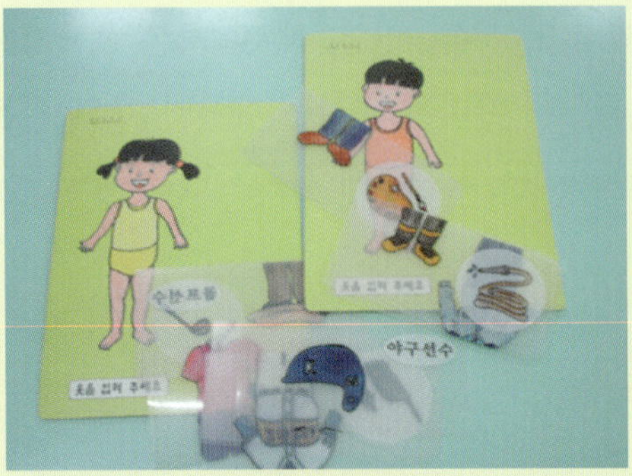
야구선수

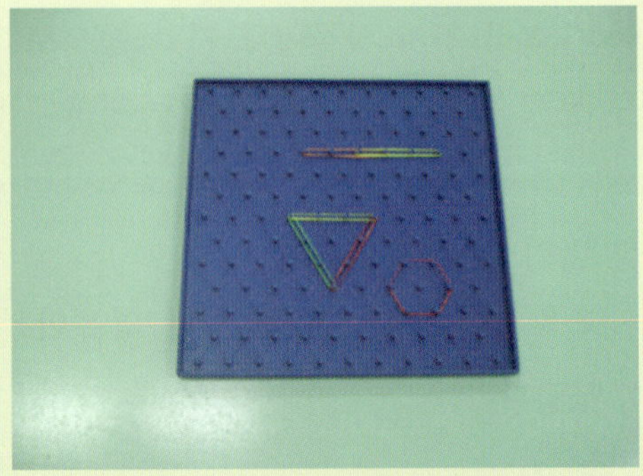

김홍도-씨름

(5) 과학활동

과학활동 자료는 손으로 만져볼 수 없는 전시용 자료들보다는 영유아가 직접 만져보고 탐색할 수 있는 것이 바람직하다. 직접 손으로 질감을 느껴보고 냄새맡아 보고 눈으로 볼 수 있게 자연물을 교구장에 많이 비치해야 한다.

영아는 주변 환경을 끊임없이 탐색하려는 욕구를 가지고 있으므로 교사는 영아가 감각을 이용하여 자유롭게 탐색할 수 있도록 다양한 사물을 제공하는 것이 바람직하다. 또한 영아는 모든 사물을 보고 듣고 만지는 것뿐 아니라 냄새맡고 맛보는 등 모든 감각기관을 총동원하여 탐색하게 되므로 모든 자료를 안전하고 위생적으로 관리하는 것이 매우 중요하다. 영아의 안전을 고려하여 깨지거나 삼킬 염려가 있는 것은 피한다.

유아는 자신의 호기심을 다양한 실험활동을 통하여 실제로 경험해 볼 수 있도록 과학활동과 활동자료를 준비해 주어야 할 것이다. 뿐만 아니라 소집단의 유아들이 적극적이고 직접적으로 활동에 참여할 수 있도록 허용적인 분위기를 조성하고 충분한 활동공간을 마련해 주어야 할 것이다.

유아교육기관에서 구비해야 할 영유아를 위한 구체적인 과학활동 자료는 〈표 5-8〉과 같다.

〈표 5-8〉
과학활동 자료

영아반	유아반
• 평면 자료보다는 주위에서 친근하게 볼 수 있는 다양한 실물 자료 • 만지기 및 냄새맡기 활동 자료 • 바깥 산책 시 주워 온 솔방울, 나뭇잎 등의 자연물	• 유아가 주변에서 찾아낸 다양한 나무껍질, 조개껍질 등의 자연물 • 투명 플라스틱 어항 • 자석, 확대경, 돋보기 • 물질의 변화과정을 관찰할 수 있도록 도와주는 간단한 실험도구 • 만지며 탐색해 볼 수 있는 과학 모형 • 동식물 도감 • 그림 또는 사진 자료 등 • 실물 키우기 자료 • 측정도구 • 식물, 동물, 곤충 • 기계류

(6) 조형활동

조형영역에는 교구장과 책상을 배치하고 책상 윗면을 비닐로 덮어 주면 관리하기 쉽다.

조형활동 자료로는 각종 미술재료(크레파스, 색연필, 풀, 가위, 수수깡, 빨대, 색실, 점토, 물감, 붓, 분필, 점토, 밀가루 반죽 등), 각종 폐품류(요구르트 병, 우유팩, 병뚜껑, 빈 상자 등), 다양한 종이(도화지, 색종이, 잡지, 신문지, 화선지, 골판지 등) 등이 있다.

창의적 표현활동을 이끌 수 있는 조형활동 자료는 영유아가 스스로 탐색하고 자유롭게 표현할 수 있도록 사용하기 쉬워야 하며, 영유아의 수준에 맞는 자료를 수에 맞게 넉넉하게 비치하여야 한다. 조형활동 자료는 각각 이름과 사진 등을 붙여 주어 영유아 스스로 정리할 수 있도록 배려해야 한다.

조형영역 가까이에 영유아의 작품을 전시할 공간을 마련해 주어야 한다. 조형영역 근처나 한쪽 벽면에 줄을 매달고 빨래집게에 영유아 작품을 수시로 걸어 준다. 교실에 환경판이 있다면 환경판을 영유아 작품란으로 활용할 수 있다. 매달 새로운 활동주제가 시작되면 주제에 관련된 자료나 사진 등을 붙여두어 유아의 흥미를 끌도록 하고, 활동이 진행되어 작품들이 만들어지면 작품을 게시해주는 것이 효과적이다. 환경판을 비롯한 모든 게시물의 높이는 유아들의 눈높이에 맞춰 내려 달아야 한다. 환경판이나 벽면 등에 붙인 모든 자료들은 영유아들의 안전을 고려하여 할핀이나 압정 대신 스카치테이프나 자석, 집게 등을 사용하는 것이 바람직하다.

이 외에 조형영역에는 간단한 유아용 청소도구를 준비하여 활동 후 유아들이 간단한 청소를 스스로 할 수 있도록 하는 것이 좋다.

유아교육기관에서 구비해야 할 영유아를 위한 구체적인 조형활동 자료는 〈표 5-9〉와 같다.

〈표 5-9〉
조형활동 자료

영아반	유아반
• 벽면이나 바닥, 책상 위에 붙인 넓은 전지 • 무독성의 짧고 굵은 크레파스 • 밀가루 반죽 • 풀 • 부드럽게 써지는 색연필 • 스티커, 도장 • 각종 종이류 : 이면지, 도화지, 한지, 모래종이, 색종이 • 재활용품 : 우유팩, 요구르트 병 • 테이프 • 모루, 수수깡 등 • 안전가위	• 다양한 질감, 색깔, 크기, 두께, 모양의 종이류 : 한지, 셀로판지, 신문지, 골판지, 마닐라지, 색도화지, 종이접시, 종이 냅킨, 포장지, 창호지, 잡지, 색종이 • 각종 폐품류 : 쇼핑백, 헌 달력, 신문지, 우유곽, 라면봉지, 과자 또는 사탕 봉지, 병뚜껑, 요구르트 병, 빈 상사, 종이 계란상자, 깡통류, 휴지 속심 • 그리고 쓰는 도구 : 크레파스, 사인펜, 연필, 색연필, 지우개, 볼펜, 색분필, 파스텔, 그림물감, 붓 • 자르고 붙이는 도구 : 안전가위, 풀, 접착제, 스템플러, 펀치, 끈, 고무줄, 스카치테이프, 종이 테이프, 양면테이프, 빨래집게 • 점토류 : 찰흙, 밀가루 점토, 지점토, 종이 점토 • 콜라주나 만들기 등을 위한 자료 : 자연물(모래, 톱밥, 나무토막, 조개껍질, 다양한 곡물, 씨앗, 돌멩이 등), 헝겊류(다양한 재질의 천조각, 손수건 등), 기타(털실, 나무젓가락, 단추, 빨대, 스티로폼, 털실, 헌 양말, 스타킹, 광고 전단지 등) • 이젤, 화판, 앞치마, 전시대 또는 작품 게시판

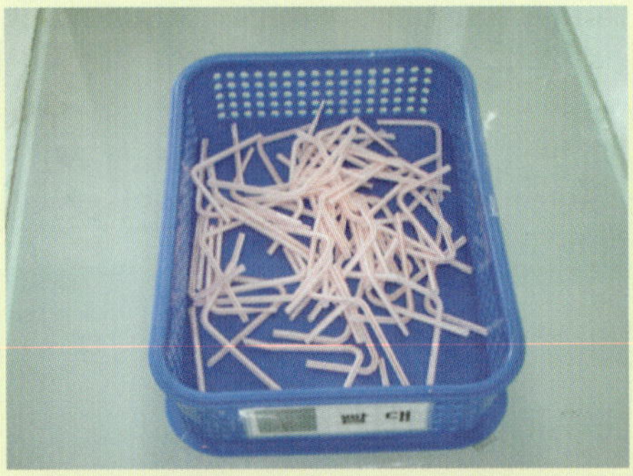

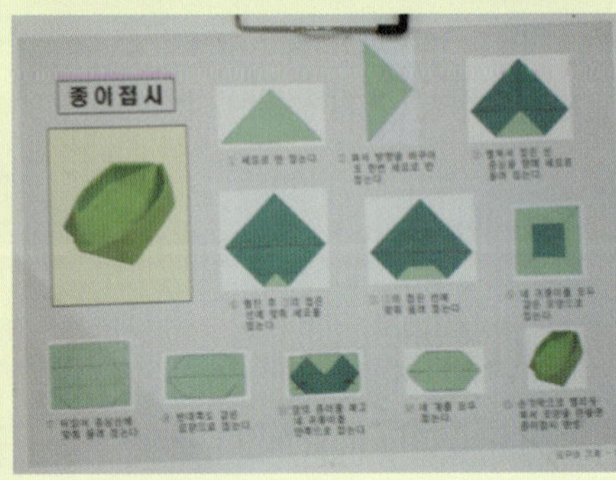
종이접시

명 화 감 상
고흐 '자화상'

(7) 쌓기활동

영유아의 쌓기활동 놀이를 촉진하기 위해서는 가정에서 기증받은 가정용품이나 폐품, 상품화된 놀잇감, 직접 제작한 놀잇감들을 제공하여 영유아 스스로 선택하여 사용하도록 하는 것이 바람직하다.

쌓기놀이 자료에는 다양한 종류의 블록류(종이 블록, 유니트 블록, 우레탄 블록, 크고 작은 와플 블록 등)와 쌓기놀이를 촉진하는 소품류(작은 자동차나 표지판, 동물 모형 등)가 있다. 영유아는 다양한 블록과 소품을 이용하여 일상생활에서 경험한 것을 놀이로 표현하는 것을 즐긴다. 이러한 쌓기놀이 자료와 소품 등은 폐품을 이용해서 교사가 제작하거나 또는 영유아와 함께 만든 자료를 제공할 수 있다. 쌓기놀이영역에 다양한 소품을 제공하면 놀이가 더욱 확장될 수 있다. 활동주제와 연관된 그림이나 사진 자료를 벽면에 붙여 주면 놀이가 확장될 수 있다.

쌓기영역 교구장의 경우 영아반은 2단, 유아반은 3단 교구장이 적합하다. 교구장을 'ㄱ'자 혹은 'ㅡ'자로 배치할 수 있으며 영역 바닥에 매트를 깔아두면 안락하면서도 소음을 줄일 수 있고 영역의 한계를 지어 주므로 편리하다. 그러나 매트는 너무 푹신한 것은 피해야 한다.

유아교육기관에서 구비해야 할 영유아를 위한 구체적인 쌓기 활동 자료는 〈표 5-10〉과 같다.

〈표 5-10〉 쌓기활동 자료

영아반	유아반
• 가볍고, 손에 잘 잡히며, 넘어져도 안전하고 푹신한 우레탄 블록이나 스펀지 블록 • 종이 벽돌 블록 • 헝겊으로 감싸져 있는 블록 • 쌓기놀이를 촉진할 수 있는 작은 자동차 모형, 동물 모형, 가족 인형 등의 소품들	• 다양한 블록류 : 종이 벽돌 블록, 우레탄 블록, 속이 빈 블록, 유니트 블록, 스펀지 블록, 상자나 빈 통조림 깡통을 활용한 블록 • 다양한 소품류 : 작은 자동차 모형, 사람이나 동물 모형, 가족 인형, 직업과 관련된 인형, 동물가면, 교통표지판, 신호등, 간판표시물

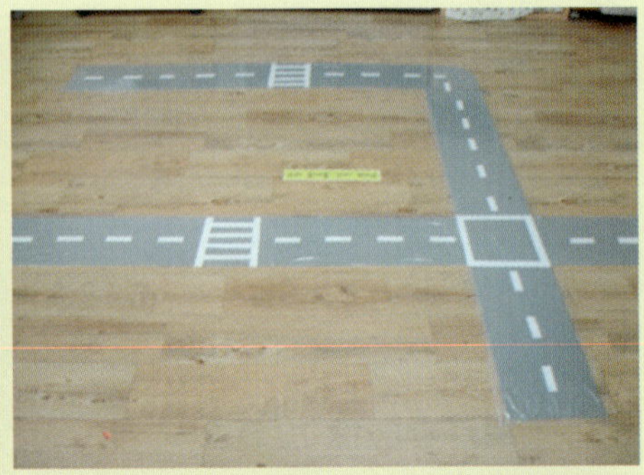

(8) 역할활동

영유아는 일상생활에서 경험한 내용부터 상상한 것, 흥미 있다고 생각하는 다양한 사건이나 대상을 구체적인 사물을 가지고 놀이로 표현하기를 즐긴다. 영유아 초기의 모방활동은 대체물을 이용한 상징놀이와 상상놀이로 확대되므로 유아교육기관에서는 일상생활에서 영유아들이 쉽게 경험할 수 있는 구체적인 자료를 많이 제공하여 역할놀이를 활성화할 수 있도록 해야 한다.

따라서 교사는 교실 내의 시끄러운 영역에 가정을 축소하여 놓은 것과 같은 분위기를 느끼고 성인들의 여러 가지 행동을 모방하여 볼 수 있는 기회를 갖도록 여러 가지 역할 놀잇감을 제공해 줄 필요가 있다. 역할놀이 영역에는 영유아에게 친숙한 실생활에서 자주 접할 수 있는 소품들을 비치하되, 활동주제에 맞는 다양한 놀잇감을 제시해 주는 것이 좋다. 역할놀이 자료와 소품은 여러 문화적 배경을 포함하고 있는 다문화적인 관점에서 제공되어져야 한다.

역할놀이 자료와 소품 등은 폐품을 이용해서 교사가 제작하거나 또는 영유아와 함께 만든 자료를 제공할 수 있다. 작은 놀이집이나 화장대, 싱크대 등을 적절히 활용하면 역할놀이가 활성화될 수 있다.

유아교육기관에서 구비해야 할 영유아를 위한 구체적인 역할활동 자료는 〈표 5-11〉과 같다.

〈표 5-11〉 역할활동 자료

영아반	유아반
• 자기 자신의 모습을 볼 수 있는 안전 전신거울 • 가벼운 전화기 • 음식 모형 • 천 인형과 이불 • 포대기 • 인형 유모차 • 인형 침대 • 아기 우유 먹일 수 있는 젖병 • 핸드백 • 모자와 신발 • 작은 그릇류	• 소꿉용품 : 다양한 구두와 신발류 및 장신구, 가방류, 모자류, 음식 모형, 인형류, 전화기, 그릇류, 주전자나 프라이팬 등 • 화장대와 안전거울 • 다 쓴 화장품 통 • 고장난 전화기, 장난감 전화기 • 주방용품 : 싱크대, 모형 냉장고, 다양한 컵, 그릇, 냄비, 숟가락, 젓가락, 국자, 주전자, 플라스틱 칼, 부엌 장갑, 요리책 • 직업 관련 소품 : 의사 가운, 병원놀이 소품, 요리사 모자, 남녀 한복, 드레스, 소방관 복장 등

(9) 음률활동

음률활동 자료로는 다양한 음색을 경험하고 박자 감각을 익히는 데 좋은 리듬악기(리듬막대, 작은북, 탬버린, 트라이앵글 등), 실로폰 등의 가락악기, 마라카스, 딸랑이와 같은 악기가 있고, 다양한 음악을 감상할 수 있는 음악 테이프와 카세트, 노래 부르기에 필요한 그림 악보 등이 있다. 동작활동 자료로는 여러 가지 색 보자기, 리본 테이프, 한삼, 부드러운 수건 등과 같은 소품들이 있다.

영아는 소리나는 물건을 흔들거나 두드리는 것을 즐기므로 딸랑이나 마라카스, 작은 북이나 주변에서 볼 수 있는 소리나는 물건을 제공하는 것이 좋다

유아교육기관에서 구비해야 할 영유아를 위한 구체적인 음률활동 자료는 〈표 5-12〉와 같다.

〈표 5-12〉 음률활동 자료

영아반	유아반
• 소리나는 물건을 흔들거나 두드릴 수 있는 딸랑이나 마라카스, 작은 북 • 주변에서 볼 수 있는 소리나는 물건 • 장난감 마이크 • 동작을 위한 여러 가지 소품 : 여러 가지 색 보자기, 스카프, 리본테이프, 부드러운 수건	• 리듬악기 : 리듬막대, 탬버린, 캐스터네츠, 트라이앵글, 작은북 • 멜로디 악기 : 피리, 실로폰, 멜로디언 • 폐품을 이용한 악기 : 깡통악기, PET병 마라카스, 깡통 북, 냄비 뚜껑을 이용한 심벌즈 • 카세트, 여러 장르의 음악 테이프 • 그림 악보, 음악과 관련된 사진이나 그림 자료 • 마라카스, 딸랑이, 종 • 동작을 위한 여러 가지 소품 : 리본 테이프, 리듬막대, 고무줄

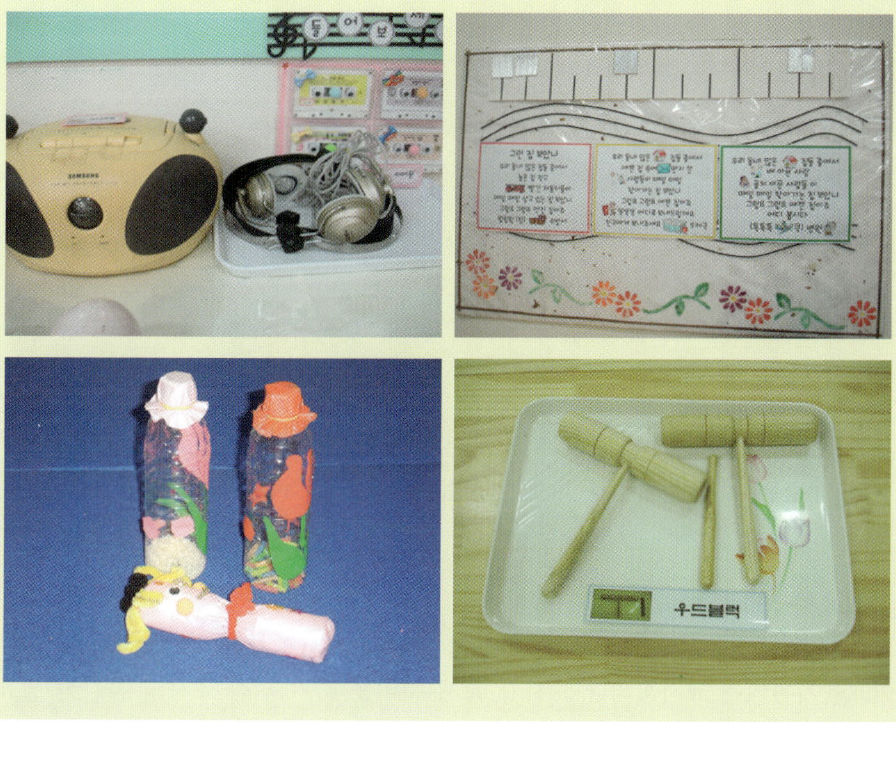

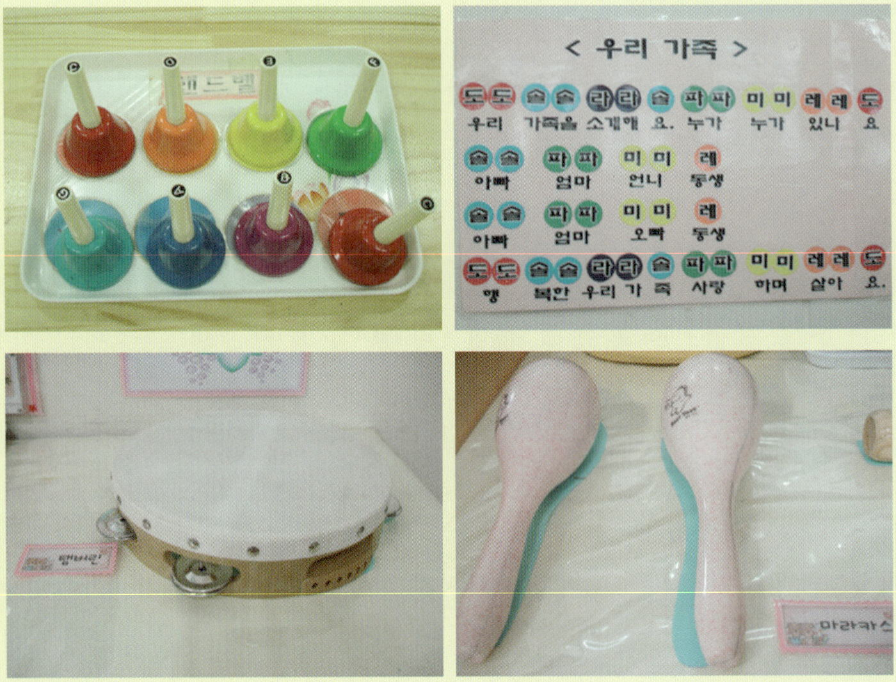

(10) 사물함

사물함은 영유아가 교실에 들어서면 가방과 옷 등을 정리할 수 있도록 출입문 가까운 곳에 배치한다. 사물함에는 개인별 가방, 여벌 옷, 스케치북, 크레파스 등을 보관하나 가방을 따로 벽에 걸거나, 스케치북과 크레파스는 바구니에 담아 조형영역에 비치하는 것도 좋은 방법이다.

사물함에는 개인별 이름표를 붙여 주어야 하며, 영아반의 경우에는 영아의 사진과 이름을 함께 코팅하여 붙인다.

교실이 좁은데 사물함이 차지하는 공간이 너무 크면 다른 영역들을 배치하기 어려우므로 사물함을 줄이거나 출입문 밖에 내놓는 방법을 고려할 수 있다.

2) 교사용 자료

유아교육기관에는 교사회의나 교사가 교재 준비를 하기 위한 교사의 공간이 필요하다.

최소한 유아교육기관 내에 교사용 책상이나 개인 소지품을 넣어둘 수 있는 교사용 사물함이 비치되어 있어야 한다. 이는 영유아 위주로 구성된 환경 속에서 근무하는 유아교사의 불편과 긴장을 완화시켜 주는 것으로 유아교사로 하여금 자신의 직무를 보다 원활하게 수행할 수 있도록 도와준다.

유아교육기관에서 교육의 질을 유지하고 향상시키기 위해서는 교육 프로그램을 계획하고 운영할 때 참고할 전문 자료가 충분히 준비되어 있어야 한다. 참고 자료가 너무 오래되었거나 부족하면 교육활동 계획이 미흡해 지고 영유아의 발달수준에 적합한 활동을 제시하기 어려우므로 새로운 자료를 지속적으로 구입할 필요가 있다. 이러한 교사용 참고자료에는 전문도서, 교육활동에 관련된 도서, 시청각 자료 등을 들 수 있다.

교사용 참고자료를 선정할 때는 연간 및 월간 교육계획안과 전년도 교육과정에 대한 평가자료를 근거로 목록을 뽑는다. 참고자료를 구입할 때는 구입의 필요성, 구입 시기, 구입의 양, 비용적인 측면 등을 고려하여 체계적으로 구입 계획을 세워 예산에 반영시킨 다음, 분기별 또는 계절별로 구입하도록 한다.

교사용 참고자료의 구입과정을 구체적으로 나타내면 [그림 5-1]과 같다.

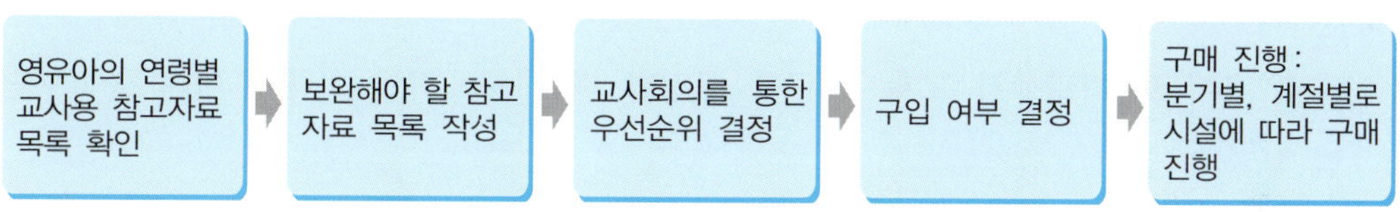

그림 5-1
교사용 참고자료 구입과정

구입된 참고자료는 모든 교사가 필요시 언제나 활용할 수 있어야 하며 체계적으로 정리 · 보관되어야 한다. 교사용 참고자료 대장을 비치하여 관리해야 하며 교사용 참고자료 대장의 예시는 〈표 5-13〉과 같다. 또한 교사용 참고도서, 시청각 자료 등을 보관할 때는 자료관리번호 라벨을 부착하여 보관해야 한다. 관리번호 부여는 시설의 실정에 맞게 부여하며, 관리번호 라벨을 부착하는 방법은 [그림 5-2]와 같다.

〈표 5-13〉 교사용 참고자료 대장 예시

연번	구입일	자료번호	자료명	제작사	제작 년도	구입/기증	가격	책임자
1	20.03.03	2020도-01	유아미술교육	양성원	2008	기증	18,000	구별님
2	20.03.03	2020시-02	아기성장보고서	EBS교육방송	2002	구입	12,000	구별님
3	20.04.15	2020시-03	한반도의 공룡	EBS교육방송	2008	구입	25,000	구별님

2020-시-02

아기성장보고서

그림 5-2
관리번호 부여의 예시

※ 구입년도-자료구분(도서, 시청각 자료 등)-구입연번
(기관의 실정에 따라 다르게 할 수 있다.)

3. 교재·교구의 선정

유아교육기관에서 교재·교구를 선정할 때, 가장 중요한 것은 활동목표와 내용에 적합한가이다. 동일한 교재·교구라도 활동의 내용이나 목표에 따라 교재·교구의 재질이나 모양, 교사의 도움 정도 등을 고려하여 교재·교구를 선정해야 한다. 이 외에 대상 유아의 연령, 활동 유형, 계절, 교재·교구 수급의 용이성 등의 문제를 고려하여 교육의 효율성을 극대화할 수 있고 동시에 교사의 수고를 가장 적게 할 수 있는 것을 선정하는 것이 적절하다.

먼저, 유아교육기관에서 교재·교구를 선정할 때의 구체적인 절차에 대해 살펴보면 [그림 5-3]과 같다.

그림 5-3
교재·교구의 선정 절차

활동에 필요한 교재·교구를 결정: 대상 유아, 활동유형, 집단 등 고려 → 유아교육기관 교재·교구의 보유 여부를 확인: 교재·교구 목록 확인 → 경제적인 측면을 고려하여 구입 여부를 결정: 구입 또는 제작 여부 결정 → 교사가 직접 제작하거나 유아들과의 활동에서 제작: 반드시 교사가 제작해야 하는 것은 아님

[그림 5-3]에서처럼 유아교육기관의 교육활동에서 필요한 교재·교구를 수급하는 방법은 상품화된 교재·교구를 구입하거나 교사가 필요한 교재·교구를 직접 제작하여 사용하는 방법이 있다. 상품화된 교재·교구를 구입하느냐, 교사가 필요한 교재·교구를 직접 제작하느냐의 문제는 활동내용과의 적합성이나 경제적인 측면을 고려하여 결정할 수 있다. 활동에 따라서는 상품화된 교재·교구를 사용하는 것이 경제적일 수 있고 때로는 교사가 직접 제작한 교재·교구가 더 교육적일 수도 있다. 따라서 어떤 교재·교구가

가장 적절한가는 그 교육내용의 성격이나 다른 여러 가지 관련요소에 따라 다르므로 이를 적절히 고려하여 교재 · 교구를 선정하여야 할 것이다.

유아교육기관에서 상품화된 교재 · 교구를 구입할 때 고려해야 할 점들에 대해 살펴보고자 한다.

① 견고성

유아교육기관에서 사용하는 교구는 여러 유아들이 공동으로 사용하는 물품이므로 무엇보다도 튼튼하고 견고해야 한다. 따라서 쉽게 부서지지 않는 것, 색이 변하거나 묻어나지 않는 것, 또한 쉽게 고장나지 않아 반영구적으로 사용 가능한 것이어야 한다.

② 경제성

경제성이란 가격에 비해 가치가 있고 품질이 우수하며 활용가치가 있는 것을 구입해야 한다는 것이다. 간혹 경제적인 측면만을 고려하여 너무 싼 것을 사다 보면 색감이나 재질적인 측면에서 좋지 않은 교재 · 교구를 구입하게 되는 경우가 있다. 교재 · 교구를 구입하는 측면에서 경제성이란 적은 비용을 들이면서 지속적으로 사용할 수 있고 교육적인 효과를 최대한으로 끌어올릴 수 있는 것이어야 한다.

③ 안전성

유아들은 아직 안전에 대한 판단능력이 미흡하므로 유아교육기관에서 사용되어지는 모든 교재 · 교구는 튼튼하면서도 유아들의 안전을 고려하여 제작되어져야 한다. 따라서 깨어지거나 모서리가 날카롭지 않은 것, 독성이 없는 것, 부서질 경우 조각들이 위험하지 않은 것을 선택하도록 해야 한다.

④ 적합성

교재 · 교구는 어떤 목적으로 활용될 수 있는가를 파악하고 그 해당 목적에 적합해야 할 뿐만 아니라 유아의 발달수준에 적합해야 한다. 아무리 교육적으로 우수한 교재 · 교구라 할지라도 유아의 발달수준에 적합하지 않을 경우 유아의 관심과 집중도가 떨어질 수 있다. 뿐만 아니라 유아교육기관의 교육목적에도 적합해야 할 것이다.

⑤ 매력성

교재 · 교구는 유아의 흥미를 끌 수 있도록 매력적이면서 미적 만족감을 주는 것이어야 한다. 이때 외관상의 매력도 중요하나 교재 · 교구 자체의 활용방법이 주는 매력이 있어야 한다. 활동방법이 단순 반복적인 교재·교구의 경우 유아들이 지속적으로 그 교재·교구를 활용하지 않게 된다. 따라서 유아들이 무엇인가 새로운 것을 창의적으로 추구할 수 있도록 할 때 교재·교구에 대하여 강한 매력을 느끼게 될 것이다. 교재·교구가 내적인 매력이 없으면 한 번 가지고 놀고 더 이상 가지고 놀지 않게 된다. 다양한 방법으로의 활용가치가 있는 것이 매력적인 교구라고 할 수 있다.

또한 상품화된 교재·교구를 선정하여 구입할 때는 직접 실물을 확인하거나 구체적인 크기를 확인한 후 구입하여야 한다. 대략적인 그림자료만을 보고 구입할 경우 의도했던 것과 다른 크기와 목적의 상품을 구입하는 결과를 초래할 수도 있다.

4. 교재·교구의 제작

1) 교재·교구 제작 시 고려할 점

유아교육기관에서 교재·교구를 수급하는 방법은 상품화된 교재·교구를 구입하는 방법과 교사가 교재·교구를 직접 제작하는 방법이 있다. 교사가 가능한 한 활동에 적합한 상품화된 교재·교구를 선정하여 구입하는 것이 적절하나 활동에 필요한 적절한 상품화된 교재·교구를 선택할 수 없을 경우에는 교사가 직접 교재·교구를 제작하여야 한다.

교재·교구를 제작할 때 고려해야 할 점들에 대해서 살펴보면 다음과 같다.

첫째, 발달수준에 적절해야 한다. 대상 유아의 신체적·인지적 수준에 맞아 조작 가능하고 활용 가능한 것이어야 한다. 아무리 훌륭한 교재·교구라도 유아가 다루지 못하는 것이라면 소용이 없다. 되도록이면 교사의 도움이 많이 요구되지 않도록 제작하는 것이 좋다(이대균, 송정원, 2006). 뿐만 아니라 영유아들이 교재·교구를 가지고 놀이를 하는 속에서 스스로 인지적으로 다양한 방법으로 상호작용할 수 있도록 교재·교구의 내용이 영유아들의 인지적 수준에 적합해야 할 것이다.

둘째, 매력적이고 흥미로워야 한다. 교재·교구의 내용도 중요하지만 외관이 아름다워야 영유아의 흥미를 더 끌 수 있을 것이다. 뿐만 아니라 영유아의 지적 호기심을 자극할 수 있는 매력도 동시에 갖추어야 한다.

셋째, 유아들이 활동을 스스로 완성해 볼 수 있도록 성취감을 줄 수 있는 것이어야 한다. 교사가 교재 · 교구를 제작할 때는 학급 영유아들의 연령이나 발달수준을 고려하여 가능한 영유아들이 교사의 도움 없이 스스로 활동을 하는 속에서 성취감을 맛볼 수 있도록 적당한 난이도로 교재 · 교구를 제작해야 할 것이다. 교재 · 교구가 너무 단순하거나 지나치게 난이도가 높을 경우, 오히려 유아들이 활동에 흥미를 상실하거나 적절한 도전의식을 못 느끼게 된다. 따라서 유아들이 성취감을 맛볼 수 있도록 학급 유아들의 수준을 고려하여 교재 · 교구를 제작해야 할 것이다.

넷째, 안전하고 견고하며 위생적이어야 한다. 모서리가 날카롭거나 뾰족한 것이 튀어나온 부분이 없도록 해야 하며 부착물이 쉽게 떨어지거나 장치가 고장나지 않게 제작해야 한다. 더욱이 유아들이 손으로 만지거나 입에 대었을 경우 해가 되지 않는 재질로 만들어야 한다. 특히 어린 연령일수록 입에 넣어도 안전한 것으로 준비하여야 하며 청결을 위하여 세탁이 용이한 재질의 재료를 이용하여 교재 · 교구를 제작하는 것이 적합하다.

다섯째, 소재와 제작방법이 다양해야 한다. 유아교사들은 모든 그림자료나 제시자료를 제작하면 오래 보관하기 위해서 무조건 코팅을 하는 경우가 많다. 그러나 동일한 소재만을 사용하거나 너무 흔한 소재를 사용하여 제작할 경우 유아가 싫증을 내기 쉬우므로 다양한 감각을 느낄 수 있도록 재질과 제작방법, 활용방법을 다양하게 제작하여야 한다.

여섯째, 보관상 용이해야 한다. 교재 · 교구를 제작할 때는 보관하는 방법에 대해서도 고려를 해야 한다. 작은 조각으로 이루어진 교재 · 교구의 경우에는 작은 조각들을 통에 담아서 보관할 수 있도록 제작하여야 한다. 부피가 너무 큰 교재 · 교구의 경우에는 접어서 보관하거나 부피를 감소시켜 보관할 수 있는 여러 가지 방법을 생각해 가면서 교재 · 교구를 제작해야 한다.

일곱째, 사용이 편리해야 한다. 크기가 너무 작아도 문제이지만 너무 커서 유아들이 만지기에 부담이 되는 것도 적합하지 않다. 유아들의 신체 치수에 적절하여 유아들이 스스로 용이하게 조작이 가능하도록 제작해야 한다.

여덟째, 문화에 맞는 것이어야 한다. 동일한 동화 속의 토끼라도 우리 문화에 익숙한 토끼의 그림이 있고 그렇지 않은 토끼의 그림이 있다. 사회 현상에 관한 그림 중에는 우리 문화에서 익숙하지 않은 삽화들이 있을 수 있다. 따라서 동일한 상황의 내용이라도 우리 문화에 적합한 형태로 변형하여 제작해야 할 것이다.

아홉째, 효율성을 고려해야 한다. 최소의 노력과 경비로 최대의 효과를 낼 수 있는 것이어야 한다. 교재 · 교구를 제작할 때는 가능한 한 교사의 시간과 노력뿐만 아니라 유아교육기관의 경제적인 측면도 고려하여야 한다. 따라서 되도록이면 폐품을 활용하고 소모되는 재료를 아껴 쓰도록 해야 한다.

2) 교재 · 교구의 제작절차

유아교육기관에서 교재 · 교구를 제작하는 절차는 [그림 5－4]와 같다.

그림 5-4
교재·교구 제작절차

교재 · 교구 제작 계획서 작성: 교재 · 교구의 크기, 재질, 모양, 개수, 제작방법, 참고문헌 등에 대한 자세한 사항 기록 → 제작에 필요한 물품 구입 및 수집 → 교재·교구 제작: 제작과정에서 변경 가능

5. 교재 · 교구의 활용 및 보관

1) 교재 · 교구의 배치

영유아들이 교재 · 교구를 어떻게 활용하는가는 교재 · 교구의 다양성이나 질보다도 더 중요하다. 어떤 교재 · 교구인지 한눈에 보이지 않는다면 활용 빈도수가 낮아질 것이며, 무질서하게 늘어놓는 것 또한 유아의 활동을 방해하는 요인이 된다. 교재 · 교구를 활용하는 공간이 비좁거나 다른 활동에 방해를 받는다면 교재 · 교구의 활용가치가 떨어지므로(이대균, 송정원, 2006) 교재 · 교구를 배치할 때는 유아들의 연령이나 활동주제, 활동에 참여하는 유아들의 수 등을 고려하여야 한다. 교재 · 교구가 잘 정돈되어 배치되어 있고 충분한 공간을 고려하여 배치되어 있을 때, 유아들의 교재 · 교구 활용빈도를 높일 수 있을 것이며 활동에 대한 충분한 몰입을 이끌어 인지적 발달을 이끌 수 있을 것이다.

이러한 교재 · 교구를 배치할 때 고려해야 할 점을 구체적으로 살펴보면 다음과 같다.

첫째, 교재 · 교구는 유아의 눈에 띄기 쉬운 곳에 질서 정연하게 잘 정돈해 놓아야 한다. 교재 · 교구가 수준별 · 내용별 · 활동영역별로 체계적으로 배치되어 있을 경우 유아가 교재 · 교구를 바람직하게 활용하도록 유도한다. 특히 유아가 사용하기 전의 교재 · 교구의 배열 상태는 사용 후의 정리정돈의 모델이 된다.

둘째, 교재 · 교구는 유아가 사용하기 편리하도록 배치해야 한다. 유아의 눈높이에 맞

는 선반에 교재 · 교구를 배치하여 쉽게 꺼내고 사용 후 정리할 수 있도록 해야 한다. 뿐만 아니라 개방된 선반을 이용해야 한다. 유아들이 활용할 교재 · 교구는 문이 있는 장이나 서랍에 배치하지 않고 유아들이 시각적으로 보고 선택할 수 있도록 개방형 교구장에 배치해야 한다. 시각적으로 보이지 않고 꺼내거나 넣기 힘든 교재의 사용 빈도는 낮아질 수 있다.

셋째, 자주 사용하는 교재 · 교구는 항상 동일한 장소에 배열해야 유아 스스로 쉽게 이용하고 정리할 수 있다. 가위, 크레파스, 풀 등과 같은 모든 활동에서 기본적으로 많이 사용되는 물품들은 일정한 장소에 배치해 둠으로써 유아 스스로 활동 시 이용하고 정리할 수 있도록 유도해야 한다.

넷째, 교재 · 교구장은 충분해야 되고 다양한 형태이어야 하며 교재 · 교구의 활용 특성에 따라 충분한 간격을 두어야 한다. 쌓기, 언어, 수 · 조작영역에 따라 갖추어야 할 교구장의 형태가 달라야 하며 교재 · 교구를 배치할 때는 교재 · 교구의 크기만을 생각하는 것이 아니라 교재 · 교구를 가지고 활동할 유아들의 수를 고려하여 충분한 공간을 확보하면서 교재 · 교구를 배치해야 한다.

다섯째, 유아나 교사들이 사용하고 정리하기 편리하도록 장에 각 교재 · 교구에 해당하는 표시를 해 둔다. 유아들의 경우 교재 · 교구별로 언어로 표시할 수 있고 영아들의 경우에는 그림이나 사진을 이용하여 표시할 수 있다.

여섯째, 파손되기 쉽거나 안전성에 위험이 있는 교재 · 교구는 안전한 장소에 배치해 두고 교사의 관리 · 감독 하에 사용이 이루어지도록 해야 한다.

일곱째, 교재 · 교구의 배치는 고정된 것이 아니라 필요에 따라 변화를 주어야 한다. 생활주제에 따라, 계절에 따라 활동영역을 확장 · 통합하거나 특정 영역의 활동을 활성화시킬 수 있다. 예를 들어, 생활주제가 '지구와 환경'일 경우, 다른 영역에 비해 '과학영역'을 활성화시킬 수 있으며, 영아반 학급의 경우에는 대근육활동 영역이나 감각활동 영역을 활성화시킬 수 있다.

2) 교재 · 교구의 활용

교재 · 교구의 직접적인 활용은 집단활동 시간과 자유선택활동 시간에 이루어진다. 집단활동에 활용되는 교재 · 교구는 대부분이 크거나 조작의 주체가 교사가 되는 경우가 많다. 반면에 자유선택활동 시간에 제시되는 교재·교구들은 크기가 대부분 작으며, 개별 또는 몇 명의 유아가 직접 다루어 보고 교재·교구를 탐색함으로써 다양한 특성을 발견하고 다양한 인지적 상호작용을 일으키게 한다.

자유선택활동 시간과 집단활동 시간의 구체적인 교재·교구의 활용방법에 대해 살펴보고자 한다(이대균, 2003).

(1) 자유선택활동 시간

자유선택활동 시간에 교재·교구를 활용하는 방법은 다음과 같다.

- 학급에 내주기 전에 전체 유아에게 교사가 소개하는 방법
  유아들이 다루기 위험한 것이나 다룰 때의 방법이 매우 복잡한 것, 지켜야 할 규칙이 많은 것은 새로운 교재·교구를 학급 내에 배열하기 전에 모든 유아들에게 활용방법과 주의해야 할 점에 대해 알려 주고 사용방법을 토의해 보도록 한 다음에 제시해 주어야 한다.
- 교재·교구의 명칭과 내주는 장소만 알려 주고 유아들이 활용할 때, 또는 교사의 도움을 청할 때 교사가 소개하거나 활동을 해보았던 유아가 소개하는 방법
  활동방법이 복잡하지 않고 위험하지 않으며, 유아의 힘으로 해결해 갈 수 있는 교재·교구일 경우, 또는 유아들이 시행착오를 겪으며 발견하도록 하는 교사의 의도가 있는 경우에 바람직한 방법이다.
- 다른 활동시간에 활용했던 교재·교구의 개별 사용방법, 자율적인 사용방법과 새로운 사용방법에 중점을 두어 자연스럽게 소개하는 방법
  동극이나 인형극 시간, 신체표현 시간, 음악 시간 등에 활용해 보았던 교재·교구를 더 해보고 싶어 할 경우, 또 심화학습으로 유도하려는 교사의 의도가 있는 경우에 소개할 수 있는 방법이다.

(2) 집단활동 시간

집단활동 시간에 교재·교구의 활용방법은 다음과 같다.

① 실물 자료(동물, 식물, 일상용품, 자연물, 음식 등)

- 가능하다면 가까이에서 볼 수 있도록 배려한다.
- 실물 자료에 대한 사전 경험에 대해 유아들이 이야기할 시간을 준다.
- 여러 개를 준비할 수 있고 위험한 것이 아니라면 주의해야 할 점을 간단히 말해 주고 돌려가며 만져보고 다루어 볼 수 있게 한다.

• 실물 자료의 모양, 움직임, 쓰임새, 속성 등에 대해 자신의 생각을 발표해 볼 수 있도록 하고 다른 유아의 의견을 경청할 수 있는 기회를 준다.
• 실물 자료를 통해 알아보려고 하는 목적에 대해 소개한다.
• 더 자세히 알아보아야 할 것이나 연관된 다른 주제로의 확산을 돕는다.
• 실물 자료를 더 탐색할 방법을 의논하고 타 영역의 활동이나 자유선택활동으로 연결시킨다.
• 실물 자료의 특성에 따라 일정 기간 동안 전시하고 관리한다.

② 그림, 사진 자료(융판, 자석, 차트, 낱장 자료 등)

• 그림이나 사진을 보여주기 전에 이야기 나누고 예측해 보도록 한다.
• 다양한 방법으로 그림, 사진자료를 제시하면서 영유아의 실제 경험과 연결시킨다.
• 영유아들이 자료를 선택하여 제시하면서 이야기를 주도해 갈 수 있도록 돕는다.
• 집단활동이 끝난 후에도 영유아들이 볼 수 있도록 정해진 벽면이나 게시판에 붙여 놓는다.

집단활동 시간에는 교재 · 교구의 직접적인 활용을 높일 수 있는 방향으로 활동이 이루어지기보다는 추상적이고 유아들의 시각적인 탐색만을 다룰 수 있는 방향으로 교재 · 교구가 활용될 소지가 높다. 따라서 이러한 점을 최대한으로 보완하기 위하여 유아교사는 가능한 한 집단활동 시간이라도 실물 위주로 자료를 준비하고 충분한 양을 준비하여 영유아들이 직접적인 탐색의 기회를 높여야 할 것이다. 뿐만 아니라 시각적인 자료를 준비하더라도 유아들의 참여를 높일 수 있고 유아들의 교재 · 교구 활용빈도를 높일 수 있는 방향으로 활동을 이끌어야 할 것이다.

3) 교재 · 교구의 보관

상급학교보다 교수-학습활동에 교재 · 교구를 활용하는 양과 빈도수가 많은 유아교육기관에는 다양한 실물 자료나 교재 · 교구들이 많아 충분한 공간을 마련하여 쉽게 꺼내 사용할 수 있도록 체계적으로 보관하여야 한다. 많은 교재 · 교구를 갖추고 있는 것이 중요한 것이 아니라, 즉시 꺼내어 활용할 수 있도록 체계적으로 보관되고 관리되어져야 할 것이다.

유아교육기관에서는 현재 학급에서 사용하지 않는 비품과 활동자료를 잘 정돈하여 보관할 수 있는 별도의 장소나 자료실이 필요하다. 보관 장소나 자료실을 별도로 마련하여 현재 사용하지 않는 비품과 활동자료를 영역별, 주제별, 재료별, 계절별 등으로 정리를 해 두어야 한다. 활동자료나 비품을 교실에 모두 제시할 수 없으므로 활동주제나 계절, 영유아의 흥미나 적응 정도에 따라 융통성 있게 바꾸어 주어야 하며, 필요에 따라 다시 꺼내어 제공하는 것이 바람직하다. 유아용 활동자료는 평면 자료보다 입체 자료와 실물 자료가 많고 그 종류가 다양하기 때문에 넉넉한 공간에 잘 보이도록 정돈하여 보관함으로써 필요할 때 쉽게 꺼내서 사용할 수 있다. 보관함 겉면에는 쉽게 찾을 수 있도록 내용물의 이용과 사용법 등을 기록하고, 교재·교구 및 비품 관리대장을 마련하여 관리한다.

자료의 내용이나 형태에 따른 보관 방법

- 카드 자료, 종이 자료, 평면 자료: 세워서 보관
- 작은 조각들이 있는 자료: 투명 비닐이나 작은 투명 상자에 보관
- 실물 자료: 커다란 개방식 바구니에 보관
- 주제가 있는 자료: 뚜껑이 있는 상자에 보관

교재·교구를 보관할 때 고려해야 할 점을 알아보면 다음과 같다.

첫째, 교재·교구를 보관할 독립된 공간을 마련해야 한다. 자료실이나 교사실에 교재·교구장을 설치하여 보관해야 한다.

둘째, 여러 형태의 교재·교구를 정리하여 보관할 수 있는 교재·교구장을 비치한다. 대개 조립식 철재 앵글을 많이 이용한다. 교재·교구장에는 분류카드가 부착되어야 하며, 교재·교구를 세워서 보관할 수 있는 곳과 상자나 바구니 등을 보관할 수 있는 곳으로 나뉘어져 있는 것이 바람직하다.

셋째, 활용이 끝난 교재·교구는 손상된 곳을 보수하거나 부속품을 점검하여 보관하여야 한다.

넷째, 교재·교구의 형태에 따라 봉투, 상자, 바구니 등의 통에 넣어 정리한다. 교재·교구의 사용설명서를 함께 넣어 두거나 통의 겉에 붙여서 교재·교구의 분류기준에 맞게 분류 표시를 해둔다.

다섯째, 유아교육기관의 교재·교구 목록에 기록하여 두면 다음의 교육계획을 세우거

나 교재 · 교구를 확인할 때 편리하다. 뿐만 아니라 주제, 흥미영역, 활동유형 등을 명시한 교재 · 교구 목록과 분류카드를 만들어서 체계적으로 정리해 놓아 필요한 교재 · 교구를 쉽게 찾을 수 있도록 해야 한다.

별도의 보관장소나 자료실이 없을 경우, 유아의 이동이나 활동공간이 아닌 계단 밑이나 자투리 공간을 활용하여 자료를 보관할 수도 있다. 이때 지하나 옥상을 자료실로 활용할 수도 있으나 교사가 자주 드나들기 어렵다는 단점이 있다. 지하나 옥상 등에 마련된 자료실의 경우, 곰팡이나 벌레, 거미줄이 생기지 않도록 자주 환기하고 주기적으로 청소와 정리를 해야 한다.

4) 교재 · 교구의 관리

교재 · 교구는 정기적으로 관리하여 안전하고 청결한 상태로 영유아가 이용할 수 있도록 하여야 한다. 유아가 공동으로 사용하는 놀잇감의 청결 유지는 유아의 건강유지를 위해 반드시 지켜야 할 사항이다. 놀잇감의 청결을 유지하려면 놀잇감을 자주 세척해 주어야 한다. 특히 영아가 입에 넣기 쉬운 놀잇감은 매일 세척하고, 자주 사용하는 플라스틱 블록이나 인형, 소꿉놀이 도구들은 정기적으로 세척하여 교실의 놀이 환경을 위생적으로 유지하도록 해야 한다.

놀잇감 세척 및 소독방법

- 놀잇감을 물에 담근다.
- 따뜻한 비눗물로 놀잇감을 닦는다.
- 따뜻한 물에 헹군다.
- 물에 희석한 소독액으로 놀잇감을 소독한다.
- 따뜻한 물에 헹군다.
- 놀잇감을 말린다.

〈표 5-14〉 여러 가지 놀잇감 세척요령

놀잇감 종류	세척 요령
원목 놀잇감	• 물수건으로 수시로 닦는다. • 물기가 남지 않도록 마른 수건으로 한 번 더 닦는다.
헝겊 놀잇감	• 수시로 먼지를 털어내고 샴푸를 풀어 손으로 주물러서 세탁한다. • 건전지나 전선이 내장되어 있는 경우에는 수시로 먼지를 털어낸다.
플라스틱 놀잇감	• 비눗물에 담가 세척한 후 맑은 물로 헹군다. • 수건으로 닦은 후 그늘에 말린다.
고무 놀잇감	• 유아용 세제나 샴푸를 이용해서 스펀지로 닦는다. • 1주일에 2회 정도 닦는다.

놀잇감은 위험요소가 없어 영유아가 안전하게 활동할 수 있도록 관리되어야 한다. 유아교사는 교실의 놀잇감을 매일 점검하여 위험요소가 발견되거나 파손된 곳이 있을 경우 즉시 수리·보완하도록 해야 한다. 안전점검을 철저히 시행하기 위해서는 문서화된 안전점검 목록표를 작성하고, 안전지침을 게시하며, 누적된 안전점검 결과를 관리하는 것이 바람직하다.

유아교육기관 교실 및 실외 놀이공간과 놀잇감에 관련된 일별 안전점검 체크리스트는 〈표 5-15〉와 같다.

〈표 5-15〉 보육시설 일별 놀이공간 및 놀잇감의 안전점검 체크리스트

〈점검 상태 : 양호 ○, 보통 △, 불량 ×〉

구분	점검항목	점검결과						조치사항
		월	화	수	목	금	토	
실외환경	보육시설 보호벽 및 보육시설 주변의 관리 상태는 양호한가?							
	실외놀이 공간 주변의 돌, 유리 조각, 요철, 녹이 슨 부분, 벗겨진 페인트, 돌출된 모서리가 방치되어 있지는 않은가?							
	확인되지 않는 식물이나 잡초는 모두 제거하였는가?							
	놀이터 바닥에 오물, 방치된 물 웅덩이가 없는가?							
실내환경	문과 창문 등의 추락 위험은 없는가?							
	바닥에는 다칠 수 있거나 미끄러운 곳은 없는가?							
	복도, 계단, 비상계단, 미끄럼대 등에 방치된 물건이 없어 피난계단, 미끄럼대 등을 사용하기에 양호한가?							
	모든 보육용품과 비품이 제자리에 있는가?							
	보육용품이나 비품 유리창 등에 날카로운 모서리 등이 없는가?							
놀잇감 및 놀이기구	망가져 날카롭고 위험한 것은 없는가?							
	유해색소가 칠해진 놀잇감은 없는가?							
	부품이 빠지거나 작은 볼트 등이 빠진 것은 없는가?							
	놀잇감 및 놀이기구의 수납 상태가 양호한가?							
	영유아가 삼킬 만한 작은 놀잇감이나 부품은 없는가?							

출처: 보건복지가족부(2009). 2009년도 보육사업안내.

참고문헌

보건복지가족부(2009). 2009년도 보육사업안내. 보건복지가족부.

이대균(2003). **보육교재 및 교구개발**. 경기: 양서원.

이대균, 송정원(2006). **영유아를 위한 교재 · 교구 연구 및 지도**. 경기: 양서원.

CHAPTER

06

비전기동작 교수매체

유아의 학습효과를 촉진시키기 위한 교수매체로 유아교육 현장에서 가장 흔하게 사용되는 것은 바로 비전기동작 교수매체이다. 전기동작 교수매체가 첨단 장비와 함께 유아교육 현장에 보급되고 있지만, 비전기동작 교수매체가 상황에 따라 다양하게 변화될 수 있다는 점, 교사의 생생한 음성이 다양하게 변화되어 전해진다는 점 등 다양한 장점이 있기 때문에 여전히 유아들의 흥미와 관심을 잃지 않고 있다.

전기동작 교수매체는 시각적이고 동작적인 면에서 유아의 흥미를 끌기에 충분히 매혹적이다. 하지만 전기동작 교수매체는 비전기동작 교수매체에 비하여 고정화된 교수매체라는 단점이 있다. 따라서 현대 최첨단 장비로 무장된 전기동작 교수매체가 유아교육 현장에 홍수처럼 제공된다 하더라도, 비전기동작 교수매체는 유아의 관심과 흥미를 꾸준히 받을 것이다.

본 장에서는 비전기동작 교수매체로 그림 자료, 자석 자료, 융판 자료, 인형 자료, 디오라마에 대하여 살펴보고자 한다.

1. 그림 자료

그림 자료 교수매체는 평면적 시각 자료를 의미한다. 사진, 포스터, 책이나 동화의 그림에서부터 교사나 유아가 직접 그린 그림 등이 여기에 해당된다. 그림 자료는 시각 자료이나 자료를 활용하는 대상에 따라 청각을 가미하여 시청각 자료로 활용하기에 용이하다. 그림 자료는 교사가 직접 제작하기가 용이하며, 보관이 간편하고, 교사의 역할에 따라 유아들의 학습효과를 극대화시킬 수 있는 장점이 있다. 이러한 장점 때문에 그림 자료는 유아교육 현장에서 시청각 교수매체로 오랫동안 사용되고 있다.

교수매체로서 그림 자료의 효과를 알아보기 위하여, 그림 자료의 특성, 그림 자료의 종류, 그림 자료의 선택기준, 그리고 그림 자료의 제작 및 활용에 대하여 살펴보기로 한다.

1) 그림 자료의 특성

그림 자료의 특성을 다음과 같이 장점과 제한점으로 구별하여 제시하고자 한다.

(1) 그림 자료의 장점

첫째, 제작이 비교적 쉽다.

교사는 원하는 그림을 직접 그리거나, 잡지나 화보, 사진 등을 오려 붙여서 제작할 수 있다. 바탕면에 그림을 그리고 색종이나 한지를 이용하여 찢어 붙이기를 하여 그림 자료를 만들 수도 있다. 그림 자료는 다른 매체에 비하여 기본적인 그림 도구와 재료만으로도 멋진 자료를 쉽고 간단하게 만들 수 있다는 장점이 있다.

둘째, 보관이 간편하고 오래 사용할 수 있다.

그림 자료는 규격이 대체로 일정하고 무게가 무겁지 않아 보관이 간편하다.

한 번 제작하거나 구입한 그림 자료는 투명 비닐이나 종이 상자, 또는 자료 보관함에 잘 정리하여 보관할 수 있다. 보관을 잘 하였을 경우 반영구적으로 사용할 수 있다는 장점이 있다.

셋째, 유아의 호기심과 흥미를 일으킬 수 있다.

다양한 색채와 동작의 표현들은 유아의 학습 집중력과 흥미를 유도한다. 그림 자료에 약간의 다른 기능을 추가하거나 교사의 다양한 음성 변성만으로도 유아의 학습 몰입을 유도하는 데 효과적이다.

넷째, 제작비용이 적게 들고 구입이 쉽다.

그림 자료는 다른 매체에 비하여 제작비용이 적게 들 뿐만 아니라, 일상생활에서 쉽게 구입할 수 있다. 교사는 각종 잡지, 화보, 신문, 카탈로그, 또는 캘린더 등에서 학습내용과 관련된 그림들을 구할 수 있으며, 이러한 그림이나 사진들을 이용하여 그림 자료를 쉽게 제작할 수 있다.

다섯째, 사용이 간편하다.

그림 자료는 다른 매체에 비하여 별도의 기재나 시설을 사용하지 않고도 언제, 어느 곳에서나 쉽게 사용할 수 있다. 자료의 부피도 이동하기에 적당하다.

여섯째, 상황에 따라 다양성을 보인다.

그림 자료는 전기동작 매체에 비하여 교사가 상황에 따라 다양하게 개입할 수 있다. 유아의 주의집중과 호기심을 촉진하는 데 필요하다고 판단되는 순간에 교사는 즉각적으로 개입하여 나레이터의 역할을 하거나, 또는 등장인물의 목소리를 흉내냄으로써 유아들의 흥미를 촉진시킬 수 있는 장점이 있다.

(2) 제한점

첫째, 원근감의 전달 기능이 부족하다.

그림 자료는 평면적 시각 자료이다. 입체감이나 원근감을 중요하게 요구하는 학습매체로는 학습효과를 달성하는 데 어려움이 있다. 따라서 교사는 이러한 제한점을 주의 깊게 판단하여 학습내용과 목표에 부합되었을 때 사용해야 할 것이다.

둘째, 사물의 동작 표현이 제한적이다.

그림 자료는 사물의 세세한 움직임이나 동작을 표현하는 데 한계가 있다. 낚싯줄이나 할핀을 이용하여 부분적인 동작이 가능하기는 하나, 동물이나 식물의 성장과정을 보여주는 학습내용을 위한 교수매체로는 부적합하다. 그러나 전기동작 자료의 보조 자료로 활용함으로써 사물의 동작을 단계별로 제시하는 데 도움이 된다. 따라서 교사는 학습내용과 목표에 따라 그림 자료를 적절하게 활용해야 할 것이다.

셋째, 자료의 크기가 제한적이다.

그림 자료의 크기는 한정되어 있다. 따라서 그림 자료는 교실 환경과 유아의 집단 형태 및 유아와 교사 간의 거리 등에 영향을 받는다. 교사와 유아 간의 거리가 일정한 간격을 유지해야 하며, 유아의 수도 그림 자료를 사용하기에 용이할 정도로 적당히 적어야 한다. 대집단이 모여 있는 대강당에서 그림 자료를 매체로 활용할 경우에는 전기동작 기구를 이용하여 활용할 수 있으나 용이하지가 않다. 따라서 교사는 그림 자료를 사용할 때는 장소, 유아의 수 등과 같은 외적인 환경을 정확하게 판단하여야 할 것이다.

2) 그림 자료의 선택기준

그림 자료는 유아의 학습효과를 촉진하는 매체로서의 기능을 할 수 있어야 한다. 따라서 교사는 학습목표와 내용에 따라 그림 자료의 선택기준을 구별해야 한다. 중요한 정보를 제공해야 하는 이야기 나누기 자료로 활용할 경우의 선택과 동화 자료로 활용할 경우의 선택기준은 다르기 때문에 그렇다. 다음의 선택기준은 그림 자료를 선택하는 일반적이고 보편적인 기준이다.

첫째, 유아의 흥미와 호기심을 자극할 수 있을 만큼 매력적이어야 한다.

그림 자료는 사물의 움직임이 용이하지 않는 평면 자료라는 점에서 전기동작 매체에 비하여 유아들의 흥미를 지속적으로 이끌어 내기에는 부족하다. 그러나 그림의 색상, 구도, 동작의 표현 등이 시각적으로 매력적이라면 유아들의 몰입을 유도할 수 있다. 따라서 비전기동작 자료라는 단점을 보완하고 시각적으로 유아들의 호기심을 자극할 수 있을 만큼 매력적인 자료인지를 판단하고 선택해야 할 것이다.

둘째, 학습내용을 명확하게 전달하는 기능을 해야 한다.

그림 자료가 교수매체로 활용될 때 그 기능은 다양하다. 그림동화를 들려 주기 위한 교수매체로 활용될 때의 전달 기능과 각종 정보를 제공하는 교수매체로 활용될 때의 전달 기능은 다르다. 따라서 그림 자료가 무엇이 중심이 되는 내용이며, 무엇에 초점을 맞추고 있는지를 명확하게 드러내고 있어야 한다. 교사는 그림 자료를 선택할 때, 그림 자료의 교수매체로서의 전달 기능을 고려해야 한다.

3) 그림 자료의 제작 및 활용

그림 자료는 제작이 다른 매체에 비하여 쉽다는 장점이 있다. 그림에 능숙한 솜씨를 지니고 있지 않더라도 그림 자료를 만들 수 있는 자료들은 풍부하다. 잡지에서 좋은 그림을 오려 활용할 수도 있고, 그림을 확대나 축소하여 본을 떠서 다른 색으로 표현하여 제작할 수도 있다. 또한 유아들의 도움을 받아 교사와 유아가 합동으로 찢어 붙이거나 꾸며 보는 다양한 재료들을 복합적으로 사용함으로써 그림 자료를 매력적으로 제작할 수 있다. 따라서 교사의 창의적인 열정만 있다면 훌륭한 그림 자료의 제작이 가능하다.

다음은 누구나 가능한 그림 자료의 제작방법을 비동작 그림 자료와 부분 동작 그림 자료로 구분하여 제시하고자 한다.

(1) 비동작 그림 자료

비동작 그림 자료는 정간법을 이용한 그림, 트레이싱 종이(tracing paper)를 이용한 그림, 복사기를 이용한 확대 및 축소 그림, 환등기를 이용한 확대 및 축소 그림 자료 등이 있다.

① 정간법을 이용한 그림 자료

잡지나 책, 또는 화보에 있는 그림 자료에서 교사가 원하는 부분의 그림만을 사용하고

자 할 때 편리한 방법이 정간법이다. 이 방법은 잡지나 책 등에서 원하는 그림을 오려내거나 복사하기가 용이하지 않는 경우 사용된다. 정간법은 일정한 간격의 바둑판 모양 사각형이 그려져 있는 얇은 모눈종이를 이용하여 원형의 그림을 옮기는 방법이다. 이 방법은 그림 원형의 비율을 그대로 유지하면서 그림을 옮겨 놓을 수 있을 뿐만 아니라, 원형에서 불필요한 부분을 제외하고 원하는 부분의 그림만을 옮겨 놓을 수 있다는 장점이 있다.

정간법을 이용하여 그림 자료를 제작하는 순서는 다음과 같다.

첫째, 그리고자 하는 그림을 선택한다.

둘째, 바닥이 보이는 투명한 종이에 정사각형의 바둑무늬 눈금을 그린다.

셋째, 투명한 바둑무늬 눈금 종이를 원형 그림 위에 올려놓고 움직이지 않도록 핀이나 페이퍼 클립으로 고정시킨다.

넷째, 그림을 옮겨 그리고자 하는 백지 위에 같은 투명한 종이의 정사각형 바둑무늬 눈금을 흐르게 그린다.

다섯째, 흐리게 바둑무늬 눈금이 그려진 백지 위에 원본 그림을 보며 바둑무늬 눈금에 비율을 맞춰가며 선을 따라 옮겨 그린다.

여섯째, 백지에 원본 그림을 옮겨 그린 후 연필로 흐르게 그려진 눈금을 지우개로 깨끗하게 지운다.

이 정간법은 바둑무늬 눈금을 이용하여 원본 그림을 축소하거나 확대함으로써 원하는 비율에 따라 변형시킬 수도 있다. 세로로 확대하고자 할 때에는 바둑무늬 눈금의 세로간격을 크게 하고, 가로로 확대하고자 할 때에는 바둑무늬 눈금의 가로간격을 크게 하면 된다. 그림의 원형을 전체적으로 일정하게 확대하고 축소하고자 할 때는 직사각형 바둑무늬 형태를 가로, 세로 똑같은 비율로 축소하거나 확대하면 된다.

〈그림 원본〉

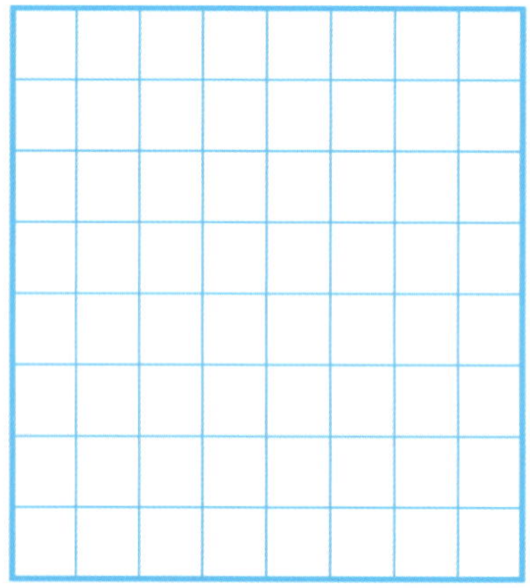

〈투명 바둑무늬 종이〉

투명 종이를 올려놓는다.

백지에 그림을 그린다.

〈완성된 그림〉

바둑무늬를 지운다.

그림 6-1
정간법을 이용한 그림 자료 제작

그림원본 출처: http://www.sooheng.com

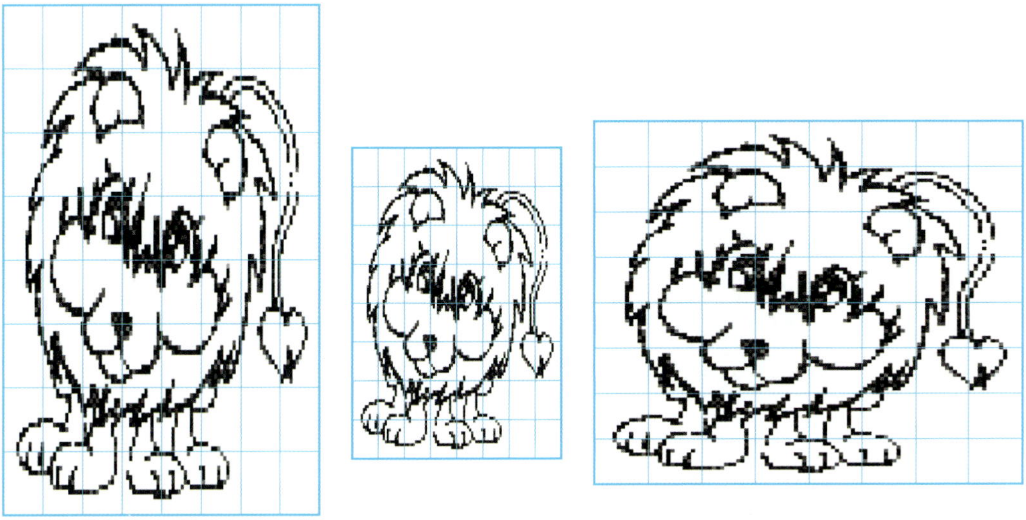

그림 6-2
정간법을 이용한 확대와 축소

② 트레이싱 종이를 이용한 그림 자료

트레이싱 종이(tracing paper)는 두께가 얇아 아래의 그림이 비치는 종이이다. 트레이싱 종이를 이용하여 그림 자료를 제작하는 순서는 다음과 같다.

첫째, 그리고자 하는 그림을 선택한다.
둘째, 옮겨 그리고자 하는 그림 위에 트레이싱 종이를 올려놓는다.
셋째, 연필을 이용하여 트레이싱 종이에 비친 원본 그림을 그대로 따라서 그린다.

트레이싱 종이는 투명하고 얇아 그리고자 하는 그림 위에 올려놓고 본을 뜨는 것에는 편리하지만, 워낙 얇은 재질의 종이여서 그림에 색칠을 한다거나 힘을 가하면 쉽게 찢어지는 단점이 있다. 잡지나 동화책 등에서 필요하다고 생각되는 다양한 그림을 트레이싱 종이를 이용하여 옮겨 그린 후 복사기를 이용하여 잘 찢어지지 않는 종이에 복사하여 사용하는 것이 좋다.

트레이싱 종이에 옮겨 그린 그림은 복사기를 이용하여 축소나 확대가 가능하며, 다양한 색으로 표현하여 그림 자료로 제작할 수 있다. 또한 축소나 확대뿐만 아니라, 동일한 크기의 그림을 여러 장 복사하여 책으로 만들 수도 있다.

교사는 트레이싱 종이에 그림을 옮겨 그릴 때 약간씩 변화를 가미할 수 있다. 예를 들면, 돌고래의 꼬리 부분을 약간씩 다르게 그림으로 옮겨 그리고 복사를 하여 한 권의 책으로 묶어 움직이는 그림으로 활용할 수 있다. 이러한 변화는 애니메이션 동화를 제작하는 원리와 유사하다. 변화된 그림을 책으로 묶어 빠르게 책장을 넘기면 돌고래의 꼬리가 움직이는 것처럼 보이는 효과를 낼 수 있다.

〈그림 원본〉

트레이싱 종이를 올려놓는다.

연필로 선을 따라 그린다.

〈완성된 원본〉

그림원본 출처: http://www.sooheng.com

그림 6-3 트레이싱 종이를 이용한 그림 자료

③ 복사기를 이용한 그림 자료

복사기를 이용한 그림 자료의 제작은 원본 그림이 너무 작을 때 확대하여 옮겨 그릴 때 편리하다. 교사가 학습 자료로 활용하고자 하는 그림의 원본이 너무 작을 경우 원본 그림을 복사기로 확대하여 트레이싱 페이퍼나 정간법을 이용하여 원본 그림을 옮겨 그릴 수 있다. 옮겨 그린 그림은 복사기를 이용하여 정교화시키고 원하는 색으로 채색하여 매력적인 그림 자료로 완성할 수 있다.

그러나 복사기를 이용하여 그림 자료를 제작하는 데는 다음과 같은 제한점이 있다.

첫째, 종이의 규격이 한정되어 있다.

원본 그림이 필요 이상으로 큰 경우에는 복사기를 이용하는 것은 불가능하다. 복사기는 복사할 수 있는 종이의 규격이 한정되어 있다는 단점이 있다. 따라서 필요 이상으로 큰 그림이라면 정간법을 이용하는 것이 좋다. 정간법을 이용하여 그림을 축소하여 완성하고, 완성된 그림을 복사가 가능할 경우 여러 장 복사하는 방법도 그림 자료를 제작하는 데 유용하다.

둘째, 종이의 두께가 한정되어 있다.

복사기에 사용할 수 있는 종이는 복사용지로 한정되어 있다. 따라서 두꺼운 종이에 그림을 복사하고자 할 때는 정간법을 이용하거나 투명 종이를 이용하여 그림을 옮겨 그린 다음 두꺼운 종이에 옮겨 그리는 방법을 사용해야 한다.

복사기는 다양한 그림 자료를 제작하는 데 있어 부분적으로 필요시 빠르게 복사할 수 있다는 장점과 크기를 확대하고 축소할 수 있다는 장점이 있다. 따라서 그림 자료를 제작하고자 할 때는 하나의 방법을 사용하기보다는 다양한 방법들을 융통성 있게 활용하는 것이 시간과 노력을 줄일 수 있다.

④ 환등기를 이용한 그림 자료

환등기를 이용한 그림 자료의 제작은 복사기와 같이 원본 그림이 너무 작을 경우 확대하여 그림으로 옮겨 그릴 수 있는 장점이 있다. 환등기는 스티커 그림이나, 슬라이드 그림, 또는 증명사진 크기의 작은 그림들을 대형의 그림으로 옮겨 그릴 때 주로 사용된다. 이 방법은 빛을 이용하여 그림을 투사하고 확대 및 축소하는 기능을 활용하여 그림의 본을 뜬다.

환등기를 이용하여 그림 자료를 제작하는 순서는 다음과 같다.

첫째, 그림종이를 매끈한 벽이나 칠판에 접착테이프를 이용하여 고정시킨다.

둘째, 그림으로 옮겨 그리고자 하는 원본 그림을 실물환등기를 이용하여 종이에 투사한다.

셋째, 환등기의 크기 조절 버튼을 이용하여 원본 그림의 크기를 조절한다.

넷째, 그리고자 하는 그림의 크기를 정확하게 맞추고 초점을 조절한다.

다섯째, 투사된 그림을 고정된 종이 위에 연필로 그린다.

여섯째, 그림을 그린 종이를 떼어 평면에 올려놓고 원하는 색으로 채색한다.

(2) 부분 동작 그림 자료

부분 동작 그림 자료는 비전기동작 자료가 가지는 단점을 부분적으로 보완함으로써 교수매체의 시각적 효과를 제공한다. 부분 동작 그림 자료는 그림 중 필요하다고 생각되는 부분이나 특별히 강조하고자 하는 부분만을 움직이도록 제작함으로써 유아들의 흥미를 이끌어 내는 데 효과적이다. 부분 동작 그림 자료는 그림 자료에 구멍을 뚫어 낚싯줄을 이용한 자료, 그림 자료에 칼집을 내어 그림을 움직이게 하는 자료, 그림 자료에 자석을 이용하여 움직이게 하는 자료, 할핀을 이용하여 부분적인 움직임을 강조하는 자료 등이 있다.

① 구멍을 이용한 그림 자료

이 그림 자료의 제작은 그림판이 두꺼운 배경판으로 되어 있어야 한다. 예를 들면, 송곳으로 구멍을 뚫어도 종이가 구겨지거나 휘지 않아야 한다. 또한 송곳으로 뚫은 구멍이 사용할수록 커지거나 느슨해지지 않을 만큼 두꺼워야 한다.

구멍을 이용한 그림 자료는 배경 그림의 원하는 부분에 구멍을 뚫어 낚싯줄 등의 투명한 줄을 연결하여 그림을 움직이도록 하는 방법으로 제작된다.

구멍을 이용하여 움직이는 그림 자료를 제작하는 순서는 다음과 같다.

첫째, 두꺼운 종이에 배경그림을 그려 넣는다.

둘째, 특별히 강조하거나 움직임을 주고자 하는 그림의 부분을 따로 그려놓는다.

셋째, 배경 그림에 움직임을 주고자 하는 부분의 시작과 끝 부분을 송곳으로 구멍을 뚫는다.

넷째, 뚫린 구멍에 낚싯줄이나 투명한 끈을 넣고 그림 뒷면에서 팽팽하게 묶는다.

다섯째, 그림 뒷면의 낚싯줄이나 투명한 끈을 좌우나 상하로 움직일 수 있는 손잡이를 만든다.

여섯째, 그림 앞면에 보이는 낚싯줄이나 투명한 끈에 부분 그림을 부착시킨다.

일곱째, 그림 자료 뒷면에 만들어진 손잡이를 원하는 방향으로 움직이면 부분 동작 그림 자료가 완성된다.

구멍을 이용한 그림 자료

| 제　　목 | 친구들과 함께 봄나들이 가요.

| 준 비 물 | 하드보드지, 색종이, 낚싯줄, 가위, 풀, 테이프, 송곳 또는 작은 망치와 못, 색지, 도화지, 글루건

| 제 작 자 | 엄다을

| 제작방법 |

1 하드보드지를 준비한다.

2 색종이를 오려서 붙인다.

3 종이를 접어서 꽃을 붙인다.

4 배경을 꾸민다.

5 자동차의 위치를 확인한다.

6 배경 그림판의 움직이고자 하는 부분 양 끝에 송곳으로 구멍을 뚫는다.

7 양 면의 양 구멍 사이로 낚싯줄을 끼운다.

8 뒷면 중앙에서 낚싯줄을 조금 팽팽하게 맞잡아 묶는다.

9 자동차를 낚싯줄에 붙인다.

10 나비 역시 6~9번과 같은 방법으로 낚싯줄을 이용하여 만든다.

11 뒤에서 낚싯줄을 당기면서 자동차와 나비가 잘 움직이는지 시험해 본다.

12 작품 완성

② 칼집을 이용한 그림 자료

이 그림 자료의 제작 또한 그림판이 두꺼운 배경판으로 되어 있어야 한다. 예를 들면, 배경 그림판에 칼집을 내어도 종이가 구겨지거나 휘지 않아야 한다. 또한 칼집을 낸 자리가 사용할수록 커지거나 느슨해지지 않을 만큼 두꺼워야 한다.

칼집을 이용한 그림 자료는 배경 그림의 원하는 부분에 칼집을 내어 그림을 움직이도록 하는 방법으로 제작한다.

칼집을 이용하여 움직이는 그림 자료를 제작하는 순서는 다음과 같다.

첫째, 두꺼운 종이에 배경 그림을 그려 넣는다.

둘째, 특별히 강조하거나 움직임을 주고자 하는 그림의 부분을 따로 그려놓는다.

셋째, 따로 그려놓은 그림의 뒷면에 손잡이를 튼튼하게 만든다.

넷째, 배경 그림에 움직임을 주고자 하는 부분의 시작 부분에서 끝 부분까지 칼집을 낸다.

다섯째, 부분 그림을 칼집을 낸 배경판으로 끼워 넣는다.

여섯째, 그림 뒷면의 손잡이를 움직여 그림을 좌우나 상하의 칼집의 방향으로 움직이면 부분 동작 그림 자료가 완성된다.

칼집을 이용한 그림 자료

| 제　　목 | 물고기를 잡아요.

| 준 비 물 | 하드보드지, 색종이, 낚싯줄, 가위, 풀, 테이프, 송곳 또는 작은 망치와 못, 색지, 도화지, 글루건

| 제 작 자 | 주나리

| 제작방법 |

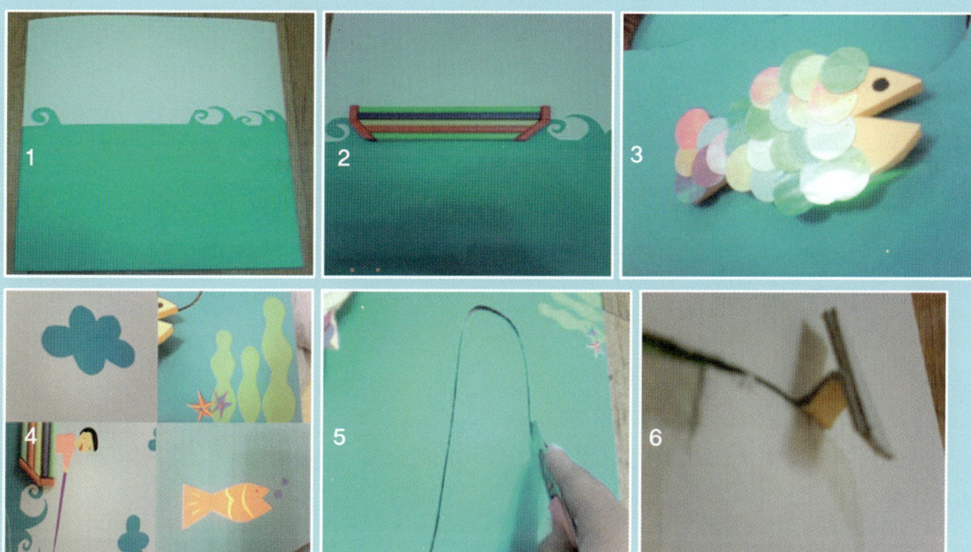

1 하드보드지 위에 파도 모양으로 자른 색지를 붙인다.
2 수수깡으로 만든 배를 올려놓고 부착시킨다.
3 우드락을 물고기 모양으로 자르고, 그 위에 본드를 이용해 스팽글을 붙여 준다(실과 바늘을 이용해 스팽글을 연결해 줘도 된다).
4 낚시를 하고 있는 아이, 구름, 해초, 불가사리, 물고기 등을 만든다.
5 칼을 이용해 물고기가 움직일 수 있도록 칼집을 낸다.
6 물고기 뒤에 T자 모양의 손잡이를 만든다.
7 작품 완성 : 물고기를 움직여 낚시하는 동작을 표현한다.

③ 자석을 이용한 그림 자료

이 그림 자료의 제작은 그림판이 자석판으로 되어 있는 경우와 강조하고자 하는 그림에만 부분적으로 자석을 부착하는 방법이 있다. 배경 그림판 전체가 자석판인 경우 무겁다는 단점이 있다. 반면에 부분적으로 자석을 부착하는 경우는 자석의 강도가 약할 경우 움직임이 부자연스럽고 조잡스러울 수 있다. 따라서 자석을 이용하여 그림 자료의 동작을 자유롭게 활용하기 위해서는 자석의 부착력을 세밀하게 검토한 후 제작에 들어가야 한다.

자석을 이용하여 움직이는 그림 자료를 제작하는 순서는 다음과 같다.

첫째, 배경 그림을 그려 넣는다.

둘째, 특별히 강조하거나 움직임을 주고자 하는 그림의 부분을 따로 그려놓는다.

셋째, 따로 그려놓은 그림의 뒷면에 자석을 붙인다.

넷째, 따로 그려놓은 자석 붙인 그림을 움직일 수 있는 자석을 준비해 놓는다.

다섯째, 자석 붙인 그림을 배경판 앞에 놓고 그림 뒷면에서 큰 자석을 이용하여 그림을 좌우나 상하 움직이고자 하는 방향으로 움직이면 부분 동작 그림 자료가 완성된다.

자석을 이용한 그림 자료 1

| 제　　목 | 어어? 이건 뭐예요?

| 준 비 물 | 색지, 색종이, 가위, 풀, 칼, 자, 하드보드지, 아세테이트지, 아크릴 물감, 붓

| 제 작 자 | 윤미선

| 제작방법 |

1 먼저 색지, 색종이, 가위, 풀 등 준비물을 준비한다.
2 색지, 색종이로 하드보드지 위에 배경을 꾸민다.
3 투명 아세테이트지 위에 검은색을 칠한다.
4 글의 내용을 써서 붙인다.
5 완성된 그림에 펀치로 구멍을 뚫는다.
6 구멍 뚫은 곳에 고리를 끼워 넣는다.
7 작품 완성

자석을 이용한 그림 자료 2

| 제 목 | 나는 어디에서 살까요?
| 준 비 물 | 하드보드지 2장, 여러 색의 AVE지, 강력 본드, 풀, 가위, 자석 등
| 제 작 자 | 김경선
| 제작방법 |

1 바다색 색지에 바다모양 밑그림을 그린다.

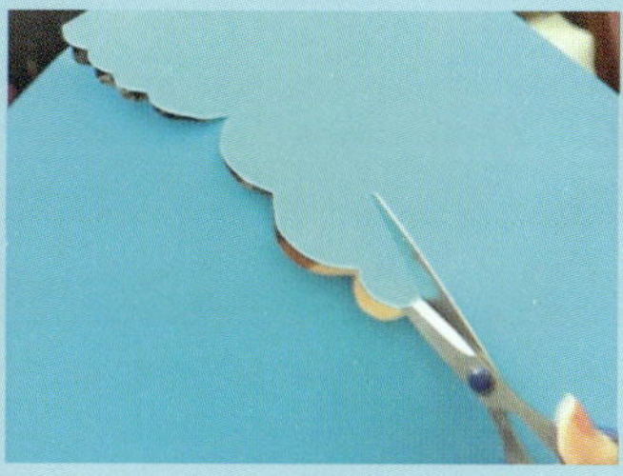

2 밑그림을 따라 자른다.

3 자른 파도 모양에 풀칠을 한다.

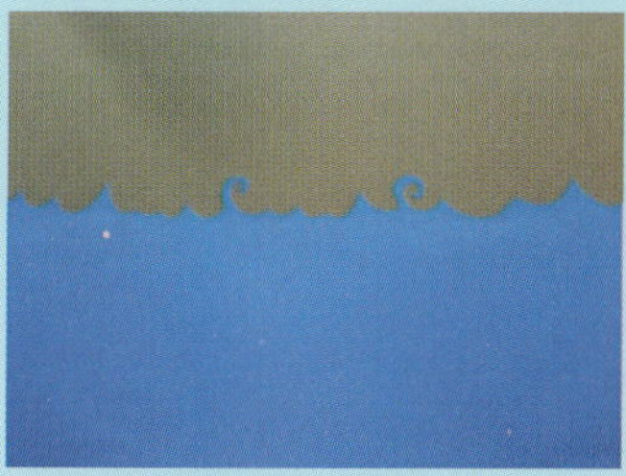

4 황토색 색지 위에 파도를 붙인다.

5 만들 동물의 밑그림을 그린다.

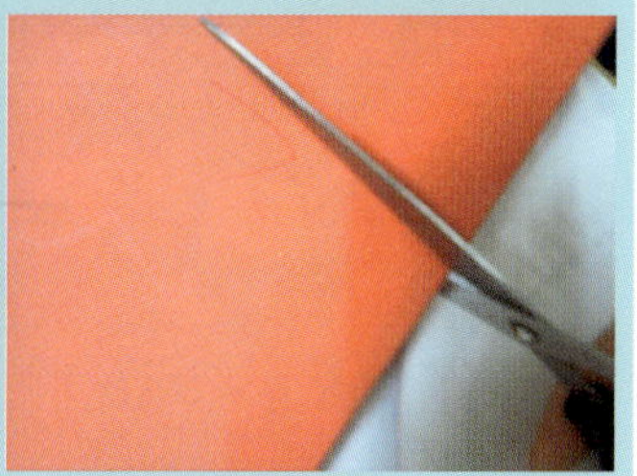

6 밑그림을 자른다.

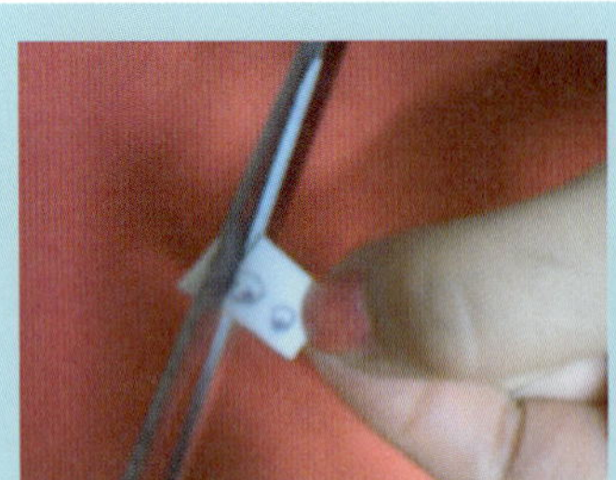

7 동물의 눈이나 강조할 부분을 그려 오린다.

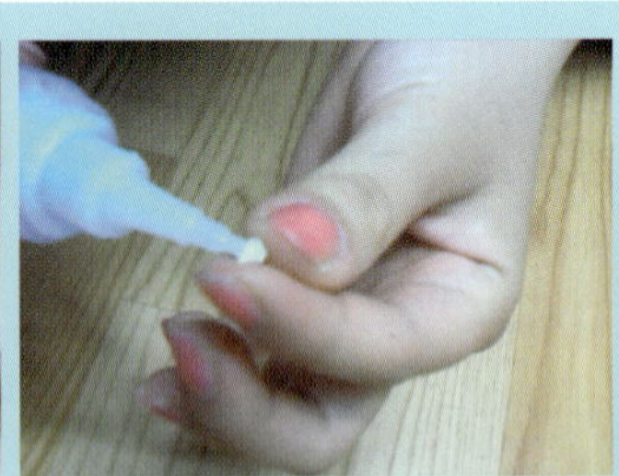

8 오린 부분을 밑그림에 붙인다.

9 자석을 붙인다.

10 자석을 붙인다(바다동물-s극, 육지동물-n극).

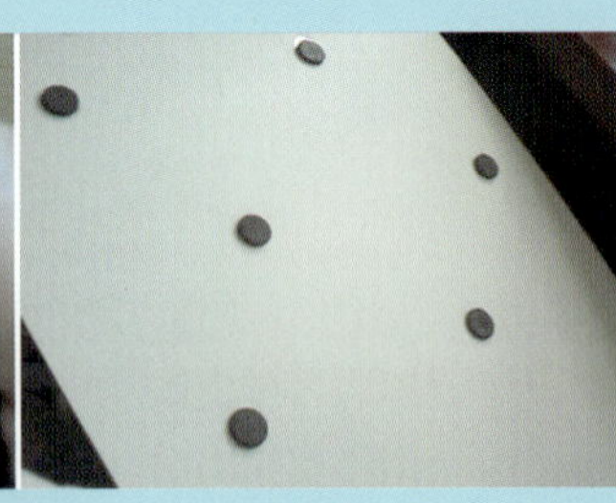

11 하드보드지에 자석을 붙인다.

12 함석판을 색지로 감싼다.

13 테두리를 감싼 함석판에 하드 보드지를 붙인다.

14 필요한 글자를 오린다.

15 하드보드지에 자석 그림들을 붙여놓는다.

16 바다에서 사는 동물과 육지에서 사는 동물을 자석판에 붙인다(바다동물은 s극, 육지동물은 n극으로 제작한다).

④ 할핀을 이용한 그림 자료

이 그림 자료는 움직임의 동작이 위의 세 가지 자료보다 작은 경우에 사용하는 것이 좋다. 예를 들면, 동물이나 사람의 목, 양 팔, 다리, 꼬리 등의 부분을 움직이고자 할 때 좋다. 교통순경이 교통정리를 하면서 움직이는 팔의 손동작을 강조하고 싶다면, 교통순경의 팔꿈치와 어깨 부분에 할핀을 꽂아 그림 자료를 제작할 수 있다. 교통순경의 팔이 머리나 상하 좌우로 자연스럽게 움직일 수 있기 때문에 교통정리하며 바쁘게 움직이는 팔 동작을 강조하기에 적합하다.

할핀을 이용하여 움직이는 그림 자료를 제작하는 순서는 다음과 같다.

첫째, 두꺼운 종이에 배경 그림을 그려 넣는다.
둘째, 특별히 강조하거나 움직임을 주고자 하는 그림의 부분을 따로 그려놓는다.
셋째, 따로 그려놓은 그림을 배경 그림 위에 올려놓고 송곳으로 구멍을 뚫는다.
넷째, 구멍으로 할핀을 넣어 고정시킨다.
다섯째, 부분 그림을 움직이면 할핀을 이용한 부분 동작 그림 자료가 완성된다.

할핀을 이용한 그림 자료

| 주 제 | 춤추는 발레리나

| 준 비 물 | 펠트지, 하드보드지, 나무젓가락, 글루건, 할핀, 가위 풀, 양면테이프, 낚싯줄, 색지(연분홍색, 진분홍색, 검은색, 빨간색)

| 제 작 자 | 정유하

| 제작방법 |

1 하드보드지에 밑그림을 그린다.

2 밑그림을 칼로 오려낸다.

3 움직일 오른쪽 팔, 다리를 잘라낸다.

4 잘라낸 팔, 다리에 할 핀을 꽂는다.

5 발레리나의 옷을 만들기 위해 밑그림을 그린다.

6 발레리나의 옷을 잘라내 하드보드지에 붙인다.

7 구멍을 뚫은 자리에 할핀을 꽂는다.

8 할핀을 움직여 본다.

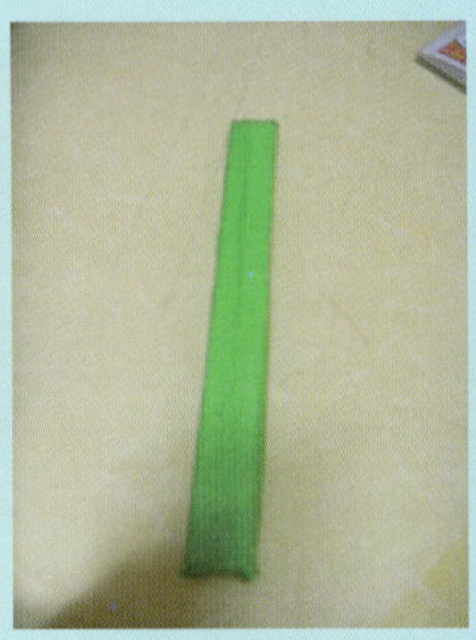

9 나무젓가락에 펠트지로 감싼 후 낚싯줄로 지지대를 만든다.

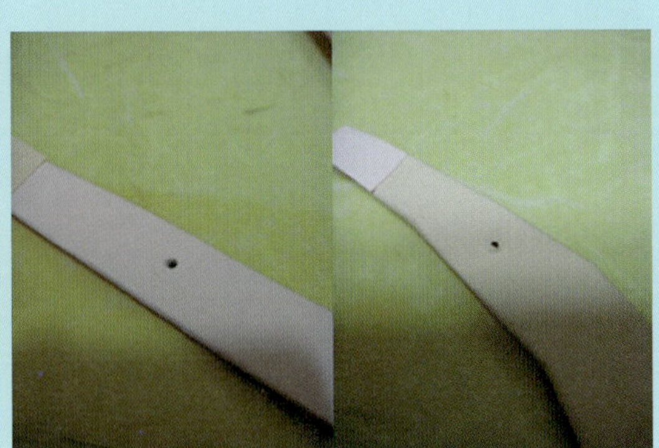

10 움직이게 할 팔, 다리에 낚싯줄을 넣을 구멍을 뚫는다.

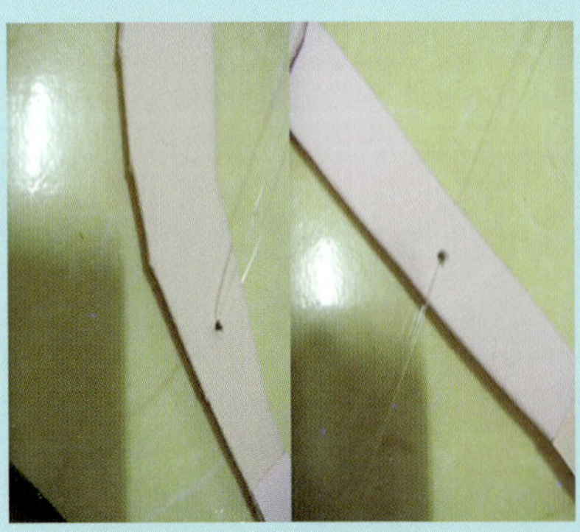

11 구멍을 뚫은 자리에 낚싯줄을 연결한다.

12 낚싯줄을 팔, 다리에 연결하고 나무막대에 매듭을 지어 준다.

13 춤추는 발레리나가 완성된다.

⑤ 입체 그림 자료

이 그림 자료는 그림카드를 폈을 때 카드 안의 그림이 앞으로 튀어나오거나 그림이 움직일 수 있도록 제작한다. 나이가 어린 영유아를 대상으로 하는 동화책에 자주 사용하는 방법이기도 하다. 입체 그림 자료는 영유아들의 흥미와 호기심을 쉽게 이끌어 내는 장점이 있다.

입체 그림 자료를 제작하는 순서는 다음과 같다.

입체 그림 자료 1

| 주 제 | 동물농장 게임판

| 준 비 물 | 풀, 가위, 색지, 하드보드지, 가위

| 제 작 자 | 이은정

| 제작방법 |

1 준비물을 준비한다.

2 입체 만들기 : 자로 하드보드지를 반만큼 나누고, 알맞게 다시 칸을 나눈다.

3 동물들 만들기 : 입체자료에 붙일 동물들을 만든다.
ex) 원숭이, 돼지, 말, 병아리

4 동물 붙이기 : 만들어진 동물들을 입체로 만든 하드보드지에 차례대로 붙인다.

5 완성하기 : 옆 주변들을 나무와 풍선 등을 붙여 주고 바닥에는 동물들에 대해 설명한다.

입체 그림 자료 2

| 주　　제 | 엄마 닭과 아기 병아리

| 준 비 물 | 하드보드지 , 색지(노랑, 빨강, 연두, 흰색, 초록, 분홍, 하늘, 갈색 등), 풀, 글루건, 칼, 자

| 제 작 자 | 백은영

| 제작방법 |

1 하드보드지에 입체로 튀어나올 부분을 밑그림으로 그린 뒤 그린 부분을 칼로 자른다.

2 칼로 잘라 만든 부분을 반으로 접어 가운데 입체 부분을 앞으로 뺀 다음 튼튼하게 만든다.

3 색지로 먼저 동물의 모양을 그려 오린 다음 하드보드지로 같은 모양을 만들어 색지 그림 뒷면에 붙인 후 튼튼하게 한다.

4 병아리와, 풀도 3과 같은 방법으로 제작한다.

5 주요 동물인 닭과 병아리를 만든 후, 배경으로 꾸밀 꽃과 나무들을 만든다.

6 붙일 재료들을 만들어 놓는다.

7 어떻게 붙일 것인지 모양대로 놓는다.

8 풀 뒤에 엄마 닭을 붙이고 앞쪽엔 병아리들을 붙여 튀어나온 부분에 붙인다.
엄마 닭은 뒤에 아기 닭은 앞에 붙여 엄마 닭이 아기병아리들을 보호한다는 것을 표현한다.

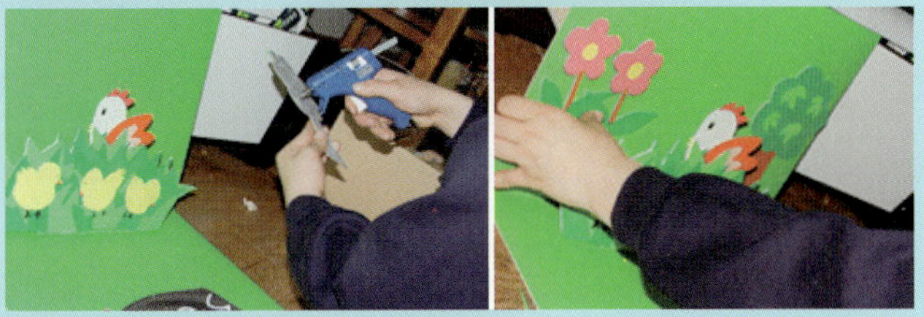

9 꽃과 나무를 글루건으로 붙여 배경을 꾸민다.

10 입체 그림 자료 작품 완성

⑥ 투명 비닐 그림 자료

투명 비닐 그림 자료는 비닐의 투명한 특성을 이용하여 배경의 그림 위에 다양한 효과를 연출할 수 있는 장점이 있다. 특정하게 강조하고자 하는 자료가 있다면 기본 배경 그림 위에 투명 비닐 그림을 상, 하, 좌, 우에 배치하여 자유롭게 연출할 수 있다. 또한 겹치기 효과가 필요하거나, 숨은 그림처럼 배경의 그림을 숨기는 효과를 연출할 때에도 자주 활용된다. 아세테이트지나 OHP 필름 등 투명한 비닐은 무엇이든 사용할 수 있으며, 다양한 채색용 재료(반투명이나 불투명) 등을 이용하여 그림의 색채 효과를 한층 풍부하게 살릴 수 있다.

투명 비닐 그림 자료를 제작하는 순서는 다음과 같다.

투명 비닐 그림 자료 1

| 제 목 | 양아, 무엇을 보았니?
| 준 비 물 | 풀, 가위, 칼, 투명 아세테이트지, 색종이, 색지, 붓, 아크릴 물감, 고리, 하드보드지
| 제 작 자 | 윤아름
| 제작방법 |

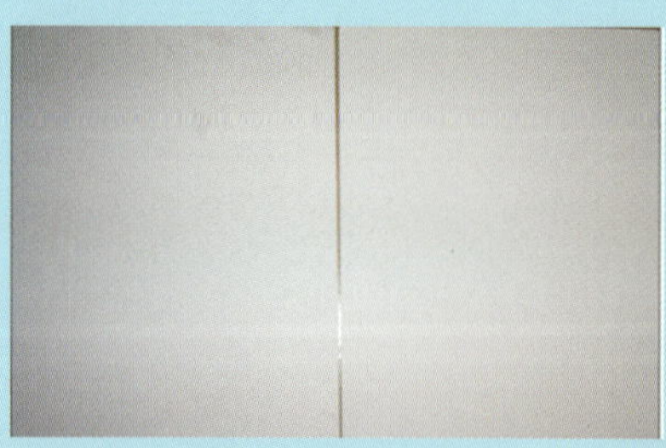

1 하드보드지를 반으로 자른다.

2 하드보드지에 배경을 꾸민다.

3 투명 아세테이트지에 아크릴 물감으로 그림을 그린다.

4 하드보드지와 투명 아세테이트지에 구멍을 뚫는다.

5 하드보드지에 글을 붙이고 고리를 단다.
투명 아세테이트지를 넘겨가며 양 뒤에 숨어 있는 어린 양 그림을 알아본다.
다음 장도 계속 다양한 그림들이 숨어 있다.

투명 비닐 그림 자료 2

| 제　　목 | 닭아, 무엇을 품고 있니?

| 준 비 물 | 하드보드지, 여러 가지 색지, 풀, 가위, 칼, 고리, 투명 아세테이트지, 붓, 아크릴 물감, 펀치, 네임펜

| 제 작 자 | 채설화

| 제작방법 |

1 하드보드지를 반으로 자른다.

2 하드보드지에 색지로 배경을 꾸민다.

3 투명 아세테이트지에 아크릴 물감으로 닭을 그린다.

4 하드보드지랑 투명 아세테이트지에 펀치로 구멍을 뚫는다.

5 구멍을 뚫은 투명 아세테이트지랑 하드보드지를 연결한다.

6 작품 완성

비전기동작 자료는 전기동작 자료에 비하여 가격이 저렴하고, 보관이 용이하며, 제작이 간단하기 때문에 유아교육 현장에서 가장 많이 사용된다. 그 중에서도 그림 자료가 많이 사용되며, 그림 자료는 특히 동화나 이야기 자료로 많이 활용되고 있다. 교사는 그림 자료가 가지는 비동작의 단점을 보완하고, 각 활동에 적합하다고 판단되는 그림 자료를 선택하는 데 있어 세심한 주의를 기울여야 한다. 적절한 교수매체를 선택하고 제시하는 것은 유아의 지적 호기심과 흥미를 자극하기 때문이다.

2. 자석 자료

자석 자료 교수매체는 자석의 자력을 이용하여 제작한 자료를 의미한다. 일반적으로 자석 자료는 두 가지로 제작할 수 있다. 하나는 자석판을 원하는 크기로 절단하여 천이나 종이 등을 씌워서 만든 경우와, 또 다른 방법은 그림의 일부분에 자석을 부착하여 부분적으로 자석의 원리를 활용하는 방법이 그것이다. 본 장에서는 자석판을 이용한 교수매체에 대하여 살펴보고자 한다.

1) 자석 자료의 특성

자석 자료의 특성을 다음과 같이 장점과 제한점으로 구별하여 제시하고자 한다.

(1) 자석 자료의 장점

첫째, 그림을 부분적으로 움직이는 자료로 활용할 수 있다.

자석 자료는 강조하고 싶은 특정한 부분을 자석판에서 자유롭게 움직임으로써 부분동작 자료의 효과를 이끌어 내는 데 사용된다. 예를 들어, 넓은 들판에 토끼가 깡충깡충 뛰는 모습이나 눈썰매장에서 눈썰매를 타고 내려오는 동작을 표현하고자 한다면, 토끼나 눈썰매 그림의 뒷면에 둥근 자석을 붙이고, 이 그림을 자석 그림판에 올려놓은 다음, 그림판 뒤에서 교사가 자석을 사용하여 원하는 방향으로 움직일 수 있다.

둘째, 유아의 흥미와 호기심을 자극함으로써 학습동기를 유발시킬 수 있다.

자석의 움직임에 따라 정지된 화면 위에서 특정한 그림이 움직이는 것은 유아들의 흥미를 이끌어 내기에 충분하다. 유아들은 정지된 화면과 움직이는 그림을 주의 깊게 관찰하고 학습내용에 주의집중하게 된다. 따라서 자석 자료는 유아의 학습동기를 유발하고, 학습목표를 달성하기 위한 다양한 자료로 활용될 수 있다.

셋째, 일상생활 용품들을 활용한 자석 자료의 제작이 용이하다.

일상생활 속에서 자석으로 된 물건들을 찾아보기는 그리 어렵지 않다. 교실환경에서 쉽게 볼 수 있는 자석으로 된 물건으로는 주전자, 분유통, 철재 상자 등이 있다. 교사는 유아들의 주의집중을 이끌어 내기 위하여 특정한 그림에 자석을 부착하여 주전자나 철재 상자 등에 제시할 수 있다. 빈 분유통은 깨끗이 씻어 분유통 둘레를 그림으로 잘 씌우고, 배경판을 그린 뒤 부분 그림들을 부착할 수 있는 자석 자료로 제작할 수도 있다.

넷째, 다양한 형태의 자석판을 이용할 수 있다.

자석 자료는 교사가 원하는 목적에 따라 변형을 자유롭게 할 수 있다. 사각형, 원형, 평면, 삼각형, 직사각형 등 활용목적에 따라 자석판을 다양하게 절단하여 자석 자료 판을 제작할 수 있다. 교사는 학습내용에 따라 다양한 형태의 자석 자료를 제시함으로써 유아들의 학습흥미를 높일 수 있다.

다섯째, 다양한 표현을 복합적으로 제시할 수 있다.

자석은 자성에 의하여 서로 붙은 성질이 있다. 자석판에 부분 그림들을 붙여 놓고 단편의 움직임을 보여줄 수도 있고, 원할 경우에는 부분 그림들을 다양한 형태로 겹칠 수 있다. 이러한 자석의 붙는 성질을 이용하여 그림들이 서로 겹치는 효과를 보여줄 수 있다. 예를 들면, 욕심 많은 놀부네 집의 곳간에 쌀가마니가 가득한 것을 표현하려면 쌀가마니 그림들을 차곡차곡 쌓아 올려놓고 부분적으로 평면 그림 자료에서 입체적인 효과를 보여줄 수 있다.

(2) 자석 자료의 제한점

첫째, 안전에 유의해야 한다.

철재를 절단하여 융이나 천으로 씌워서 사용할 경우, 절단된 날카로운 부분이 상처를 낼 수 있다. 따라서 절단된 철재는 날카로운 부분을 매끄럽게 정리한 후 자석 자료로 제작해야 할 것이다.

둘째, 무게에 유의해야 한다.

자석판은 철재를 이용하여 제작된다. 철재는 종이보다는 무겁기 때문에 이동할 때 유아의 안전에 유의해야 한다. 교사는 자석 자료를 보관할 때에도 유아의 안전에 유해한 곳은 피해야 한다. 너무 높은 곳이나 습기가 많은 곳에는 보관하지 않는 것이 좋다. 철재는 녹이 슬 가능성이 있기 때문에 물기가 없는 건조한 곳에 보관하는 것이 바람직하다.

셋째, 자력에 유의해야 한다.

자석판은 자석의 힘에 의해서 움직이는 동작이 차이가 있다. 따라서 자력이 약할 경우 움직임이 약하고 불안하기 마련이다. 자석을 구입할 때에는 자력이 강한지 꼼꼼하게 살펴보아야 한다. 또한 자석 자료를 보관할 때에는 부분 그림의 자석들은 자석판에서 분리하여 보관하는 것이 좋다. 이는 자석의 자력을 약화시킬 위험이 있기 때문이므로, 자석 자료는 자력이 약해지지 않도록 보관에 유의해야 한다.

넷째, 주의집중에 유의해야 한다.

자석 자료를 활용할 경우 교사들은 자석 자료를 붙이고 떼는 동작을 가능한 짧고 자연스럽게 해야 한다. 너무 많은 자석 자료를 한꺼번에 자주 사용한다면 수선스럽고 정신없어 오히려 유아들의 학습흥미를 저하시킬 우려가 있기 때문이다. 따라서 교사는 자석 자료를 제시할 때 유아의 흥미와 주의집중에 유의해야 한다.

2) 자석 자료의 선택기준

다음의 선택기준은 자석 자료를 선택하는 일반적이고 보편적인 기준이다.

첫째, 자석의 자력이 강해야 한다.

자석 자료는 끌어당기는 힘이 강해야 안정적인 매체가 된다. 따라서 자력이 가장 중요하다. 교사는 자료를 선택할 때, 자석이 서로 다른 극끼리 붙을 수 있도록 제작되었는지 주의 깊게 살펴보아야 한다. 또한 자력이 강한지 약한지도 실험한 후 자력이 강한 자료를 선택해야 한다. 서로 같은 극끼리는 밀어내거나 자력이 약할 경우에는 그림 자료들이 자석판에서 흘러내리는 경향이 있기 때문이다.

둘째, 자석판의 무게가 적당해야 한다.

자석판은 재질상 무거울 수 있다. 교사가 자석 자료를 교수매체로 활용할 때, 활용 목적에 따라 이동이 용이한지의 여부를 살펴보아야 한다. 고정된 자석 자료라면 굳이 무거워도 큰 문제가 되지 않지만, 그림동화 등의 자료라면 가능한 한 가벼운 것이 좋다.

셋째, 자석판이 견고해야 한다.

자석판은 다양한 철재를 이용하여 제작된다. 다양한 모양으로 철재를 절단하여 제작할 수 있다. 따라서 천이나 종이를 씌울 때 철재의 절단된 부분이 날카롭지 않으며 견고하게 잘 제작되었는지를 살펴보아야 한다.

3) 자석 자료의 제작 및 활용

자석 자료는 평면과 입체 등 다양한 형태로 제작할 수 있다. 자석 자료는 다른 자료에 비하여 제작이 비교적 간편하다. 철재를 원하는 모양대로 절단한 후, 절단된 부분을 매끄럽게 처리한 후 천이나 종이를 씌우면 자석판 제작이 모두 끝난다. 다음은 자석 자료별 제작에 대하여 살펴보고자 한다.

(1) 삼각대 자석판

삼각대 자석판은 나무나 두꺼운 종이를 이용하여 삼각대를 만들고, 세워진 앞부분에 절단된 함석판을 넣고 융판이나 천으로 매끄럽게 둘러싼다. 삼각대 자석판은 책상에 삼각대처럼 세워놓고 자료를 제시할 수 있어 안정적이나 약간 뒤쪽으로 비스듬히 기울어지는 경향이 있다. 주로 자유선택활동 영역에서 정보자료를 게시할 때 유용하다.

삼각대 자석판 자료

| 제　　목 | 다리 수를 세어 보아요.
| 영　　역 | 삼각 자석판 - 수학 영역
| 준 비 물 | 하드보드지, 함석판, 양면 테이프, 자, 가위, 코팅지, 여러 가지 색지, 자석
| 제 작 자 | 임사랑
| 제작방법 |

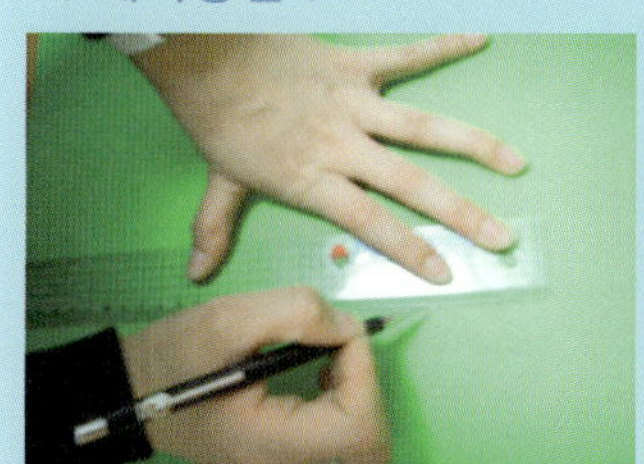

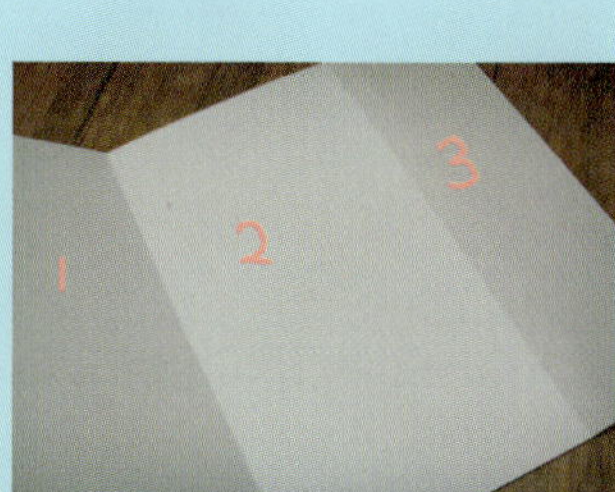

1 하드보드지에 11cm 간격으로 선을 긋는다. 선을 긋고 남은 간격은 절반으로 나눠서 다시 한 번 선을 긋는다(총 3등분).

2 그림과 같이 선에 칼집을 살짝 내어 주고, 삼각형이 되도록 접는다.

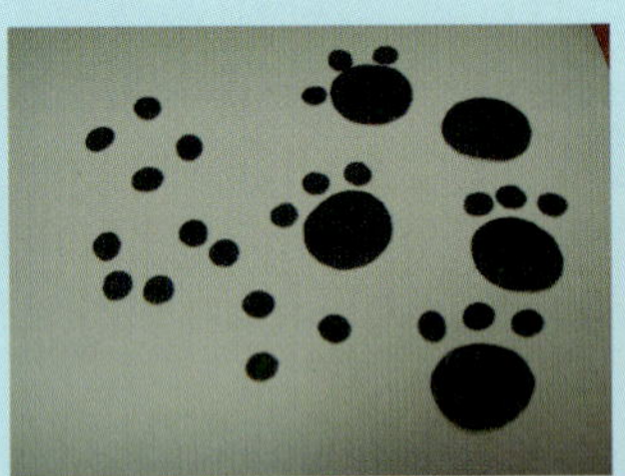

3 색지에 발바닥 모양과 여러 가지 동물들 그림, 숫자 등을 그리고 오린다.

4 완성된 그림에 코팅지를 씌워 코팅한다.

5 코팅된 그림을 그림 테두리에 알맞게 자른다.

6 코팅까지 완성된 그림 뒷면에 자석을 붙여 준다.

7 2에서 미리 접어놓은 하드보드지 안쪽에 함석판을 양쪽의 두 면에 붙인다.

8 삼각판의 밑면과 옆면을 테이프를 이용해 고정시켜 붙인다.

〈완성 자료〉

(2) 하드보드지 자석판

하드보드지는 자석의 자력이 통과하는 특성이 있다. 하드보드지는 직접 배경 그림이나 부분 그림을 그려서 오릴 수 있다는 장점이 있다. 색을 칠하고 원하는 부분에 자석을 부착하여 자석 자료로 활용하기가 용이하다. 쉽게 오릴 수 있는 장점 때문에 교사는 원하는 다양한 형태로 잘라 제작하거나, 원하는 그림을 컬러 복사하여 풀로 붙인 후 오려서 자석 자료로 제작할 수 있다.

하드보드지 자석판을 이용한 그림 자료

| 제　　목 | 음이름에 맞춰 건반 치기

| 준 비 물 | 검정색 하드보드지, 각각의 색지, 가위, 풀, 본드, 유성매직, 자석, 시트지, EVA지

| 제 작 자 | 박민정

| 제작방법 |

1 하드보드지의 뒷배경에 어떻게 구성할지 스케치를 한다.

2 윗부분에 들어갈 제목이나 꾸밀 음표 등을 매직으로 쓴 뒤 가위로 오린다.

3 오린 색지를 글자 수에 맞춰서 풀로 붙여 준다.

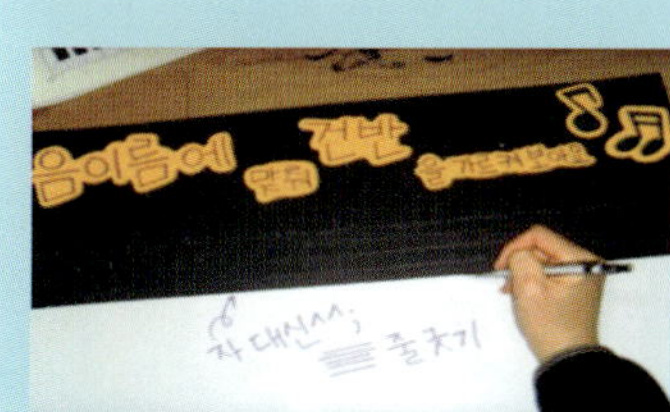

4 다음으로 악보를 그리기 위해 자를 이용하여 (자가 없어서 하드보드지 위쪽을 이용함) 5선을 반듯이 그려 준다.

5 흰 색지를 얇게 접어 오린 뒤 5선을 그은 부분에 풀로 붙여 준다.

6 높은음자리표를 그려 오려 붙이도록 한다.

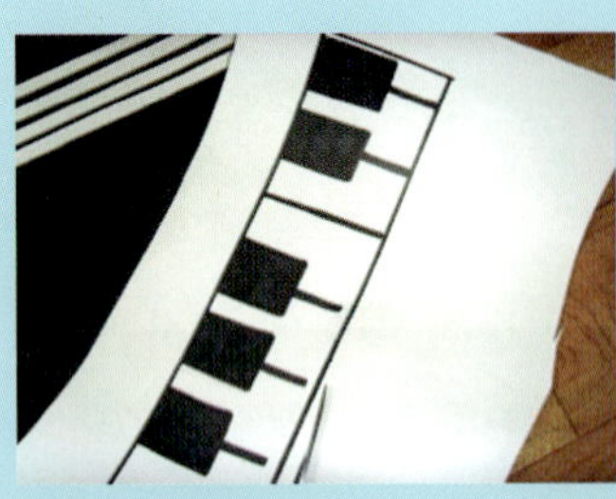

7 색지를 이용하여 건반을 그려 오린다.

8 오린 건반을 붙여진 5선 아래 붙이도록 한다.

9 5선 위에 자기가 하고 싶은 동요의 악보를 한 마디만 그리도록 한다.

10 자신이 그린 악보에 맞는 계이름을 색지에 쓴 뒤 오려 붙인다.

11 완성된 배경을 시트지로 감싸 붙여 준다.

12 자석 위에 붙일 손가락 모양을 그린 뒤 오려 준다.

13 오려진 손가락 모양의 뒷면에 본드를 이용해 자석에 붙인다.

14 시트지를 감싸 완성된 배경의 앞면에 손가락 모양을 붙인 자석 N극을 맞대고 반대편에 S극을 맞대 서로 붙도록 한다.

완 성

(3) 아크릴 자석판

아크릴 자석판은 하드보드지와 같이 자석의 자력이 통과하는 특성이 있다. 아크릴판에 색지나 시트지를 씌워 배경을 꾸며 자석 자료로 활용할 수 있다. 그러나 아크릴판은 무겁고 쉽게 오릴 수 없다는 점에 유의해야 한다.

아크릴 자석판을 이용한 그림 자료

| 제　　목 | 토끼와 거북
| 준 비 물 | 아크릴판, 자석, 하드보드지, 초록색・하늘색 부직포, 색종이, 크레파스, 목공용 풀, 가위, 칼
| 제 작 자 | 주나리
| 제작방법 |

1 아크릴판과 초록색 부직포를 자른 후, 부직포 위에 길을 그리고 선을 따라 잘라 준다.

2 하늘색 부직포를 우물 모양으로 자른다.

3 잘라둔 초록색 부직포와 하늘색 부직포를 아크릴판 위에 붙인다. 초록색 부직포는 붙이기 전 우물이 들어갈 위치를 우물 크기로 자르고, 하늘색 부직포를 먼저 붙인 후 초록색 부직포를 붙인다.

4 아크릴판 아래에 나무 모양으로 자른 펠트 스티커를 붙이고 색종이를 나뭇잎 모양으로 잘라 붙인 후 다람쥐도 붙인다.

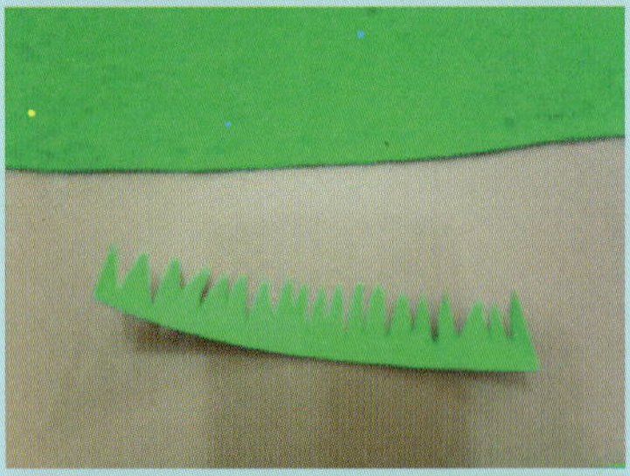

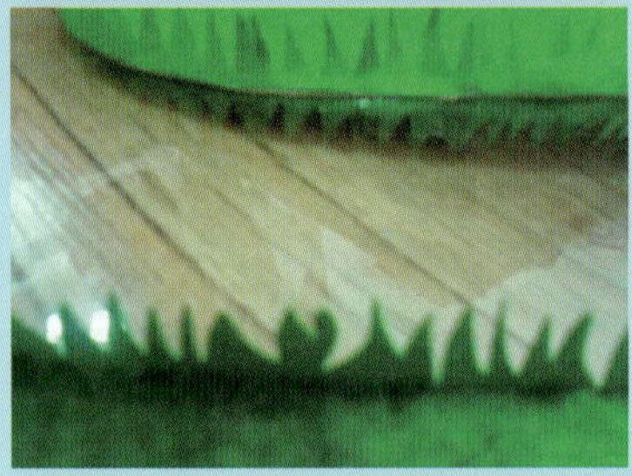

5 초록색 색지를 풀 모양으로 자른 후 길가를 따라 붙인다.

6 5번에서 자른 풀잎을 우물 주위에 붙이고, 색종이를 이용해 꽃과 새를 만들어 아크릴판 위에 붙인다.

7 색종이를 이용해 우물 옆에 토끼가 쉴 나무를 만들어 준다.

8 하드보드지 위에 뛰는 토끼, 자고 있는 토끼, 거북을 그려 자른 후 크레파스로 색칠해 준다. 그리고 그 위에 코팅지를 붙여 크레파스가 손에 묻지 않게 한다.

9 자석을 이용해 토끼와 거북을 움직인다. 10 작품 완성

(4) 원통형 자석판

자석 자료는 자석의 붙는 성질을 이용하여 자료를 제작한다. 자석의 붙는 성질은 철판이나 함석의 재질이 가지고 있다. 우리 주변에서 흔히 볼 수 있는 자석의 성질을 가진 일상생활 용품들은 많다. 예를 들어, 분유통은 유아들이 집에서도 흔히 보게 되는 원통형 자석판이 될 수 있다.

원통형 자석판을 이용한 그림 자료

| 제 목 | 숫자를 맞춰 보아요[주사위 게임]

| 준 비 물 | 분유통 1개, 조그마한 상자 1개(주사위), 여러 가지 색지, 색종이, 칼, 풀, 가위

| 제 작 자 | 윤미선

| 제작방법 |

1 먼저, 분유통, 여러 가지 색지, 가위, 풀 등 준비물을 점검한다.

2 그림 뒷면의 자석을 붙인다.

3 배경 그림을 그리고 완성한다.

4 분유통에 만든 배경을 붙인다.

5 상자를 이용해 주사위를 만든다.

6 완성된 작품으로 주사위게임을 한다.

3. 융판 자료

융판 자료는 융의 까칠까칠한 성질을 이용하여 제작한 자료를 의미한다. 주로 게시자료나 동화 자료를 제작하는 데 활용된다. 융이나 달라붙는 까칠한 성질을 가진 천을 이용하여 융판을 제작하고, 강조하고자 하는 그림의 뒷면에 까칠한 성질의 천을 부착하여 융판에 붙여 사용하는 자료이다. 제작이 간편하고 제작에 드는 비용, 시간, 노력이 크게 요구되지 않아 유아교육 현장에서 자주 사용하는 매체이다. 본 절에서는 융판 자료를 이용한 교수매체에 대하여 살펴보고자 한다.

1) 융판 자료의 특성

융판 자료의 특성을 다음과 같이 장점과 제한점으로 구별하여 제시하고자 한다.

(1) 융판 자료의 장점

첫째, 제작이 쉽고 사용이 간편하다.

둘째, 유아의 주의집중력을 높일 수 있다.

다양한 형태로 융통성 있게 자료를 제시할 수 있다. 자료를 쉽게 떼어내고 새로운 자료를 제시하기가 용이하다. 유아들은 새롭게 제시되는 자료에 흥미를 가지기 때문에 유아의 주의집중을 유도하는 데 효과적이다.

셋째, 다양한 형태로 융통성 있게 사용할 수 있다.

융판 자료는 개별활동에서부터 집단활동에 이르기까지 학습주제에 따라 다양하고 폭넓게 사용할 수 있다. 융판 자료의 크기와 형태를 다양하게 제작할 수 있기 때문에, 용도에 따라 그 크기를 달리 할 수 있다는 장점이 있다. 이러한 장점은 동화, 수·과학 교구 제작 등 다양한 학습 자료를 제작하는 데 효과적으로 작용한다.

넷째, 다양한 변형을 가할 수 있다.

융판의 특성은 까칠한 성질의 천을 붙일 수 있다는 점이다. 따라서 다양한 재료를 활용하여 창의적이고 매력적인 교육 자료를 제작할 수 있다. 융판 자료에는 색핀을 꽂을 수도 있고, 털실이나 장식용 테이프 등 다양한 자료들을 제시할 수 있기 때문에 유아들의 흥미와 호기심을 자극하는 데 효과적이라 할 수 있다.

(2) 융판 자료의 제한점

첫째, 배경을 묘사하는 데 제한적이다.

그림 자료나 자석판 자료와 달리 융판 자료는 배경 그림을 묘사하는 데는 한계가 있다. 그림 자료나 자석판은 배경 그림을 전체적으로 묘사할 수 있다는 장점이 있는 반면, 융판 자료는 천을 이용하여 제작된다는 점에서 단색으로 한정되는 경향이 많다. 따라서 배경 천은 유아의 피로감을 줄이는 은은한 색채를 사용하는 것이 바람직하다.

둘째, 주의집중을 산만하게 할 수 있다.

배경 묘사가 단조로운 색으로 지속적으로 고정되어 있고, 교사가 자료를 붙였다 뗐다 하는 동작을 자연스럽게 하지 못할 경우 유아들은 학습에 대한 흥미를 금방 잃어버릴 수 있다. 따라서 교사는 새로운 자료를 제시하고 기존의 자료를 제거할 때 자연스럽고 매끄럽게 진행함으로써 유아들에게 안정감을 줄 수 있어야 한다.

셋째, 제시해야 할 등장인물이나 사물이 많은 경우 부적절하다.

융판 자료에 너무 많은 자료가 부착되면 유아의 흥미를 떨어뜨릴 수 있다. 교사는 한 장면에 지나치게 많은 자료를 붙이지 않도록 유의해야 한다.

넷째, 정보적 지식을 제시하는 학습에는 부적절하다.

융판 자료는 제한된 융판에 학습할 자료를 제시하며 학습을 전개하기 때문에 섬세한 설명이나 정보적 지식이 요구되는 학습 자료로는 적합하지 않다.

2) 융판 자료의 선택기준

다음의 선택기준은 융판 자료를 선택하는 일반적이고 보편적인 기준이다.

첫째, 융판의 높이와 너비가 적당해야 한다.

융판 자료를 게시대로 사용할 경우에는 융판 게시대가 유아의 눈높이에 맞아야 한다. 또한 융판 자료의 폭이 길이보다 가로로 확장되어 2 : 3의 비율을 유지하는 것이 유아에게 안정감을 준다. 집단별 게시대의 경우 융판 게시대와 유아 간의 거리를 안정적으로 유지하는 것이 학습의 효과를 높일 수 있다.

둘째, 융판의 배경 색이 안정감을 주어야 한다.

융판 자료의 배경은 장시간 고정되어 변하지 않는 경향이 있다. 배경판에 다양한 부분 자료들이 제시되기 때문에 유아들은 배경색에 의해 쉽게 눈에 피로감을 느낄 수 있다. 따라서 융판의 배경이 유아들에게 피로감을 덜어줄 수 있어야 한다.

셋째, 융판이 흡착력이 좋아야 한다.

융판 자료는 천의 까칠한 특성을 이용하여 제작된다. 융판의 미끄러운 성질과 게시 자료 뒤에 부착된 까칠까칠한 성질의 천이 만나 접착력을 강화시킨다. 따라서 융판 자료는 게시 자료가 융판에 잘 부착되도록 제작되어야 한다. 흡착력이 강하지 않을 경우 게시 자료가 융판에서 흘러내리는 경향이 있다. 교사는 융판 자료를 선택하는 데 있어 흡착력 상태를 세심하게 살펴보아야 한다.

3) 융판 자료의 제작 및 활용

융판 자료는 게시 자료를 게시할 수 있는 융판이 필요하고, 융판에 게시할 게시용 융판 자료가 필요하다. 다음은 융판 자료의 제작에 대하여 살펴보고자 한다.

(1) 융판 제작

융판을 제작하는 순서는 다음과 같다.

첫째, 원하는 크기의 융판을 생각한다.

둘째, 제작하고자 하는 융판의 크기에 맞게 하드보드지나 나무판을 자른다.

셋째, 절단한 하드보드지나 나무판보다 여유있고 크게 융이나 펠트천을 절단한다.

넷째, 절단한 융이나 펠트천으로 절단한 하드보드지나 나무판에 본드를 바르고 평평하게 잘 붙인다.

다섯째, 하드보드지의 경우 안이나 바깥쪽으로 휘지 않도록 무겁고 평평한 물건을 올려놓고 잘 말린다.

융판의 크기는 유아교육기관에서 사용할 경우 대체적으로 유아의 수와 관련이 있다. 유아의 수가 10~20명 기준일 경우 60㎝×45㎝가 적당하며, 유아의 수가 20~40명 기준일 경우 60㎝×90㎝가 적당하다.

(2) 융판 게시 자료 제작

첫째, 융판 자료 위에 게시할 그림이나 사진 자료를 선택한다.

둘째, 선택한 그림이나 사진 자료를 오려 놓는다.

셋째, 오려낸 그림 뒷면에 찍찍이나 까칠까칠한 천을 부착한다.

넷째, 융판 게시 자료를 게시 순서에 따라 뒷면에 번호를 써 놓는다.

융판을 이용한 그림 자료

| 제　　목 | 돋보기로 관찰해 봐요.

| 준 비 물 | 융판, 펠트지(갈색, 초록색), 색지(주황색, 빨간색, 회색), 가위, 글루건, 양면테이프

| 제 작 자 | 정유하

| 제작방법 |

1 융판을 준비한다.

2 갈색 펠트지를 나무 밑단으로 자른 후 융판에 붙인다.

3 초록색 펠트지로 나무 모양을 완성한다.

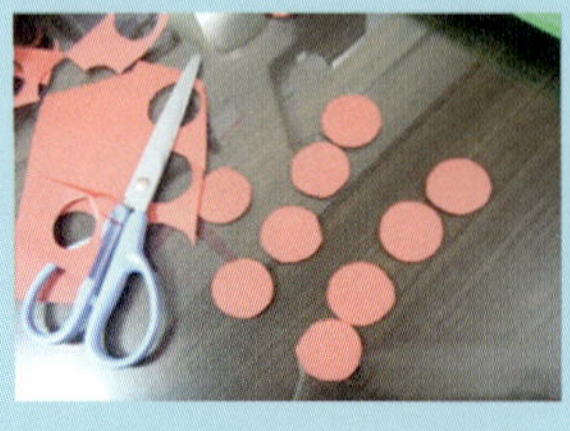

4 빨간색 색지를 사과 모양처럼 자른다.

5 주황색 색지로 나뭇잎을 만든다.

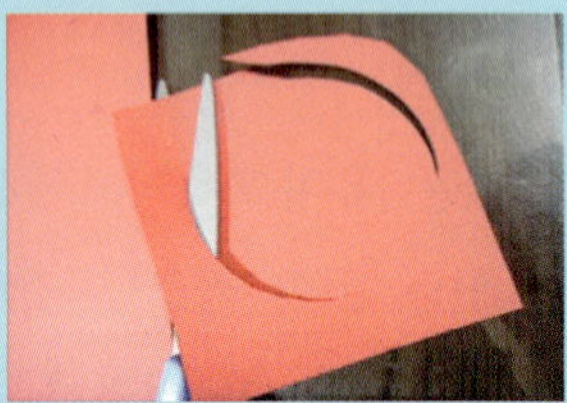

6 돋보기 안에 들어갈 큰 사과를 만든다.

7 큰 사과에 나뭇잎을 붙인다.

8 돋보기 도안을 그리고 자른다.

9 돋보기처럼 보이기 위해 가운데 구멍을 뚫는다.

10 잘라놓은 것들을 투명지로 씌운다.

11 투명지로 씌운 것들을 자른다.

12 사과 위에 부직포를 붙인다.

13 같은 방법으로 나무에 사과와 나뭇잎, 돋보기도 부직포를 붙인다.

14 완성된 자료가 융판에 잘 붙는지 확인한다.

평면융판을 이용한 그림 자료

| 제　　목 | 세계 여러 나라 국기[퍼즐 맞추기 게임판]

| 준 비 물 | 융판, 하드보드지, 아스테이지, 국기, 국가 이름, 가위, 칼, 테이프, 색테이프, 양면테이프, 한지 등

| 제 작 자 | 엄다을

| 제작방법 |

1 융판을 준비한다.

2 인쇄한 국기와 국가 이름을 준비한다.

3 하드보드지를 국기의 크기만큼 자른다. 크기에 만큼 자른 하드보드지를 국기에 붙이고 퍼즐처럼 맞추기 위해 국기를 이와 같이 분리시킨다.

4 국기에 아스테이지를 붙인다.

5 국기 뒤에 찍찍이를 붙인다.

6 이와 같이 꾸미고 퍼즐의 조각을 흩어지게 한다.

7 흩어진 퍼즐의 조각을 각 나라 이름과 맞게 맞춘다.

융판삼각대를 이용한 그림 자료

| 제　　목 | 과일 이름을 맞춰 보세요

| 준 비 물 | 색지(빨강 주황 초록 검정 노랑 보라), 글루건, 자, 칼, 자석, 자석 판, 하드보드지, 풀

| 제 작 자 | 백은영

| 제작방법 |

1 융판을 준비한다.

2 하드보드지에 삼각판 만들기 위한 선을 그어 자로 데고 칼로 긋는다.

3 하드보드지 뒷면에 자석판을 붙인다.

4 자석판을 하드보드지에 글루건을 이용해 단단하게 붙인다.

5 과일에 알맞은 색으로 색지에 과일을 그린다.

6 사과 바나나 수박 귤 포도 딸기 아이들이 쉽게 접할 수 있는 과일을 선택하여 그린다.

7 과일 그림에 맞는 글씨를 색지로 써서 오려낸다.

8 과일 그림과 글씨를 짝에 맞게 완성한다.

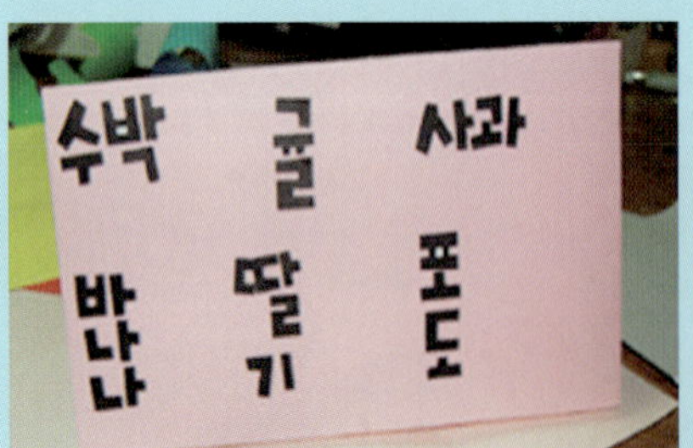

9 앞면에는 글씨 뒷면에는 과일을 붙인다.

4. 인형 자료

인형 자료는 유아들에게 편안함과 친숙함을 주는 매력적인 매체이다. 인형은 유아들에게 동화적인 상상력을 자극하고 즐거움을 준다는 것만으로도 유아의 흥미와 주의집중력을 높여 주는 학습 자료라 할 수 있다. 그림 자료, 자석 자료, 융판 자료 등은 동작에 제한점이 있다면, 인형은 동작이 용이하다는 점에서도 유아들에게 학습동기를 유발하기에 충분한 교수매체이다. 본 절에서는 인형 자료를 이용한 교수매체에 대하여 살펴보고자 한다.

1) 인형 자료의 특성

인형 자료는 다음과 같은 특성을 갖는다.

첫째, 유아들의 호기심과 흥미를 자극한다.

인형은 유아들에게 친밀감과 편안한 안정감을 준다. 동화 속 등장인물의 인형을 보았을 때 유아들은 동화 속 인물을 흉내내는 등 언어적 학습활동에 집중하는 경향이 있다. 인형 자료가 언어 자료로 활용되는 이유도 이 때문이다.

둘째, 유아들의 주의집중력을 높여 준다.

학습활동 중 유아들의 주의집중을 요하는 부분에서 교사들은 자주 손가락인형을 이용한다. 교사의 손동작에 따라 인형이 실제 유아들과 대화하는 것처럼 상황을 전개해 나갈 수 있어 학습에 활용이 용이하다.

셋째, 유아의 상상력과 창의력을 증진시킨다.

인형은 유아들을 동화 속 상상의 세계로 안내한다. 인형을 통하여 동화 속 상상의 세계를 여행하며, 다양한 간접 경험을 할 수 있다.

넷째, 유아의 심리적 갈등을 해소하는 데 도움이 된다.

유아들은 인형과 대화를 통하여 자신의 심적 갈등을 표현하는 경향이 있다. 심리적으로 불안한 상태의 유아들이 인형을 꼭 껴안고 잠이 드는 것도 인형이 유아에게 심리적으로 안정감을 주기 때문이다.

다섯째, 인형의 제작 및 연출에 유아들이 직접 참여할 수 있다.

막대인형의 제작 등은 유아들이 직접 제작할 수 있을 만큼 쉽고 간단하다. 유아들은 자신들이 만든 인형을 활용하여 인형극을 연출하고 참여할 수도 있다. 이러한 과정에서 유아들은 학습에 대한 흥미와 욕구를 경험하게 된다.

2) 인형 자료의 선택기준

좋은 인형 자료를 선택하는 일은 유아의 학습효과를 극대화시킨다는 점에서 중요하다. 다음은 인형 자료를 선택하는 일반적이고 보편적인 기준이다.

첫째, 학습목표에 부합되는 인형을 선택해야 한다.

인형의 종류는 다양하다. 인형을 선택하는 데 있어서 학습에 활용 가능성에 부합되는 인형을 선택해야 한다. 유아가 학습을 주도할 경우 막대인형이나 손가락인형을 활용하는 것이 바람직하다. 전체 유아들이 참여하는 동극의 경우 탈인형을 활용하는 것이 좋다. 활동에 적합한 종류의 인형을 선택하여 활용하는 것은 유아가 활동에 보다 몰입할 수 있도록 유도하는 효과가 있다.

둘째, 인형의 재질이 위생적이어야 한다.

인형은 주로 천으로 제작된다. 나이 어린 유아들은 인형을 껴안고 볼을 부빌 뿐만 아니라 인형의 손가락 등을 입에 넣는 경우가 있다. 따라서 인형이 위생적으로 유해하지 않는지를 꼼꼼하게 살펴보고 선택해야 한다.

셋째, 견고해야 한다.

인형 자료는 반영구적으로 사용이 가능하기 때문에 바느질이 꼼꼼하고, 견고하게 제작되었는지를 주의 깊게 살펴보고 선택해야 한다. 인형은 여러 유아들이 자주 사용하는 인기 있는 자료라는 점에서 견고성이 더 요구된다 하겠다. 교사는 인형이 터지거나 고쳐야 할 부분이 있는지 수시로 점검하여야 한다.

넷째, 시대성을 고려해야 한다.

인형 자료는 반영구적으로 보관이 용이하다. 그렇기 때문에 오래된 인형일지라도 손질만 깨끗이 한다면 오래도록 사용할 수 있다. 그러나 인형이 시대성을 반영하지 못한다면 유아의 흥미를 이끌어 내는 데는 실패할 것이다. 따라서 유아들의 눈높이와 시대성을 반영한 인형을 선택하는 일도 중요하다.

3) 인형 자료의 제작 및 활용

인형 자료는 제작과 조작방법에 따라 다양한 종류로 구별된다. 인형은 손가락을 넣어서 조작하는 손가락인형(glove-and-finger puppet), 손목까지 내려오는 인형에 손을 넣어 조작하는 손인형(hand puppet), 그림이나 인형 뒷면에 막대를 달아 만든 막대인형(rod puppet), 얼굴에 쓸 수 있는 탈인형(mask puppet), 그림이나 인형에 줄을 달아서 조작하는 줄인형(marionette), 테이블에 세워서 연출하는 테이블 인형(table puppet), 환등기나 빛을 이용하여 조작하는 그림자인형(shadow puppet) 등 그 종류가 다양하다. 본 절에서는 손가락인형, 손인형, 막대인형을 살펴보고자 한다.

(1) 손가락인형(Glove-and-finger puppet)

손가락인형은 손가락을 끼울 수 있는 크기로 인형을 만들어야 한다. 이는 손가락을 끼워서 인형을 조작하기 때문에 그렇다. 손가락인형을 쉽게 제작하는 방법은 손가락 장갑을 이용할 수 있다.

손가락인형은 다음과 같은 순서로 제작 할 수 있다.

① 손가락에 끼울 골무 부분을 만든다.

손가락에 끼울 수 있는 골무 부분을 만들기 위해 천을 적당한 크기로 자른다. 손가락 골무 부분은 천을 겹쳐 박아서 만들거나, 또는 화장지 속이나 마분지 종이를 둥글게 말아 원기둥 모양을 붙여서 만들거나, 또는 요구르트 병에 천을 씌워서 만들 수도 있다. 골무는 손가락이 들어갈 수 있어야 하고, 인형을 조작하는 데 불편함이 없도록 적당한 크기로 만드는 것이 중요하다.

② 얼굴 부분을 만든다.

얼굴 부분은 천이나 종이를 이용하여 얼굴을 나타낼 수 있다. 천에 얼굴을 표현할 경우에는 바늘을 이용하여 실로 수를 놓을 수도 있다. 종이를 이용할 경우에는 그림을 직접 그릴 수도 있고, 잡지나 사진에서 얼굴이나 몸 전체를 오려서 활용할 수도 있다. 인형의 활용 범위에 따라서 다양하게 얼굴을 장식하거나 표정을 자유롭게 그릴 수도 있다.

③ 얼굴 부분을 골무에 부착시킨다.

얼굴 부분이 완성되면 골무 부분에 얼굴을 부착시킨다. 얼굴 부분과 몸통까지도 함께 제작했다면 골무 부분에 부착시킨다. 천으로 된 인형의 경우에는 바늘을 이용하여 부착하는 것이 견고하다.

④ 골무 부분에 손가락을 끼고 손가락인형을 조작한다.

완성된 손가락인형의 골무에 손가락을 끼우고 인형을 조작해 본다. 인형이 똑바로 잘 균형을 유지하는지, 조작이 용이한지 등의 불편한 점을 분석하고 잘못된 경우 견고하고 깔끔하게 완성하도록 한다.

손가락 인형 1

| 제 목 | 갑돌이와 갑순이
| 준 비 물 | 펠트지, 가위, 실, 바늘, 꽃 모양 소품
| 제 작 자 | 임연숙
| 제작방법 |

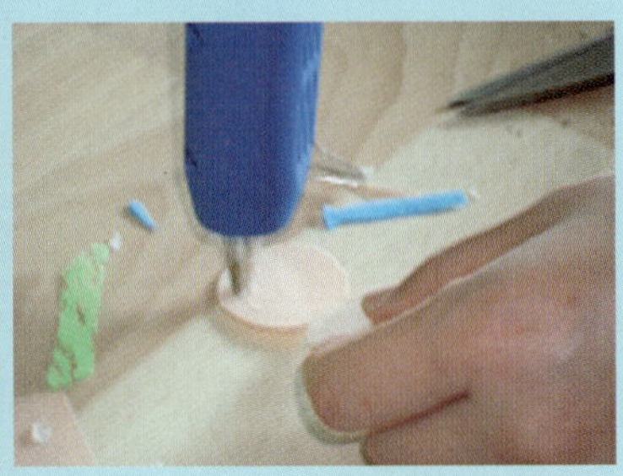

1 갑돌이와 갑순이 모양을 펠트지에 그린 후 앞뒤 두 장을 모양에 따라 오린다.

2 두 장을 겹쳐서 바느질한다.

3 완성 : 인형의 옷이나 바지부분은 손가락에 끼울 골무 부분을 만들어 완성한다.

손가락 인형 2

| 제　　목 | 혹부리 영감
| 준 비 물 | 펠트지, 실, 바늘, 인형 눈, 가위
| 제 작 자 | 주나리
| 제작방법 |

1 펠트지 위에 연필로 그림을 그린다.

2 펠트지 위에 그린 것을 따라 가위로 오린다. 이때, 손가락에 끼울 골무를 만드는 것을 잊지 않는다(다른 인형들도 똑같은 방법으로 제작한다).

3 오린 펠트지 조각들을 버튼홀 스티치 방법으로 꿰맨다.

4 완성 : 골무 부분에 손가락을 끼워 인형놀이를 한다.

손가락 인형(고무줄 인형) 3

| 제 목 | 토끼와 거북, 순이와 철수의 달리기 경주

| 준 비 물 | 하드보드지, 색지, 가위, 칼, 풀, 본드 등

| 제 작 자 | 박민정, 백은영

| 제작방법 |

1 하드보드지에 거북이 모양 밑그림을 그린다.

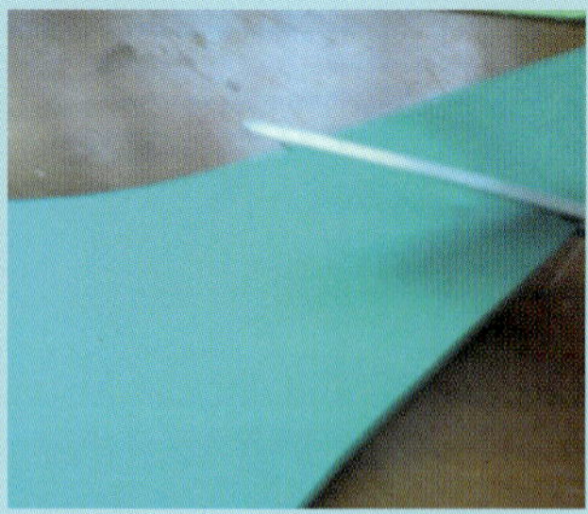

2 밑그림에 따라 하드보드지를 자른다.

3 자른 거북이 모양에 손가락을 넣어 다리를 만들 구멍을 뚫는다.

4 거북이 등껍질 모양을 스케치한다.

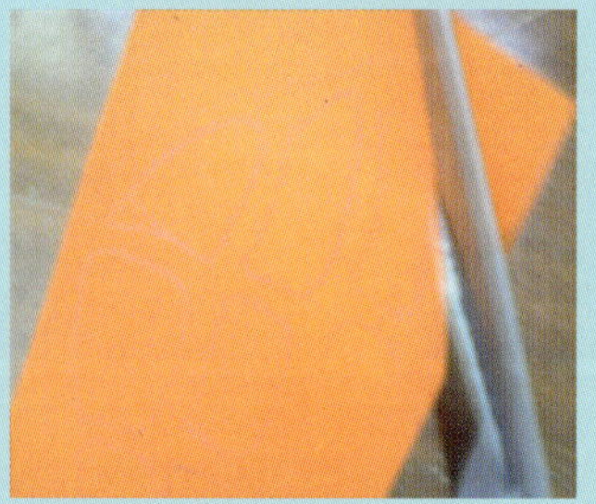

5 스케치한 모양대로 색지를 자른다.

6 등껍질을 거북이 등에 붙인다.

7 토끼 밑그림을 하드보드지에 그린다.

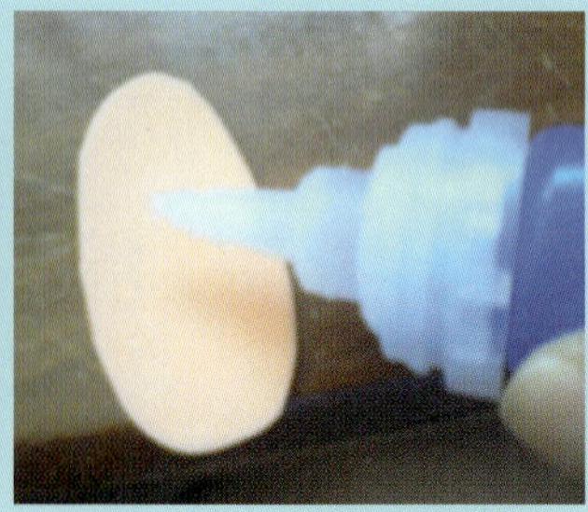

8 EVA지로 토끼 배 모양을 자른 후 본드로 붙여 준다.

9 눈과 코를 그려 준다.

10 고무줄을 붙일 곳에 본드를 붙인다.

11 고무줄을 붙인다.

12 완성 : 손가락을 고무줄에 끼워 달리기 경주를 한다.

(2) 손인형(Hand puppet)

손인형은 손목까지 집어넣을 수 있도록 인형을 만들어야 한다. 손인형의 제작방법은 손가락인형과 원리가 비슷하다. 단지 손가락인형은 손가락에 골무를 끼우는 정도로 소품이라면, 손인형은 손목과 팔목까지도 인형을 끼워서 움직이는 부분이 손가락인형보다 많다는 점이 다르다.

손인형은 다음과 같은 순서로 만들 수 있다.

① 옷을 만들 천을 자른다.

손인형을 조정하는 사람의 손목이나 팔이 가려질 정도의 천을 잘라서 인형의 치마나 옷자락을 만든다. 인형의 치마나 옷자락 부분은 인형을 조정하는 사람의 손목과 팔을 끼우는 부분이다.

② 두 팔과 목 부분에 주름을 잡는다.

두 팔 부분에는 인형을 조정하는 사람의 엄지와 가운데 손가락이 들어갈 수 있을 만큼 간격을 남겨 놓고 주름을 잡는다. 목 부분은 인형의 얼굴 부분이 들어갈 수 있을 만큼의 간격을 남겨 놓고 주름을 잡는다.

③ 두 손과 머리에 골무를 만든다.

주름을 잡은 두 팔 부분과 목 부분에 손가락이 들어갈 수 있을 만큼의 골무를 만든다. 골무를 접착제나 테이프를 이용하여 두 손목과 목 부분에 부착시킨다.

④ 손을 만든다.

두 손은 천을 두 겹으로 겹쳐 손바닥 모양으로 자르고 한쪽의 구멍만 남겨놓고 박음질한다. 박음질한 천을 뒤집어서 그 속에 솜을 집어넣고 통통한 손 모양을 만든다.

⑤ 얼굴을 만든다.

얼굴은 천을 두 겹으로 겹쳐 얼굴 모양으로 자르고 한쪽의 구멍만 남겨놓고 박음질한다. 박음질한 천을 뒤집어서 그 속에 솜을 집어넣고 통통한 얼굴 모양을 만든다. 얼굴 모양에 눈, 코, 눈썹, 입 등을 그려 넣거나, 수를 놓거나 하여 다양한 방법으로 꾸민다.

손인형

| 제　목 | 동물농장

| 준 비 물 | 가위, 칼, 연필, 지우개, 글루건, 글루건 심, 여러 색의 펠트지, 바늘, 실, 둥근 스티로폼 2개, 흰색 양발 3개, 갈색 양발 1개

| 제 작 자 | 박수현

| 제작방법 |

1 양발 끝을 새의 부리처럼 뾰족하게 자른 후, 입 안에 삼각형의 흰색 펠트지를 잘라서 바늘로 꿰맨다.

2 그 위에 같은 모양 펠트지를 붙인 후, 입 위에 노란 펠트지로 입 모양을 붙인다. 눈 모양을 잘라 붙인다.

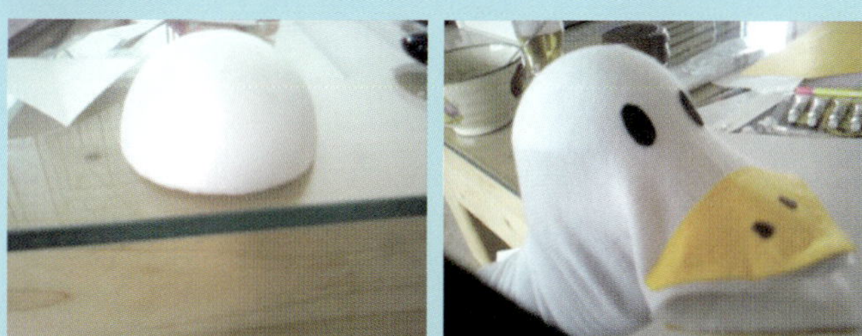

3 잘라놓은 거리 머리 모양의 스티로폼을 양말 속에 넣어 거위를 완성한다.

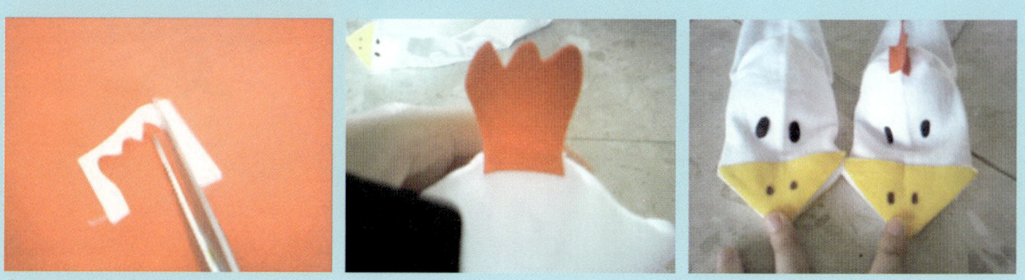

4 닭 버슬을 잘라 붙인다.

5 흰색 펠트지와 양말 끝을 둥글게 자른 후 바느질로 서로 꿰맨다.

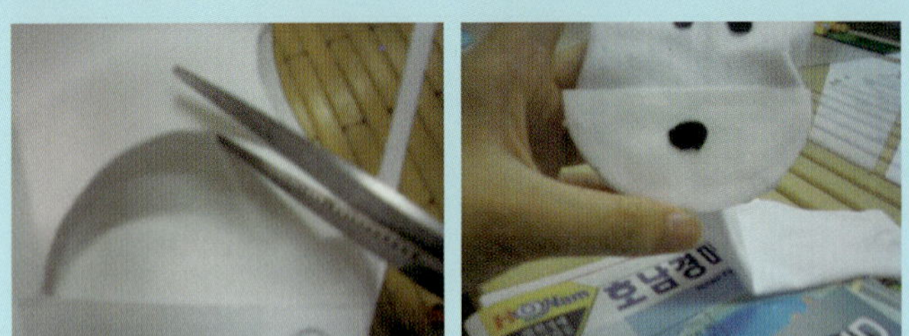

6 입 위에 흰색 반달 모양의 펠트지를 붙인다.

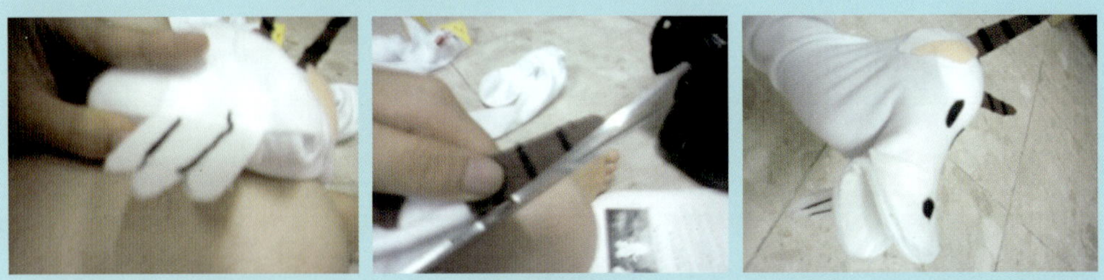

7 수염, 뿔, 귀, 눈을 잘라서 붙이고, 스티로폼을 넣는다.

8 갈색 양말을 잘라서 5번과 같이 한다.

9 완성 : 소의 눈, 코, 뿔, 귀를 잘라서 붙인다.

(3) 테이블 인형극 틀

테이블에 올려놓고 활용할 수 있는 인형극 틀은 대체적으로 손인형이나 봉투를 이용한 인형, 또는 종이접시 인형 등과 같이 작은 인형들을 활용하여 동화를 들려 줄 때 주로 사용된다. 테이블 인형극 틀의 장점은 대체적으로 제작이 용이하고 보관이 간편하다는 점이다. 또한 크기가 유아들이 조작하기에 용이하다.

테이블 인형극 틀은 다음과 같은 순서로 제작할 수 있다.

인형극 틀 [탁상용 소형]

| 제　　목 | 신나는 동화나라

| 준 비 물 | 하드보드지, 부직포, 켄트지, 천 등

| 제 작 자 | 임은지

| 제작방법 |

1 하드보드지에 모양을 그려서 오린다.

2 하드보드지 위에 부직포를 붙인다.

3 뒷면에 커튼을 달고 밑에는 인형극 상황에 따라 바탕을 꾸며 준다.

4 완성 : 바탕을 동화에 맞게 꾸민다.

(4) 막대인형(Rod puppet)

막대인형은 천으로 된 인형이나 그림으로 된 인형의 뒷부분에 막대를 부착하여 제작한 자료를 말한다. 막대인형은 가장 간단하고 쉽게 제작할 수 있는 장점이 있다. 특히 제작이 용이하여 유아들도 쉽게 만들고 조정할 수 있다. 천을 이용하여 제작할 수도 있고, 그림을 오려서 제작할 수도 있다.

막대인형은 다음과 같은 순서로 만들 수 있다.

① 천이나 종이를 이용하여 인형을 만든다.

천이나 종이를 이용하여 막대에 부착할 인형을 제작한다. 천을 이용하여 인형을 제작할 경우에는 손인형을 제작하는 방법과 유사하다. 종이를 이용하여 인형을 제작할 경우에는 원하는 그림을 오려서 놓는다.

② ①에서 만든 인형의 뒷부분에 막대기를 부착시킨다.

막대기를 부착시킬 때는 막대기를 색이 있는 천이나 시트지로 감싸서 견고하게 만든다. 막대인형은 손인형에 막대를 끼워서 제작할 수도 있다.

상자무대와 막대인형 1

| 제　　목 | 이상한 나라의 소녀와 친구들

| 준 비 물 | 여러 가지 색지, 색종이, 가위, 풀, 글루건, 코팅지, 하드보드지, 우드락, 상자, 펠트지, 칼, 부직포

| 제 작 자 | 윤미선

| 제작방법 |

1 재료를 준비한다.

2 상자를 펠트지로 감싸 준다.

3 펠트지로 감싼 상자무대

4 상자무대 위의 배경을 만든다.

5 상자무대에 배경 그림을 세울 수 있게 그림 뒷면에 우드락을 붙인다.

6 만든 막대인형의 등장인물들을 무대에 꽂으며 동화를 들려 준다.

상자무대와 세우기 인형 2

| 제　　목 | 동물 친구들

| 준 비 물 | 스티로폼, 골판지, 한지, 색지, 요구르트병, 청테이프, 양면테이프, 풀, 가위, 칼, 그림 자료, 코팅지, 신문지, 글루건

| 제 작 자 | 엄다을

| 제작방법 |

1 스티로폼에 색지를 붙인다.

2 그림 자료를 오려서 투명 비닐로 씌운다.

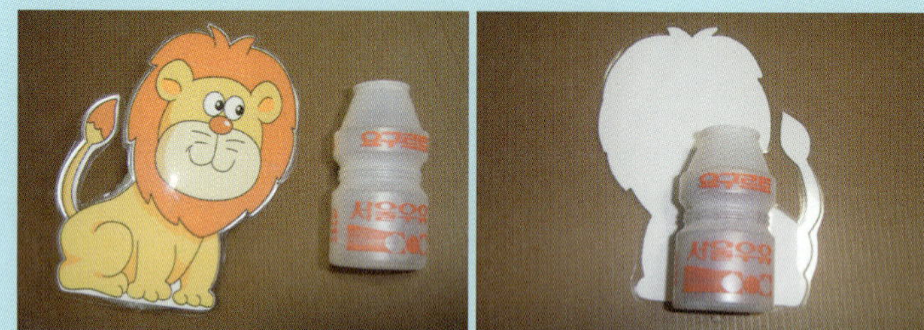

3 모든 그림 자료 뒷면에 요구르트 병을 붙인다.

4 울타리 모양을 여러 개 만든다.

5 글루건으로 울타리를 세우고 고정시켜 울타리를 만든다.

6 한지에 신문지를 넣고, 골판지를 말아서 나무를 만든다.

7 배경 그림 자료들은 글루건을 이용하여 밑바닥에 고정시키고 동물 그림 자료들은 고정시키지 않는다.

8 완성 : 동물 그림 자료를 이동시키면서 동화를 들려준다.

상자무대와 막대인형 3

| 제　　목 | 호롱이의 생일

| 준 비 물 | 나무젓가락, 색테이프, 양면테이프, 상자, 색종이, 펠트지, 실, 바늘, 가위, 칼, 풀, 글루건, 부직포 등

| 제 작 자 | 엄다을

| 제작방법 |

1

① 펠트지를 도안 모양대로 자른다.
② 바느질을 한 다음, 꾸민다.
③ 색테이프를 나무젓가락에 감는다.
④ 동물에게 꽂는다(글루건으로 고정).

2

원숭이, 토끼, 호랑이, 돼지도 1번과 같은 방식으로 만든다.

3

막대인형 완성

4

상자에 부직포를 깔끔하게 붙인다.

5

상자 속에 배경을 꾸민다.

6

① 상자 밑부분을 1/3 정도를 자른다.
② 이 부분에 칼집을 내면 막대 인형을 고정시킬 수 있다.

7

작품 완성

5. 디오라마

디오라마는 실제 실내 장면이나 사물을 축소 또는 확대하여 무대장치의 효과를 나타내는 자료이다. 판이나 다양한 재료를 사용하여 입체적인 디오라마를 제작할 수도 있고, 시중에서 인형놀이를 하는 소꿉놀이 교구로 제작하여 판매하기도 한다. 디오라마의 좋은 예가 방 안을 들여다볼 수 있도록 제작해 놓은 인형집이다.

1) 디오라마의 특성

디오라마는 다음과 같은 특성을 갖는다.

첫째, 입체감을 살릴 수 있다.

디오라마는 실물을 그대로 축소해 놓은 축소판 교구라 할 수 있다. 모든 사물이나 건물들을 축소하거나 확대하여 입체적으로 제시한다. 따라서 그림 자료 등과 같은 평면 자료의 단점을 보완하여 원근감을 충분히 살릴 수 있다는 장점이 있다.

둘째, 일상생활을 그대로 반영하고 있다.

디오라마는 실생활 속의 사물들을 그대로 반영하고 있다. 따라서 유아들은 실제 환경에서 경험하는 사물들을 조작해 봄으로써 보다 친숙함을 느낀다. 또한 실제 현실 세계에서는 조작할 수 없는 사물들을 축소된 실물 형태로 조작할 수 있다는 장점 때문에 유아들의 흥미를 유발하기에 충분한 교수매체라 할 수 있다.

셋째, 제작이 용이하고 구입하기 쉽다.

디오라마는 빈 상자 등을 이용하여 기본 틀을 만드는 데 용이하다. 기본 틀이 완성되면 틀을 매력적으로 꾸미고, 틀 안에 다양한 인형들을 제시할 수 있다. 교구를 제작하는 과정이 복잡하지 않고, 시중에 판매되는 축소판 인형들을 이용하여 기본 틀에 내용물을 넣고 수시로 다른 내용물로 교체할 수 있다. 이러한 장점으로 디오라마는 제작과 구입면에서 경제적이라 할 수 있다.

2) 디오라마의 선택기준

디오라마는 사용 용도에 따라 종류를 선택하는 것이 바람직하다. 디오라마는 모양에 따라 세 가지로 나눌 수 있다. 먼저 기본 틀의 한쪽 면만을 도려내어 그 안에 배경을 설치하고 앞에서 내용물을 넣는 새도 박스 형, 기본 틀의 윗면과 앞면을 잘라내어 배경을 설치하고 위에서나 앞에서 내용물을 넣을 수 있는 톱뷰형, 그리고 전면에 창을 내어 사방에서 안을 들여다볼 수 있도록 만든 원형이 있다.

다음은 디오라마를 선택하는 일반적이고 보편적인 기준이다.

첫째, 매력적이어야 한다.

디오라마는 유아들의 학습의 흥미를 자극할 수 있도록 매력적이어야 한다. 디오라마는 실물을 축소하거나 확대하였다는 점에서 유아들의 흥미와 관심을 끌기에 충분히 매력적인 교수매체이다. 그러나 교사가 직접 제작할 때에는 너무 조잡스럽지 않도록 배경이나 내용물의 색상에 세심한 주의를 기울여서 제작해야 한다.

둘째, 견고해야 한다.

디오라마는 기본 틀에 내용물을 배치하고 빼내는 일을 반복하거나, 기본 틀에 손을 넣어 사용하는 교수매체이다. 따라서 여러 유아들이 조작하고 사용하는 데 있어서 쉽게 망가지지 않도록 충분히 견고해야 한다.

셋째, 위생적이어야 한다.

디오라마는 여러 유아들이 함께 사용하는 매체라는 점에서 위생에 각별한 주의를 기울여야 한다. 물론 재질부터 환경적으로 유해한 물질로 만들어졌는지의 여부를 충분히 살펴야 한다. 나이 어린 유아들은 내용물을 입에 넣거나 빠는 경우도 발생한다. 따라서 내용물이 환경호르몬에서 자유로운지를 판단해야 한다.

넷째, 경제적이어야 한다.

디오라마는 제작이 용이하다는 점에서 경제성의 논리에 맞다. 그러나 시중에서 판매하는 인형집의 경우 높은 가격의 자료들이 많다. 가능한 재활용품을 활용하여 기본 틀을 제작하고 내용물은 상품화된 것을 구입한다면 경제적일 것이다. 기본 틀은 제작이 용이하므로 유아들의 흥미와 호기심을 자극할 수 있을 만큼 새로운 배경으로 꾸며 주는 것이 바람직하다.

3) 디오라마의 제작 및 활용

디오라마의 제작이 용이하다는 장점이 있다. 그러나 디오라마가 학습효과에 미치는 영향에 대해서는 교사가 객관적인 판단을 해야 한다. 디오라마의 제작에서 반드시 고려해야 할 사항이 있다. 그것은 입체감, 원근감, 그리고 색채감을 갖추어야 한다는 점이다. 이러한 기본 요소에 기초하여 디오라마를 제작해야 한다.

디오라마는 다음과 같은 순서로 제작할 수 있다.

첫째, 제작할 주제를 선택한다.

교사는 유아들에게 관찰 기회를 주고 학습효과를 높일 수 있는 주제가 무엇인지를 먼저 선택한다. 주제는 디오라마 안에 표현할 수 있도록 보다 포괄적인 것이 좋다.

둘째, 주제에 대한 자료를 수집한다.

선택한 주제에 대한 객관적인 자료를 수집한다. 디오라마를 제작하는 데 있어서 사실에 근거한 객관적인 자료는 주제를 표현하는 데 유용한 자료가 될 것이다.

셋째, 전체 장면을 스케치한다.

수집한 정보와 자료를 바탕으로 디오라마의 종류를 선택한다. 어떤 형태로 디오라마를 제작하고, 내용물을 전시할 것인지에 대한 전체적인 장면을 스케치한다.

넷째, 기본 틀을 제작한다.

선택한 디오라마의 형태에 따라 기본 틀을 제작한다. 디오라마의 크기가 주제에 부합되는지를 판단하고, 원통형으로 제작할지, 새도 박스형으로 제작할지 등을 결정하여 기본 틀을 만든다.

다섯째, 기본 틀에 배경을 꾸민다.

제작한 기본 틀에 배경을 매력적으로 꾸민다. 배경은 전시할 내용물과 관련성이 있는지 파악해야 한다. 배경은 유아의 발달과 학습목표를 바탕으로 해야 한다.

여섯째, 기본 틀 바닥을 완성한다.

배경 제작이 끝나면 내용물을 배치할 수 있도록 바닥을 완성한다. 바닥에는 기본적인 사물들을 배치할 수 있도록 고려해야 한다.

일곱째, 기본 틀 위에 내용물을 전시한다.

내용물을 적절한 곳에 배치하여 디오라마를 장식한다. 내용물은 기본 틀과 배경에 맞는지 유의하여 선택하고 전시해야 한다.

여덟째, 투명 비닐을 이용하여 창문을 만든다.

기본 틀과 내용물이 전시된 디오라마를 끝으로 투명 비닐이나 셀로판지를 이용하여 창문을 만든다. 창문은 오랜 전시 기간 동안 먼지가 쌓이는 것을 방지한다.

아홉째, 안전한 곳에 전시한다.

디오라마는 완성된 후에는 이동이 용이하지 않다. 따라서 기본 틀을 제작할 때 교실의 어느 곳에 전시해야 하는지를 먼저 선택하고, 제작하는 것이 좋다. 디오라마를 전시할 곳은 유아들의 통행이 빈번하지 않고, 유아들의 충돌이 일어나지 않는 곳이 좋다. 또한 모든 유아들이 안전한 위치에서 충분히 관찰할 수 있는 곳을 선택하여 전시하는 것이 좋다.

새도 박스 디오라마

| 제 목 | 효자와 호랑이
| 준 비 물 | 가위, 칼, 연필, 지우개, 글루건, 글루건 심, 여러 색의 펠트지, 둥근 스티로폼 2개, 한지, 상자, 딱풀, 자, 하드보드지, 끈, OHP 필름 테이프, 양면 테이프, 두꺼운 색지, 여러 가지 색지
| 제 작 자 | 박수현
| 제작방법 |

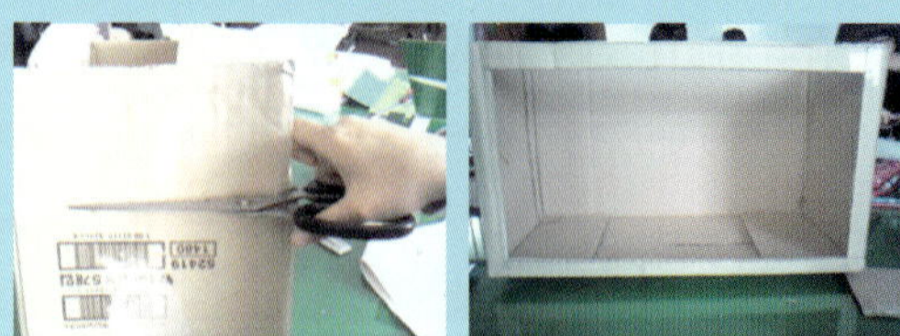

1 상자의 윗부분을 잘라낸다.

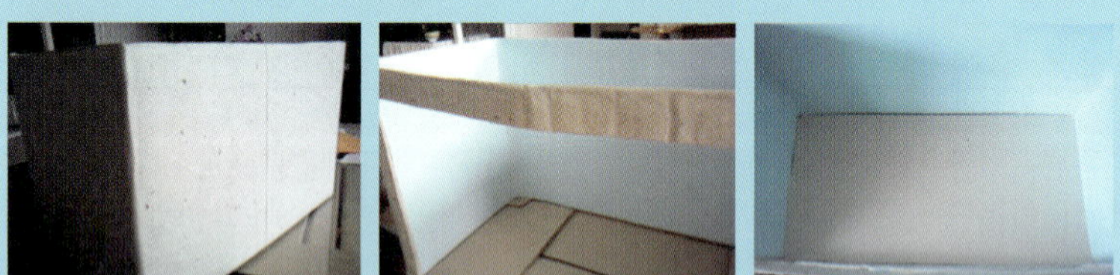

2 상자 바닥을 테이프로 막고, 겉은 한지를 안은 파란색 색지를 붙인다. 바닥은 하드보드지를 잘라서 붙인다.

3 안에 넣을 배경 종이를 길게 자르고, 나무와 구름을 그려서 잘라 붙인다. 그리고 상자 안에 넣는다.

4 하드보드지에 집 아래 정사각형 도안을 잘라서 모양을 만든 후 한지를 붙이고 문을 꾸민다.

5 지붕 모양을 두꺼운 종이에 그려서 자른 후 위의 집 상자와 붙이고, 지붕 위에 끈을 붙인다.
이때 지붕 위는 박으로 장식한다.

6 펠트지에 호랑이와 사람, 토끼, 돼지를 그려서 자른다.

7 OHP 필름 지를 삼각대로 만들어서 호랑이, 토끼, 돼지 뒤에 붙인다.

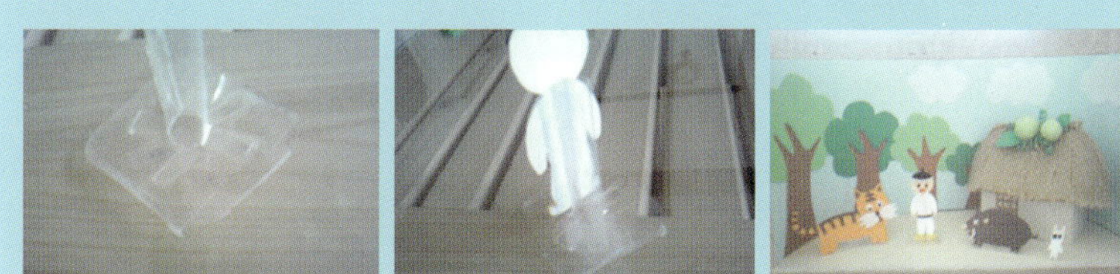

8 사람은 둥근 OHP 필름지에 바닥이 둥근 내모로 잘라서 붙여 세운 후 사람을 붙인다.

톱뷰형 디오라마

| 제 목 | 우리나라 전통 물건

| 준 비 물 | 톱뷰형 디오라마 제작을 위한 나무, 지게, 싸리 빗자루, 짚신, 항아리, 숱, 작은 돌멩이, 지푸라기 새집, 머리 받침대, 글루건

| 제 작 자 | 임연숙

| 제작방법 |

1 가로 50cm, 세로 25cm ,높이 27cm의 나무를 잘라서 톱뷰형 디오라마를 제작한다.

2 지게, 싸리 빗자루, 짚신, 항아리, 숱, 작은 돌멩이, 지푸라기 새집, 머리 받침대 등을 준비한 다음 글루건으로 떨어지지 않게 잘 붙인다.

3 완성한 후 투명 아크릴 상자를 제작하여 씌워 전시할 수 있다.

자료출처

* 자료 출처 : 남부대학교 유아교육과 2008학번 교수자료개발위원회

구멍을 이용한 그림 자료. 엄다을. 친구들과 함께 봄나들이 가요.
칼집을 이용한 그림 자료. 주나리. 물고기를 잡아요.
자석을 이용한 그림 자료. 윤미선. 어어? 이건 뭐예요?.
자석을 이용한 그림 자료. 김경선. 나는 어디에서 살까요?.
할핀을 이용한 그림 자료. 정유하. 춤추는 발레리나.
입체 그림 자료 1. 이은정. 동물농장 게임판.
입체 그림 자료 2. 백은영. 엄마 닭과 아기 병아리
투명 비닐 그림 자료 1. 윤아름. 양아, 무엇을 보았니?.
투명 비닐 그림 자료 2. 채설화. 닭아, 무엇을 품고 있니?.
삼각대 자석판 자료. 임사랑. 다리 수를 세어 보아요.
하드보드지 자석판을 이용한 그림 자료. 박민정. 음이름에 맞춰 건반 치기.
아크릴 자석판을 이용한 그림 자료. 주나리. 토끼와 거북.
원통형 자석판을 이용한 그림 자료. 숫자를 맞춰 보아요[주사위 게임]. 윤미선.
융판을 이용한 그림 자료. 정유하. 돋보기로 관찰해 봐요.
평면융판을 이용한 그림 자료. 엄다을. 세계 여러 나라 국기[퍼즐 맞추기 게임판].
융판삼각대를 이용한 그림 자료. 과일 이름을 맞춰 보세요. 백은영
손가락 인형 1. 임연숙. 갑돌이와 갑순이.
손가락 인형 2. 주나리. 혹부리 영감.
손가락 인형 (고무줄 인형) 3. 박민정, 백은영. 토끼와 거북. 순이와 철수의 달리기 경주.
손인형. 박수현. 동물농장.
인형극 틀 [탁상용 소형]. 임은지. 신나는 동화나라.
상자무대와 막대인형 1. 윤미선. 이상한 나라의 소녀와 친구들.
상자무대와 세우기 인형 2. 엄다을. 동물 친구들.
상자무대와 막대인형. 엄다을. 호롱이의 생일.
새도 박스 디오라마. 박수현. 효자와 호랑이.
톱뷰형 디오라마. 임연숙. 우리나라 전통 물건.

[그림 6-1] http://www.sooheng.com
[그림 6-2] http://www.sooheng.com

CHAPTER

07

멀티미디어 교수매체

매체란 무엇과 무엇의 사이에 있는 물건이라는 의미를 갖는다. 교수매체는 교사와 아동 사이에 존재하는 것으로서 교사가 아동에게 전달하고자 하는 교육내용을 중간에서 전달을 도와주는 매개자 역할을 하는 것을 말한다. 이러한 교수매체를 사용하는 목적은 효율적으로 교육목표를 달성하기 위해 교사와 아동의 커뮤니케이션이 원활히 일어나도록 하는 데 있다. 요즘은 전자공학의 발달로 인하여 전기에 의하여 작동되는 멀티미디어 교수매체에도 많은 변화가 일어나고 있으며, 다양한 정보를 편리하게 취급할 수 있는 형태로 발전하여 교육의 효과를 제고할 수 있게 되었다.

1. 멀티미디어란 무엇인가

현대에 와서 전자기기의 발달로 교육환경에 많은 변화를 가져왔다. 뿐만 아니라 전자기기의 발달은 정보화 사회에 적합하도록 교육정보화를 구축할 수 있게 하였다. 정보기술을 기반으로 수업의 방법과 형태를 다양화하고 효율화할 수 있게 되었다. 교실에서 사용되는 정보기술의 핵심은 정보전달과 커뮤니케이션, 상호작용을 생생하고 재미있게 해주는 멀티미디어가 그 중심에 있다고 볼 수 있다.

멀티미디어란 다중 매체(多重 媒體)를 의미하는데, Multum과 Medium를 합친 낱말이다. 미디어가 인간의 인식 작용에 있어서 외부의 정보를 개체 내부로 전달하는 역할을 하는데, 과거 미디어가 지금처럼 발달하지 않았을 때는 단순한 미디어가 사용되었지만 현재는 모든 미디어 요소들이 복합되어 사용되는 멀티미디어 형태로 사용된다. 멀티미디어는 문자, 소리, 그래픽, 애니메이션, 동영상 등을 동시에 전달 가능한 정보전달 체제를 말하는데 이는 다양한 전자 매체, 즉 디지털카메라, 보이스레코더, 캠코더, 오디오, TV, OHP, 실물화상기, 스캐너 등을 두 개 이상 기기와 결합시키거나 컴퓨터에 결합시킴으로써 구현될 수 있다. 이렇게 멀티미디어 콘텐츠를 저장하고 경험하는 데 쓰이는 장치를 멀티미디어 기기라고 부른다.

멀티미디어 기기를 사용한 교육정보화는 교수-학습방법을 획기적으로 개선하여 교육의 효율성 제고, 유아들의 학습에 대한 동기유발과 호기심을 자극하여 능동적인 자기 주도적 학습으로 이끌어 준다.

2. 멀티미디어의 구성요소

멀티미디어를 구성하는 각 요소들은 하나의 정보를 만들어 내는 데 필수적인 것이라 볼 수 있다. 이 구성요소들은 단독으로 사용되기도 하지만 두 개 이상의 구성요소들이 결합되어 훨씬 다양하고 생생한 정보를 만들어 낸다.

1) 문자(Text)

문자는 정보를 조직하는 데 가장 기본적인 요소이다. 문자 정보는 워드프로세서, 스프레드시트, 파워포인트 등 다양한 멀티미디어 저작도구로 여러 가지 모양의 문자와 저작도구에 따라 여러 가지 형식의 문서 파일을 생성·저장·편집·전달시킬 수 있다. 문자는 교수자와 학습자 간 커뮤니케이션에서 의미를 정확히 전달할 수 있도록 해준다.

2) 그림(정지화상)

그림은 멀티미디어와 관련하여 이미지, 그래픽이라는 용어로도 사용된다. 그림은 시각적 자극을 통하여 의미를 전달하는 대표적인 매체라고 할 수 있다. 그림을 생성하기 위해서 가장 근원적인 방법은 손으로 그리는 방법이 있고, 정확성과 신속성을 기하기 위해서는 사진을 찍는 방법이 있고, 컴퓨터를 이용하여 그래픽 저작도구를 이용할 수 있다. 그려진 그림을 컴퓨터에서 사용할 수 있는 이미지 파일화하기 위해서는 스캐닝 방법이 사용된다. 최근에는 디지털카메라를 이용하여 촬영한 사진을 곧바로 컴퓨터에서 사용할 수 있다. 컴퓨터에서 그림을 저장·편집·전달하기 위해서는 이미지 파일로 되어 있어야 한다. 현재 사용되는 이미지 파일 형식은 BMP, GIF, JPEG, JPG, PDF, TIFF 등이 있다.

3) 소리와 음악

소리와 음악은 청각적 자극을 통하여 의미를 전달하는 대표적인 매체이다. 소리와 음악이 단독으로 사용될 수도 있지만 대개는 애니메이션이나 동영상과 결합되어 더욱 강력하게 의미 전달 효과를 높일 수 있다. 소리를 생성하기 위해서는 보이스레코더 등 다양한 녹음 매체가 사용되며, 컴퓨터를 이용해서 소리를 녹음할 수 있다. 소리가 컴퓨터에서 저장·편집·전달되기 위해서는 디지털 파일 형식으로 생성되어야 한다. 현재 주로 사용되는 소리 파일 형식은 WAV, MIDI, AIFF, AU, SND, VOC, RMI, MP3 등이 있다.

4) 애니메이션

애니메이션은 처음부터 동영상으로 촬영된 것이 아니라 몇 개의 정지화상을 연속으로 보여줌으로써 움직이는 효과를 내는 영상이다. 애니메이션은 유아교육 분야에서 동화나 간단한 줄거리를 가지는 이야기 등에 주로 사용된다. 애니메이션을 만들 수 있는 멀티미디어 저작도구는 플래시, 스위시, 포토샵, 알 gif, 아트뷰2.3 등이 있다.

5) 동영상

동영상은 멀티미디어의 핵심이라고 할 수 있다. 멀티미디어를 구성하는 요소들을 모두 통합하여 나타낼 수 있기 때문에 가장 강력한 멀티미디어 교수매체라고 할 수 있다. 따라서 교수자가 학습자에게 가장 효과적으로 의미를 전달할 수 있다. 동영상을 제작할 수 있는 도구는 캠코더와 동영상 촬영 기능이 있는 디지털카메라가 사용되는데 자기테이프 녹화식 아날로그 캠코더로 제작된 동영상이 컴퓨터에서 저장·편집·전달되기 위해서는 디지털 형식으로 변환되어야 한다. 최근에는 디지털 캠코더가 널리 보급되어 촬영된 영상을 곧바로 컴퓨터에서 사용할 수 있다. 현재 주로 사용되는 동영상 파일 형식은 MPG, AVI, MOV, RM, MPEG, ASF, WMV 등이 있다.

3. 멀티미디어의 특성

멀티미디어는 여러 가지 미디어를 결합시킨 형태로 학습자에게 제공된다. 교수매체의 사용환경적 측면에서 교수자 중심이리기보다 학습자 중심이라고 볼 수 있으며, 다음과 같은 특성을 지닌다.

첫째, 멀티미디어는 여러 가지 미디어가 통합되어 활용된다. 교실에서 컴퓨터 사용이 활성화되기 이전에는 단일 미디어로 활용되었지만 최근 들어 교실에서 컴퓨터의 활용이 일반화되면서 문자, 소리, 그림, 애니메이션, 동영상이 두 개 이상씩 결합되어 활용된다.

둘째, 멀티미디어는 학습자와 상호작용적이다. 컴퓨터를 활용한 멀티미디어는 TV, 오디오와는 달리 하이퍼텍스트, 하이퍼미디어 방식으로 제작되어 학습자의 요구에 따라 학습내용과 수준을 달리 할 수 있고, 전개 순서를 달리 할 수 있다.

셋째, 디지털 멀티미디어는 고품질의 영상과 소리를 제공할 수 있다. 디지털 방식의 미디어는 저장 및 재생 시 원래 그대로 품질을 유지할 수 있다. 여러 번 재생한다 해도 물리적인 손상이 없으므로 품질의 저하가 되지 않는다. 또한 현실과 유사한 상황을 재현할 수 있어 가상현실을 경험할 수 있다.

넷째, 디지털 멀티미디어는 검색이 쉬워 많은 양의 정보 중에서 선택 사용이 편리하다. 방대한 양을 처리할 수 있는 CD롬과 마이크로 칩과 같은 저장기술이 발달되어 있어 디지털 멀티미디어 교수매체는 다량의 정보를 취급할 수 있고 키워드를 가지고 이것들을 쉽게 검색·선택하여 사용할 수 있다.

다섯째, 디지털 멀티미디어는 인터넷에 연결되어 시간과 공간을 초월하여 원격교육을 가능하게 한다. 인터넷에 업로드 된 멀티미디어는 학습자의 필요에 따라 시간과 장소에 구애받지 않고 아무 때나 인터넷에 접속하여 다운받아 사용할 수 있다. 또한 교수자와 학습자가 온라인 상에서 만나 멀티미디어를 매개로 상호작용할 수 있다.

여섯째, 디지털 멀티미디어를 제작하고 사용하기 위해서는 전문적인 저작도구가 필요하고 이를 사용할 수 있는 기술이 요구된다. 멀티미디어를 제작할 수 있는 저작도구들은 컴퓨터를 기반으로 개발되었으며, 현재 사용되고 있는 것들은 이미지 저작도구인 포토샵을 비롯하여 동영상 저작도구인 윈도우 무비메이커, 프리미어, 스위시, 플래시 등이 있다. 일단 제작된 멀티미디어를 교수 상황에 맞게 조직하여 프리젠테이션할 수 있는 도구로는 파워포인트가 있다. 현대의 교사들은 대중적으로 사용되는 저작도구들을 다룰 수 있는 소양이 필요하게 되었다. 물론 고도의 기술이 요구되는 경우는 전문가에 의해 멀티미디어 교수매체가 제작되어 제공되기도 하지만 교수 상황에 가장 잘 부합하고, 필요시마다 즉시 교수매체를 제작하기 위해서는 교사의 능력이 중요하다.

4. 멀티미디어 기기의 종류

멀티미디어를 효과적으로 수업에 활용하기 위해서는 다양한 기능의 멀티미디어 기기들이 서로 연결되어 호환될 때 그 진가를 발휘할 수 있다. 일반적으로 수업에 사용되는 멀티미디어 기기들은 컴퓨터를 비롯하여 디스플레이 기능을 담당하는 것에는 프로젝션 TV, PDP TV, LCD TV, LED TV, 스크린, 오디오, 프린터 등이 있고, 자료를 투사시키는 기능을 담당하는 것에는 빔프로젝터, OHP, 실물화상기 등이 있고, 멀티미디어 자료를 생성하는 기능을 담당하는 것에는 디지털카메라와 캠코더, 스캐너, 타블렛, 보이스레코더 등이 있다. 그 밖에 각 기기들의 호환을 위해 컨버터 역할을 하는 엔코더와 디코더가 있고, 각 기기들을 연결하는 전용 케이블, 데이터를 저장하는 SD카드, CD, DVD 등이 있다. 또한 멀티미디어 기기들을 운용하는 각종 소프트웨어와 멀티미디어 구성요소를 제작·편집하는 각종 저작도구들이 있다. 이 모든 멀티미디어 기기와 소프트웨어들은 [그림 7-1]과 같이 컴퓨터가 중심이 되어 통합 구성되고, 컴퓨터에서 운용된다.

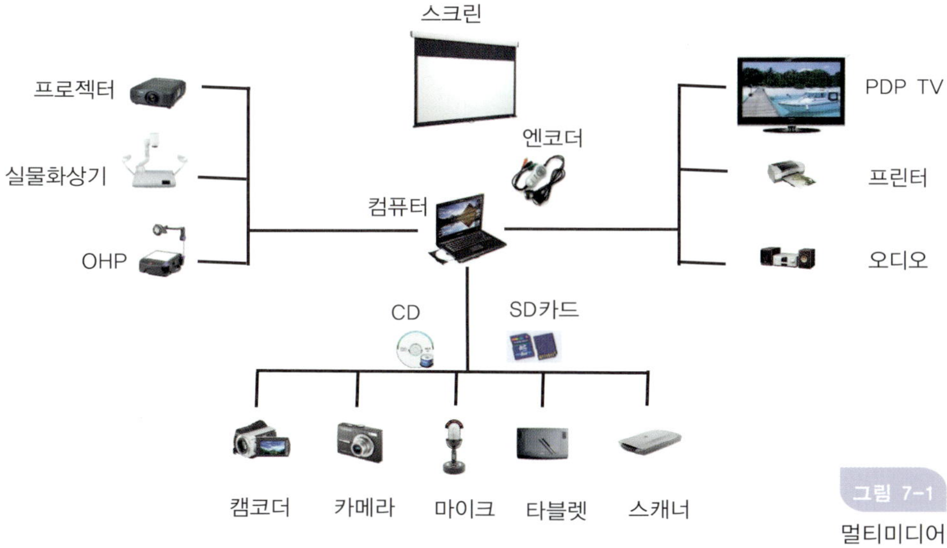

그림 7-1
멀티미디어 구성도

1) 컴퓨터

컴퓨터는 멀티미디어 기기들과 연결하여 각 기기들이 가지고 있는 특성들을 하나의 시스템으로 묶어 주어 그 효용성을 극대화시킬 수 있도록 해준다. 또한 각 기기들에서 보내온 여러 가지 정보를 저장하고, 사용하기 편리하도록 편집하며, 입체적인 교수자료를 생성할 수 있도록 해준다. 멀티미디어 저작도구(tool)를 사용하면 간편하게 컴퓨터에서 멀티미디어 구성요소들을 제작 및 수정, 편집할 수 있다.

컴퓨터가 교육에 활용된 것은 1950년대 말 대학의 학사행정을 보조하면서 시작되었다. 유아교육 분야에서도 교육정보화의 흐름과 정보사회에 부응하기 위해서 제 6 차 유치원 교육과정에서 정보능력의 함양을 강조하면서 유치원 교실에서 컴퓨터의 활용과 흥미영역으로서 컴퓨터영역을 두기 시작하였다.

2) OHP와 TP

OHP(over head projector)는 빛을 이용하여 머리 위로 투사하는 투시물 환등기를 말한다. TP(transparency)는 아세테이트지나 세로판지 같은 투명 비닐에 전달하고자 하는 글이나 그림을 그려서 OHP 위에 올려져서 투사되는 투명 필름을 말한다.

OHP는 칠판에 판서하는 대신 필름에 미리 판서할 내용을 적어 놓거나, 복사기를 이용하여 복사한 것을 손쉽게 스크린에 투사함으로써 판서하는 시간을 절약하고, 짧은 시간에 많은 양의 내용을 전달하거나, 복잡한 그림이나 동화의 여러 장면을 바꿔가며 제시하거나, 그림자 인형을 만들어 그림자극을 하는 데 사용될 수 있다.

(1) OHP의 구조 및 조작법

현재 사용되고 있는 OHP는 제조사에 따라 형태와 사향이 다양한데 대체로 그 구조는 [그림 7-2]와 같다.

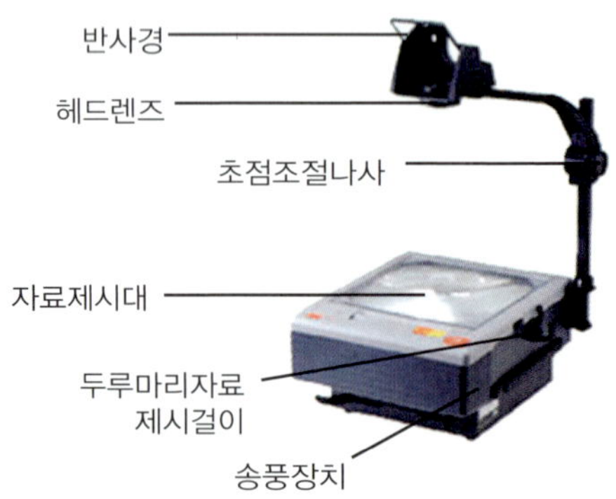

그림 7-2
OHP 구조

OHP의 조작법은 제품에 따라 조금 다르기는 하지만 대체로 다음과 같이 조작할 수 있다.

① OHP를 사용할 때는 교사가 조작하기 편리한 적당한 높이의 튼튼한 테이블 위에 올려놓고 렌즈 기둥이 접이식이면 잠금장치를 풀어 기둥을 세우고 전원을 연결한다.
② 전원 스위치를 켜고 램프의 각도를 조절하여 투사 각도를 스크린에 맞도록 조절한다. 램프가 켜지면 내부 온도가 올라가고 40℃에 도달하면 자동으로 냉각팬이 가동된다. 최근에 출시된 램프는 대개 할로겐 램프를 사용한다.
③ OHP의 상부 자료 제시대에 TP 자료를 올려놓는다. 자료가 거꾸로 제시되지 않도록 주의하고, 스크린의 중앙에 반듯하게 제시되도록 자료를 움직여 조절한다.
④ 초점조절나사를 돌려 스크린에 선명하게 보이도록 초점을 맞춘다. 본격적인 활동이 시작되기 전에는 전원을 꺼 램프를 보호하는 것이 좋다.
⑤ 영상의 양끝이 왜곡되어 사다리꼴로 변형되어 비쳐지는 키스톤 현상(keyston effect)이 생기지 않도록 OHP 렌즈로부터 화면의 상단과 하단까지의 거리가 같도록 한다.
⑥ 사용이 끝나면 곧바로 전원을 끄도록 한다. 램프가 꺼진 후에도 냉각팬이 가동되고 있으면 전원 케이블을 분리하지 말고 가동이 멈출 때까지 기다려야 한다.

(2) OHP와 TP의 특성

① OHP는 조작이 간편하다.

OHP의 구조는 크게 전원장치, 초점 조정장치, 영상 승강장치로 되어 있어 비교적 간단하기 때문에 조작이 쉽다.

② 근거리에서 사용할 수 있다.

투사체를 올려놓는 스테이지 면적이 크기 때문에 OHP와 스크린의 거리가 2m 정도의 근거리에서 투영할 수 있고, 근거리에서 투영하므로 밝기의 감소가 없어 암막을 치지 않고 밝은 곳에서도 선명한 상을 볼 수 있다.

③ 컬러로 투사할 수 있다.

광원이 할로겐 램프이므로 광량이 일정하고, 색의 재현성이 뛰어나 컬러로 영사할 수 있다. TP(투시 자료)에 다양한 색을 사용하여 그림을 그리거나 채색하여 투사하면 색이 그대로 재현된다.

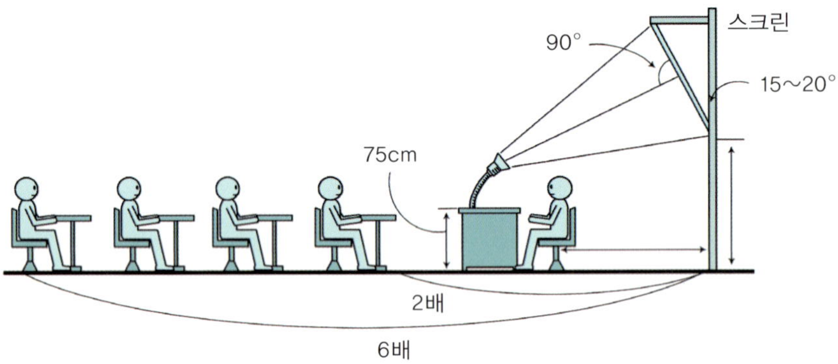

그림 7-3
OHP의 설치

④ **유아와 마주보는 상태로 매체를 제시하면서 의사소통할 수 있다.**

교사는 손으로 TP(투시자료) 자료를 조작하고, 시선은 유아들의 반응을 살필 수 있어 상호작용이 원활하다. 특히 동화의 내용을 TP로 제시하면서 구연할 수 있어 편리하다.

⑤ **TP 자료의 제작비가 적게 들고 제작이 쉽다.**

TP 자료는 빛을 투과할 수 있는 재료이면 무엇이든 가능하다. 일반적으로 아세테이트지나 세로판지, 유리와 같은 재료를 사용하여 만들 수 있다. 한번 사용한 TP 자료는 보관이 편리하고, 새로운 TP 제작은 복사기와 컴퓨터를 이용하여 TP를 제작할 수도 있다.

⑥ **TP는 다양한 방법으로 제시할 수 있다.**

TP에 그려진 그림 일부를 가리고 열어 주면서 제시 효과를 높일 수 있고, 여러 장의 TP를 만들어 내용의 진행에 따라 하나의 TP 위에 다른 TP를 겹치면서 제시할 수 있다.

⑦ **다양한 교육활동에 활용할 수 있다.**

빛을 이용하기 때문에 TP를 어떻게 제작하느냐에 따라 여러 가지 활동을 할 수 있다. 동화의 내용을 그리고 구연동화를 하거나, 셀로판 두 장을 붙이고 그 사이에 철가루를 넣어 자석을 대어 자기장의 모습을 보거나, 샬레에 물에서 사는 작은 곤충 따위를 넣고 움직임을 관찰하거나, 동화의 주인공을 투과와 불투과를 이용하여 그림자 인형을 만들어 움직이는 효과를 주면서 그림자극을 할 수 있다.

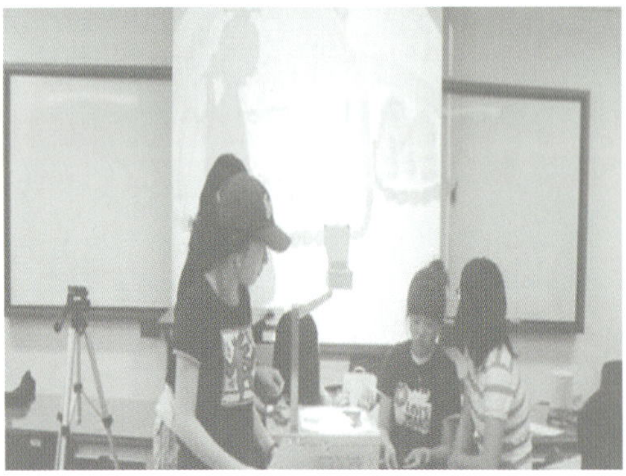

그림 7-4 그림자극 활동

(3) TP 제작 기획

OHP를 활용하기 위해서는 투시 자료가 필수적으로 있어야 한다. 교사가 가르치고자 하는 내용 또는 교육활동의 유형에 따라서 어떤 투시 자료를 사용할 것인지 먼저 결정하고, 투시 자료를 어떻게 연출할 것인지에 따라 투시 자료의 제작방법이 달라질 수 있다. 투시 자료를 만들기 위해서 다음과 같은 기획과정을 가져야 한다.

① 교육내용 분석: 교사가 OHP 활동을 통해서 무엇을 가르칠 것인지 그 내용을 분석하여 가르치는 내용이 가장 잘 전달될 수 있는 방안을 모색할 수 있도록 한다.

② 활동유형 결정: 교육내용이 가장 효과 있게 유아들에게 학습될 수 있는 활동을 결정한다. 예를 들어서 교육내용을 설명할 것인지, 관련동화를 들려 줄 것인지, 그림자극을 할 것인지, 자료를 제시하고 토의를 할 것인지 결정해야 한다.

③ 투시 자료의 재질 결정: 결정된 활동유형에 가장 잘 어울리는 투시 자료 재질을 선정하고, 효과를 높이기 위해서 필요한 한지, 색 비닐 등 여러 가지 반투과 재질을 선정한다.

④ 투시 자료 크기 결정: OHP의 스테이지 크기는 대개 25cm×25cm 이다. 투시 자료는 스테이지의 크기보다 같거나 작아야 한다. 투시 자료에 그려질 그림이나 글은 투시 자료보다 가로 세로 1~2cm 작게 그려야 스크린에 투영되었을 때 답답하지 않고 알맞은 비율로 감상할 수 있다.

⑤ 연출방법 결정: 학습 효과를 극대화하기 위해서는 유아들이 흥미를 가져야 되고, 주의를 집중할 수 있는 방법으로 연출해야 한다. 교사는 투시 자료를 가리거나, 겹치기, 움직이기 등의 기법을 사용하여 생생하고 흥미진진하게 연출할 수 있다.

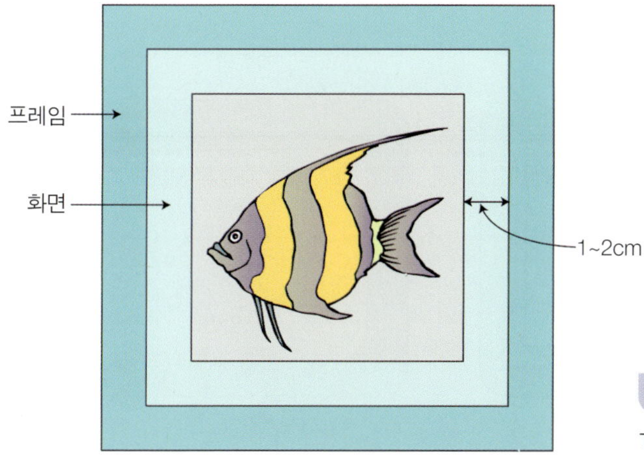

그림 7-5

TP 자료 크기

(4) TP 제작방법

① 손으로 그리는 방법

제시하고자 하는 글이나 그림을 아세테이트지 위에 손으로 그려 넣는 방법이다.

- 먼저 일반 종이에 선 그림을 그리고 그 위에 아세테이트지를 올려놓고 원본에 나타난 그림을 따라 유성펜 또는 OHP펜으로 그린다. 이때 아세테이트지에 이물질이 묻거나 잉크 얼룩이 묻지 않도록 보호 종이를 대고 그리는 것이 좋다.
- 겹치기법을 사용하여 연출하는 TP를 만들 때는 완전한 바탕그림을 종이에 그려 놓고, 그 위에 아세테이트지를 올려놓고, 순서대로 기초 배경이 될 그림을 그리고 그 다음 순서대로 부분 그림을 그린다.

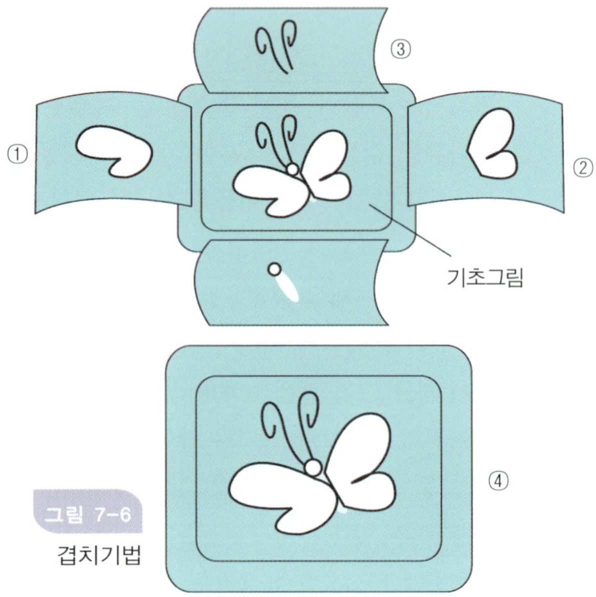

그림 7-6
겹치기법

- TP 그림이 완성되면 테이프를 이용하여 카드보드지 프레임에 붙인다. 프레임의 앞면에는 자료명과 제시순서, 제작자, 제작 날짜 등을 기입한다.

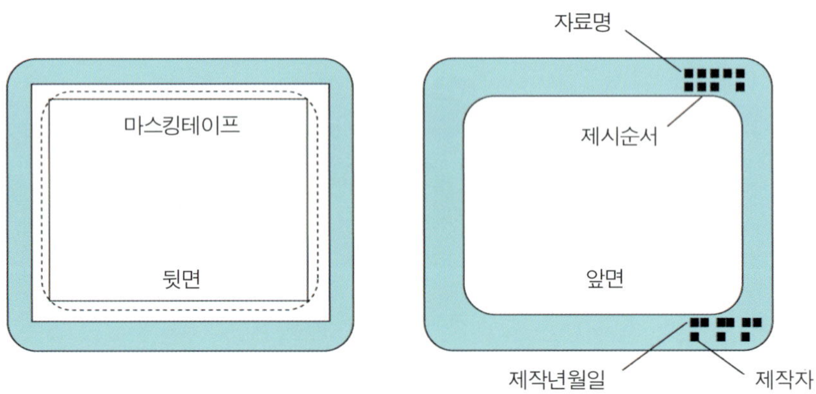

그림 7-7
TP 자료

② 컬러 접착지 사용방법

아세테이트지의 좁은 부분에 채색할 때는 유성펜 등으로 할 수도 있지만 비교적 큰 면적에 채색할 때는 색의 도포가 고르게 되지 않는다. 넓은 면적에 채색할 때는 컬러 접착지를 그림의 모양으로 오려서 붙이는 것이 훨씬 보기가 좋다. 컬러 접착지를 붙이는 순서는 다음과 같다.

- TP에 윤곽선을 그려 넣은 다음 접착지 붙일 곳을 결정한다.
- 컬러 접착지를 그림의 채색할 부분 모양과 똑같이 오린다.
- 컬러 접착지의 뒷면 종이를 떼고 TP의 채색할 부분에 붙인다. 컬러 접착지를 붙일 때 공기가 들어가지 않게 일정한 방향으로 붙여 나가고, 손끝으로 문질러 완전히 밀착되도록 한다.

그림 7-8
투명 컬러 접착지 붙이는 과정

③ 복사기 또는 컴퓨터를 이용한 제작방법

책의 내용을 그대로 TP로 만들 때는 OHP 필름으로 복사한다. OHP 필름도 종이처럼 복사기에서 잘 복사된다. 컴퓨터를 이용하여 여러 가지 그림이나 글씨를 편집하여 OHP 필름에 인쇄한다.

(5) TP 연출방법

① 기입소거법

기입소거법은 칠판에 판서를 하듯이 TP 위에 수성펜 등을 가지고 글씨를 쓰거나 헝겊 등으로 지우면서 메시지를 전달하는 방법이다.

② 겹치기법(Over lap)

TP를 두 장 이상 겹쳐가면서 제시하거나 여러 장 겹쳐진 상태에서 하나씩 제거하면서 제시하는 방법이다.

③ 부분 영사법

TP 위에 불투명한 판지(mask)를 몇 등분하여 일부만 고정시켜 놓고, 필요에 따라 부분적으로 개방하면서 제시하는 방법이다.

그림 7-9
부분영사법

④ 실물 투영법

스테이지에 올려진 투명한 물체는 확대되어 스크린에 투영되지만 불투명한 물체는 물체의 외형이 검은 그림자로 확대되어 스크린에 투영된다. 철가루가 자기장에 끌리는 모습과 같은 어떤 물체의 형태를 관찰하거나 작은 생물이 물 속에서 움직이는 모습을 관찰할 때 유용하다.

⑤ 활동 그림 영사법

동화를 들려주거나 그림자극을 할 때 등장인물이 움직이도록 하여 극의 효과를 극대화시킬 수 있다. 마치 인형극처럼 인형을 움직이는 것과 같은데 여기서 사용하는 등장인물 인형은 평면으로 만든다. 생생한 효과를 주기 위하여 인형의 재질을 불투명한 재질과 투명, 반투명, 여러 가지 색의 반투명 재질을 사용하여 만들 수 있다.

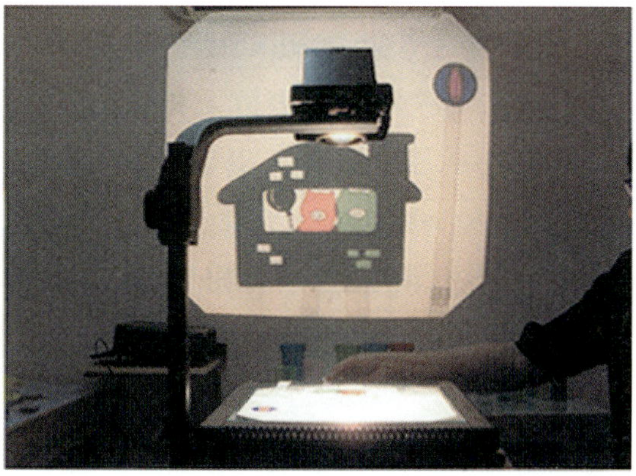

그림 7-10
활동그림 영사법

3) 실물화상기

실물화상기(video presenter)는 실물 그대로를 영상으로 촬영하여 TV, 컴퓨터, 빔프로젝터 등과 연결하여 볼 수 있는 영상매체이다. 일종의 캠코더라고 볼 수 있다. 실물화상기는 물체 그대로를 보여주기 때문에 책이나 도표, 곤충, 식물 등을 자료 제시대 위에 올려놓으면 모양과 색이 그대로 영사되어 나타난다.

그림 7-11 실물화상기

(1) 실물화상기의 특징

① 조작이 간편하다: 전원을 켜고 끄고, 줌 조절, 출력기기에 단자 연결 등 비교적 간단한 조작만으로도 사용할 수 있다.

② 이용범위가 넓다: 불투명한 자료이거나 투명한 자료 무엇이든 영사할 수 있으므로 활용 범위가 매우 넓다.

③ 자료 제작하는 비용, 노력, 시간이 절약된다. 실물을 그대로 보여줄 수 있으므로 자료를 제작하지 않아도 된다.

④ 크기가 작은 물체를 확대하여 볼 수 있다. 작은 곤충이나 식물 표면, 단면을 관찰하

기가 용이하다. 줌 기능이 있어 크기를 확대하여 제시할 수 있다.

⑤ 다양한 디지털 기기들과 호환하여 사용할 수 있다. 디지털 실물화상기는 LCD 프로젝터, PDP, TV, 컴퓨터 등과 연결하여 출력할 수 있고, 컴퓨터 파일로 저장하거나 편집할 수 있다.

(2) 유아교육 현장에서 활용

실물화상기는 유아교육 현장에서 여러 가지 교육활동에 활용될 수 있다.

① 그림이나 사진 감상하기 : 명화, 사진 등을 감상하거나, 표, 차트, 책의 내용 등을 보면서 설명할 수 있다.

② 곤충이나 식물 관찰하기 : 곤충의 생김새를 관찰한다든지, 식물의 모양이나 구조 등을 관찰하는 데 사용될 수 있다.

③ 동화 들려주기 : 동화책은 작아서 전체 유아들에게 제시하는 데는 어려움이 있다. 동화책을 실물화상기 위에 올려놓고 동화를 들려주면 전체 유아들이 큰 화면으로 동화책을 보면서 동화를 감상할 수 있다.

4) 프로젝터

컴퓨터의 사용이 일반화되고 디지털 기술이 발전하면서 프로젝터가 강력한 멀티미디어 교수매체로 떠오르고 있다. 교단선진화와 교육정보화의 추진이 급속히 진행되어 교실마다 컴퓨터와 프로젝터가 설치되었다.

프로젝터는 컴퓨터, DVD, VCR과 연결하여 컴퓨터 모니터에 디스플레이 되는 화면과 영상을 그대로 대형 스크린에 영사해 주는 기능을 하는 디스플레이 기기이다.

프로젝터의 종류는 영상을 만들어 내는 소자에 따라 CRT(cathode ray tube, 빔프로젝터) 프로젝터와 LCD(liquid crystal display) 프로젝터, DLP(digital light processing) 프로젝터가 있다. 처음에는 LCD 프로젝터가 많이 보급되었으나 최근에는 크기와 무게가 작아지고 밝은 화면을 가지는 DLP 프로젝터가 사용되고 있다. CRT 프로젝터의 구동원리는 3관의 CRT가 R, G, B 각각의 디스플레이를 수행하고, 증폭하여 스크린으로 투사한다. LCD 프로젝터는 3장의 액정에 디스플레이 된 영상을 램프의 빛을 이용하여 스크린으로 투사한다. DLP 프로젝터는 램프의 빛이 DMB 칩에 디스플레이 된 영상을 반사하여 스크린에 투사한다.

프로젝터는 밝기와 색상 구현 능력이 성능을 좌우하는데 LCD 프로젝터는 광원 통과 시에 일정량의 빛이 손실되는 반면 DLP 프로젝터는 미세한 반사경에 의해 램프에서 스크린으로 더 많은 빛을 효율적으로 가져오므로 조도비가 높아 동일한 밝기의 LCD 프로젝터보다 더 밝고 선명한 화면을 나타낸다. 색상에 있어서도 DLP 프로젝터는 아날로그 프로젝터보다 최대 8배까지 다양한 색상을 만들어 낸다.

그림 7-12 프로젝터

교실에서 교수매체로 사용되는 프로젝터는 다음과 같은 특성을 갖는다.

첫째, 그림, 사진, 차트 등 정적인 자료뿐만 아니라 음성, 동영상, 애니메이션 등 멀티미디어 자료를 제시할 수 있다.

둘째, 슬라이드 필름이나 OHP에 사용되는 TP와 같은 투사매체를 제작하기 위해 별도의 재료를 소비하지 않고, 컴퓨터상에서 제작하여 저장장치에 파일로 저장할 수 있다.

셋째, 한 번 만들어 놓은 자료는 계속해서 업그레이드할 수 있고, 사용 횟수에 관계없이 품질이 저하되지 않는다.

넷째, 램프의 수명이 영구적이지 않아 램프 교체에 따른 비용이 들어간다. 램프의 가격이 비싼 편이므로 프리젠테이션을 하지 않을 때에는 전원을 꺼놓는 것이 좋다.

5) 비디오카메라

비디오카메라는 동영상을 촬영할 수 있는 기기로 일명 캠코더(video camera recorder)라고 불린다. 캠코더의 종류는 녹화한 영상을 기록하는 방식에 따라 자기테이프 방식과 CD 방식, SD카드 방식이 있다. 자기테이프 방식은 가정용 비디오 규격인 VHS와 이보다 작은 8mm, 6.2mm가 있다. VHS와 8mm는 영상기록 방식이 아날로그 방식이고, 6.2mm는 디지털 방식을 사용한다. 자기테이프로 기록하는 캠코더로 촬영한 영상을 컴퓨터에서 저장 · 편집 · 유통하려면 영상 캡쳐 프로그램인 '프리미어' 등을 통하여 컴퓨터에서 사용할 수 있는 동영상 파일 형식인 MPG, AVI, MOV, RM, MPEG, ASF, WMV 중에 하나로 바꾸어 주어야 한다.

비디오카메라로 영상을 만들어 내는 정보 형식에는 RGB, NTSC, PAL이 있다. RGB (Red, Green, Blue)는 빨간색, 초록색, 파란색을 기본 색으로 하여 세 가지 색의 비율을 적절하게 조합하여 모든 색상을 표현하는 형식이다. NTSC(National Television System Committee) 형식은 미국의 NTSC가 마련한 컬러텔레비전 방송 규격으로 미국을 비롯한 우리나라에서 신호 송출방식으로 사용한다. PAL 방식은 독일에서 개발된 컬러텔레비전 송출방식인데 유럽의 많은 국가에서 사용한다. 비디오 영상을 디지털화할 경우 RGB 형식이 NTSC보다 선명도가 높다.

자기테이프로 기록하는 대신 캠코더에 소형 CD를 넣어 기록하는 제품들이 출시되기도 하였지만 최근에는 이보다 훨씬 작고 간편한 SD카드에 영상을 기록하는 디지털 캠코더가 보급되었다. CD와 SD카드에 기록된 영상은 별도의 변환과정을 거치지 않고 직접 컴퓨터와 연결하여 영상을 재생할 수 있고, 저장과 편집, 유통을 자유롭게 할 수 있어 수업에서 동영상을 활용하는 데 매우 유용하다.

그림 7-13
캠코더

(1) 캠코더와 교수-학습

교실에서 사용되는 캠코더는 다음과 같은 특성을 가지고 있다.

첫째, 유아들이 직접 경험할 수 없는 위험하거나, 희귀한 동식물을 견학 또는 관찰하는 데 사용될 수 있다. 유아들에게 바다 속 환경을 보여준다든지, 우주인이 우주선에서 생활하는 모습을 보여준다든지, 특수한 환경에서 서식하는 동식물을 보여줄 때 동영상은 유아들이 해당 사물에 대한 개념을 형성하도록 하는 데 매우 유용하다.

둘째, 과거의 경험에 대한 녹화를 다시 감상하면서 경험의 재방문을 도울 수 있다. 유아들은 과거의 경험을 다시 했을 때 현재의 경험과 비교하고, 경험을 재구성하여 지적 성장을 하게 된다.

셋째, 유아들의 활동을 녹화하면 유아 평가에 유용하게 활용할 수 있다. 유아들을 평가하는 방법으로는 유아들이 교육활동에 참여하는 모습을 관찰하는 것이 가장 보편적이다. 과거에 주기적으로 녹화된 영상을 비교함으로써 유아들이 발달하는 것을 평가할 수 있다. 또한 평상시 관찰에서 포착할 수 없는 행동들도 동영상 녹화를 통하여 포착할 수 있다.

넷째, 부모나 지역사회 사람들에게 유아들의 활동내용을 보고할 수 있다. 일정한 기간 동안 유아들이 활동한 대표적 장면을 모아서 DVD로 제작하든지, 여러 가지 활동을 짧은 영상으로 이메일 전송이나 홈페이지에 업로드 함으로써 유치원 교육에 대한 이해를 높일 수 있다.

(2) 동영상 파일의 종류와 특성

컴퓨터에서 사용되는 동영상 파일은 포맷에 따라 각기 다른 확장자를 가진다. 마치 문서를 작성하는 프로그램에 따라 확장자가 *.hwp, *.doc로 되는 것과 같다. 동영상을 녹화하는 기기에 따라 포맷 형식이 다를 수 있고, 컴퓨터로 동영상을 캡처 할 때 확장자를 달리 지정할 수 있다. 각각의 확장자는 '유마일인코더', '엔젤인코더', '곰인코더'와 같은 동영상 변환 프로그램을 통하여 원하는 확장자로 바꿔 줄 수 있다.

① AVI

이 포맷 형식으로 녹화된 동영상 파일의 이름은 *.avi로 된다. AVI(Audio Video Interleaved)는 윈도우에서 지원하는 동영상 파일 포맷으로 오디오와 비디오 데이터가 번갈아 기록된다. 컴퓨터에서 구동되는 모든 동영상 플레이어에서 기본적으로 지원되는 대표적인 포맷 형식이라 사용하기 편리하나 압축되지 않은 상태이기 때문에 용량을 많이 차지한다.

② ASF

ASF(Advanced Streaming Format)는 마이크로소프트사에서 개발한 포맷 형식으로 오디오, 비디오, 슬라이드쇼 등을 지원한다. 이 포맷 형식으로 녹화된 동영상 이름은 *.asf로 된다. 비디오 및 생방송을 수신하는 데 유리하여 인터넷 방송이나 동영상 강좌 등에 많이 사용되고 고압축 형식이라 적은 용량을 차지한다.

③ WMV

WMV(Window Media Video)는 마이크로소프트사에서 개발한 것이고, ASF와 유사한 기능을 하나 이보다 발전시켜 인터넷 전송용 포맷이라 할 수 있다. 이 파일은 인터넷에서 로딩이 빠르게 되는 장점이 있지만 화질은 다소 떨어진다. WMV는 오디오만을 생성할 수도 있어 MP3 플레이어로도 재생할 수 있다.

④ MPG(MPEG)

MPEG(Moving Picture Experts Group)는 영상과 오디오 압축을 위한 국제표준기구(ISO) 산하의 동영상 전문가그룹에서 개발한 포맷 형식이다. 이 형식은 압축률이 우수하고 화질도 양호하여 VCD(비디오 CD) 등에 많이 사용된다.

⑤ MOV

MOV는 애플사에서 매킨토시용으로 개발된 Quick Time용 동영상 포맷이다. 이 포맷은 압축률이 좋고, 실시간 재생도 탁월하여 주로 영화나 애니메이션 CD에 채용된다. 윈도우에서는 Quick Time for Windows를 설치하면 재생할 수 있다.

(3) 코덱(codec)의 종류

동영상에서 코덱이란 compression/decompression을 의미하며, 파일이 차지하고 있는 저장 공간을 줄여 주는 알고리즘을 말한다. 동영상은 많은 양의 저장 공간을 차지하는데 이를 최소화하기 위하여 이러한 압축기법이 사용되는 것이다. 코덱에는 여러 가지가 있는데 윈도우에는 기본적으로 사용되는 코덱이 설치되어 있어 범용 코덱이 사용된 동영상은 재생이 가능하지만 특수한 코덱으로 제작된 동영상은 해당 코덱이 설치되어야만 재생이 가능하다. 주로 사용되는 코덱의 종류는 다음과 같다.

① DV : 디지털 캠코더에 사용되는 코덱으로 5 : 1의 압축률을 가지며, 화질이 좋다.
② MPEG : JPEG와 같은 이미지를 동영상 형태로 만드는 코덱으로 아날로그용 편집보드에서 주로 사용된다.
③ Cinepak : 윈도우에 기본적으로 설치되어 있는 범용 코덱이나 화질은 떨어진다.
④ Divx : 화질이 양호하고, 인터넷에서 실시간 재생되는 asf 파일에 주로 사용된다.

(4) 동영상 편집

1차로 촬영한 동영상을 교수매체로 제작하기 위해서는 편집을 해야 한다. 필요한 부분을 살리고, 필요 없는 부분은 잘라내기도 하며, 필요시 문자와 음악을 삽입할 수도 있고, 동영상을 보기 좋게 하기 위해 여러 가지 효과를 줄 수 있다. 동영상을 편집할 수 있는 도구는 여러 가지가 있다. 컴퓨터에 기본적으로 설치되어 있는 'windows movie maker', 초보자에서 전문가까지 사용할 수 있는 '프리미어', '피나클스튜디오', '라이트웍스', '소니 베가스', '아비드', '파이널 컷 프로' 등이 있고, 캠코더의 제조회사에서 제공하는 프로그램 등이 있다.

6) 디지털카메라

디지털카메라는 필름을 사용하는 대신 CCD(Charge Coupled Device)라는 전자 센서를 사용한다. CCD를 통해 들어온 이미지는 컴퓨터에서 사용되는 이미지 파일의 형식으로 SD카드에 저장된다. 따라서 촬영된 이미지는 즉시 자체 LCD 창을 통해서 확인할 수 있고, 컴퓨터와 연결하여 이미지를 확인할 수 있다. 또한 컴퓨터에 보내진 이미지 파일은 필요에 따라 적당하게 효과를 주고, 자르고, 확대, 축소, 회전 등 편집할 수 있고, 프린터로 인쇄할 수 있다.

유아교육 현장에서 디지털카메라는 컴퓨터와 인터넷의 발달로 디지털카메라의 실용성을 더욱 증가되고 있다. 교사는 교실에서 디지털카메라를 지니고 있으면서 교육활동의 장면들을 촬영하여 인터넷 홈페이지에 게시하여 학부모들과 교육활동에 대한 정보를 공유할 수 있다. 또한 유아들의 교육활동에서 중요한 장면을 촬영하여 이후의 활동에서 참조함으로써 유아들이 경험을 재구성할 수 있도록 도울 수 있다. 뿐만 아니라 영구히 보존하기 어려운 유아들의 활동과정 및 결과, 비교적 큰 입체 작품 등을 촬영하여 기록화할 수 있다. 이러한 디지털 기록화는 포토폴리오 구성에 아주 유용하게 사용되어 유아 평가를 효율적으로 할 수 있다.

디지털카메라는 사진의 크기와 해상도를 임의로 조정할 수 있다. 사진의 크기가 크고 해상도가 높으면 선명한 고품질의 사진을 얻을 수 있다. 반면 고품질의 사진은 용량이 커서 저장 공간을 많이 차지하고, 컴퓨터에서 사진을 불러오는 데 로딩 시간이 많이 걸리고, 이메일 송신이나 인터넷에 게시하는 데 불편함이 있다. 따라서 사진의 용도에 따라 크기와 해상도를 알맞게 조절할 필요가 있다.

7) 스캐너

스캐너는 문자나 그림 등을 디지털 신호로 전환시켜 이미지 정보화하여 컴퓨터가 인식할 수 있도록 입력하는 기기이다. 우리가 교실에서 사용하는 스캐너는 플랫베드(Flatbed) 스캐너로서 복사기와 비슷한 구조를 가지고 있다. 원본 문서를 유리판 위에 올려놓고 작동하게 되면 램프와 CCD가 레일을 타고 움직여 원고의 색 정보를 읽어 들여 디지털 신호로 변환하여 컴퓨터에 보내진다. 스캐너를 사용하기 위해서는 이미지를 읽어 주는 프로그램이 필요하다 일반적으로 원도우 xp에서는 자체 내장된 사진 및 스캐너 프로그램이 있어 이를 사용할 수 있고, 스캐너 제조사에서 제공하는 프로그램을 사용하든지 포토샵을 이용할 수도 있다.

그림 7-14 스캐너

유치원 교실에서 스캐너는 유아들의 긁적거림이나 그림 등을 디지털 정보화하여 컴퓨터에서 취급할 수 있게 해준다. 스캐너로 이미지화한 그림파일은 디지털 카메라로 촬영한 사진과 같이 활용할 수 있다. 최근에는 디지털카메라 성능이 좋아져 스캐너를 사용하지 않고도 손쉽게 유아들의 작품을 접사 촬영하여 컴퓨터에서 사용할 수 있다. 스캐너는 사진에 비해 한 장의 그림을 이미지 파일로 만드는 데 시간이 많이 걸리는 단점이 있다.

8) 타블렛

타블렛은 마우스와 같은 기능을 하는 컴퓨터 입력장치의 하나이다. 흔히 펜마우스라 불리기도 하는데, 펜과 평판 모양의 퍽(puck)으로 구성되어 있다. 타블렛은 마우스 기능이 있으며, 그림을 자연스럽게 그려 넣을 수 있고, 마우스보다 상세한 그림을 그릴 수 있다. 입력원리는 퍽에 펜을 접촉시켜 접촉 위치의 좌표 값을 입력하는 것이다. 현재 많이 사용되고 있는 제품은 와콤사와 캘컴사에서 생산하는 타블렛이 있다.

디자이너들이 컴퓨터에서 단지 마우스와 키보드만을 가지고 작품을 표현하는 데는 많은 한계가 있었다. 이러한 점을 해결하기 위해서 예전에는 손으로 종이에 그림을 그려

그림 7-15 타블렛

비용이 많이 드는 드럼 스캐닝으로 만든 파일을 포토샵 같은 프로그램에서 다시 수정하는 작업을 해야 하는 불편함을 감수해야 했다. 그러나 타블렛이 개발되면서 이러한 불편함을 해소해 주고 있다. 타블렛은 컴퓨터로 작업을 하면서도 실제 펜이나 붓으로 종이에 그리는 느낌으로 작업을 할 수 있다.

타블렛의 해상도는 LPI(Lines Per Inch)라는 단위를 사용하는데, 1인치에 표현될 수 있는 라인의 수를 의미한다. 보다 섬세하고 정확한 작업을 원한다면 해상도가 높은 제품을 선택하는 것이 좋다. 일반적으로 2000 lpi 정도면 충분할 것이다. 또 펜의 터치를 인식하는 속도도 타블렛의 성능을 가늠하는데 일반 사용자의 경우 100 PPS 정도면 될 것이다. 보다 섬세한 작품을 표현하기 위해서는 펜의 압력 감지 레벨이 높은 제품을 사용하는 것이 좋다. 현재 시판되고 있는 압력 감지 레벨은 512단계 이상의 것들이 많다. 타블렛의 크기는 작게는 2×3인치에서 크게는 9×12인치까지 출시되고 있다.

9) CD와 CD ROM, DVD와 DVD ROM

CD는 문자, 동영상, 음악 등 정보를 데이터 상태로 저장하거나 CD 플레이어로 음악이나 비디오를 제작할 때 사용되는 저장 매체이다. 보통 CD 한 장은 700MB의 저장용량을 가지고 있다. 데이터를 저장할 수 있는 공 CD의 종류는 한 번만 기록할 수 있는 CD-R이 이고, 여러 번 기록과 지우기를 할 수 있는 CD-RW가 있다. DVD는 CD와 크기와 모양은 같지만 기능 면에서는 다르다. 주로 고화질의 비디오를 제작할 때 사용된다. *.avi 파일의 동영상 비디오 CD를 제작할 때는 CD-R이면 가능하지만 이보다 화질이 우수한 DVD CD를 제작하기 위해서는 DVD-R이 있어야 한다. 영상을 기록할 수 있는 공 DVD-R 한 장에 저장할 수 있는 용량은 4.7GB로 CD의 7배에 달한다.

CD나 DVD에 기록되어 있는 데이터를 읽고, 새로운 데이터를 기록하기 위해서는 흔히 CD 드라이브라고 하는 CD ROM과 DVD ROM이 컴퓨터에 설치되어 있어야 한다. CD 드라이브는 읽기 기능만 있는 CD ROM이 있고, 쓰고, 지우는 기능까지 있는 CD ROM이 있다. 그러니까 컴퓨터에 CD 드라이브를 장착할 때는 가격이 조금 더 비싸지만 읽기와 쓰기가 되는 CD ROM를 장착하는 것이 좋다. DVD를 재생하고, 제작하기 위해서는 DVD ROM이 있어야 하는데 요즘은 CD ROM에 DVD ROM 기능이 합쳐진 CD 드라이브 제품들이 출시된다.

CD 드라이브는 컴퓨터에 내장할 수 있는 내장형과 USB로 연결하여 컴퓨터 외부에 설치할 수 있는 외장형이 있다. 컴퓨터에서 CD ROM으로 만든 오디오 CD는 가정용 CD 플레이어에서 음악을 즐길 수 있고, 비디오 CD와 DVD는 가정용 DVD 플레이어에서도 비디오를 감상할 수 있다.

CD나 DVD에 저장하기 위해서는 Burning 소프트웨어가 필요하다. 현재 주로 사용되는 CD burning 소프트웨어로는 '네로(nero)'가 있다.

10) DVD-VHS 플레이어

DVD-VHS 플레이어는 DVD 플레이어와 가정용 비디오 플레이어가 합쳐진 기기이다. DVD로 제작된 동영상을 감상하거나 VHS(가정용 비디오테이프)로 제작된 동영상을 감상할 수 있다. 또한 VHS 영상을 DVD로 변환하여 저장할 수 있고 반대로 DVD를 VHS로 변환 · 저장할 수 있다. TV와 연결하면 TV 방송을 녹화할 수도 있다.

5. 멀티미디어 소프트웨어

멀티미디어를 제작하고 제작된 멀티미디어를 교실에서 유아들에게 적절하고, 편리하게 제시하기 위해서는 소프트웨어가 필요하다. 소리의 제작 / 편집, 이미지의 제작 / 편집, 동영상의 제작 / 편집을 위한 소프트웨어를 살펴보고, 문자를 비롯한 여러 가지 미디어들을 조직하고, 통합하여 프리젠테이션 할 수 있는 소프트웨어들을 살펴보기로 한다.

1) 이미지 제작 / 편집 소프트웨어

그래픽 및 이미지를 만들고 편집하는 소프트웨어는 포토샵, 페인트샵, 일러스트 등이 있다. 이 중에서 가장 많이 사용되는 것이 미국 어도비사가 개발한 포토샵이라고 할 수 있다. 포토샵의 주 기능은 이미지 리터칭(image retouching)이라고 할 수 있다. 반면 일러스트는 이미지를 만드는 기능을 가지고 있다. 포토샵에서는 사진 촬영에서 쓰이는 특수 효과, 조명효과 등 많은 효과들을 낼 수 있는 기능을 가지고 있다.

windows xp에 기본적으로 설치되어 있는 이미지 제작 및 편집 기능을 가지고 있는 소프트웨어로는 그림판이 있다. 그림판은 포토샵에 비하여 기능은 간단하지만 사용이 쉬워 간단한 이미지를 만들거나 편집할 때 유용하게 사용할 수 있다.

디지털 사진기로 촬영한 이미지를 수정하거나 효과를 주어 편집하고 여러 장의 사진을 슬라이드 쇼 보기를 할 수 있도록 하는 소프트웨어로는 포토스케이프, 아트뷰 2.35, 그리고 windows xp에 설치되어 있는 '사진 및 팩스' 소프트웨어 등이 있다. 아트뷰 2.35는 여러 장의 이미지를 연결하여 애니메이션 효과를 주는 GIF 파일을 만드는 기능까지 포함되어 있다. 이밖에도 사진 편집 기능의 알씨와 애니메이션 기능의 알GIF 등이 있다.

2) 소리 및 동영상 제작/편집 소프트웨어

소리를 편집할 수 있는 소프트웨어로는 GoldWave, CDMaster32, Audiograbber, Mpeg Audio Scissor 등이 있다. GoldWave는 음성 녹음과 오디오 CD을 만들 수 있고, 다양한 효과를 주어 편집할 수 있다. CDMaster32는 스킨 및 오디오 CD를 wav, mp3 파일로 인코딩하는 기능을 가지고 있다. Audiograbber는 mp3 파일을 만들고, Mpeg Audio Scissor는 mp3파일을 잘라내고, 저장하는 편집 기능을 가지고 있다. 이 밖에 windows xp에 기본적으로 설치되어 있는 '녹음기'를 사용하여 녹음할 수 있다.

음악을 만드는 프로그램은 MusicPro, Finale, Encore 등이 있다. 이러한 프로그램들은 악보를 만들기도 하고 만든 악보를 음악으로 연주하는 기능을 가지고 있다. 앙코르는 초보자도 쉽게 악보를 입력할 수 있고 실시간 레코딩 기능으로 쉽게 음악을 만들 수 있다. 또한 연주되는 음악을 악보로도 표시된다. 유아들과 함께 음악 만들기 활동을 하는 데 유용하게 사용될 수 있다.

동영상을 제작하거나 편집하는 소프트웨어는 Premiere, windows movie maker, MIGVideo Wave, Ulead Media Studio, 피나클 스튜디오 DV 등이 있고, 애니메이션을 제작할 때는 주로 사용하는 Flash, Swish 등이 있다. 프리미어는 미국 어도비사가 개발한 초보자에서 전문가까지 가장 많이 사용하는 디지털 동영상 편집 소프트웨어이다.

windows movie maker는 마이크로소프트사가 개발하였고, windows xp와 함께 컴퓨터에 기본적으로 설치되어 있어 손쉽게 동영상을 캡처하고, 편집할 수 있다. 나레이션 기능을 이용하면 외장 마이크를 통해서 소리를 녹음하거나, 컴퓨터에서 재생되는 모든 소리와 음악을 녹음할 수 있다.

매크로미디어사가 개발한 플래시는 벡터 그래픽을 기반으로 한 드로잉 도구인 동시에 애니메이션을 제작하는 프로그램이다. 플래시는 인터넷에서 음성 및 동영상을 실시간으로 볼 수 있게 구현하는 스트리밍(streaming) 방식을 이용해서 인터넷에서 데이터를 불러오면서 동시에 파일을 작동할 수 있다. 이러한 특성으로 인해 플래시는 인터넷 상에서 다이내믹하면서 화려한 애니메이션을 구사할 수 있게 해준다. 인터넷 상에 있는 동화는 대부분 플래시로 제작된 것이다. 사용자의 마우스나 키보드의 조작에 홈페이지가 반응하도록 홈페이지 제작이 가능하다.

플래시는 여타의 그래픽 프로그램과 호환성이 있어 아도비사의 일러스트레이터 프로그램과 같은 그래픽 툴을 이용하여 그림을 그려 움직일 수 있으며, 포토샵으로 저장한 사진을 불러와 사용할 수 있다.

플래시보다 더욱 간편하게 애니메이션을 제작할 수 있는 것이 스위시(Swish)이다. 스위시는 플레시에서 어렵게 만들었던 애니메이션 효과들을 쉽게 만들어 주는 웹 애니메이션 소프트웨어이다. 스위시는 텍스트뿐만 아니라 이미지와 소리까지 사용할 수 있어 다이내믹한 웹 애니메이션을 만들 수 있다.

3) 프리젠테이션 소프트웨어

교실에서 멀티미디어를 교육활동에 활용하기 위해서는 멀티미디어 각 구성요소들을 조직하고 통합해야 하는데 이러한 기능을 수행할 수 있는 저작도구는 파워포인트가 대표적이고, 흔글, 훈민정음에서도 가능하다. 파워포인트는 교사가 가르치고자 의도한 교육내용을 유아들에게 제시할 수 있도록 하는 멀티미디어 저작도구이다. 파워포인트는 문자를 비롯하여 도형, 그래픽, 차트, 스프레드시트 등을 만들 수 있다. 또한 소리, 애니메이션, 동영상 등 외부 자료를 삽입하여 하이퍼텍스트와 하이퍼미디어를 이용하여 교사가 원하는 방향으로 프리젠테이션을 진행시킬 수 있다. 그 밖에도 배경, 레이아웃, 클립아트 기능을 이용하여 컬러 교수 자료를 쉽게 만들 수 있고, 문자열 처리 기능과 개요 작성

기능을 이용하여 데이터를 쉽게 입력하거나 편집할 수 있고, 글자, 그림, 도형과 같은 그래픽 개체, 슬라이드의 모양을 다양하게 디자인할 수 있으며, 교육활동에 필요한 정보를 쉽게 체계화하여 정리할 수 있다.

종이에 인쇄된 형태의 교수 자료는 파워포인트를 이용하여 각종 멀티미디어를 동원한 전자책 형태로 바꾸어 줄 수 있다. 파워포인트를 이용하면 교사들은 이야기 나누기, 동화, 또는 개념 설명이나 과정 설명을 위한 효과적인 교수매체를 제작할 수 있다. 이렇게 만들어진 교수매체는 한 번 사용으로 폐기되는 것이 아니라 그 다음에는 수정·보완하여 점점 더 세련된 교수매체로 발전시킬 수 있다. 종이 매체는 사용하면 할수록 낡고, 보관도 쉽지 않아 시간이 지나면 결국에는 못 쓰게 되어 폐기해야 하지만 파워포인트로 만든 교수 자료는 보관도 용이하고 시간이 지나도 품질이 떨어지지 않는다. 따라서 파워포인트 교수 자료를 사용하면 교사들이 교구·교재를 만드는 데 시간과 노력을 줄일 수 있다.

4) 전자책/앨범 소프트웨어

전자앨범은 컴퓨터 상에서 사진과 같은 이미지 미디어를 시간과 주제에 따라 묶음으로 처리하여 볼 수 있는 프로그램으로 플립앨범, 포토잼 등이 있다. 송화시스템기술에서 개발한 플립앨범(Flipalbum.co.kr)은 손쉽게 다량의 사진을 목차가 있는 사진첩을 생성해 준다. 플립앨범은 3D 플립핑 기술로 앨범을 제작하기 때문에 실제 책/앨범을 보는 것과 같이 책장을 넘겨가면서 볼 수 있다. 각 페이지에 사진의 의미를 설명하는 주석을 달 수도 있고, 음악을 삽입하여 사진 감상의 감동을 더해 줄 수도 있다. 뿐만 아니라 동영상도 삽입할 수 있어 멀티미디어를 활용한 프리젠테이션 기능을 충분히 할 수 있는 프로그램이다. 사진은 원하는 모양으로 편집할 수 있고, 밝기, 색상, 크기, 방향 등을 바꾸어 줄 수 있다. 만들어진 앨범은 간단하게 CD로 제작할 수 있고, CD 라벨을 예쁘게 디자인하여 CD에 붙일 수 있다. 만들어진 CD는 viewer 기능이 자동으로 설치되어 플립앨범 프로그램이 설치되지 않은 컴퓨터에서도 앨범을 감상할 수 있다.

유아교육에서 포트폴리오는 유아들의 발달을 평가하는 데 매우 유용한 방법인데 플립앨범은 디지털 기록물을 손쉽게 묶음으로 처리할 수 있어 포트폴리오 수행 시 여러 가지 자료의 분류 및 보관에 매우 편리하게 사용될 수 있다. 또한 유치원의 각종 교육활동을 개인 앨범으로 만들어 유아들에게 줄 수 있다.

5) CD 레코딩 소프트웨어

디지털 정보를 CD에 저장하기 위해서는 CD writer와 레코딩 프로그램이 있어야 한다. CD 레코딩을 위해 많이 사용되는 것 중에 하나가 Nero 9라는 프로그램이다.

Nero 9는 대부분의 디지털 미디어 파일을 저장·편집하는 데 필요한 기능을 제공하고, CD와 DVD 및 blu-ray disc로 레코딩하고 복사할 수 있다. 뿐만 아니라 촬영한 동영상을 편집하여 비디오를 제작할 수 있고, 음악 CD 타이틀을 만들 수 있으며, 사진 편집 및 앨범을 제작할 수 있다.

6. 인터넷 활용하기

1) 인터넷의 개념과 특성

인터넷은 미국 국방부의 '선진연구사업기관네트워크'(Advanced Research Projects Agency Network/ARPANet)라는 프로그램을 그 모태로 하고 있다. 1972년에 이 시스템이 각 대학과 연구기관에 연결되면서 현재의 인터넷 체계를 갖추게 되었다. 초기의 인터넷은 주로 학술적인 용도로 사용되다가, 상업적이고 대중적인 매체로 빠르게 성장하여 1990년대 중반까지 전 세계 컴퓨터 수백만 대를 연결시켰다. 인터넷이 처음에는 파일 전송, 전자게시판 및 뉴스그룹, 원격 컴퓨터 접속(telnet) 등이었으나 1990년대에 접어들면서, 그래픽 환경을 통해 인터넷 사이트들을 간단하고 쉽게 사용할 수 있도록 만든 월드 와이드 웹(World Wide Web, WWW)이 급격하게 확산되면서 인터넷이 멀티미디어를 다양하게 활용할 수 있게 되었다. 인터넷이 제공하는 서비스는 네트워크 게임, 네트워크 상거래, 원격교육, 방송 등 인간의 생활 전 영역으로 확장되었고 광통신, 무선통신 기술의 발전으로 그 활용 범위가 폭발적인으로 증가되고 있다.

인터넷 서비스 중에서 웹은 가장 보편화되어 있는 서비스이며, 웹브라우저라는 편리한 사용자 인터페이스를 통해 하이퍼텍스트 형식의 정보탐색 구조와 멀티미디어 정보를 취급할 수 있다. 이제 웹은 유아들에서부터 노인까지 대부분 사람들이 사용하는 생활 도구이며, 교육 분야에서도 웹을 이용한 새로운 교수 모형이 출현하고 있다. 소위 웹을 통한 교수 모형을 Web Based Instruction이라 칭하는데 학습자의 지식과 기능, 태도를 향상시키기 위하여 미리 계획된 방법으로 웹을 통해 학습자와 상호작용하도록 하는 교육방법이다. 이것의 장점은 학습자가 주도적으로 학습하며, 학습자의 수준과 속도에 맞는 교육내용을 제공한다는 것이다.

2) 유아교육에서 인터넷의 기능

인터넷이 우리의 생활 전반에 있어서 중요한 도구로 사용되는 것과 더불어 유아교육에서도 인터넷의 가치는 점점 부각되고 있다. 인터넷은 교사들의 교수 자료를 구하는 일에서부터 네트워크를 통해 서로 다른 교사와 유아들이 의사 교환, 자료 교환, 사회적 상호작용과 공동 프로젝트 수행, 부모와 지역사회와의 정보 교류, 행정처리 등을 위하여 중요한 수단이 되고 있다. 유아들은 웹에 접속하여 웹에서 제공되는 콘텐츠를 가지고 집단 활동은 물론 개별 활동까지 할 수 있다. 웹에는 다양한 동화와 음악, 이야기, 언어, 수, 사회영역의 발달을 위한 콘텐츠들이 있다.

(1) 교수 자료 참고 기능

인터넷에는 유아교육과 관련된 많은 자료들이 있다. 수많은 유아교육 종사자들과 각계각층에서 전문적인 자료들을 인터넷에 업로드 해 놓은 것을 교사들은 필요한 자료들을 언제든지 키워드 검색으로 찾아 참고할 수 있다. 자료들은 텍스트를 비롯하여, 사진, 동영상, 그래픽, 소리 등 다양한 형태로 다운받아 사용할 수 있다.

(2) 교사 간 커뮤니케이션 기능

인터넷의 강점은 전 세계를 하나로 묶어 줄 수 있는 연결망이라는 것에 있다. 누구든 필요하면 온라인상에서 의사를 교환할 수 있고, 여러 가지 지료들을 공유할 수 있다. 자유롭게 의사를 공유하고, 자료를 공유할 수 있기 때문에 실제로 얼굴을 마주하지 않고도 가상공간에서 공동체를 구성할 수 있다. 유아교사들의 공동체는 서로 교수에 대한 고민과 장려할 점에 대하여 논의하고 지지와 격려까지 할 수 있다. 교사들은 하나의 사안에 대하여 자신의 경험을 발표하고, 토론함으로써 더 나은 대안을 발견하며, 교사로서 발전해 가는 기회를 만드는 온라인 학습공동체를 구성할 수 있다.

(3) 유아교육기관과 학부모 및 지역사회를 연결하는 기능

유치원은 폐쇄적인 공간이 아니라 열려 있는 공간이 되어야 한다. 부모들은 자녀들의 교육에 참여함으로써 아이들이 무엇을 배우며, 얼마나 진보하는지 알 수 있게 되고, 더 나은 교육방향을 설정하기 위하여 교사와 계속 상의해야 한다. 유아들은 지역사회 안에서 성장하며, 지역사회의 특성에 자연스럽게 동화되어 그 사회의 일원이 되는 것이다. 지역사회의 일과 문제는 유아교육 현장에 교육내용이 되어야 하고, 유아교육 현장의 교육문제는 지역사회에서 해결해야 할 가장 큰 현안이 되어야 한다. 인터넷은 유아교육기관과 학부모, 지역사회를 연결하는 가장 현실적이며, 가장 강력한 수단이 된다. 유아교육기관은 홈페이지를 통해 기관에서 벌어지는 교육적 상황을 홍보하고, 학부모와 지역민의 의견을 청취할 수 있다.

(4) 유아의 학습 도구 기능

인터넷에는 수많은 유아용 사이트들이 있다. 사이트에는 학습을 위한 콘텐츠를 비롯하여 재미를 위한 콘텐츠 그리고 이 두 가지가 결합된 에듀테인먼트 콘텐츠들이 유료 또는 무료로 제공된다. 유아들을 위한 콘텐츠는 주로 모국어 발달, 수, 사회, 음악, 미술 등을 위한 것과 애니메이션 동화, 게임, 동요, 동시 등이 있다. 유아들은 사이트에 접속하여 이들 콘텐츠들을 이용하여 다양한 학습을 재미있게 진행할 수 있다. 유아교육에서 인터넷 콘텐츠를 효과적으로 활용하기 위해서는 교육활동 주제를 고려하여 콘텐츠를 선정하는 것이다.

3) 바람직한 인터넷 콘텐츠 선정

인터넷에는 수많은 콘텐츠들이 있다. 인터넷에 있는 콘텐츠들이 검증되었다고 볼 수 없기 때문에 교사는 유아들에게 적합한 콘텐츠들을 선별할 수 있는 안목을 가지고 있어야 한다. 교사의 노력이 없다면 유아들은 비교육적 유해 사이트에 언제든지 노출될 수 있다. 상업적으로 운영되는 사이트들에서는 지나치게 게임 위주의 콘텐츠나, 폭력성이 나타나는 경우도 있기 때문에 인터넷 사이트에 대한 평가를 할 수 있는 준거(이지나, 2003)가 개발되었으며, 유아교육용 인터넷 콘텐츠 평가척도(유구종, 2006)가 개발되었다. 유아교육용 인터넷 콘텐츠 평가척도의 구성은 〈표 7-1〉과 같이 사용의 용이성, 흥미성, 교육성,

내용의 적합성, 기술성 등 5가지 영역으로 나누어 평가한다.

〈표 7-1〉 유아교육용 인터넷 콘텐츠 평가척도

평가영역	문항
사용의 용이성	1. 전체 그림이 유아의 흥미수준에 맞게 제시되는가? 2. 하나하나의 지시가 그림 메뉴 또는 말로써 제시되는가? 3. 하위 활동이나 메뉴 표시가 내용을 알기 쉽게 아이콘 모양 등으로 내용을 잘 나타내고 있는가? 4. 문자를 읽을 수 없어도 사용할 수 있는가? 5. 유아가 어른의 도움을 적게 받고도 시작하기 쉽고 원할 때 끝낼 수 있는가? 6. 초기 메뉴에 빠르고 쉽게 도달할 수 있는가? 7. 유아가 실수한 것을 스스로 알 수 있으며 교정하도록 유도하는가? 8. 유아의 조작에 따라 쉽게 통제 가능한가? 9. 내용이나 설계에 있어서 일관성 있게 작동하는가?
흥미성	1. 내용이 성별에 따른 유아들의 흥미를 고려한 내용인가? 2. 주제가 유아들에게 의미를 제공하여 흥미를 느낄 수 있는가? 3. 유아들이 계속해서 사용하는가? 4. 유아가 다양하게 도전할 수 있고, 자신의 수준을 선택할 수 있는가? 5. 효과음이 시끄럽거나 거슬리지 않고 재미있고 사실적인가? 6. 사물이 실제처럼 구체적으로 표상되는가? 7. 그래픽이 유아가 분명히 지각할 수 있도록 내용과 관련이 깊은가?
교육성	1. 학습목표가 교육적 가치를 지니고 있는가? 2. 유아의 상상력과 호기심을 자극하는가? 3. 유아가 이해하기 쉬운 다양한 예를 제공하는가? 4. 한 개념이 다양한 방법으로 경험할 수 있도록 조직되어 있는가? 5. 내용이 다양하고 정확하고 최신의 것인가? 6. 시행착오를 통한 학습이 가능하며 발견하고 탐색하는 과정을 결과보다 중시하는가? 7. 또래간의 협동심을 조장하는가? 8. 음성 언어를 사용하는가? 9. 퀴즈나 게임 같은 상호작용적 구성을 활용하고 있는가? 10. 의미 있는 그림이 음향과 함께 피드백이 주어지는가?
내용의 적합성	1. 활동들이 유아의 연령별 수준으로 제시되어 다양하게 나타나 있는가? 2. 내용이 유아의 직접적인 경험과 연결되는가? 3. 유아의 아이디어를 내용에 반영시킬 수 있는가? 4. 내용에 인종과 성에 대한 편견이 없는가? 5. 내용에 폭력적인 인물과 행동이 제시되지 않는가?
기술성	1. 실행이 지연되지 않고 순조롭게 이루어지는가? 2. 사이트 내용목록이 전체적으로 알 수 있게 제시되며 하이퍼 기법을 사용하였는가? 3. 일러스트레이션, 동영상, 애니메이션, 사운드 등의 멀티미디어적 요소가 적절히 제공되는가?

7. 유아교육에서 멀티미디어의 기능

멀티미디어가 유아교육에서 점점 중요성이 커지고 있다. 종이와 교사의 언어로 교육의 목적을 달성하는 과거의 교육 패턴에서 이제는 다양한 멀티미디어들을 사용하고, 멀티미디어를 제시하는 여러 가지 장비들을 사용하여 교육의 목적을 달성하는 패턴으로 변하고 있다. 전자공학의 발전은 이러한 현상을 더욱 빠르게 변화시키고 있다.

1) 교육내용을 담는 기능

과거에는 교육과정의 내용을 지면을 통해서 담아 왔지만 요즘은 다양한 멀티미디어로 종이가 아닌 전자매체를 이용하여 더욱 생생하게 담아 준다.

2) 교수-학습 기능

교사의 말은 교수에 있어서 매우 중요한 수단으로 사용되어 왔다. 앞으로도 교수에 있어서 교사의 말은 중요한 수단임에는 자명하지만 멀티미디어 교수매체들이 사용되면서 그 비중이 점차 작아지고, 멀티미디어 교수매체가 교수를 담당하는 역할이 점점 증가될 것이다. 유아들의 학습에서도 컴퓨터를 비롯한 멀티미디어 교수매체는 상당한 역할을 할 것이며, 유아들이 자기 주도적 학습을 할 수 있도록 환경을 조성해 줄 것이다.

3) 평가 기능

멀티미디어의 장점은 학습자와 상호작용할 수 있는 교육콘텐츠를 만들 수 있다. 유아들이 재미있게 만들어진 교육용 소프트웨어를 사용하는 동안 유아들의 반응이 자동으로 기록되도록 하여 유아의 학습 선호와 결과를 평가할 수 있다. 또한 교사의 관찰 기록은 유아평가에 매우 중요하지만 교사의 오감과 기록 능력은 모든 유아들을 상세히 관찰하기는 한계가 있는데, 멀티미디어 매체들은 이러한 문제를 해결해 줄 수 있다.

4) 창의적 사고 기능

멀티미디어는 유아들의 시각·청각 경험을 다양화시킬 수 있어 여러 개념을 형성하는 데 유리하고, 많은 개념은 다양한 사고를 하는 데 매우 필수적이다. 또한 멀티미디어는 유아들이 표현할 수 있는 방법을 다양하고, 풍부하게 해줄 수 있고, 자신만의 방법으로 독특하게 표현할 수 있는 기회를 줄 수 있다.

참고문헌

유구종(2006). 유아교육용 인터넷 콘텐츠 평가 척도 개발 연구. **유아교육연구**, **26**(5), 287-306.
이지나(2003). 유아교육용 인터넷 사이트 평가준거 개발 연구. 한국교원대학교 교육대학원 석사학위논문.

CHAPTER

08

컴퓨터를 이용한 교수매체 제작

컴퓨터의 기술이 발전하면서 멀티미디어 기능이 향상되고, 컴퓨터와 주변기기들의 호환성도 좋아지고 있다. 특히 소리를 녹음한 소리 파일, 정지영상 및 동영상을 촬영한 디지털카메라나 캠코더의 파일을 컴퓨터에서 편집할 수 있는 유틸리티들이 보급되어 있어 사용자들은 편리하게 보이스레코더나 디지털카메라, 캠코더를 컴퓨터와 연결하여 다양한 디지털 매체를 제작할 수 있다. 컴퓨터를 이용하여 제작된 디지털 매체는 유아교육기관의 교육활동에 편리하게 사용할 수 있어 효율적인 교육활동을 할 수 있게 한다. 컴퓨터를 이용하면 과거의 영상편집 전문가나 소리편집 전문가들이 하는 편집기술을 교사들이 쉽게 구사할 수 있다.

본 장에서는 여러 가지 디지털 매체를 제작하고 편집할 수 있는 도구들 중에서 가장 구하기 쉽고 대중적으로 사용되는 소프트웨어의 사용방법을 소개하고 유아교육에서 활용방안을 제시한다.

1. windows movie maker

windows movie maker는 마이크로소프트사에서 개발한 동영상 편집 도구로서 windows를 OS로 사용하는 컴퓨터에는 기본으로 설치되어 있다. 촬영한 동영상을 필요한 부분만 잘라내어 제목과 여러 가지 효과를 주어 멋진 한편의 테마 영상을 만들 수 있다. 동영상뿐만 아니라 여러 장의 사진을 가지고도 영상을 만들 수 있다. 나레이션 기능을 활용하면 외부 마이크를 이용하여 소리를 녹음하거나 인터넷 상에서 작동되는 모든 소리를 원음 그대로 녹음하여 소리 파일을 만들 수 있다. 무비메이커의 사용법에 대하여 알아보자.

1) 시작하기

컴퓨터 화면의 하단에 있는 시작단추를 누르고 프로그램에서 windows movie maker를 클릭하면 무비메이커가 [그림 8-1]과 같이 실행된다.

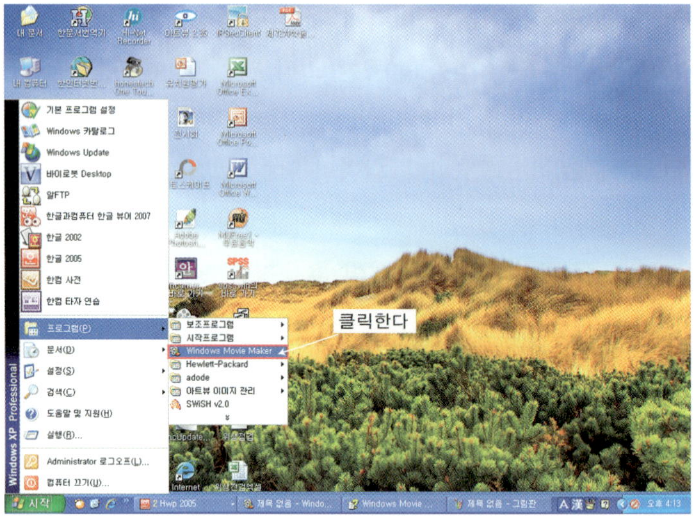

그림 8-1

2) windows movie maker 인터페이스

windows movie maker 사용자 인터페이스는 메뉴 모음/도구 모음, 창 및 스토리보드/시간 표시 막대 등 세 가지 주요 영역으로 나누어진다.

(1) 메뉴 모음 및 도구 모음

메뉴 모음의 명령을 사용하여 windows movie maker에서 일반적인 작업을 수행할 수 있다. 메뉴 명령 대신 도구 모음을 사용하면 일반 작업을 빠르게 수행할 수 있다.

(2) 창

windows movie maker 사용자 인터페이스의 주요 기능은 별도 창에 모음 보기 또는 동영상 작업 보기에 따라 주요 창이 달리 표시된다.

(3) 스토리보드/시간 표시 막대

스토리보드를 사용하여 프로젝트에서 클립의 시퀀스나 순서를 보고 필요에 따라 이를 다시 정렬할 수 있다. 이 보기를 사용하면 추가된 비디오 전환이나 비디오 효과를 모두 볼 수도 있고, 현재 프로젝트에 있는 모든 클립을 미리 볼 수 있다. 프로젝트에 추가한 오디오 클립은 스토리보드에 표시되지 않고 시간 표시 막대에 표시된다.

시간 표시 막대를 사용하여 프로젝트에 있는 클립의 타이밍을 검토하거나 수정할 수 있다. 시간 표시 막대 단추를 사용하여 프로젝트 보기 변경, 프로젝트의 세부 사항 확대/축소, 나레이션 녹음 또는 오디오 수준 조절과 같은 작업을 수행한다. 시간은 시:분:초(h:mm:ss)로 표시된다.

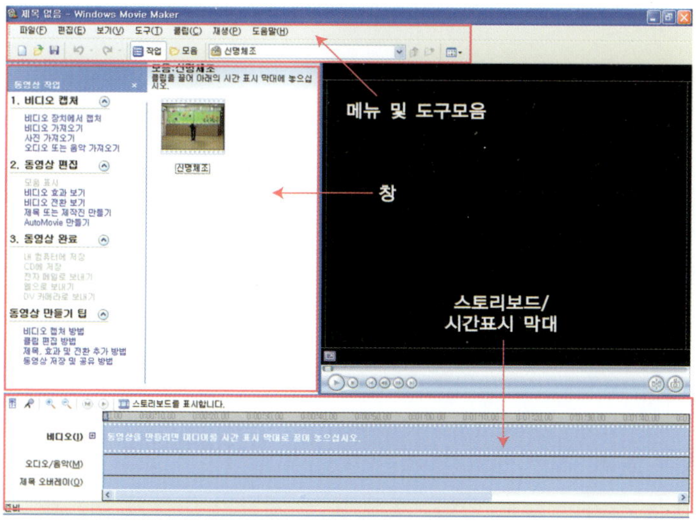

그림 8-2

① 비디오

[그림 8-3]에서 비디오 트랙을 사용하면 프로젝트에 추가한 비디오 클립, 사진 또는 제목을 볼 수 있다. 비디오 트랙 옆에 + 표시를 눌러 확장하면 사용자가 추가한 모든 비디오 전환뿐만 아니라 비디오에 수반되는 오디오를 볼 수 있다. 클립을 시간 표시 막대에 추가하면 해당 클립에 원본 파일의 이름이 나타난다. 사진이나 비디오 또는 제목에 비디오 효과를 추가하면 비디오 효과를 해당 클립에 추가했음을 나타내는 작은 아이콘이 클립에 표시된다.

② 전환

전환은 여러 클립의 동영상이나 여러 장의 사진을 합쳐서 하나의 비디오를 제작할 때 클립과 클립 사이에 삽입하여 부드러운 장면 전환이 되도록 해준다. 이 트랙은 비디오 트랙 옆에 +표시를 눌러 확장했을 때에만 나타난다. 화면의 왼쪽 동영상 편집 메뉴에서 비디오 전환 보기를 누르면 여러 가지 전환 보기가 나타나는데 그 중에서 하나를 선택해서 스토리보드 상에 넣을 위치에 드래그하여 놓으면 된다.

③ **오디오**

오디오 트랙에서 프로젝트에 추가한 모든 비디오 클립에 포함된 오디오를 볼 수 있다. 전환 트랙과 마찬가지로 비디오 트랙을 확장했을 때에만 오디오 트랙을 볼 수 있다. 동영상에는 그림과 소리가 있는데 소리 부분을 표시해 준다.

④ **오디오 / 음악**

오디오/음악 트랙에서 추가한 모든 오디오 클립을 볼 수 있습니다. 동영상을 제작할 때 배경 음악을 삽입한다든지 효과음을 삽입할 때 이 트랙에 추가하면 된다. 어떤 동영상을 비디오는 재생하지 않고 오디오만 재생하려는 경우 이 트랙에 비디오 클립을 추가하면 오디오만 재생된다. 또한 비디오에 배경 음악이나 나레이션을 삽입할 때 이 트랙에 드래그하여 놓으면 된다.

⑤ **제목 오버레이**

동영상의 제목을 붙일 경우 제목 또는 제작진 만들기에서 만들 수 있다. 제목은 동영상의 여러 지점에서 추가할 수도 있다. 제목 또는 제작진 만들기 버튼을 누르면 제목 텍스트를 삽입할 수 있는 창이 나타난다. 창에 적당한 제목을 써넣고 글꼴과 크기도 마음대로 바꿀 수 있다.

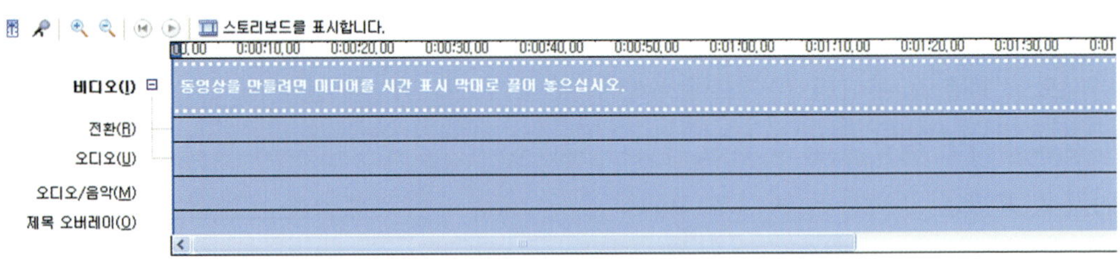

그림 8-3

3) 동영상 작업

(1) 비디오 캡처하기

비디오를 만들기 위해서는 동영상을 촬영한 원본 동영상 파일이 있어야 한다. 6mm

자기테이프 기록 방식의 DV 캠코더로 촬영한 동영상은 비디오 캡처 프로그램으로 미리 캡처하여 디지털 파일로 만들어 놓든지, 무비메이커에서 비디오 캡처 과정을 거쳐 캡처한다. 하지만 SD카드에 기록하는 디지털 캠코더나 디지털카메라로 촬영된 동영상은 캡처 과정을 거치지 않고 곧바로 비디오 가져오기를 실행하여 무비메이커로 동영상을 불러올 수 있다.

DV 캠코더의 영상을 컴퓨터로 캡처하기 위해서는 동영상이나 음악을 전송하는 역할을 하는 IEEE 1394 카드를 컴퓨터 PCI 슬롯에 설치하고, 이것과 DV 캠코더를 연결하는 IEEE 1394 케이블이 있어야 한다. [그림 8-4]는 IEEE 1394카드와 케이블, 슬롯의 모양을 나타낸 그림이다.

노트북용

데스크탑용

그림 8-4

IEEE 1394 카드와 케이블

컴퓨터와 DV 캠코더를 연결하고 전원을 켠 다음 윈도우 무비메이커 동영상 작업창에서 비디오 장치에서 캡처를 클릭하면 [그림 8-5]처럼 비디오캡처마법사 창이 뜬다. 사용 가능한 비디오 장치를 선택하고, 다음 버튼을 클릭한다.

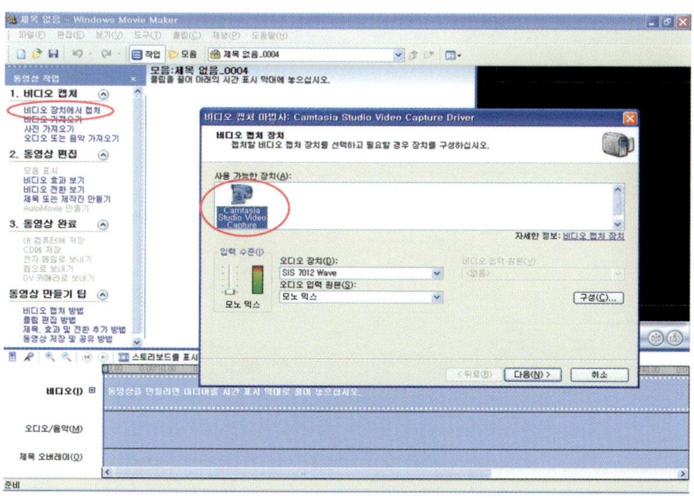

그림 8-5

[그림 8-6]과 같이 캡처한 비디오 파일의 이름과 저장 위치를 지정해 주고 다음 버튼을 클릭한다.

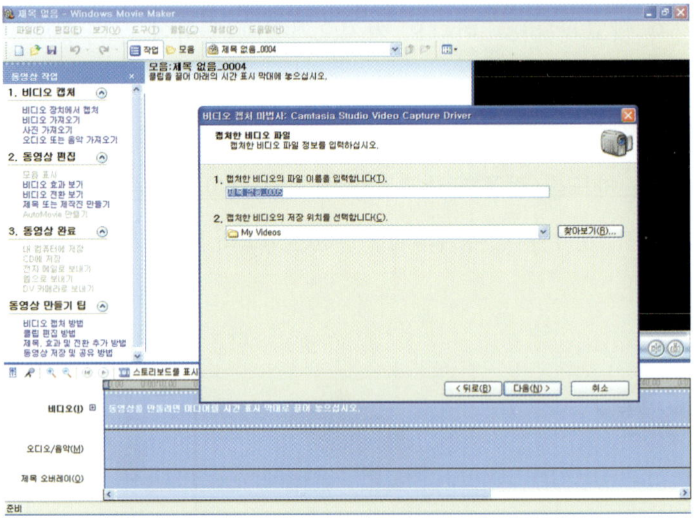

그림 8-6

[그림 8-7]과 같이 비디오 설정 창에서 내컴퓨터에서 최고품질로 재생을 선택하고 다음 버튼을 클릭한다.

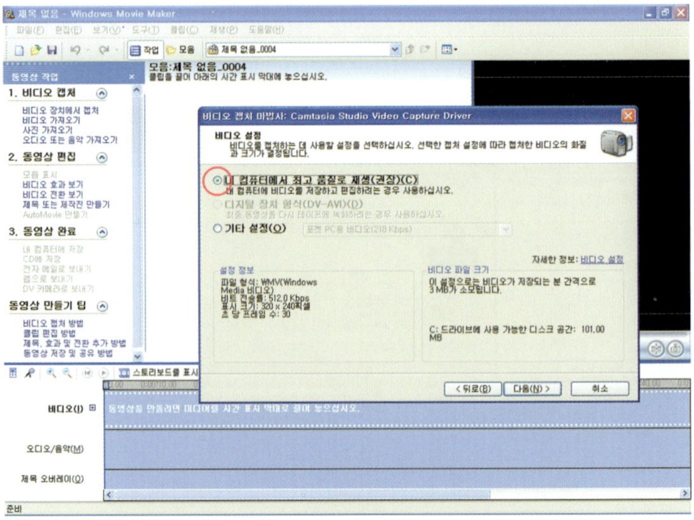

그림 8-7

[그림 8-8]에서 캡처 시작단추를 클릭하면 비디오가 캡처되기 시작하고 캡처된 비디오의 길이는 초 단위까지 기록된다. 캡처를 하지 않아야 할 부분에서는 캡처 중지 버튼을 클릭하고, 그 부분이 지나가면 다시 캡처 시작 버튼을 클릭하여 계속 캡처한다. 캡처를 모두 마치면 창 하단의 마침 버튼을 클릭한다.

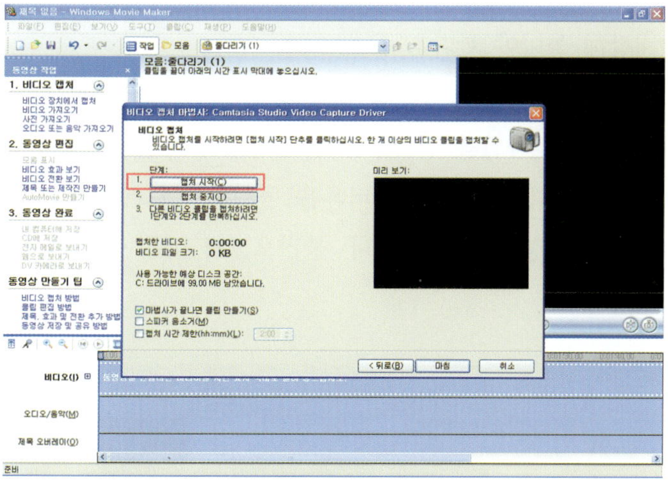

그림 8-8

[그림 8-9]처럼 캡처 된 동영상이 창에 나타난다. 이제야 비로소 캡처 된 동영상을 컴퓨터에서 편집할 수 있게 된 것이다.

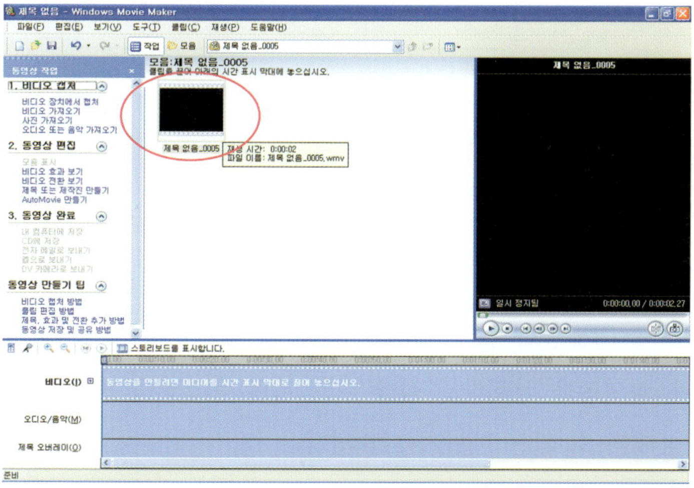

그림 8-9

(2) 비디오 가져오기

요즘은 SD카드에 촬영한 동영상을 저장하는 디지털 캠코더와 디지털카메라가 보급되어 캡처하는 과정을 거치지 않고도 동영상을 컴퓨터로 불러와 쉽게 편집·유통할 수 있게 되었다. 디지털 캠코더로 촬영된 동영상은 캠코더에 삽입된 SD카드에 저장되는데 많은 양의 동영상을 촬영할 때는 SD카드 용량이 한정되어 있으므로 자주 동영상 파일을 컴퓨터로 옮겨 저장해 놓아야 한다.

비디오 가져오기는 이동식 저장장치에 있는 동영상 파일을 불러오든지 컴퓨터의 폴더에 저장되어 있는 동영상 파일을 윈도우 무비메이커의 작업창으로 불러올 수 있다.

동영상 작업창에서 비디오 가져오기 버튼을 클릭하면 [그림 8-10]과 같이 비디오가 저장되어 있는 경로를 지정하는 창이 뜬다. 불러오고자 하는 동영상 파일을 선택하여 가져오기 버튼을 클릭한다.

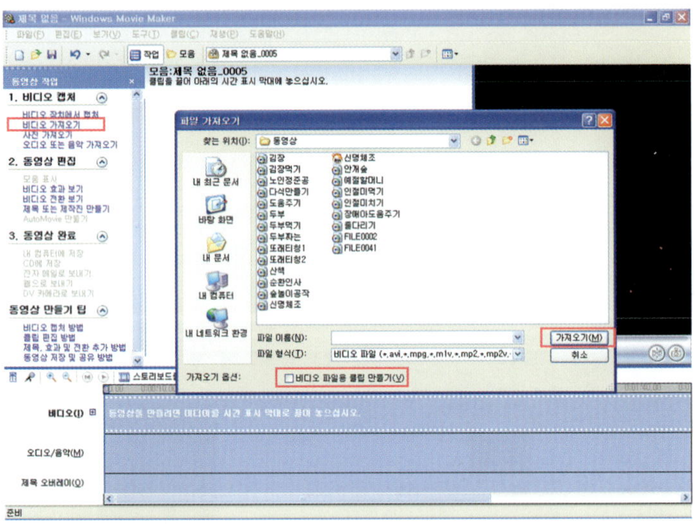

그림 8-10

동영상 파일을 가져올 때 비디오 파일 클립 만들기에 체크하면 [그림 8-11]과 같이 여러 개의 클립(여러 개의 조각 동영상)으로 작업창에 불러온다. 클립의 개수는 자동으로 생성된다. 불러온 동영상을 삭제하고 싶을 때는 해당 동영상을 선택하고 마우스 오른쪽 버튼을 누르면 삭제할 수 있는 메뉴가 나타난다.

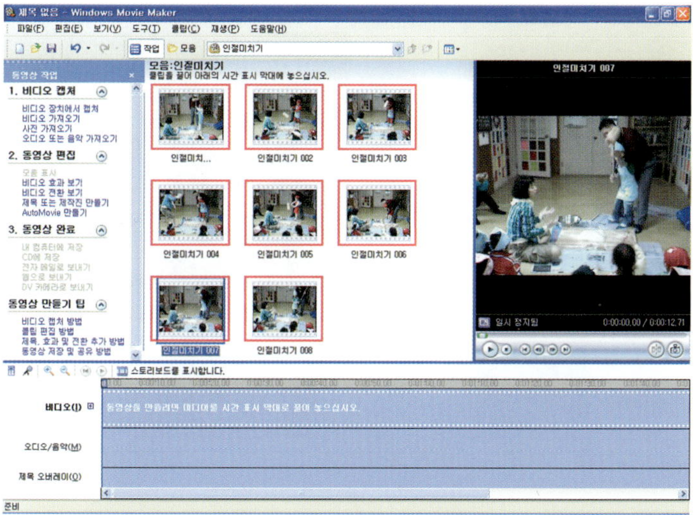

그림 8-11

(3) 멋진 비디오 만들기

지금부터는 윈도우 무비메이커로 불러온 동영상 파일 또는 사진 파일, 오디오 파일들을 가지고 나만의 멋진 한편의 비디오를 만들어 보도록 하자. 여러 개의 동영상 클립과 사진, 배경 음악을 적절하게 연결하고 배경 음악을 삽입하면 한 편의 영화와 다큐멘터리 같은 비디오가 완성된다.

① 동영상 자르기

동영상을 편집하기 위해서는 불러온 동영상을 선택하여 마우스 왼쪽 버튼을 누른 채로 드래그하여 스토리보드 비디오 트랙에 가져다 놓는다. 동영상을 일부만 사용하고 나머지는 잘라내고 싶을 때는 동영상을 플레이시켜 적당한 위치에서 자르기 버튼을 누르면 동영상이 두 개로 잘라진다. 필요 없는 부분을 선택하여 마우스 오른쪽 버튼을 누르면 삭제할 수 있는 메뉴가 나타난다. 또한 동영상의 한 장면을 사진으로 찍고 싶을 때는 사진 찍기 버튼을 누르면 한 장의 스틸 사진이 만들어진다.

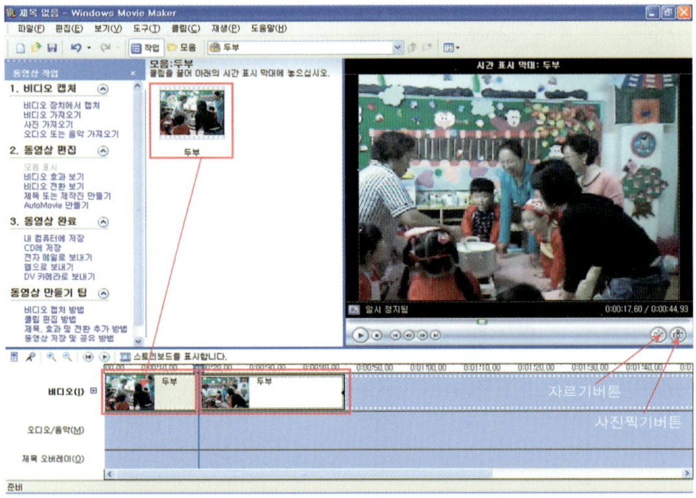

그림 8-12

또 다른 동영상 클립을 불러와 뒤에다 이어주고 싶으면 [그림 8-12]와 같이 동영상을 선택 드래그하여 비디오 트랙의 기존 동영상 뒤에다 놓는다. 스토리보드에서 플레이 버튼을 눌러 보면 1번 영상과 2번 영상이 연속하여 플레이되는 것을 확인할 수 있다.

② 전환 효과 주기

비디오를 멋지게 만들기 위해서는 1번 영상과 2번 영상이 부드럽게 이어지도록 사이에 전환 효과를 줄 수 있다. 동영상 편집에서 전환 효과 보기를 클릭하면 여러 가지 전환 효과 예시가 나타난다. 그 중에 하나를 선택하여 스토리보드 전환 효과 트랙으로 드래그하여 [그림 8-13]과 같이 1번 영상과 2번 영상 사이에 놓는다.

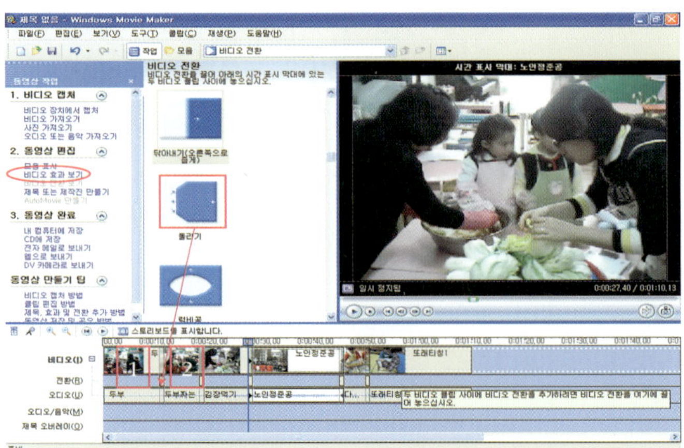

그림 8-13

③ 제목 만들기

비디오의 맨 앞에는 제목을 붙이고 맨 뒤에는 제작진을 넣을 수 있다. 동영상 편집에서 제목 또는 제작진 만들기 버튼을 클릭하면 [그림 8-14]와 같이 어디에 제목을 추가할 것인지 묻는 창이 뜬다. 제목은 맨 앞에 놓을 수도 있고 중간 중간에 영상이 바뀔 때마다 제목을 넣을 수도 있다.

적당한 제목추가 버튼을 선택하면 제목을 적어 넣는 텍스트 창이 나타나고 여러 가지 글자체와 크기 그리고 글자의 애니메이션을 선택할 수 있다. 글자의 편집이 끝나면 동영상에 제목추가완료 버튼을 누른다. 만들어진 제목이 동영상의 맨 앞에 생성되었음을 확인할 수 있을 것이다.

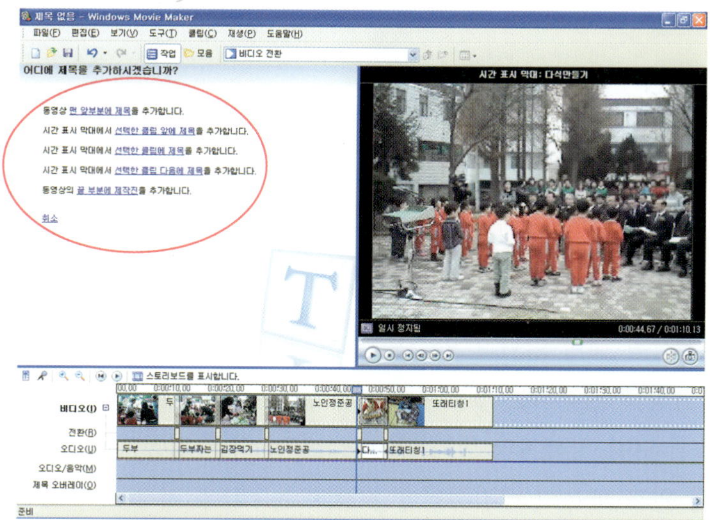

그림 8-14

④ 배경 음악 삽입하기

동영상의 음성 부분을 없애고 영상만 보고자 할 때는 스토리보드 오디오 트랙의 오디오 클립을 선택한 다음 마우스 오른쪽 단추를 누르면 음소거 메뉴를 선택하여 음을 소거할 수 있다. 반대로 비디오에 분위기를 살리기 위해서 적당한 배경 음악을 삽입할 수 있다. [그림 8-15]처럼 스토리보드 오디오/음악 트랙에 불러온 음악 파일을 드래그하여 놓으면 비디오에 배경 음악이 삽입되는 것이다.

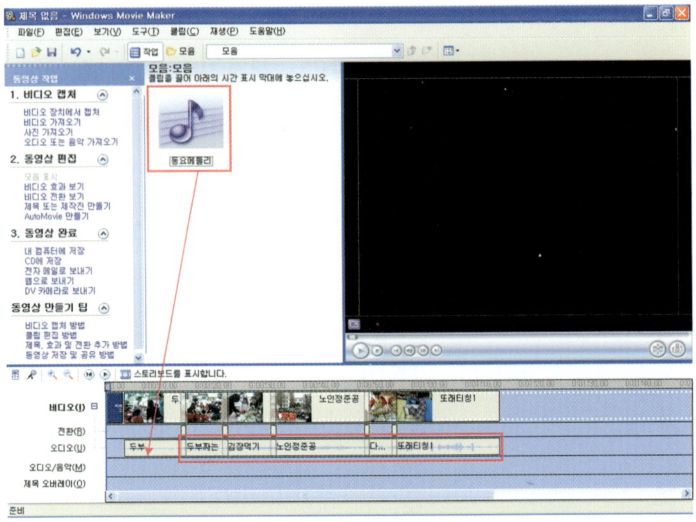

그림 8-15

⑤ 내컴퓨터에 저장하기

편집 완료한 동영상은 동영상 완료 메뉴에서 내컴퓨터에 저장하든지 CD로 굽든지 해야 한 편의 비디오가 완성되는 것이다. 간혹 초보자들이 동영상 완료를 하지 않고 도구 모음 저장 아이콘으로 저장하여 비디오가 완성된 것으로 착각할 때가 종종 있다. 이 저장은 비디오가 제작된 것이 아니고 만들고 있는 프로젝트를 다음에 연속해서 작업할 수 있게 프로젝트 파일로 저장하는 것이다. 이 파일은 다른 컴퓨터에서 전혀 동영상을 볼 수가 없는 것이다. 다시 말하지만 비디오를 완성하여 다른 컴퓨터에서도 감상할 수 있기 위해서는 동영상 완료 메뉴의 내컴퓨터에 저장 또는 CD에 저장, 전자메일로 보내기, 웹으로 보내기 등을 해야 한다. 일반적으로 내컴퓨터에 저장하고, CD로도 제작하여 다른 사람과 공유하는 것이 좋다.

완료한 동영상을 내컴퓨터에 저장하기 버튼을 누르면 [그림 8-16]과 같이 동영상의 이름을 지정하고 저장경로를 지정할 수 있다.

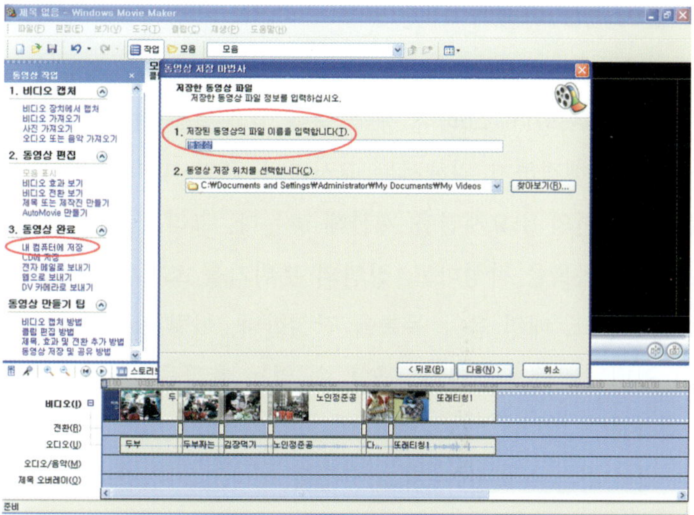

그림 8-16

⑥ CD에 저장하기

완료한 동영상을 CD에 저장하기 위해서는 컴퓨터에 CD-RW기가 있어야 한다. CD 드라이브에 공 CD를 넣고 CD로 저장하기 버튼을 클릭하면 [그림 8-17]과 같이 동영상의 이름과 CD 이름을 넣을 수 있는 창이 뜬다. 다음 버튼을 클릭하면 동영상이 CD에 저장되기 시작한다.

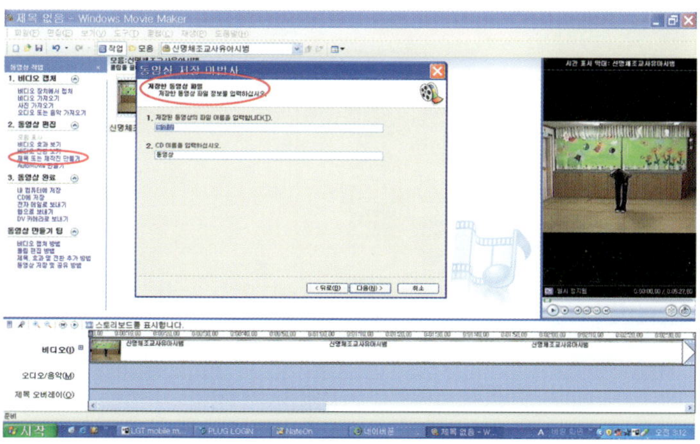

그림 8-17

⑦ 동극 배경 음악 CD 만들기

유치원에서 유아들과 동극활동을 자주 하는데 효과음과 배경 음악이 있는 동극은 재미와 감동을 배가시킬 수 있다. 그러나 동극 중에 효과음을 적시에 내기란 매우 어려운 문제다. 이러한 문제를 해결하기 위해서는 교사가 동극의 대본을 유아들과 만들어 놓고 동극이 진행되는 각 장면의 소요시간을 계산해 놓는다. 그리고 각 장면에서 필요한 효과음을 분석하여 효과음 목록을 작성하고, 장면의 분위기를 조성하기 위해서 어떤 배경 음악을 넣을지 생각해 놓고, 배경 음악 목록을 작성한다. 이렇게 작성된 효과음과 배경 음악을 구입하든지 인터넷에서 수집한다. 구할 수 없는 효과음은 직접 윈도우 무비메이커에서 녹음으로 제작하면 된다.

'사물악기와 도깨비'라는 동화를 가지고 동극을 한다고 가정한다면 등장하는 사물악기 장고, 북, 징, 꽹과리 소리와 풍물소리, 그리고 각 악기가 상징하는 바람소리, 비소리, 천둥소리, 구름소리 등 효과음과 배경 음악이 필요하다. 이런 파일들을 하나의 폴더에 모아 놓고 윈도우 무비메이커로 불러와서 편집하여 하나의 오디오 CD를 만들면 되는 것이다.

윈도우 무비메이커에서 오디오 또는 음악 가져오기를 클릭하면 [그림 8-18]처럼 오디오를 가져올 경로를 나타내는 창이 열린다. 자신이 미리 효과음을 저장해 놓은 폴더의 경로에서 오디오를 가져온다.

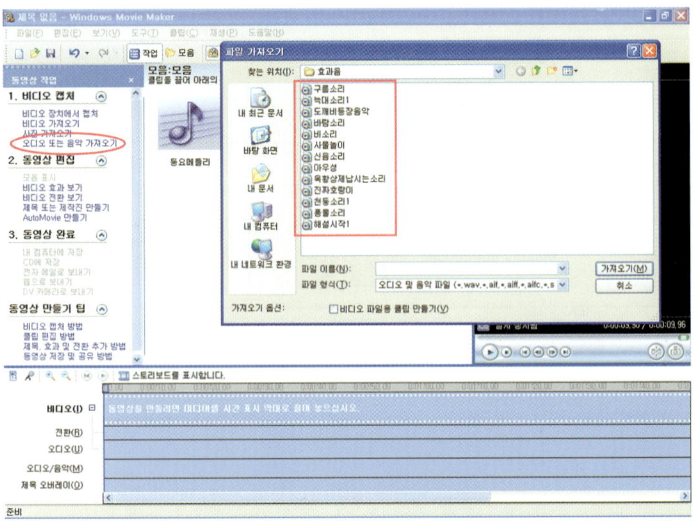

그림 8-18

무비메이커 작업창으로 가져온 오디오 파일을 스토리보드 오디오/음악 트랙으로 하나씩 드래그하여 놓는다. 이때 동극 대본에 따라 순서와 효과음이 필요한 시점에 정확히 나올 수 있도록 시간을 계산하면서 타임라인을 참조하여 [그림 8-19]처럼 파일을 위치시킨다. 효과음과 그 다음 효과음 간격이 22초라면 처음 효과음 끝과 두 번째 효과음 시작 부분이 타임라인상에서 22초가 되면 되는 것이다. 오디오/음악 트랙에서 파일은 마우스 왼쪽 버튼을 누르고 끌면 원하는 위치에 놓을 수 있다. 타임라인은 작업 상황에 편리하도록 + − 버튼을 눌러 확대·축소할 수 있다.

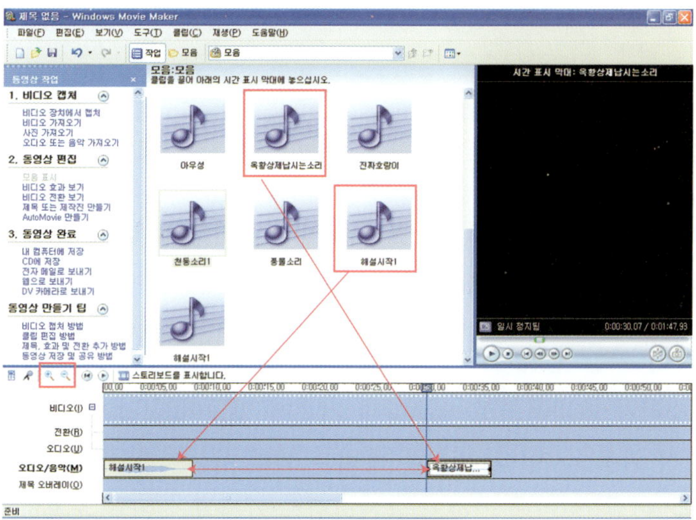

그림 8-19

'남생아 놀아라'라는 곡이 배경 음악으로 필요한데 곡 전체가 필요한 것이 아니라 처음 시작 부분 몇 초 분량만 필요할 때는 자르기 버튼으로 필요한 만큼 자른 후 나머지는 [그림 8-20]처럼 삭제하면 된다. 삭제는 해당 파일 위에 커서를 놓고 마우스 오른쪽 버튼을 누르면 삭제 메뉴가 있다. 반대로 '남생아 놀아라' 곡이 한 번만 나오는 것이 아니라 세 번을 반복해서 연주되어야 한다면 복사하여 뒤에다 붙이기만 하면 된다.

만약 배경 음악을 삽입할 때 음악이 처음부터 크게 나오는 것보다는 서서히 볼륨이 커지며 나오는 것이 필요하다면 해당 파일 위에다 커서를 놓고 마우스 오른쪽 버튼을 눌러 페드인 기능을 사용하면 되고, 마찬가지로 음악이 끝날 때도 서서히 작아지면서 끝나는 것이 필요할 때는 페드아웃 기능을 사용하면 된다.

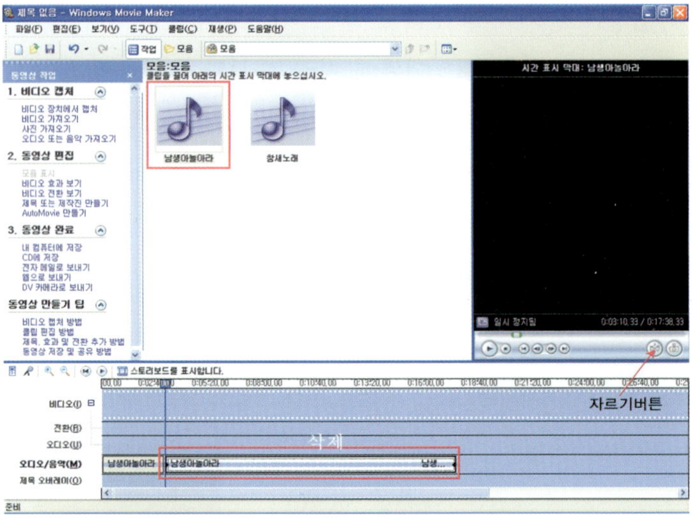

그림 8-20

효과음과 배경 음악을 적절히 조직하여 편집이 끝나면 비디오 만들기 하는 것과 같이 내컴퓨터에 저장하기 또는 CD에 저장하기를 통해 동극 배경 음악 CD를 완성할 수 있다.

⑧ 효과음/ 음악 파일 만들기(녹음하기)

만약 강아지 소리가 효과음으로 필요한데 기존에 만들어진 강아지 효과음 파일을 구할 수 없다면 직접 만들 수 있다. 만드는 방법은 외부 마이크를 사용하여 강아지 소리를 직접 녹음할 수도 있고, 인터넷 상에서 플레이되는 강아지 소리를 녹음할 수도 있다. 많은 경우 인터넷에서 파일 상태로 구할 수 있는 것도 있지만 저작권 관계로 소리만 들을 수 있고 파일은 다운받지 못하는 경우도 있다. 그럴 경우에는 무비메이커의 나레이션 기능을 이용하여 녹음하면 된다.

[그림 8-21]에서 스토리보드 왼쪽에 마이크 아이콘을 클릭하면 나레이션 창이 열린다. 만약 마이크를 통해서 녹음한다면 오디오 입력 원본을 마이크를 선택해 주고, 인터넷상에서 플레이되는 소리를 녹음한다면 스테레오믹스를 선택해 주면 된다.

마이크 입력 수준도 적당히 조절해 주어야 하는데, 마이크로 녹음할 때는 수준을 높여주고, 스테레오믹스로 녹음할 때는 수준을 높이면 음량이 너무 커서 잡음이 날 수 있다. 이럴 때는 수준을 최저로 낮게 설정해 주는 것이 좋다. 본 녹음하기 전에 시험 녹음으로 입력수준을 알맞게 조절해 주는 것이 좋은 음질로 녹음할 수 있는 방법이다.

녹음 옵션 설정이 끝나면 나레이션 시작 버튼을 누르면 녹음이 시작되고, 녹음을 끝낼 때는 나레이션 정지 버튼을 누른다. 나레이션 정지 버튼을 누르면 파일을 저장할 이름과 경로를 지정해 주는 창이 나타난다. 적당한 이름과 저장 폴더를 지정해 주고 저장 버튼을 누르면 저장이 시작된다. 녹음한 파일은 윈도우 무비메이커 작업창으로 불러와 실제 사용하기 알맞게 다시 편집할 수 있다.

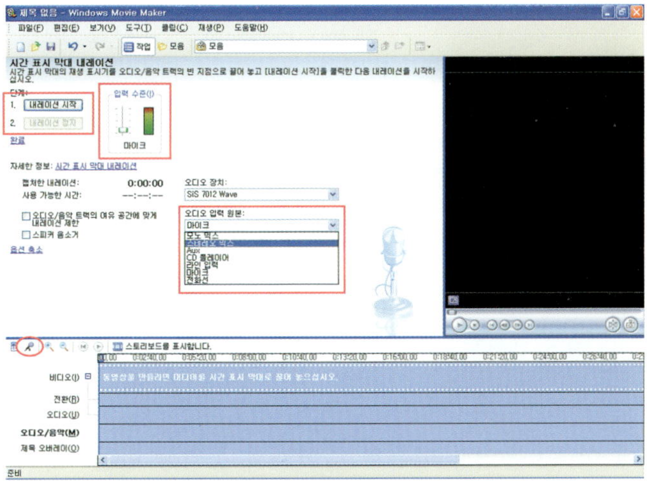

그림 8-21

2. 알씨로 동영상 만들기

알씨 홈페이지에 접속하면 알씨 8.44 이미지뷰어 및 사진편집 프로그램을 무료로 다운로드할 수 있다. 알씨 프로그램은 사진 편집이나 동영상 제작을 간편하게 할 수 있어 초보자라도 쉽게 사진이나 동영상을 이용하여 멋진 동영상을 만들 수 있다. 아래 그림은 알씨 홈페이지 화면인데 설치하기 버튼을 눌러 컴퓨터에 설치하면 '알씨'와 '알씨꾸미기', '알씨동영상만들기' 아이콘이 바탕화면에 만들어진다.

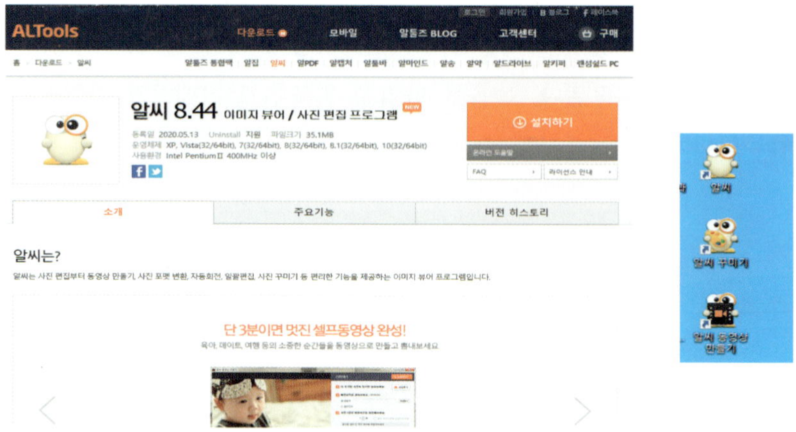

그림 8-22

동영상을 만들기 위해서는 '알씨동영상만들기' 아이콘을 실행시켜 만들어도 되고 '알씨' 아이콘을 실행시켜, '동영상만들기' 메뉴로 가서 동영상을 만들어도 된다. '알씨'를 실행시켜보면 아래 그림처럼 창이 뜨고 창의 우측 하단에 '꾸미기', '동영상', '파일이동', '일괄편집' 메뉴가 있는데 이 중 동영상 메뉴로 들어가서 동영상 만들기를 할 수 있다.

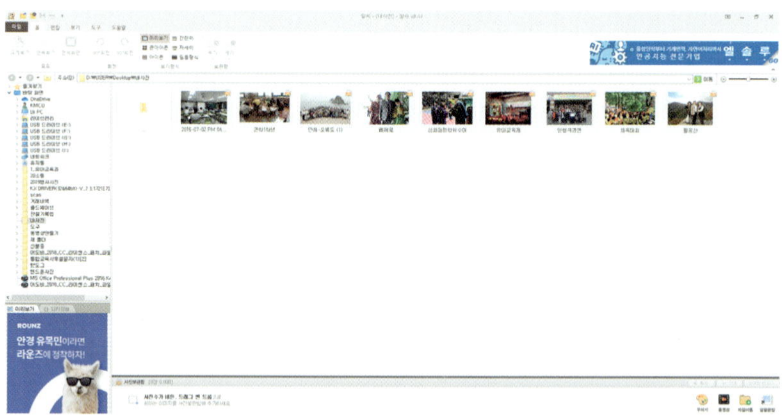

그림 8-23

바탕화면의 '알씨동영상만들기' 아이콘을 눌러 실행시키면 아래 그림처럼 작업할 수 있는 창이 뜬다.

그림 8-24

우측 상단에 ‘간편만들기’가 있고, 그 옆에 ‘상세꾸미기’가 있는데, ‘상세꾸미기’는 자막, 디자인, 효과를 다양하게 변화시켜 적용할 수 있어 나만의 개성 있는 동영상을 더 멋지게 만들 수 있다.

1) 간편만들기

우선 ‘간편만들기’를 해보자. 위 그림에서 번호 ❶,❷,❸,❹가 있는데 이를 순서대로 하면 된다.

(1) 사진 추가하기

❶은 사진 추가인데 동영상을 만들기 위해 미리 준비해둔 사진을 별도의 폴더나 이동식 저장장치에서 사진을 가져온다. ‘사진추가’ 버튼을 눌러 사진이 저장된 폴더로 가서 원하는 사진을 선택하여 열기 하면 타임라인으로 사진이 위 그림과 같이 들어온다.

(2) 배경음악 넣기

❷는 배경음악 넣기 기능인데 사진의 내용에 어울리는 배경음악을 미리 선정해 놓으

면 편리하다. + 버튼을 누르면 추가하는 것이고 - 버튼을 누르면 추가하였던 음악을 제거하는 것이다.

(3) 재생시간

3은 사진 1장당 재생시간을 설정하는 것인데 초 단위로 설정할 수 있고, 아예 음악재생시간과 균등하게 자동으로 맞출 수도 있다.

(4) 오프닝과 엔딩

4는 오프닝화면에 제목을 만들거나 엔딩화면에 제작자를 넣을 수 있다. 오프닝 칸과 엔딩 칸에 적당한 글자를 써넣고 적용 버튼을 누르면 오프닝 페이지와 엔딩 페이지가 생성된다.

(5) 기타옵션

화면비율을 기본(4:3)과 와이드(16:9) 중 하나를 선택하고, '전체사진위치'를 채우기와 맞춤 중에서 선택한다. 이동과 확대축소에 체크하면 사진이 움직이는 효과를 줄 수 있다.

사진을 더 추가하거나 삭제하고 싶으면 '사진추가'버튼과 '삭제'버튼을 눌러서 편집하는 동안에는 언제든지 할 수 있다.

(6) 동영상 저장하기

원하는 옵션을 모두 선택하였다면 '만들기' 버튼을 눌러 동영상을 만들어 저장시켜보자. 만들기 버튼을 누르면 아래 그림처럼 창이 뜨는데 이름을 적고 저장할 위치를 정해준다. '변경하기'버튼을 눌러 바탕화면 또는 원하는 위치에 저장할 수 있다. 용도 지정은 원하는 것으로 하고, 크기와 품질도 원하는 것으로 정해주면 된다. 모든 옵션이 선택되었다면 하단의 '만들기' 버튼을 눌러 동영상을 저장하면 된다.

동영상이 저장되고 나면 아래 그림처럼 동영상이 저장되었다는 메시와 함께 동영상의 속성에 대한 정보가 아래 그림처럼 나타난다.

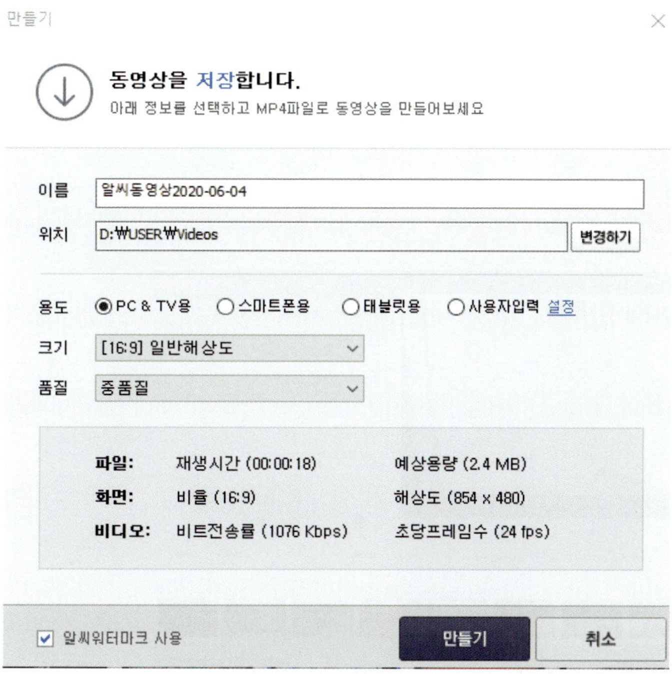

그림 8-25

하단의 '동영상열기' 버튼을 누르면 방금 만든 동영상이 플레이 된다.

그림 8-26

2) 상세꾸미기

상세 꾸미기는 자막과 디자인, 효과 옵션을 다양하게 변경할 수 있어 개성 넘치는 더 멋진 동영상을 만들 수 있다. 우측 상단의 '상세꾸미기' 버튼을 누르면 아래 그림처럼 자막과 디자인, 효과를 변경할 수 있는 메뉴가 보인다.

그림 8-27

(1) 자막 넣기

자막은 사진이나 동영상 클립에 설명을 붙이는 것인데 글자체와 크기, 색 등을 지정할 수 있다. 자막 넣는 네모 칸에 장면을 설명하는 적당한 문구를 넣으면 화면에 글자가 그대로 나타난다. 글자의 위치도 다양하게 바꿀 수 있고 효과도 적용할 수 있다.

(2) 디자인 적용하기

메뉴에서 '디자인'버튼을 누르면 아래 그림처럼 배경의 디자인을 여러 가지 중에서 선택할 수 있고, 액자 테두리도 여러 가지 중에서 선택할 수 있다. 한가지 디자인이나 액자를 전체에 적용하려면 '전체적용' 버튼을 누르면 된다.

(3) 효과 적용하기

메뉴에서 '효과' 버튼을 누르면 아래 그림처럼 여러 가지 '전환'과 '시네마틱' 중에서 선택하여 적용할 수 있다. 한가지 디자인이나 액자를 전체에 적용하려면 '전체적용' 버튼을 누르면 된다.

그림 8-28

3. 다음팟인코더

인코더는 컴퓨터를 이용하여 영상, 이미지 또는 소리 데이터를 생성할 때, 원래의 데이터양을 줄이기 위하여 데이터를 코드화하고 압축하는 것을 뜻하는데, 다음팟인코더와 카카오인코더는 이러한 기능을 수행한다. 다음팟인코더와 카카오인코더는 기능이 유사하나 다음팟인코더는 동영상 편집까지 할 수 있다.

1) 다음팟인코더 시작하기

다음팟인코더를 실행하기 위해서는 컴퓨터에 설치해야 하는데 utilfile.com에서 무료로 다운받을 수 있다. 다운받아 설치하고 실행시키면 [그림 8-29]처럼 작업창이 열린다. 메뉴는 크게 인코딩 메뉴와 동영상편집 메뉴가 있는데, 인코딩 메뉴에서는 동영상의 크기나 형식을 변경할 수 있고, 동영상편집 메뉴는 동영상을 자르거나 자막을 넣거나, 오프닝, 엔딩을 만들 수 있다.

2) 인코딩하기

블러오기 버튼을 누르면 동영상을 가져올 수 있는 파일 열기 창이 열린다. 저장해둔

동영상 파일을 선택하여 열기 하면 아래 그림처럼 동영상 파일이 작업창에 들어 온다. 불어온 파일의 이름과 재생시간, 비디오의 크기, 오디오 형식 등이 표시된다. 동영상을 변환시킬 용도를 지정하는 버튼이 '웹업로드용', 'pc저장용', '휴대기기용', '내설정'이 있는데 원하는 것을 선택하면 된다. 옵션을 모두 선택하고 나면 그림 하단의 저장 폴더를 지정하고 '인코딩시작' 버튼을 누르며 인코딩이 시작된다.

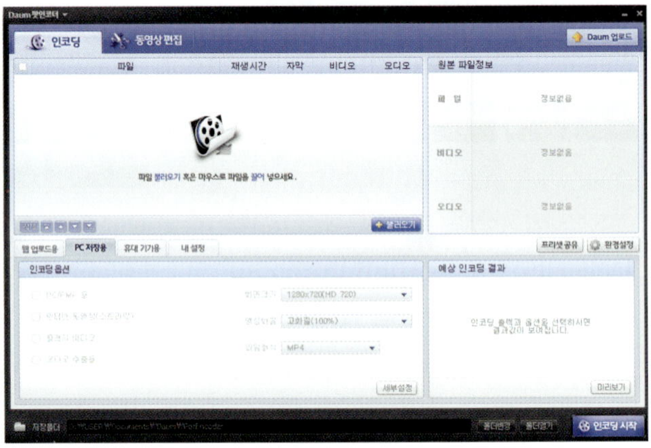

그림 8-29

3) 비디오에 있는 음악만 추출

'pc저장용'을 누르면 오디오 추출용을 선택할 수 있는데 이것은 동영상에 포함되어 있는 오디오 부분만 mp3로 저장할 수 있다. 예를 들어 유튜브에 있는 뮤직비디오를 다운받아 소리만 저장할 때 이 기능을 사용하면 된다.

그림 8-30

3) 동영상 편집

'동영상편집' 메뉴 버튼을 누르면 아래 그림처럼 작업창이 뜬다. 불러오기 버튼을 누르고 편집하려는 동영상 파일을 불러올 수 있다. 불러온 동영상 파일을 선택하여 하단의 타임라인으로 드래그하여 가져다 놓고 편집작업을 수행할 수 있다. 화살표가 지시하는 시간표시막대를 마우스로 드래그하여 원하는 위치에 놓고 분할 버튼을 누르면 동영상이 두 개로 분할된다. 사용할 필요가 없는 동영상 위에 마우스를 놓고 오른쪽 버튼을 우르면 삭제할 수 있다. 또 다른 동영상을 불러와 타임라인 상 처음 가져온 동영상 뒤에다 드래그하여 이어붙일 수도 있다.

그림 8-31

4. 카카오인코더 모바일

카카오인코더 모바일은 핸드폰으로 찍은 동영상을 핸드폰 상에서 편집할 때 유용하게 사용할 수 있다. 특히 동영상이 너무 길어 sns에 업로드가 불가능 할 때 용량을 줄여줄 수 있다.

그림 8-32

1) 설치하기

플레이스토아에서 '카카오인코더모바일'을 검색하여 핸드폰에 설치하여 열면 아래 그림처럼 작업창이 열린다.

2) 열기

열기 버튼을 누르고 편집할 원본 파일을 불러온다.

3) 출력파일

변환되는 파일의 형식을 지정한다.

4) 구간

변환할 동영상의 구간을 시간으로 지정할 수 있다.

5) 포맷

포맷 형식을 지정할 수 있다.

6) 변환

이 버튼을 누르면 변환이 시작된다.

5. 골드웨이브

소리 파일을 편집할 때 골드웨이브를 사용할 수 있다. 목소리를 녹음한 파일이나 음악 파일을 필요에 따라 자르거나 이어 붙일 수 있고, 두 개의 소리 파일을 하나의 파일로 저장하는 믹싱도 할 수 있다.

1) 설치하기/시작하기

골드웨이브 홈페이지 www.goldwave.com 에 접속하여 화면 우측 상단의 다운로드를 누르면 아래 그림처럼 다운받을 수 있는 메뉴가 보인다. 컴퓨터의 사항에 따라 알맞은 것을 선택하여 다운로드하면 된다.

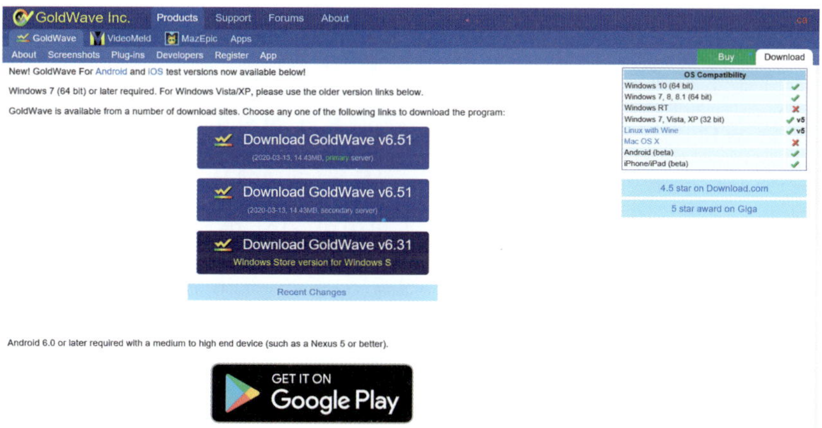

그림 8-33

다운로드 후 설치하여 실행하면 바탕화면에 오른쪽 그림과 같은 실행 아이콘이 만들어지고 이 아이콘을 더블클릭하여 실행시키면 된다.

그림 8-34

2) 열기

메뉴에서 열기 아이콘을 눌러 저장된 소리 파일을 불러오면 아래 그림처럼 보인다. 좌측 상단에 'Michael Hoppe.mp3'은 불러온 파일 이름을 나타낸다. 오른쪽의 컨트롤 패널에서 녹색 플레이 버튼을 누르면 소리가 재생된다. 소리가 재생되기 시작하면 세로막대가 왼쪽에서부터 오른쪽으로 플레이되는 동안 움직인다. 현재의 막대 위치가 플레이되는 부분임을 나타낸다. 녹색과 붉은색의 파형은 소리의 크기 등 특질을 나타낸다. 오른쪽에 별도로 분리되어 보이는 컨트롤은 원래의 창에 넣을 수도 있고 그림처럼 따로 떼어서 보이도록 할 수도 있다. 조작하기에는 따로 떼어서 하는 편이 좋다.

3) 새 파일 만들기와 녹음하기

녹음하기 위해서는 먼저 새 파일을 먼저 만들어 놓아야 한다. 마치 녹음기로 녹음하기 위해 빈 테이프를 녹음기 카세트에 삽입하는 것과 같다. 새 파일은 메뉴 아이콘 맨 왼쪽에 있는 '새로' 아이콘을 눌러 적당한 길이(분, 초)를 설정해주고 확인을 누르면 'Untitled1'이라는 파일이 만들어진다. 녹음하기 위해서는 우측 컨트롤 패널에서 녹음 버튼을 누르면 녹음이 진행된다. 이때 녹음은 먼저 만들어 놓은 새 파일의 길이 만큼만 녹음되기 때문에 사전에 녹음 길이를 예측하여 새 파일의 길이를 만들어 놓는 것이 중요하다. 물론 녹음 길이가 새 파일의 길이보다 짧을 경우는 문제가 없다.

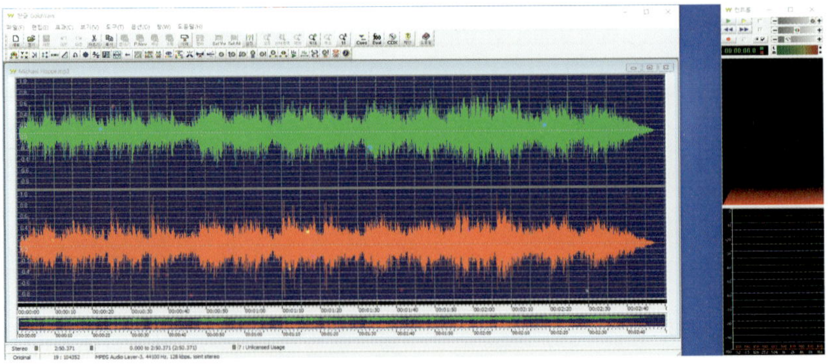

그림 8-35

4) 저장하기

새로운 파일을 만들어 녹음하거나, 편집을 마치고 저장할 때는 저장 아이콘을 누르면 되는데, 다른 이름으로 저장할 때는 파일 메뉴에서 다른 이름으로 저장하기를 하면 된다.

5) 복사하기와 붙이기

원하는 부분을 복사할 때는 구간을 지정한 후 복사 아이콘을 누르면 된다. 구간지정은 왼쪽 끝으로 마우스를 가져가면 화살표 모양의 마우스가 생기고 왼쪽 버튼을 누르고 드래그하면 원하는 곳에 시작하는 위치를 마커할 수 있다. 끝나는 위치의 마커는 마우스를 오른쪽 끝으로 가져가서 화살표 모양의 마우스가 생기면 마우스 왼쪽 버튼을 누르고 드래그하여 원하는 복사 끝나는 위치를 마커할 수 있다. 아래 그림에서 'Michael Hoppe.mp3' 파일의 복사할 부분이 아래 그림처럼 파란색으로 활성화되었고 나머지는 검은색으로 보인다. 이 상태에서 복사 이이콘을 누르면 복사가 된다.

복사된 부분을 다른 파일에다가 붙이기 할 때는 기존 파일에 붙이기 할 수도 있고 새 파일을 만들어서 붙이기 할 수도 있다. 새 파일을 만들어서 붙이기 해보자. 그림처럼 'Untitled1'새 파일을 만들고 마우스로 새 파일을 선택한 다음 붙이기 아이콘을 누르면 그림처럼 'Untitled1'에 파랗게 된 부분이 복사된 것을 나타낸다.

새 파일을 만들지 않고 복사한 다음 새로 만들고 붙이기를 한 번에 하는 P.New 아이콘을 눌러서 해도 된다.

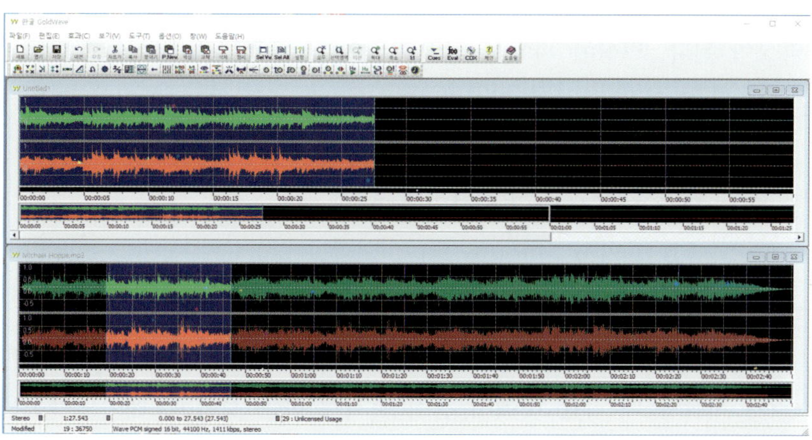

그림 8-36

6) 자르기

필요 없는 부분을 잘라 삭제하거나 잘라낸 부분을 따로 파일을 만들 때 사용한다. 복사할 때처럼 잘라낼 부분을 지정해서 자르기 아이콘을 누르면 된다. 잘라낸 부분을 다른 파일로 만들 때는 P.New 아이콘을 누르면 된다.

7) 파일 합치기

새 파일을 만들고 합칠 파일을 불러와 복사 후 새 파일에 차례로 붙이기 한다.

8) 믹싱하기

1번 파일과 2번 파일을 겹치게 하는 기법으로 배경음악을 넣고 시를 낭송한다든지 나래이션을 할 때 사용하는 방법이다. 1번 파일은 시를 낭송한 녹음 파일이고, 2번 파일은 배경음악 파일이다. 먼저 1번 파일을 선택하여 복사 아이콘을 눌러 복사한다. 그 다음 2번 파일을 선택하고 편집메뉴에서 믹싱을 선택한다. 그러면 아래 그림처럼 보인다. 중간에 작은 믹싱창이 보이는데 볼륨 조정하는 부분이 있고, 마우스로 볼륨을 조정할 수 있다. 붉은색 쪽은 크게 초록색 쪽은 작게 하는 것이다. 이 볼륨 조정은 시낭송을 녹음한 1번 파일에 대해서 하는 것이다. 배경음악인 2번 파일은 볼륨에 변화가 없다. 조정바를 움직여 조정하고 녹색 플레이 버튼을 눌러보면 볼륨이 어느 정도인지 확인할 수 있다. 적당한 볼륨이 될 때까지 몇차례 조종과 확인을 반복하고, 적당한 볼륨이 되었을 때 확인 버튼을 눌러주면 믹싱이 된다. 믹싱된 파일은 2번 파일이다. 그러니까 믹싱이란 배경음악 파일에다가 시낭송 녹음 파일을 믹싱한 것이다. 믹싱할 때 배경 음악 파일이 길고 시낭송 녹음 파일이 짧은데, 믹싱이 된 파일은 시낭송 파일 길이만큼만 되는 것이다. 믹싱이 된 파일을 저장할 때는 다른 이름으로 저장하기를 한다.

9) 페이드인/페이드아웃

페이드인은 소리가 시작할 때 작은 것에서 점점 커지게 하는 것이고, 페이드아웃은 소리가 끝날 때 점점 작아지게 하는 것이다. 대게 음악 파일 중간을 잘라서 사용할 때 소리가 칼로 자른 듯이 나오거나 끝나기 때문에 페이드인 페이드아웃 효과를 사용하여 부드럽게 시작하고 부드럽게 끝나도록 한다.

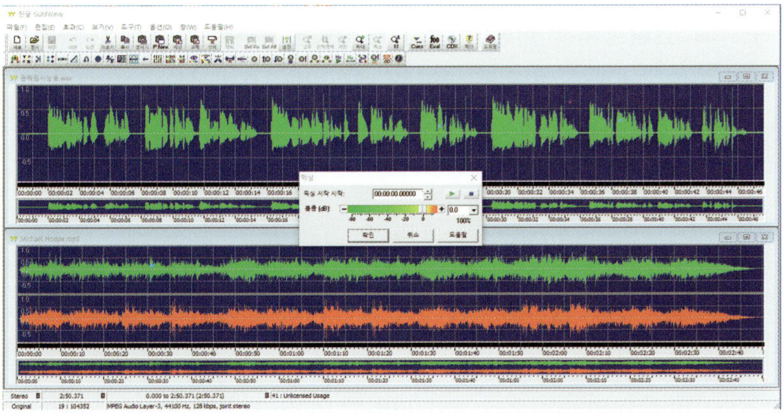

그림 8-37

페이드인/페이드아웃은 효과 메뉴에서 볼륨을 선택하면 '페이드인'과 '페이드아웃'이 있다. '페이드인'을 누르면 아래 그림처럼 볼륨을 조절할 수 있는 작은 창이 열린다. +쪽은 크게, -쪽은 작게 하는 것이다. 조절바를 마우스로 움직여 조절한 다음 확인 버튼을 누르면 적용된다. 페이드아웃도 같은 방법으로 하면 된다. 적용된 후 소리 파형의 모양이 다르게 변한 것을 알 수 있다.

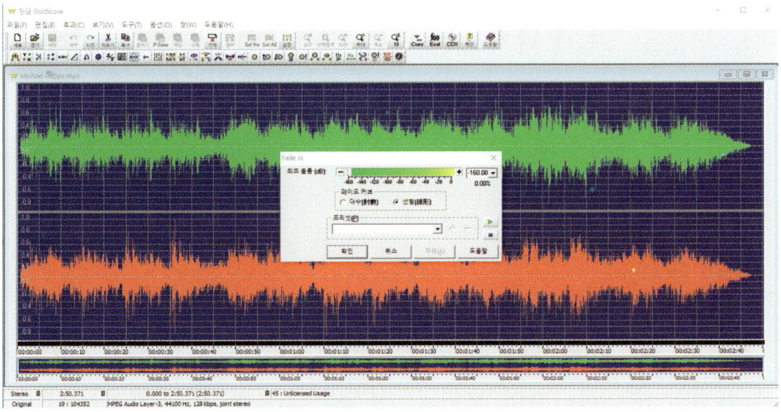

그림 8-38

10) 파일변환

소리 파일의 형식은 mp3, wav 등이 있는데 mp3를 wav로 바꾸고 반대로 wav를 mp3로 바꿀 때 사용한다. 파일 메뉴에서 일괄변환을 누르면 아래 그림처럼 창이 보이는데 '파일추가'를 누르고 변환하고자 하는 파일을 선택하면 된다. 또는 폴더 전체를 일괄적으로 변환할 수도 있다. 낱개의 파일을 변환할 때는 불러오기 한 다음 다른 이름으로 저장하기에서 파일 형식을 원하는 것으로 지정하면 된다.

그림 8-39

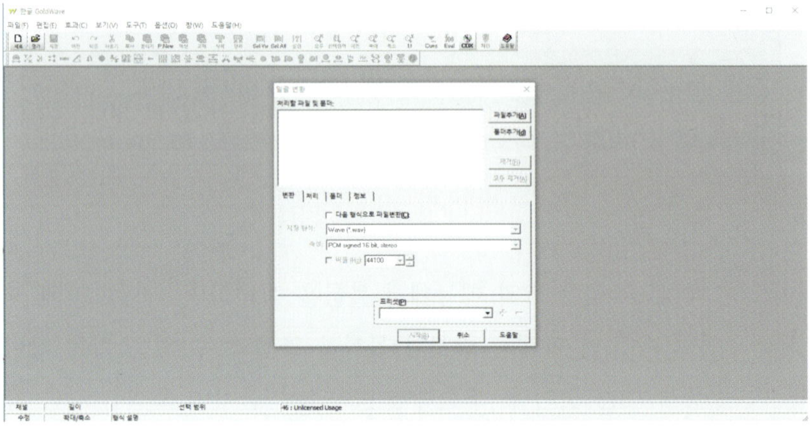

11) 묵음처리

소리 파일의 어느 부분을 소리가 나지 않게 하는 것이다. 마우스로 드래그하여 묵음처리 할 부분을 선택한 다음 편집 메뉴의 '음소거'를 선택하면 된다.

12) 침묵삽입

소리 파일의 어느 부분에 원하는 시간 만큼 소리 없는 부분을 삽입하는 것이다. 침묵삽입 시작할 부분에다가 마우스로 드래그하여 마커하고 편집 메뉴의 '침묵삽입'을 선택하면 원하는 시간을 설정할 수 있는 창이 보이고, 시간을 조절한 후 확인을 누면 된다. 아래 그림에서 파란색이 침묵이 삽입된 부분이다.

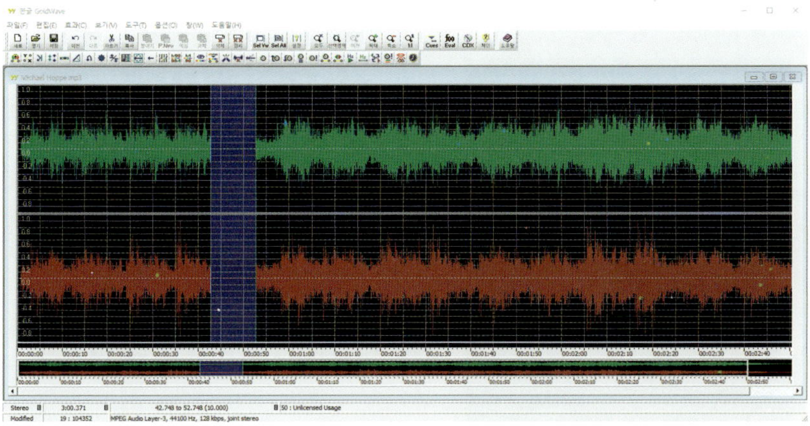

그림 8-40

6. 플립앨범

플립앨범은 디지털 포트폴리오를 만들거나, 기념앨범을 만들 때 유용하게 사용할 수 있다. 플립앨범을 사용하는 방법을 알아보자 인터넷에서 체험용 플립앨범을 다운받아 컴퓨터에 설치하고 사용해 보자.

1) 앨범 만들기

플립앨범 프로그램을 컴퓨터에 설치하게 되면 바탕화면에 플립앨범 아이콘이 만들어 진다. 플립앨범 아이콘을 더블 클릭하면 프로그램이 실행되어 [그림 8-41]과 같이 나타난다.

상단에 메뉴와 도구모음 아이콘이 있다. 각 아이콘에 마우스를 놓으면 기능 설명이 간단히 나타난다. 앨범 만들기를 시작하려면 가장 왼쪽의 

버튼을 누르면 간단히 만들 수 있다.

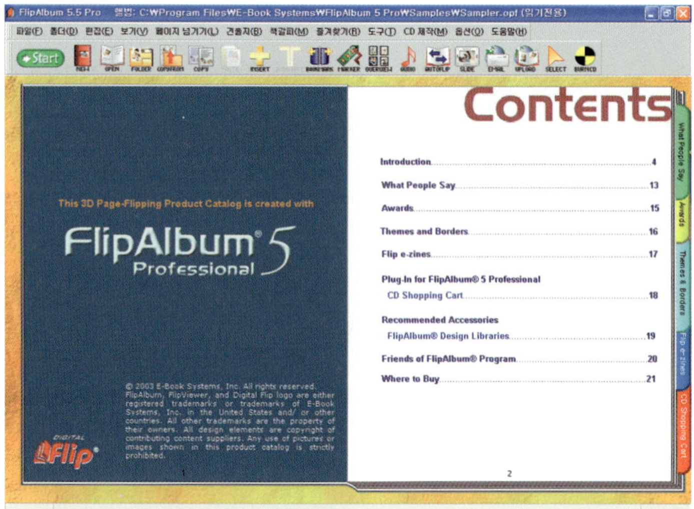

그림 8-41

Start 버튼을 누르면 [그림 8-42]처럼 창이 뜬다. open folder를 누르면 [그림 8-43]처럼 사진을 가져올 경로를 지정해 주는 창이 생긴다.

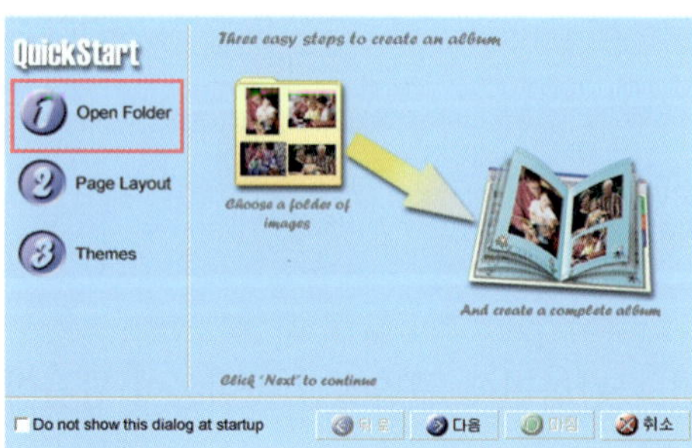

그림 8-42

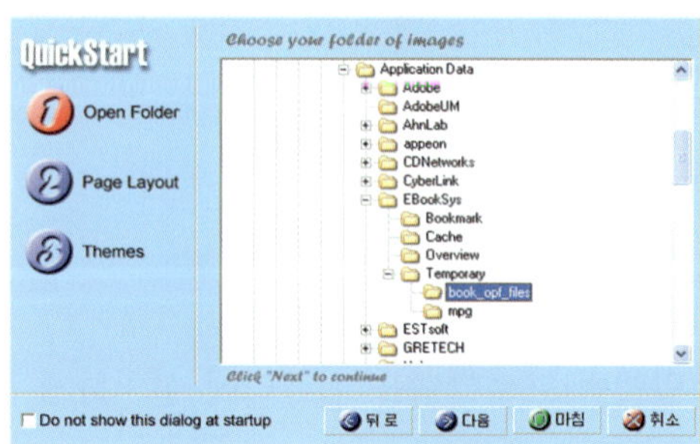

그림 8-43

여기서 미리 저장해 둔 폴더를 지정하고 다음 버튼을 누르면 page layout 방법을 선택하는 창이 뜬다. [그림 8-44]에서 page layout을 한 쪽으로 할 것인지 두 쪽으로 나누어 할 것인지 선택하고 다음 버튼을 누르면 [그림 8-45]처럼 표지 테마를 선택하는 창이 뜬다. 기본으로 몇 가지 테마가 주어진 것을 선택해도 되고 나만의 독특한 테마를 만들어 넣을 수도 있다. 테마를 선택하고 마침 버튼을 누르면 자동으로 사진을 가져와 앨범이 만들어진다.

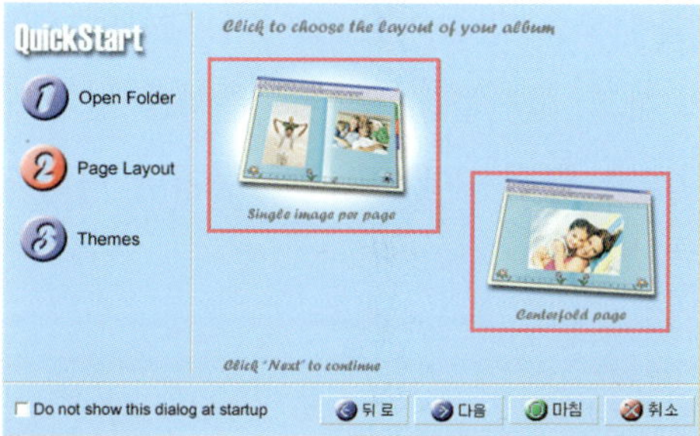

그림 8-44

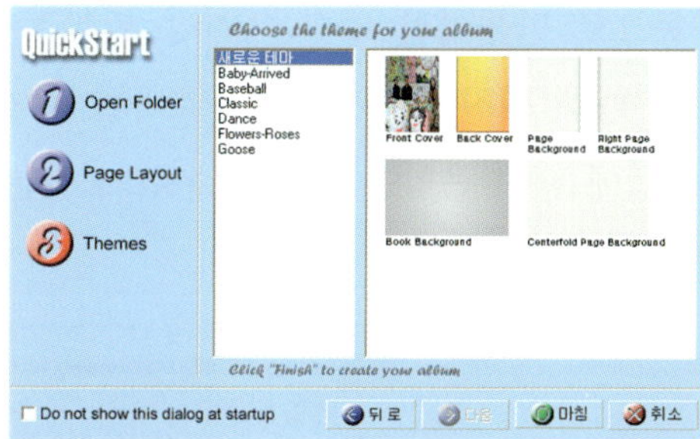

그림 8-45

[그림 8-46]은 5세 우체국 프로젝트 과정에서 촬영한 디지털 사진들을 모아 앨범으로 만든 것이다. 앨범의 제목은 폴더의 이름과 똑같이 자동으로 만들어진다.

앨범의 빈 곳에 마우스를 올려놓고 왼쪽 버튼을 누르면 책장을 넘기듯이 앨범을 한 장 한 장 넘기면서 감상할 수 있다.

[그림 8-47]처럼 앨범의 첫 장에는 모든 사진의 이름과 함께 목록이 나타나고 그 다음 페이지는 사진의 이름과 페이지가 표시된 차례가 만들어지고, 그 다음 페이지부터 사진이 삽입된다.

그림 8-46

그림 8-47

앨범 만들기는 도구모음에서 새 앨범 만들기 버튼()으로도 만들 수 있다. 버튼을 누르면 새로운 빈 앨범이 [그림 8-48]처럼 만들어진다. 그 다음 도구모음에서 폴더열기 버튼()을 누르면 [그림 8-49]처럼 사진을 가져올 폴더의 경로를 지정하는 창이 뜬다. 사진이 저장되어 있는 폴더를 지정하고 확인 버튼을 누르면 앨범이 자동으로 만들어진다.

자동으로 만들어진 앨범은 가장 기본적인 옵션으로 만들어진 것이기 때문에 앨범의 용도에 따라 사진에 여러 가지 효과를 주기도 하고 사진을 설명하는 주석을 달기도 한다. 앨범에 배경 음악을 넣어서 분위기 있는 감상을 즐길 수 있고, 동영상이나 여러 가지 클립아트도 삽입할 수 있다.

그림 8-48

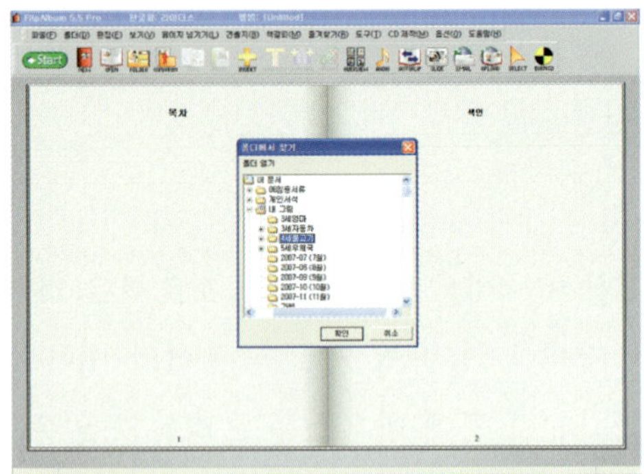

그림 8-49

2) 슬라이드 쇼로 감상하기

앨범의 책장을 일일이 넘기지 않고도 슬라이드 쇼에서 지정해 주는 속도로 페이지가 넘어가도록 할 수 있다. 도구모음의 autoflip 아이콘을 누르면 자동으로 책장이 한 장씩 넘어간다. Slide 아이콘을 누르면 모니터의 전체 화면에 사진을 한 장씩 띄우면서 슬라이드 쇼로 감상할 수 있다.

자동책장 넘기기의 페이지 넘기기 속도를 바꾸려면 옵션 → 자동 책장 넘기기 설정으로 들어간다. [그림 8-50]처럼 자동 책장 넘기기 옵션 창에서 슬라이드 바를 조절하여 속도를 선택한다.

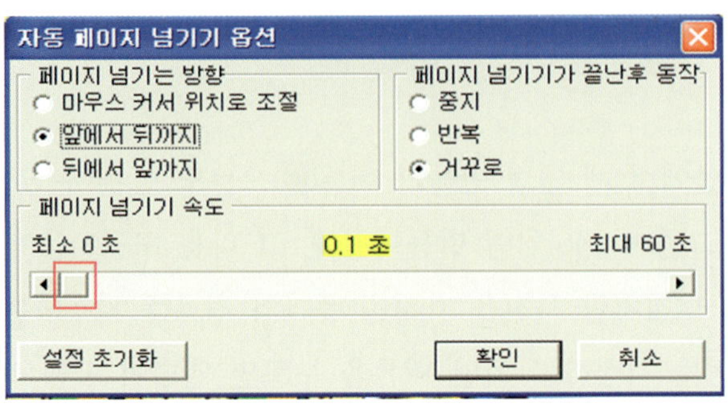

그림 8-50

슬라이드 쇼 속도는 옵션→슬라이드 쇼 설정을 누른다. [그림 8-51]과 같이 슬라이드 쇼 옵션 설정 창에서 조절바를 움직여 시간을 조절한다.

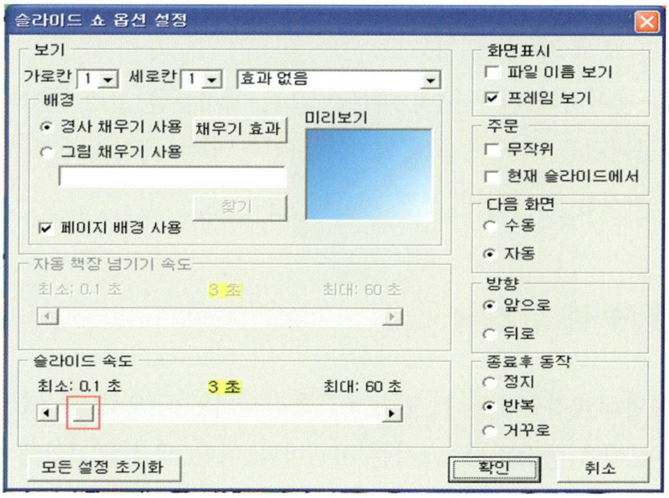

그림 8-51

3) 앨범 표지 장식하기

앨범마다 표지를 독특하게 할 수 있다. 7가지 표지가 플립앨범에 기본으로 들어 있지만 이용자가 직접 앨범의 주제에 따라 어울리는 표지를 만들 수 있다. 도구모음에서 옵션→추가옵션을 누르면 [그림 8-52]와 같은 창이 뜬다. 미리 만들어 놓은 나만의 표지 그림이 있다면 그림 찾기 버튼을 눌러 불러올 수 있다.

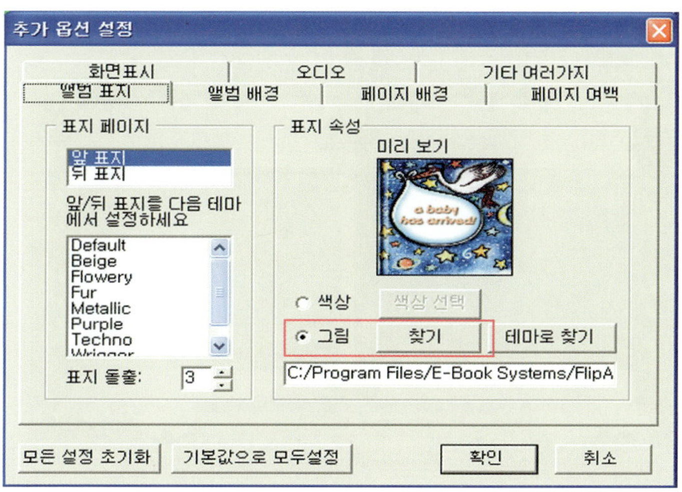

그림 8-52

4) 책갈피 만들기

사진이 많으면 원하는 사진을 신속히 찾기 어렵다. 중요하거나 자주 보는 사진을 책갈피로 지정해 두면 즉시 볼 수 있다.

책갈피로 만들 페이지의 빈 곳에서 마우스 오른쪽 버튼을 눌러 책갈피→추가를 누른다. 책갈피가 만들어졌을 것이다. 책갈피에는 사진이 있는 페이지의 번호가 적힌다. 책갈피 위로 마우스 커서를 가져가면 사진 이름이 뜬다.

5) 사진에 주석 달기

플립앨범을 유아교육기관에서 디지털 포트폴리오의 수단으로 사용한다면 사진에다가 주석을 다는 일이 매우 중요하다. 교사는 사진마다 어떤 해석을 기입해 주어야 평가로서 의미를 가질 수 있기 때문이다. 주석 기능을 이용하면 플립앨범이 디지털 기록화의 기능을 충분히 수행할 수 있는 도구가 된다.

주석을 기입할 페이지의 빈 곳에 커서를 놓고 마우스 오른쪽 버튼을 눌러 주석을 누른다. [그림 8-53]의 주석 도구모음과 주석 입력창을 이용해서 글을 적는다. 주석 입력창의 모서리로 커서를 가져가면 창의 크기와 위치를 바꿀 수 있다. 주석 글씨의 서체와 크기, 색깔을 다양하게 할 수 있다. 주석 입력을 하고 페이지 빈 곳을 마우스로 클릭하면 주석 입력이 완료된다.

그림 8-53

6) CD 굽기

앨범 제작이 끝나면 CD로 구워 유아들에게 나누어 주기도 하고, 라벨을 붙여 학급의 포트폴리오 보관함에 정리하여 둔다.

도구모음에서 CD제작 → 앨범CD만들기를 선택하면 [그림 8-54]와 같이 CD만들기 창에서 새앨범CD만들기에 체크하고 확인 버튼을 누른다.

다음에는 새앨범CD폴더가 저장될 경로를 지정하는 창이 [그림 8-55]와 같이 뜨면 경로를 지정하고 만들기 버튼을 누른다.

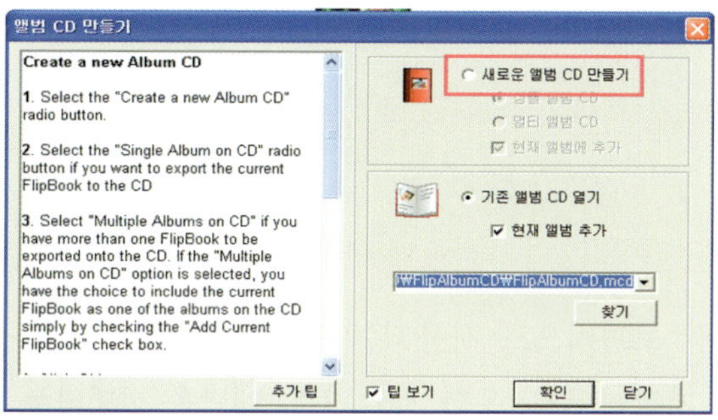

그림 8-54

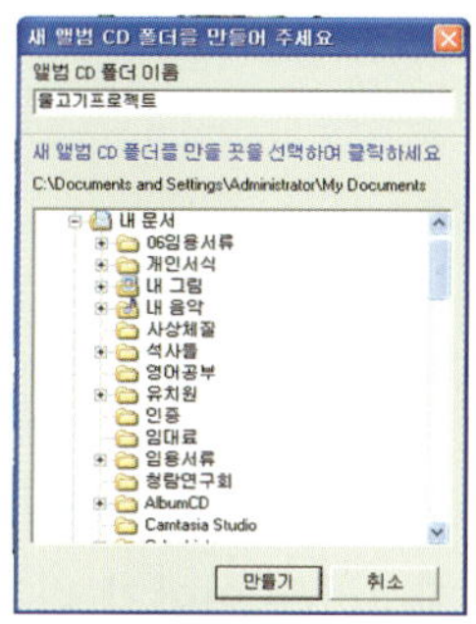

그림 8-55

그 다음은 앨범CD 옵션 메뉴 창이 [그림 8-56]처럼 뜨고 만들어진 앨범이 저장된 경로가 표시된다. 이 창에서 앨범 옵션 설정, 앨범 CD 제목 설정을 하고, 앨범 CD 미리보기를 한 후 다음 버튼을 누르면 지정된 경로에 저장이 실행된다. 여기까지 해야 비로소 앨범이 만들어진 것이다. 만들어진 앨범을 컴퓨터의 하드디스크에 저장해 둘 수도 있고 CD로 만들어 유아들에게 나누어 줄 수도 있다. 하드디스크에 저장된 앨범은 나중에 '네로' 프로그램과 같은 CD-R 도구로 CD로 구울 수 있다. 지금 당장 CD로 굽기를 원한다면 다음 과정을 밟으면 되는 것이다.

그 다음은 [그림 8-57]처럼 CD 굽기 정보 창이 뜬다. 이 창에서 플립앨범을 CD로 굽는 두 가지 방법을 소개하고, CD에 포함될 두 개의 폴더와 한 개의 실행 파일을 보여준다. 이 상태에서 컴퓨터에 CD-RW기가 설치되어 있다면 CD로 굽기 버튼을 누르면 CD 굽기가 진행된다. 컴퓨터 안내에 따라 공CD를 드라이브에 넣어 주면 된다. 만약 나중에 CD로 굽는다면 확인 버튼을 눌러 주면 창이 닫히고 앨범 만들기 과정이 종료된다.

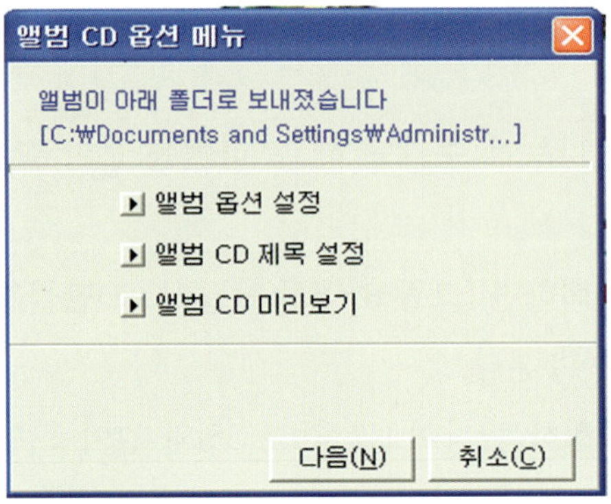

그림 8-56

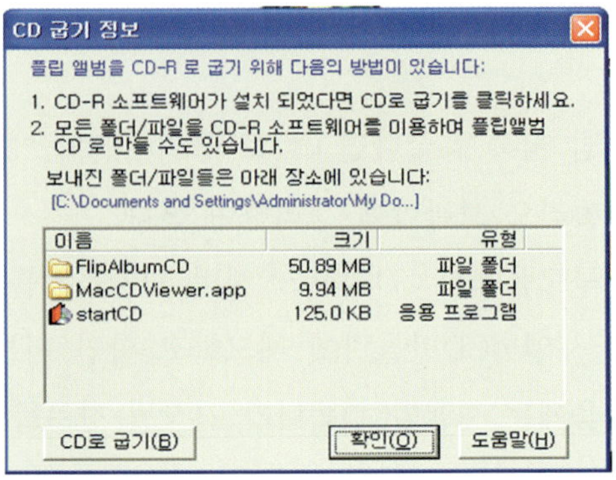

그림 8-57

7. 파워포인트

파워포인트는 교육현장에서 가장 보편적으로 사용되는 프리젠테이션 저작도구이다. 유아들에게 제시하는 이야기 나누기 자료라든지, 동화 자료 또는 개념을 설명하는 자료나 송편 빚기와 같은 과정을 설명하는 자료를 만들어 제시할 때 매우 유용하게 사용될 수 있다.

유아교육을 전공하는 학생이라면 파워포인트를 어느 정도는 사용할 줄 안다고 본다. 여기서는 동화 자료를 만드는 것을 설명하겠다. 동화 자료를 만들기 위해서는 동화의 배경 그림과 등장인물 그리고 효과음, 배경 음악, 동화의 내용을 글로 또는 음성으로 제시하는 것까지 고려해야 한다. 등장인물이 동화의 내용에 따라 움직이도록 한다면 유아들은 더욱 동화에 매료될 것이다. 유아들과 상호작용하면서 동화를 들려주기 위해서는 애니메이션과 글, 효과음은 파워포인트로 제시하고 구연은 교사가 직접 하는 것이 좋다.

1) 배경과 등장인물 만들기

파워포인트로 제시하는 동화는 교사의 창작동화라면 더욱 좋겠지만 현실적으로 매번 교사가 동화를 창작할 수는 없으므로 기존의 동화 중에서 생활주제와 관련된 것을 선택하는 것이 일반적이라 하겠다. 따라서 책으로 출판된 동화를 그대로 사용하는 경우는 책을 스캔하여 약간의 수정을 하여 파워포인트의 배경으로 하면 된다. 동화의 등장인물이 움직이도록 하기 위해서는 등장인물만 오리기하여 사용하면 된다.

(1) 그림판을 이용하여 등장인물 오리기

등장인물 오리기는 포토샵을 이용하면 비교적 정교하게 등장인물만 오려 따로 그림파일로 만들 수 있다. 포토샵을 사용하지 못할 경우 포토샵보다 사용법이 간단한 그림판을 이용할 수 있다. 그림판 프로그램은 컴퓨터에 기본적으로 설치되어 있어 누구나 사용할 수 있다. 여기서는 그림판을 이용하여 그림 오리기 작업을 설명하겠다.

그림판을 실행시키기 위해서는 컴퓨터 화면의 좌측 하단에 시작 → 프로그램 → 보조프로그램 → 그림판을 선택하면 그림판이 실행된다. 동화책을 스캔한 그림 파일을 그림판 작업창으로 불러온다. 그림 파일을 불러오는 순서는 그림판 도구모음에서 파일 → 열기 → 스캔한 그림 파일이 된다.

[그림 8-58]처럼 그림이 나타나면 왼쪽의 도구모음에서 자유형 선택툴( )을 선택한 다음 오리고 싶은 그림 테두리에 커서를 놓고 마우스 왼쪽 단추를 누르고 그림의 외각선을 따라 오리면 [그림 8-58]처럼 오려진 선이 그어진다. 오리기 시작한 지점까지 와서 마우스 단추를 놓으면 오린 그림의 외곽에 사각형으로 선택 표시가 나타난다. 커서를 오린 그림 위에 놓고 마우스 오른쪽 단추를 눌러 복사한다. 그림판을 하나 더 실행시키고 방금 오린 그림을 복사하여 [그림 8-59]처럼 붙여 넣기 한다. 붙여 넣는 방법은 마우스 오른쪽 단추를 눌러 붙여 넣기 하든지, 편집 → 붙여 넣기를 선택하면 된다. 붙여 넣기가 되면 그림판 메뉴를 이용하여 그림을 약간 멋지게 수정하여 저장한다. 저장하는 방법은 파일 → 저장을 선택하면 저장 경로를 지정하고 그림의 이름을 붙여 저장한다. 여기서는 토끼 1이라는 이름으로 저장하였다.

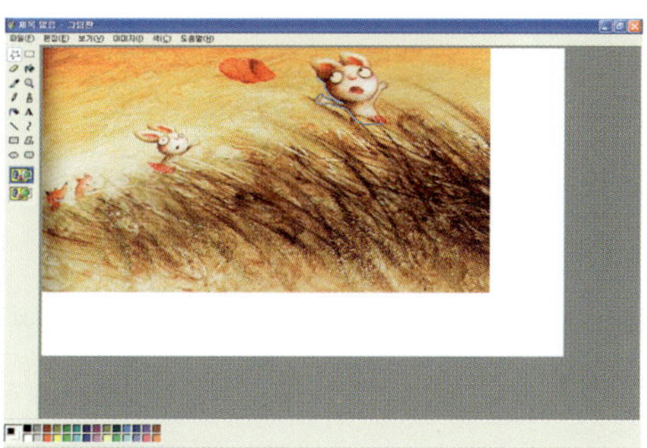

그림 8-58

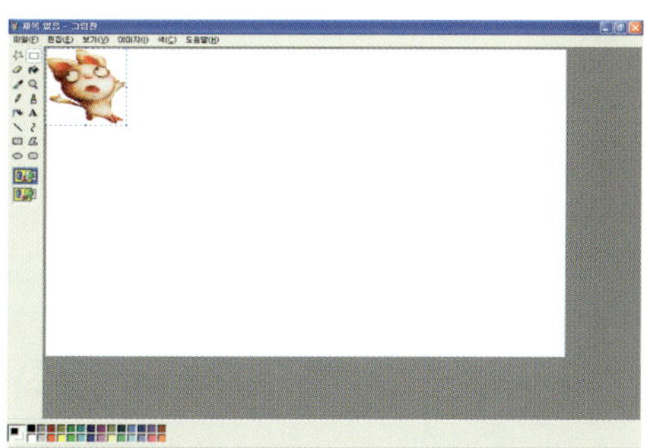

그림 8-59

(2) gif 파일 만들기

동화의 등장인물인 토끼 1은 그냥 그림일 뿐 동작을 하지 못한다. 동화에서 토끼가 귀를 움직인다든지 눈을 깜박인다든지, 입을 움직이면 마치 살아 있는 토끼가 동화에 나타난 것과 같은 효과를 줄 수 있다. 이렇게 움직이는 효과를 주는 것을 애니메이션이라 하는데 애니메이션은 약간 다른 그림을 번갈아 연속하여 보여주면 움직이는 것처럼 보이는 원리를 이용하는 것이다. 애니메이션화된 그림 파일을 gif 파일이라 하는데 gif 파일을 만들 수 있는 프로그램은 여러 가지가 있지만 여기서는 '아트뷰 2.35' 프로그램을 사용하여 만드는 과정을 소개한다. 인터넷에서 아트뷰 2.35를 다운받아 컴퓨터에 설치하고 사용해 보자.

gif 파일을 만들기 위해서는 그림이 2개 이상 있어야 한다. 여기서는 위에서 저장한 토끼 1이라는 파일로 눈과 입을 움직이는 토끼를 만들어 보자. 우선 토끼 1을 가지고 눈 모양과 입 모양이 다른 토끼 2를 만들어야 한다. 그래서 이 두 개의 토끼를 합쳐서 한 마리의 움직이는 토끼를 만들 것이다.

① 그림판을 실행하여 [그림 8-60]처럼 토끼 1을 작업창에 불러온다. 토끼 1을 그림판의 도구들을 이용하여 눈 모양, 입 모양, 팔 모양을 바꿔 다른 이름으로 저장하기 하여 [그림 8-61]처럼 토끼 2라는 이름으로 저장한다.

그림 8-60

그림 8-61

② 아트뷰 2.35 프로그램을 실행시켜 토끼 1과 토끼 2를 프레임#1과 프레임#2에 삽입한다. 아트뷰 2,35를 샐행시키면 [그림 8-62]와 같이 창이 열린다. gif 파일을 만들기 위해서는 파일→새gif 이미지 만들기를 선택하면 [그림 8-63]처럼 창이 생긴다. 토끼 1과 토끼 2를 프레임#1과 프레임#2에 삽입하기 위해서는 작은

창의 도구모음에서 프레임삽입( ) 아이콘을 눌러 [그림 8-63]처럼 토끼 1과 토끼 2를 차례로 삽입한다.

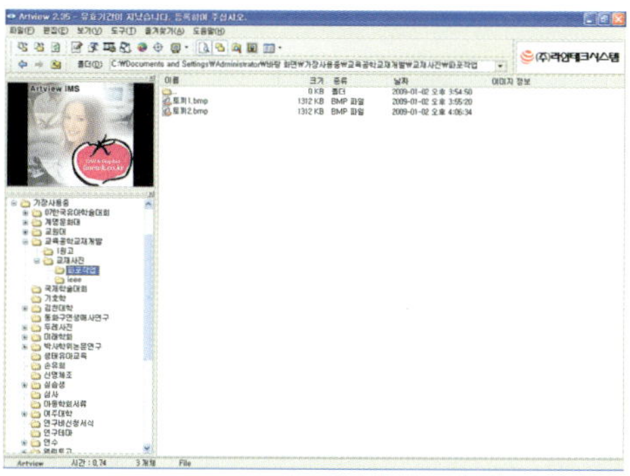

그림 8-62

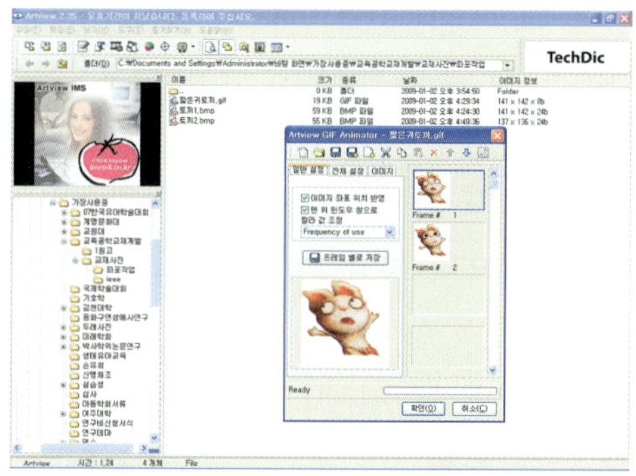

그림 8-63

그 다음은 [그림 8-64] 화살표가 가리키는 곳에 전체 설정 버튼을 눌러 지연시간을 지정해 준다. 여기서 지정된 시간 단위는 milli sec이다. 1milli sec는 0.001초이다. 그러므로 1000milli sec로 지정하면 지연시간은 1초가 되는 것이다. 즉, 한 번 동작하고 나서 그 다음 동작은 1초 후에 이루어진다는 것이다. 여기서 지정해 주는 지연시간은 프레임 1과 프레임 2에 똑같이 적용된다. 만약 프레임별로 지연시간을 달리 설정해 주려면 [그림 8-65] 화살표가 가리키는 곳에 이미지 설정 버튼을 눌러 각 프레임별로 지연시간을 설정하면 된다. 동작을 몇 번 반복시킬 것인지 반복 횟수를 지정해 주는 것은 전체 설정에서 해주면 된다.

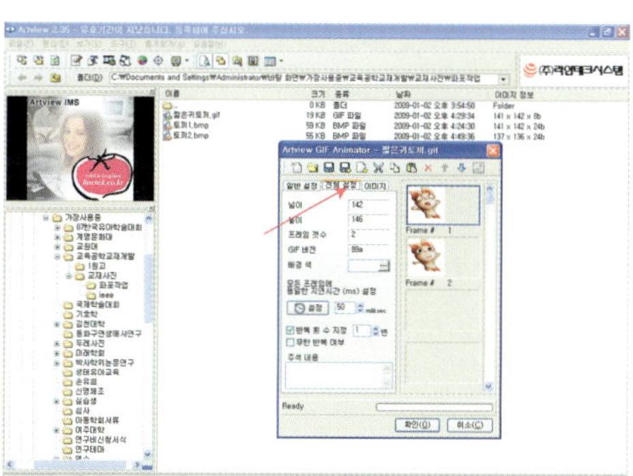

그림 8-64

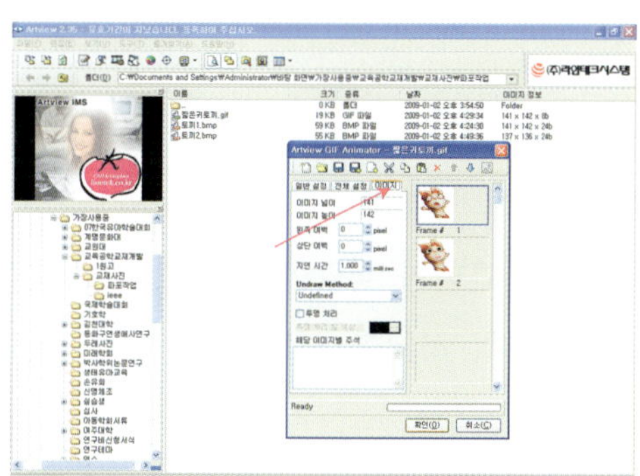

그림 8-65

모든 설정이 끝나면 상단에 저장 버튼을 눌러 저장한다.

2) 슬라이드에 개체 삽입하기

파워포인트로 동화를 만들기 위해서 그림과 효과음이 준비되면 하나의 폴더에 모아서 저장해 두어야 편리하게 하나씩 파워포인터에 삽입할 수 있다. 이제 동화를 만들기 위한 준비가 되었으니 지금부터는 파워포인트의 매뉴얼을 이용하여 멋진 동화를 만들어 보기로 한다.

(1) 그림 삽입

파워포인트를 실행시켜 첫 장에 동화의 제목과 지은이를 적어 넣는다. 이번에는 '또또와 사과나무'라는 동화를 만들어 보고자 한다. 새 슬라이드 버튼을 눌러 동화의 첫 번째 장면을 만든다.

상단의 도구모음에서 삽입 → 그림 파일을 클릭하여 폴더에 저장해 놓은 그림을 삽입하든지 그림을 복사하여 그림을 삽입할 슬라이드에서 마우스 오른쪽 단추를 눌러 붙여넣기 한다. 그림의 크기를 슬라이드의 크기에 알맞게 조절한다. gif 파일로 된 그림은 파워포인트에서 슬라이드 쇼를 실행할 때 애니메이션이 작동된다.

만일 삽입된 그림파일 바탕이 불투명하여 새로 삽입된 그림 파일의 바탕이 밑그림을 가릴 경우는 삽입된 그림을 선택한 상태에서 메뉴의 서식 → 다시 칠하기 → 투명한 색 설정을 선택하면 커서의 모양이 화살표가 붙은 상태가 된다. 커서를 그림의 바탕 부분을 클릭하면 투명한 색으로 변하여 밑그림이 보이게 된다.

(2) 글자 입력

파워포인트 아래의 도구모음에서 텍스트 상자를 클릭하고 마우스 왼쪽 버튼을 누른 상태로 드래그하여 적당한 크기의 텍스트 상자를 만들고 그 안에 글자를 입력한다. 글자의 크기와 색, 서체를 선택할 수 있다.

(3) 소리 삽입

동화의 효과음을 삽입할 때는 미리 해당하는 소리를 인터넷에서 다운받아 놓든지 구할 수 없는 소리는 직접 컴퓨터에서 녹음한다. 소리 녹음 방법은 앞에서 배웠으니까 그대로 하면 된다. 기본적인 소리는 파워포인트에 내장되어 있어 그것을 선택하여 효과음으로 지정해도 된다. 그러나 대부분 알맞은 소리를 새로 준비하여 삽입하는 것이 더 실감나게 만드는 방법이다.

소리 삽입은 도구모음→삽입→동영상 및 소리→소리 파일을 클릭하여 해당 소리를 삽입한다. 소리 파일이 삽입되면 확성기 모양()의 아이콘이 생긴다. 소리 파일을 자동으로 실행할 것인지 클릭하여 실행할 것인지 선택하는 창이 뜨면 적당한 것으로 선택하면 된다. 동화에서는 자동으로 실행되는 것이 더 편하다.

또 다른 소리삽입은 도구모음 → 애니메이션 → 사용자지정애니메이션을 차례로 클릭하면 화면 오른쪽에 사용자지정 에니메이션을 세부적으로 지정할 수 있는 창이 생성되는데 이미 삽입한 개체(그림, 사진 등)를 마우스로 선택하여 개체의 작동을 구체적으로 설정할 수 있다. [그림 8-66]과 같이 원숭이가 나뭇가지에 매달려 나타날 때 원숭이 소리를 내도록 할 수 있다. 우선 원숭이 그림을 마우스로 클릭하고, 오른쪽 사용자지정메뉴에 원숭이 그림에 해당하는 개체가 선택되면 화살표 버튼을 누르든지 해당개체에 마우스를 올려놓고 오른쪽 버튼을 누르면 [그림8-66]과 같이 세부 메뉴창이 나타난다. 여기서 효과옵션을 누르면 소리 효과를 지정해줄 수 있는 창이 뜬다. 여기서 파워포인트에 내장되어 있는 소리를 선택할 수도 있고 메뉴의 맨 아래에 있는 '다른 소리'를 선택하면 별도로 소리를 만들어 놓은 소리파일을 삽입할 수도 있다. 좀 더 실감나는 소리를 넣으려면 진짜 원숭이소리를 녹음하든지 다운받아 놓은 소리를 삽입하는 것이다. 이 때 주의할 점은 소리파일의 확장자가 *.wav로 된 소리파일이어야 파워포인트에서 소리가 작동된다. wav 이외의 소리파일은 소리파일변환기 power MP3 WMA converter와 같은 변환도구를 사용하면 간단히 해결할 수 있다.

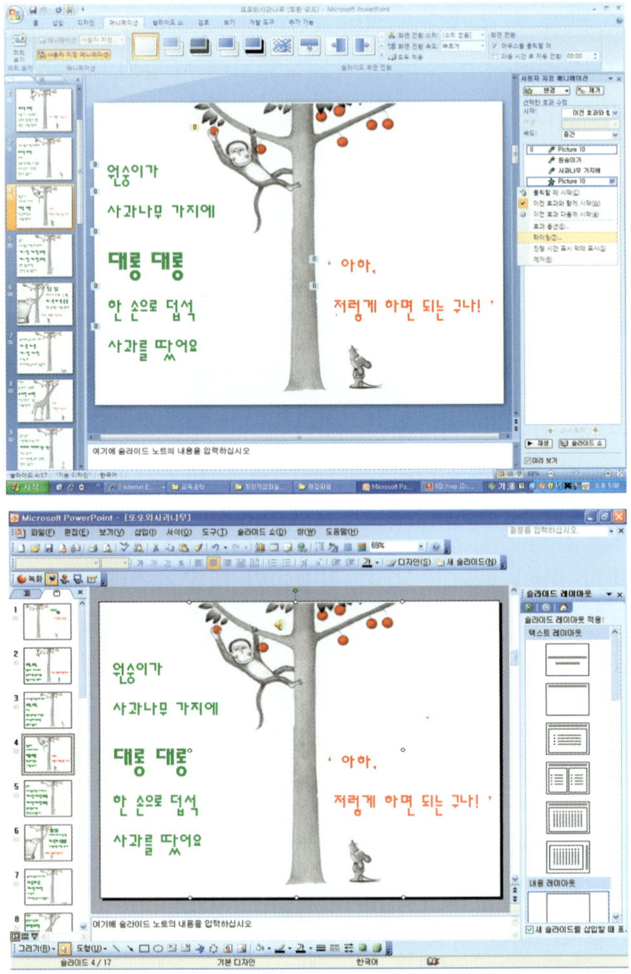

그림 8-66

[그림 8-66]에는 두 개의 텍스트 상자와 나무, 원숭이, 생쥐, 원숭이 소리 등 6개의 개체가 삽입되었다. 삽입된 개체들을 마우스로 끌어 슬라이드 적당한 자리에 배치시킨다.

3) 삽입된 개체에 효과 적용하기

개체들이 모두 삽입되었으면 각 개체들이 슬라이드에서 동화의 내용에 맞게 순서대로 작동되도록 애니메이션 효과를 적용한다. 효과 적용은 개체를 마우스로 선택한 후 도구 모음에서 편집 → 사용자 지정 애니메이션을 클릭한다. 그러면 창의 오른쪽에 효과 적용 창이 뜨는데 효과 적용 단추를 누르면 여러 가지 효과를 줄 수 있다. [그림 8-67]에서 붉은색 사각형 안에 삽입된 개체들의 효과 적용 상태를 보여주고 있다. 각 개체들의 작동순서가 위에서부터 아래로 나열되어 있다. 순서를 바꾸려면 아래쪽에 있는 순서 조정 화살표 ↑ 또는 ↓를 눌러 순서를 바꿀 수 있다.

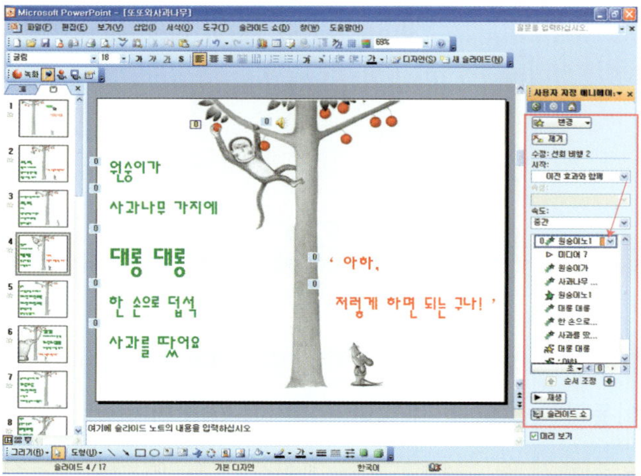

그림 8-67

붉은색 화살표 끝에 라디오 버튼을 누르면 [그림 8-68]처럼 효과 실행에 대하여 구체적으로 설정할 수 있는 메뉴가 나타난다. 클릭할 때 시작을 지정하면 슬라이드 쇼에서 마우스를 클릭해야 적용한 효과가 작동된다. 이전 효과와 함께 시작을 지정하면 이 개체보다 앞선 작동과 함께 실행되는 것이고, 이전 효과 다음을 지정하면 이 개체보다 앞선 작동이 끝나고 그 다음에 작동된다. 앞선 작동과 본 작동 사이의 시간 간격을 설정해 줄 수 있다. 효과 옵션은 효과에 추가로 소리 효과 또는 색상 변화 효과를 설정한다. 타이밍은 효과가 실행되는 속도를 설정하는 것이다.

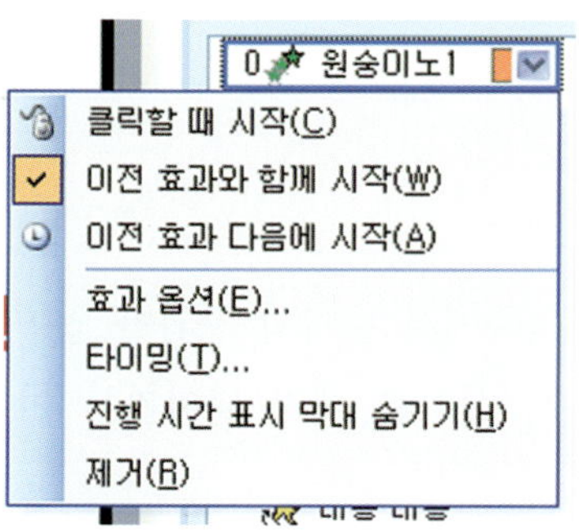

그림 8-68

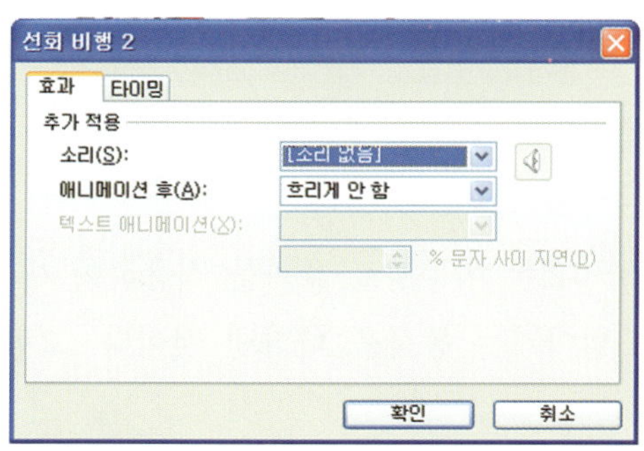

그림 8-69

효과의 종류는 [그림 8-70]처럼 나타내기, 강조하기, 끝내기, 이동경로 등 네 가지가 있고 각각의 효과 하위에는 여러 종류의 효과가 있다. 효과 적용 버튼을 누르면 여러 가지 효과가 나타나고 그 중에서 선택하면 되는 것이다.

그림 8-70

동화를 재미있게 구연하려면 등장인물이 나타나고, 이동하는 효과가 필요하다.

등장인물이 자유롭게 이동하는 효과를 주려면 효과 적용→이동경로→사용자 지정 경로 그리기→자유곡선을 선택한 후 연필 모양의 커서가 나타나면 마우스 왼쪽 버튼을 누른 채로 움직여 원하는 방향으로 자유롭게 선을 그린다. 선을 다 긋고 마우스 왼쪽 버튼을 놓으면 [그림 8-71]처럼 개체가 이동할 경로를 보여준다.

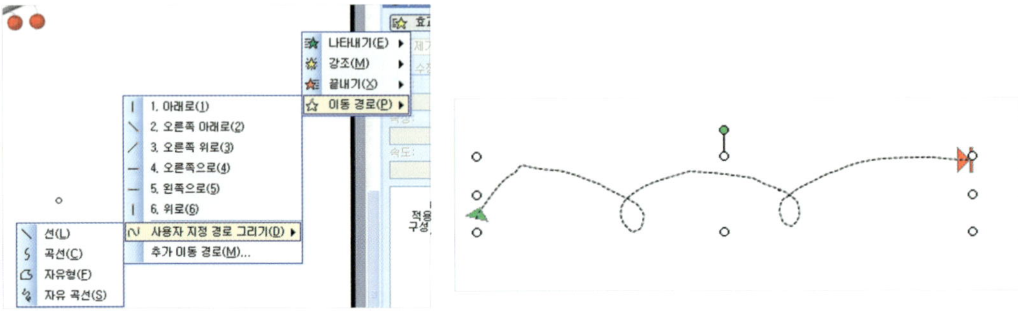

그림 8-71

[그림 8-72]는 이동경로 효과를 적용하여 새가 왼쪽에서 날아와 사과를 입에 물고 오른쪽으로 날아가는 동작을 나타낸 것이다. 그림에서 실선은 새가 날아가는 이동경로를 나타낸다.

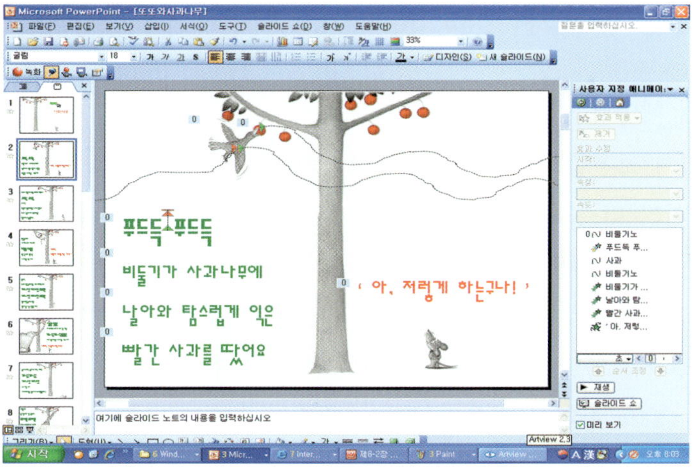

그림 8-72

8. CD/DVD 굽기

CD에 데이터를 저장하려면 CD를 굽는 기계와 소프트웨어가 필요하다. CD 굽는 기계에는 CD-RW가 있고 DVD를 굽는 기계는 DVD-RW가 있다. 요즘은 이 두 가지 기능이 합쳐진 것이 출시된다. CD를 굽는 소프트웨어를 버닝툴이라 하는데 가장 일반적으로 많이 사용되는 것이 네로 버닝롬이다. 네로 버닝롬을 사용하여 CD와 DVD를 굽는 방법을 소개하고자 한다.

네로 프로그램을 실행시키면 [그림 8-73]과 같이 메뉴창이 뜬다. 네로에는 여러 가지 부가 기능이 있지만 기본적으로 데이터 디스크 만들기, 오디오 CD 만들기, 비디오 CD 만들기, 디스크 복사 등 기능이 있다. 여기서는 이것들을 중심으로 설명하고자 한다.

그림 8-73

1) 데이터 디스크 만들기

이것은 단순히 CD에 데이터를 저장하는 것이다. 문서 파일, 사진 파일, 동영상 파일, 음악 파일 등을 저장하여 보관할 때 데이터 디스크 만들기를 하면 된다.

[그림 8-74]에서 데이터 디스크 만들기를 클릭하면 아래 그림처럼 CD에 담을 파일을 추가할 수 있는 창이 뜬다. 오른쪽 상단에 추가 버튼을 누르면 추가할 파일의 경로를 지정하고 해당하는 파일들을 선택하여 추가 버튼을 누르면 [그림 8-75]처럼 저장할 파일의 목록이 생긴다. 더 이상 추가할 파일이 없으면 완료 버튼을 눌러 추가창을 닫고 다음 버튼을 누른다. 파일의 추가는 CD의 용량이 700MB이기 때문에 700MB를 넘지 않아야 한다.

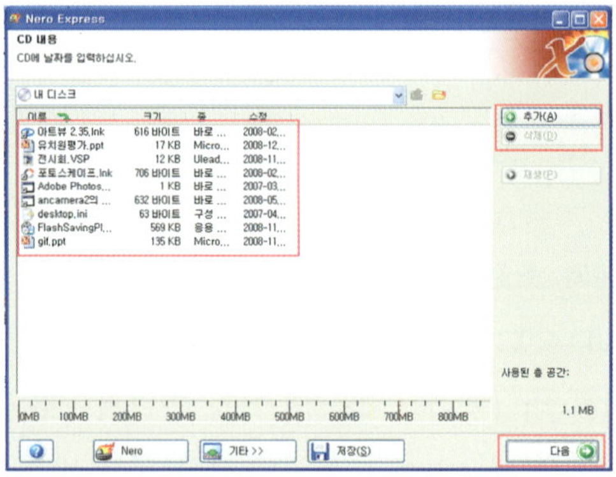

그림 8-74

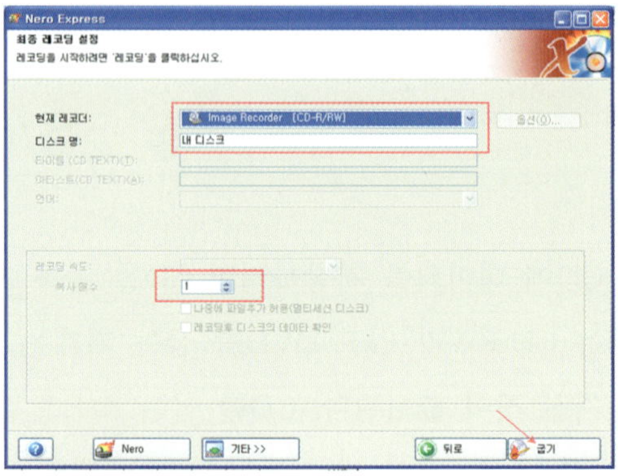

그림 8-75

레코딩 설정창이 뜨면 현재 레코더명(CD를 굽는 드라이브명)을 지정하고 복사 매수를 설정해 준 후 [그림 8-75]처럼 화살표의 굽기 버튼을 누른다. 그 다음 드라이브가 열리고 공CD를 삽입하라는 메시지가 나오면 공CD를 넣고 드라이브를 닫으면 굽기가 진행된다. 굽기가 완료되면 드라이브가 열리고, 구워진 CD를 꺼내면 끝나는 것이다. 복사 매수를 2개 이상 설정했다면 구워진 CD를 꺼내고 나서 다시 공CD를 삽입하면 두 번째 CD가 구워진다.

2) 오디오 CD 만들기

오디오 CD는 단순히 음악을 저장하는 것이 아니라 CD 플레이어에서 구동되어 음악이 트랙에 따라 재생되도록 하는 것이다.

메인 메뉴에서 오디오 CD 만들기를 클릭하면 데이터 CD 만들기처럼 음악을 추가할 수 있는 창이 뜬다. 이하 절차는 데이터 CD 만들기와 동일하다.

3) 비디오 CD 만들기

비디오 CD도 오디오 CD처럼 비디오 플레이어에서 구동되어 비디오가 재생되도록 하는 것이다. 데이터 CD는 동영상 파일이 저장되어 있어도 비디오 플레이어에서 구동되지 않는다. 메인 메뉴에서 비디오 CD 만들기를 클릭하고 동영상 파일을 추가 한다. 이하 절차는 데이터 CD 만들기와 동일하다.

4) 디스크 복사하기

디스크 복사는 데이터CD, 오디오CD, 비디오CD, DVD 등 어떤 것이라도 원본과 똑같은 CD를 하나 더 만드는 것이다. 메인 메뉴에서 디스크 복사하기를 클릭하면 [그림 8-76]과 같이 원본 드라이브와 대상 드라이브를 설정하는 창이 뜬다. 드라이브가 CD-RW 하나만 설치되어 있다면 원본 드라이브와 대상 드라이브는 동일하게 설정하면 된다. 그리고 복사 매수를 설정한 후 굽기 버튼을 누른다.

먼저 원본 드라이브에 원본 디스크를 삽입하면 디스크 읽기가 실행되고 난 후 공 디스크를 삽입하라는 메시지가 나온다. 메시지에 따라 공CD를 삽입하면 복사가 진행된다.

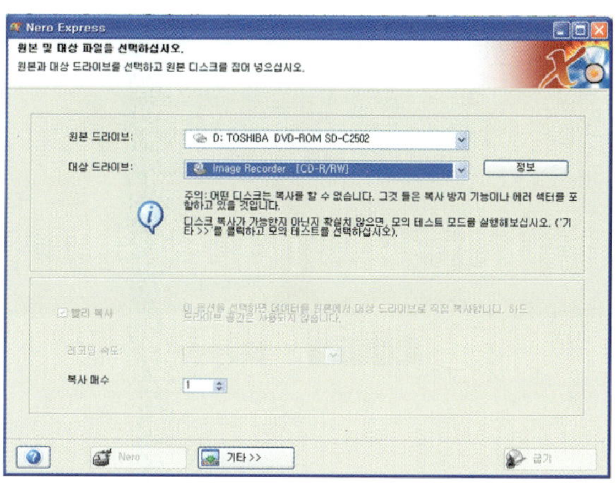

그림 8-76

9. 프레지(prezi)

프레젠테이션 툴로서 최근 많은 인기를 얻고 있는 것이 프레지(prezi)라고 말할 수 있다. 프레지는 무한대로 큰 도화지 위에 자신이 구상하고 있는 내용을 삽입하여 마인드맵 방식 즉, 주제를 중심으로 자신의 생각을 연결해 가며 프레젠테이션 할 수 있는 도구이다. 파워포인트는 여러 장의 슬라이드를 순서대로 보여주는데 비해 프레지는 한 장의 캔버스에 삽입한 내용을 연결된 path를 따라 줌인 줌아웃 하면서 보여주는 것이다. 파워포인트는 문자나 이미지, 그래픽 같은 개체를 편집하는 기능과 함께 프레젠테이션 기능을 가지고 있는 반면 프레지는 편집하는 기능은 약하지만 프레젠테이션 기능은 강하다고 말할 수 있다. 무엇보다도 사용법이 간단하여 쉽게 배울 수 있다는 것이 장점이다. 일반적으로 프레지 홈페이지에 접속하여 사용하기 때문에 인터넷이 연결된 컴퓨터에서만 발표 자료를 제작할 수 있다. 그러나 제작이 끝난 후에는 다운 받아 오프라인에서도 사용할 수 있다.

1) 프레지 사용자계정 만들기

프레지는 인터넷 상에서 가입이 되어야 사용할 수 있다. 프레지 홈페이지 주소 http://prezi.com에 접속 하면 [그림 8-77]처럼 화면이 보이는데, 브라우저 화면 우측 상단 또는 중앙 하단의 파란색 네모 Sign up now 버튼을 클릭한다.

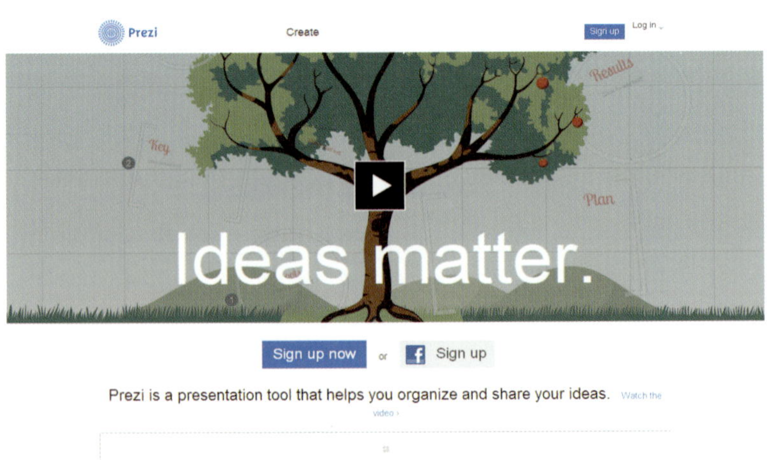

그림 8-77
prezi 홈페이지 화면

sign up now 버튼을 클릭하면 계정의 종류를 선택하는 화면으로 바뀐다. 사용자 계정은 3가지가 있다. Public 계정, Enjoy 계정, Pro 계정 중 자신이 필요한 계정을 선택한다. Public 계정은 100MB 용량이 주어지며, 무료로 사용할 수 있는 대신 Prezi Watermark 가 표시되고, 작업결과물은 모든 사람에게 공개된다. Enjoy 계정은 연간 59$의 비용을 지불하고, 500MB의 용량을 사용할 수 있다. 처음 30일 동안은 무료이며, 작업결과물에 Prezi Watermark는 표시되지 않는다. Pro 계정은 연간 159$의 비용을 지불하고, 2GB의 용량을 사용할 수 있다. 오프라인 상에서 편집 작업할 수 있는 프레지 데스크톱 프로그램을 사용할 수 있다. 참고로 Public과 Enjoy 계정은 오프라인에서는 편집 작업을 할 수 없다.

다행이도 학교에서 학생과 교사들이 사용하는 교육용 계정은 별도로 준비되어 있다. 교육용 계정은 Enjoy Edu 계정과 Pro Edu 계정 두 가지가 있는데 Enjoy Edu 계정은 무료로 사용할 수 있다. 교육용계정을 사용하기 위해서는 학교계정 이메일로 가입해야 한다. 다시 말하면 ***.ac.kr, ***.hs.kr, ***.ms.kr, ***.es.kr 등으로 되어 있는 이메일로 가입해야 한다. [그림 8-78]의 Student & Teacher licenses 버튼을 클릭한다.

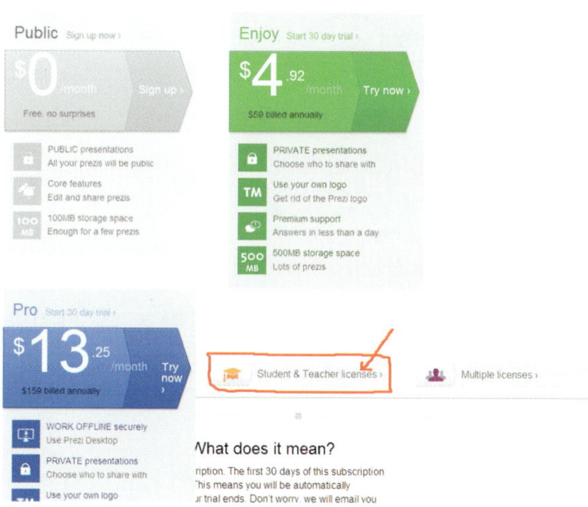

그림 8-78
교육용계정 가입하기

교육용 계정에 가입하기 위해서는 이메일 입력란에 학교주소 이메일을 입력하고 Continue 버튼을 클릭한다. 그 다음은 학교에 대한 자세한 정보를 입력하고 입력정보가 확실한지 체크표시하고 Continue 버튼을 클릭한다. 여기까지 완료하면 프레지 홈페이지에서는 가입한 이메일로 인증서를 보낸다. 잠시 후 자신의 학교 이메일을 확인해보면 [그림 8-79]처럼 프레지에서 보낸 이메일이 도착했을 것이다.

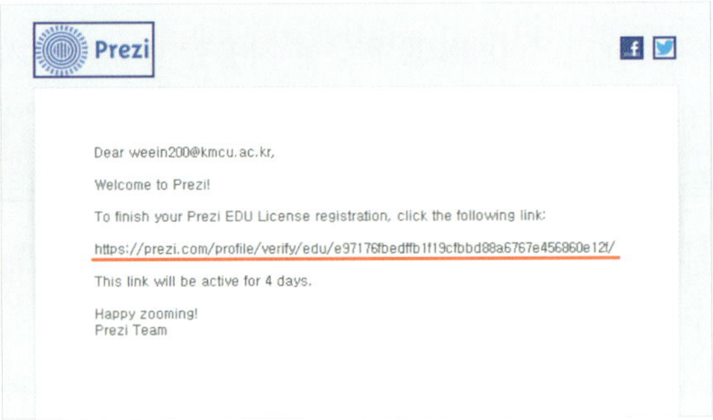

그림 8-79
교프레지에서 보낸 인증 이메일

빨간색 밑줄의 인증 활성화 링크 주소를 클릭하여 새 브라우저 창이 열리면 사용자 세부정보를 입력하고 동의를 구하는 체크 표시를 한 후 Register and Continue 버튼을 클릭한다. 가입이 완료되면 [그림 8-80]처럼 보일 것이다.

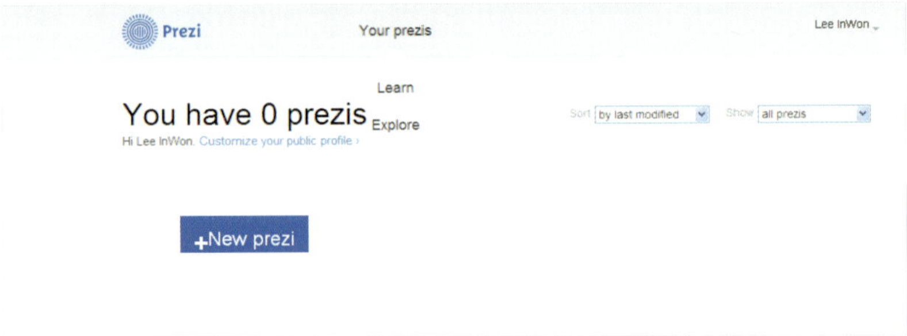

그림 8-80

프레지 계정에 로그인하기 위해서는 이메일 주소와 비밀번호 두 가지만 있으면 된다. 첫 번째 빈칸에는 이메일 주소를 넣고, 밑에 칸에는 비밀번호를 넣으면 된다. 자신의 비밀번호는 반드시 기억해야 다음에 로그인 할 수 있다.

프레지 계정은 한번 로그인 하면 컴퓨터 브라우저를 닫았다가 다시 열어도 로그인 상태가 유지된다. 그러므로 작업을 종료한 다음에는 반드시 로그아웃해야 자신의 계정이 안전하게 보호될 수 있다.

2) 프레지 시작하기

(1) 새 프레지 만들기

우선 프레지 홈페이지(http://prezi.com)에 접속하여 로그인 한다. Your Prezi 메뉴로 들어가서 [+New Prezi] 버튼을 클릭한다. 새프레지 제목을 입력하는 창이 [그림 8-81]처럼 보이면 Title에는 제목을 입력하고 Description에는 간략한 설명을 적는다.

그 다음 파란색의 Create new Prezi 버튼을 클릭한다.

그림 8-81
새 프레지의 제목과 상세 설명

(2) 프레지 편집모드로 들어가기

프레지가 만들어지는 로딩 과정을 거쳐 프레지 작업창이 나타는데 먼저 템플릿을 선택하는 창이 [그림 8-82]처럼 보인다. 이 중에서 마음에 드는 것을 하나 선택하여 Choose 버튼을 클릭하면 된다.

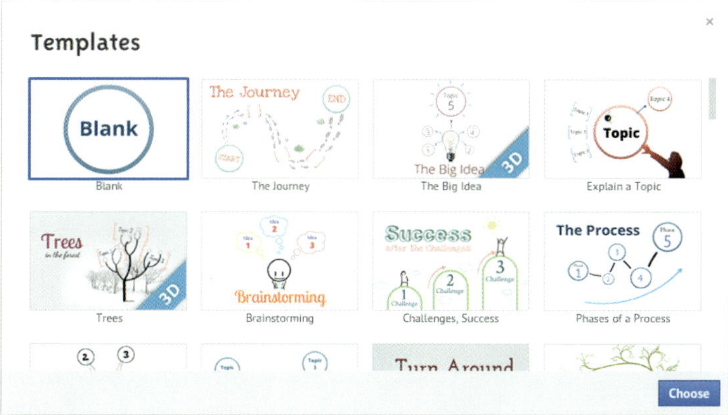

그림 8-82
템플릿 선택하기

(3) 프레지 화면구성 살펴보기

템플릿을 하나 선택하면 프레지 작업을 시작할 수 있는 [그림 8-83]처럼 화면이 생긴다. 이 화면의 구성을 살펴보면 맨 위에 발간색 사각형 안은 작업메뉴가 모아져 있고, 왼쪽의 초록색 사각형은 패스 편집 및 프레지쇼 목록창이며, 오른쪽 보라색 작은 사각형은 화면조절 메뉴, 가운데 커다란 청색 사각형은 캔버스 메뉴로 프레지 작업 공간이 된다.

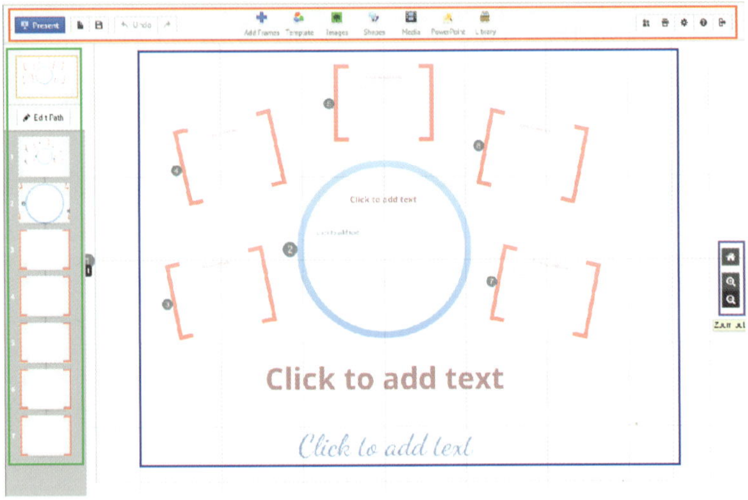

그림 8-83
프레지 화면 구성

(4) 한글 테마 변경하기

프레지는 기본적으로 영어로 되어 있다. 그러나 여러 가지 언어로 사용할 수 있도록 서비스된다. 한글을 입력하기 위해서는 한글 테마로 변경해야 한다. 프레지 화면의 맨위 작업메뉴에서 Template를 선택하면 [그림 8-84]처럼 창이 나타난다. 여러 가지 언어 중 한국어를 선택하고 마우스를 프레지 화면의 빈 공간을 클릭하면 한국어 테마로 변경이 된다.

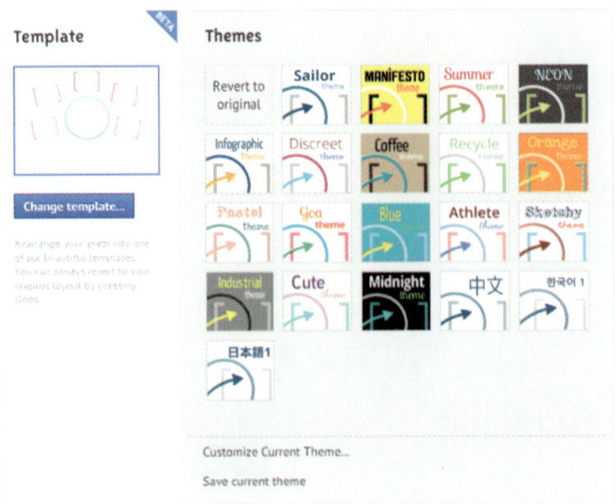

그림 8-84
한국어 테마 선택

(5) 전체 화면 이동하기

프레지 작업 화면은 마치 무한대로 큰 도화지라고 생각하면 된다. 화면의 위치를 이동하려면 드래그해서 원하는 곳으로 이동하면 화면 위치가 변경된다. 화면을 확대해서 보거나 축소해서 보려면 오른쪽 끝의 화면 조절 메뉴의 +, − 버튼을 누르든지 마우스 휠을 앞으로 밀던지 당기면 확대와 축소를 할 수 있다.

(6) Path Point 이동하기

프레지는 Path(장면)를 순서대로 보여주면서 프레젠테이션 하는 것이다. 장면의 순서를 바꾸고 재배열 할 필요가 있을 때는 왼쪽의 Path 편집 및 프레지 목록창에서 각 Path를 클릭하여 원하는 위치로 드래그하면 된다.

(7) 프레임 추가하기

프레지 작업 메뉴의 Add Frames를 클릭하면 [그림 8−85]처럼 프레임을 선택할 수 있는 창이 열린다. Add frame은 Path가 부여되는 기본 프레임을 추가하고, Layouts은 다이어그램(도식)을 추가하는 프레임이다. 그 밑에 괄호형 프레임, 원형 프레임, 사각형 프레임, 숨김 프레임을 선택할 수 있다.

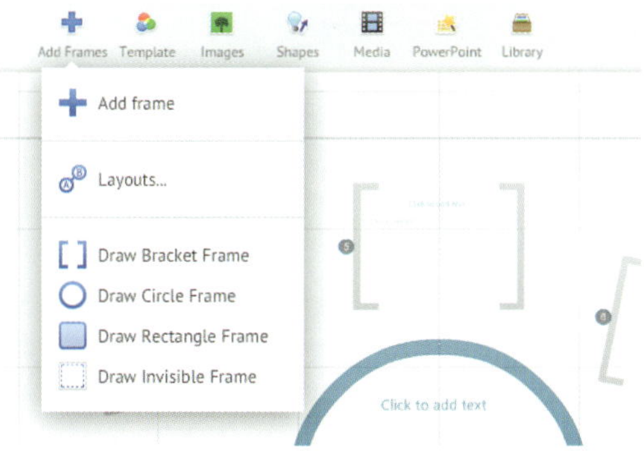

그림 8−85
프레임 추가하기

3) 이미지 삽입 및 크기 조절, 배치하기

프레지에서는 여러 가지 그림파일을 삽입할 수 있다. 삽입 가능한 이미지의 종류는

jpg, png, gif, swf 등이 있다. 이미지를 삽입하기 위해서는 프레지 화면 맨 위 작업메뉴의 Images를 클릭하면 된다. From File은 내 컴퓨터나 이동식 저장장치에 있는 그림파일을 삽입하는 것이고, From Google Images는 구글 홈페이지에서 링크되어 가져오는 것이다. 만약 구구 홈페이지가 열리지 않거나 인터넷이 되지 않을 때는 문제가 생긴다. 따라서 내 컴퓨터에서 가져오는 것을 권장한다.

이미지를 삽입하면 원하는 위치에 삽입되지 않고, 원하는 크기로 삽입되지 않을 수 있다. 이 때는 삽입된 그림을 선택하여 이동시키고 크기도 조절할 수 있다. [그림 8-86]에서 Crop image는 필요한 만큼 이미지를 자르는 기능이고, Delete는 이미지를 삭제하는 기능이다. 파란색 사각형이 보일 때는 개체가 선택되었다는 것을 의미한다. 사각형의 네 귀퉁이 작은 사각형이 있는데 그 곳에 마우스를 대면 화살표가 나올 때 드래그하면 크기를 조절할 수도 있고, 작은 원이 나올 때 원에 마우스를 대고 움직이면 회전시킬 수도 있다. 삽입된 개체 가운데 손바닥 모양을 마우스로 클릭한 채로 이동하면 그림의 위치를 이동시킬 수 있다. +는 확대 -는 축소 기능이다.

그림 8-86
그림 삽입하기

4) 텍스트 입력하기

텍스트를 입력하려면 프레지의 작업창 텍스트를 입력하고 싶은 위치에 마우스를 놓고 왼쪽 버튼을 클릭하면 텍스트를 입력할 수 있는 창이 [그림 8-87]처럼 열린다.

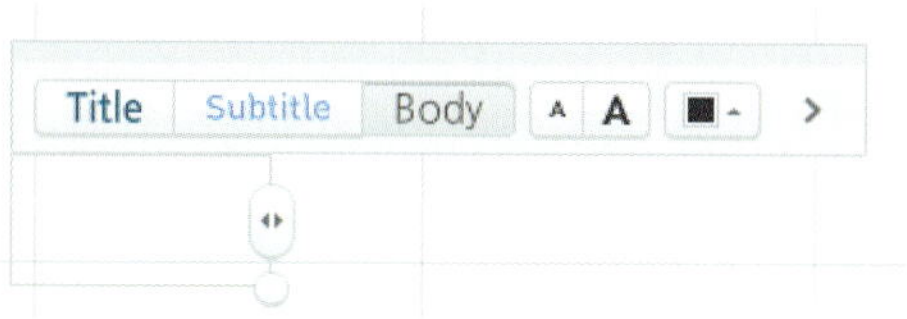

그림 8-87
텍스트 입력하기

프레지가 편집기능보다는 프레젠테이션 기능 중심이므로 다양한 서체를 지원하지는 못하고 3가지만 지원된다. 하지만 글자의 크기와 색은 얼마든지 변경가능하다. 텍스트를 입력하고 나서도 위치의 이동과 크기변경, 색 변경 모두 가능하다.

5) 심벌 및 도형 삽입하기

프레젠테이션 자료를 만들다보면 여러 가지 심벌과 도형을 사용할 필요가 있다. 프레지에서 심벌을 삽입하려면 프레지 화면 맨 위 작업메뉴의 Shapes를 클릭하면 [그림 8-88]처럼 여러 가지 심벌이 나타나는데 이중에서 원하는 심벌을 선택하면 된다.

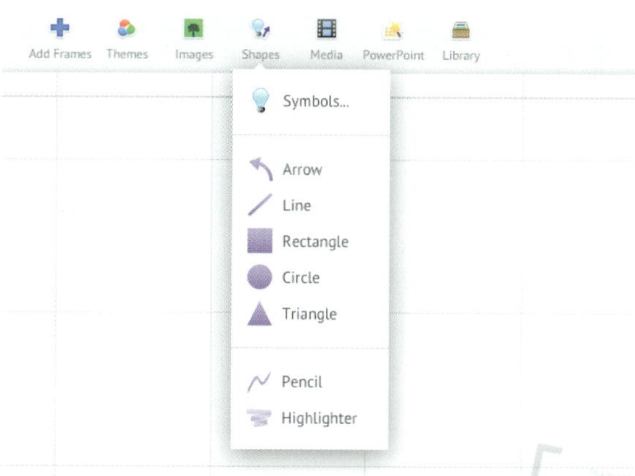

그림 8-88
심벌 및 도형 삽입하기

6) 동영상 삽입하기

프레지에서 동영상을 삽입하기 위해서는 작업메뉴의 Media를 클릭하면 [그림 8-89]와 같이 파일을 삽입할 것인지 유튜브에서 가져올 것인지 선택할 수 있는 창이 열린다. 동영상 삽입은 가능한 파일을 삽입하는 편이 바람직하다. 왜냐하면 유튜브에서 링크하여 삽입할 경우 인터넷에 문제가 생기거나 유튜브 계정에 문제가 생기면 로딩이 안 될 수도 있고, 로딩이 된다 하더라도 로딩시간이 길어지면 프레젠테이션에 지장이 생기게 된다. 내 컴퓨터에 있는 동영상 파일을 삽입할 때는 동영상의 용량을 확인해야 한다. 너무 용량이 큰 개체는 삽입이 되지 않는다. 삽입 가능한 동영상의 확장자는 flv, f4v, avi, mov, wmv, mpg, mpeg, mp4, m4v, 3gp 등 거의 모든 압축형식의 동영상을 삽입할 수 있다.

동영상을 삽입하고 나면 동영상 개체가 원하는 위치에 제대로 삽입이 안 될 경우 마우스로 드래그하여 이동시킬 수 있고, 동영상 화면의 크기도 마음대로 조절할 수 있다.

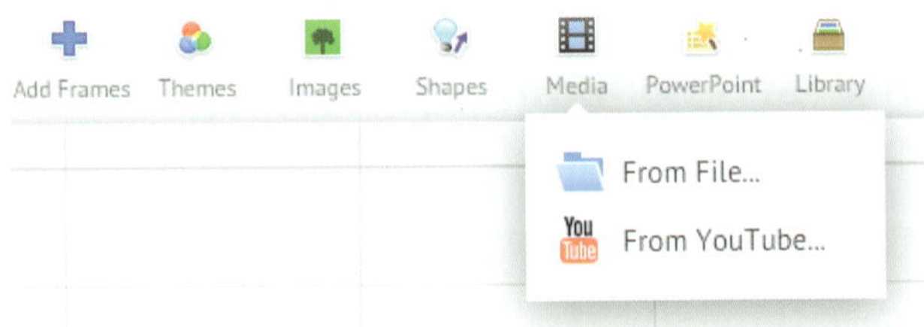

그림 8-89
동영상 삽입하기

7) Path 설정하기와 프레지 쇼

Path 설정은 어떤 순서로 삽입한 개체들을 보여줄 것인지 결정하는 것이다. 프레지 작업창 왼쪽의 Edit Path 버튼을 클릭하면 [그림 8-90]처럼 삽입된 개체에 연결선이 그어지고 번호가 매겨진다. 이 기능은 삽입된 개체를 보여주는 순서를 만들고 순서를 바꾸기도 할 수 있다.

그림 8-90
Path 설정하기

Path를 바꾸고 싶으면 왼쪽의 Path 목록에서 원하는 Path를 마우스로 선택하여 원하는 위치로 드래그하면 된다. Path를 삭제하고 싶으면 삭제할 Path에 마우스를 가만히 대면 ×표시가 생기고 이것을 클릭하면 삭제된다.

Path 설정이 완료되면 프레지쇼를 실행하여 실제로 보여주는 모습을 확인할 수 있다. 프레지쇼는 파워포인트의 슬라이드쇼와 같은 개념이라고 보면 된다. 프레지쇼 실행은 작업 메뉴의 왼쪽 끝에 있는 Present 버튼을 클릭하면 된다. 프레지쇼 메뉴는 쇼화면의 하단에 마우스를 대면 방향 화살표가 나타나고 이 화살표를 눌러 쇼를 진행하든지 하단 오른쪽에 있는 자동재생 버튼을 이용하여 자동 설정할 수 있다.

8) 애니메이션 설정하기

하나의 프레임 안에 여러 개의 개체가 삽입되었을 때 이 개체들을 하나씩 순서대로 보여줄 때 애니메이션을 설정하면 된다. 먼저 애니메이션 설정할 프레임을 선택하면 [그림 8-72]처럼 프레임 왼쪽 끝에 애니메이션 심벌이 있는데 이것을 클릭하면 노란색으로 변하고 개체에 순서대로 마우스를 대고 애니메이션 표시를 클릭하면 초록색으로 변한다. 그러면 애니메이션이 설정된 것이다. 마지막으로 프레임의 오른쪽 귀퉁이에 Done을 클릭하면 설성이 완료되는 것이다. 애니메이션 효과는 나타내기 한 가지만 적용된다.

그림 8-91
애니메이션 설정하기

9) 프레지 저장과 종료

프레지에서 작업을 마치면 저장을 해야 하는데 [그림 8-92]에서 작업메뉴의 저장 아이콘을 누르면 된다. 또는 오른쪽 끝에 있는 작업종료버튼을 누르면 프레지 편집 작업을 종료하고 홈으로 이동하면서 자동으로 저장된다.

그림 8-92 프레제 종료

10) 프레지 편집모드 가기 및 다운로드하기

프레지 편집 작업을 종료하고 다음에 다시 편집 작업을 계속하고 싶을 때는 [그림 8-93]처럼 프레지 홈에서 하단의 Edit Prezi 버튼을 클릭하면 편집모드로 들어갈 수 있다. 모든 편집 작업이 완전히 끝났으면 프레지 계정에 항상 저장되어 있어 인터넷이 연결되는 곳이라면 언제든지 프레젠테이션을 할 수 있게 된다. 그러나 프레젠테이션을 보다 자유롭게 인터넷이 안되는 곳에서도 하고 싶다면 내 컴퓨터로 프레지 완성 파일을 다운로드하여 보관하면 된다. [그림 8-93]의 하단에 Download 버튼을 클릭하면 다음 절차로 [그림 8-94]처럼 보인다.

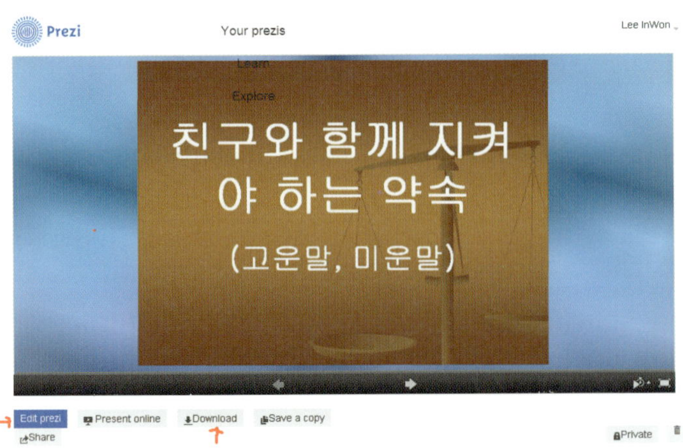

그림 8-93 편집모드 가기 및 다운로드하기

[그림 8-94]에서 오프라인에서 프레젠테이션 할 수 있는 포터블 프레지로 변환하기에 체크하고 Download 버튼을 클릭하면 된다.

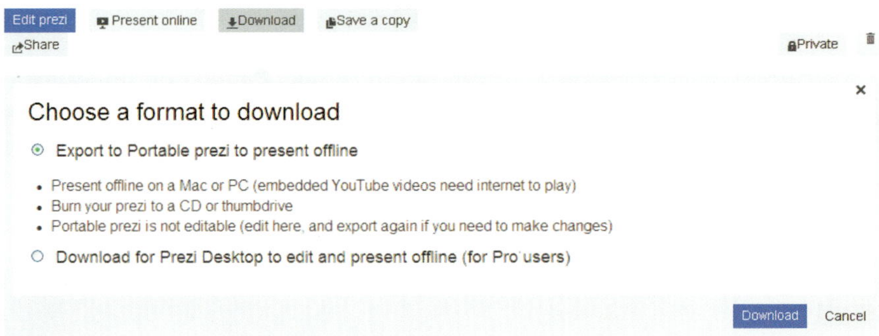

그림 8-94 프레지 다운로드하기 1

그 다음 절차는 [그림 8-95]처럼 파란색 글씨의 click this link to download의 활성화 된 부분을 클릭한다.

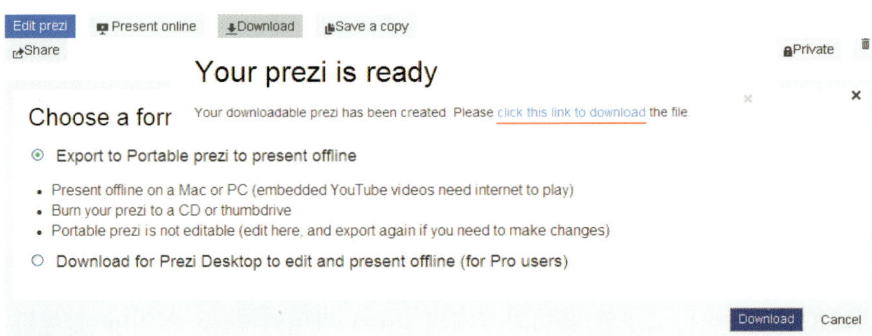

그림 8-95 프레지 다운로드하기 2

그 다음은 [그림 8-96]처럼 압축파일 형식으로 다운로드 할 준비가 된다. 이 때 저장 버튼을 클릭하고 저장 경로를 바탕화면으로 지정해주면 압축파일이 저장되기 시작한다. 파일의 크기에 따라 5~10분 정도가 소요된다. 바탕화면에 저장되는 압축파일의 이름은 영문의 비교적 긴 이름이 자동으로 붙여지는데, 다운로드가 완료된 다음에 필요한 이름으로 바꾸어 주면 될 것이다.

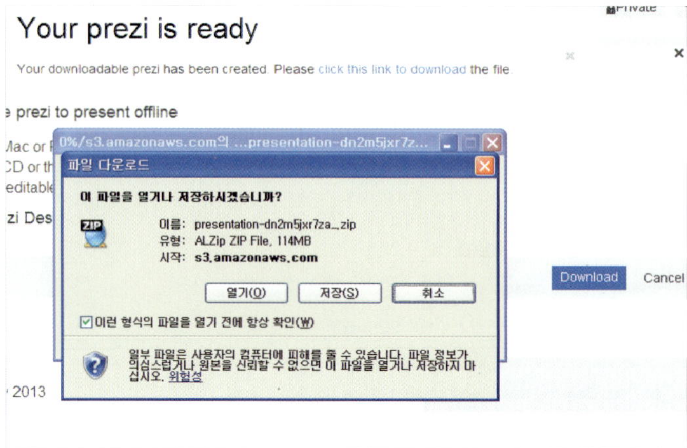

그림 8-96 프레지 다운로드하기 3

다운로드 된 압축파일을 압축 헤제하면 [그림 8-97]과 같이 2개의 폴더와 하나의 파일이 생성된다.

그림 8-97 압축파일 해제 후 생성 된 파일

프레젠테이션 할 때는 2개의 폴더와 1개의 Prezi 파일이 모두 있어야 실행된다. 파란색의 원형 모양의 Prezi 파일이 실행 파일이기 때문에 이것을 더블 클릭하면 프레지쇼가 실행된다.

CHAPTER

09

영유아 교재·교구의 실제

1. 영아 교재·교구

생 활 주 제

1) 1세-느껴 보아요

소리 팔찌 / 촉감을 느껴 보아요 / 촉감 고무신 / 다양한 촉감을 느껴 보아요
과일 뒤집기 / 과일 조각 맞추기

2) 2세-모양

모양 징검다리 건너기 / 모양 틀 통과하기 / 과일의 수세기 / 색깔 친구들
모양자석놀이 / 모양 가방 / 동물의 생김새

3) 2세-무슨 소리일까요

고리 던지기 / 여러 가지 탈것 / 여러 가지 소리를 들어 보아요
동물의 울음 소리 / 동물의 소리를 맞추어 보아요

1) 1세-느껴 보아요

〈조 사 대 상 자〉

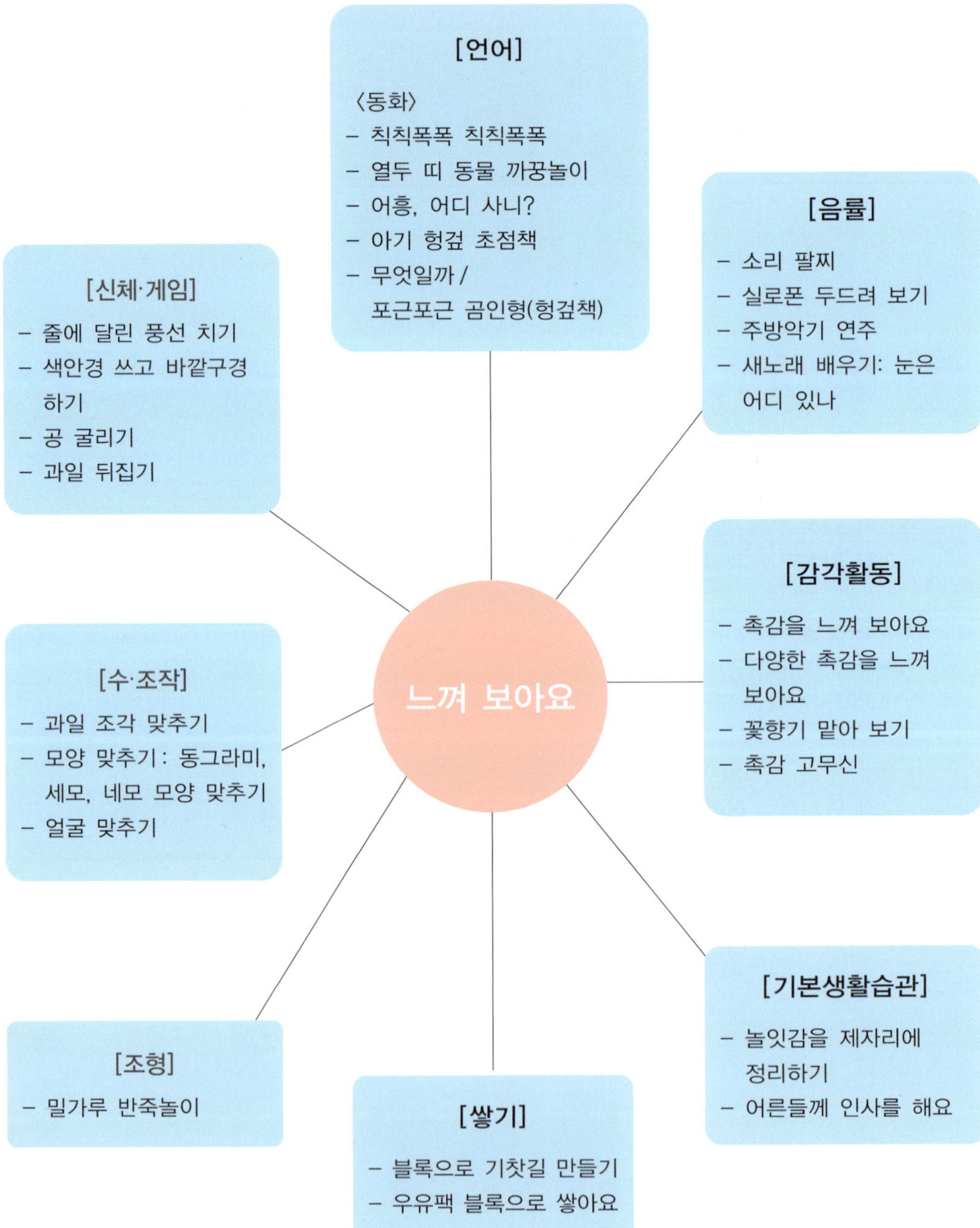

소리 팔찌

| 생활주제 | 느껴 보아요 | 소 주 제 | 주변의 소리

| 활동유형 | 자유선택활동(음률활동) | 집단유형 | 개별

| 활동목표 |
- 자유롭게 딸랑이를 흔들어 본다.
- 여러 가지 재료의 소리를 들어 본다.

| 활동자료 | 동물(토끼, 고양이 모양), 딸랑이(빨대, 비비탄이 들어 있음)

| 활동방법 |

1. 토끼와 고양이 모양 딸랑이 중 하나를 선택한다.
2. 다양한 방법으로 딸랑이를 흔들어 본다.
3. 2명의 영아가 함께 활동을 한다.
4. 2명의 영아가 합동으로 딸랑이를 다양한 방법으로 흔들어 본다.

| 활동자료 제작방법 |

재료 : 펠트지(회색 · 분홍색 · 흰색 · 빨간색), 투명한 호스, 색빨대, 비비탄, 실, 바늘, 글루건

1. 고양이 모양과 토끼 모양의 도안을 복사한다.
2. 복사한 종이를 대고 펠트지를 똑같이 오린다.
   (고양이 얼굴 · 몸통 · 손 모양 각각 2장씩, 토끼 얼굴 · 몸통 · 손 모양 각각 2장씩)
3. 자른 얼굴 · 몸통 · 손 모양 펠트지를 두 장씩 바느질한다.
4. 손 부분과 몸통 윗부분을 바느질한다.
5. 4와 얼굴 부분을 글루건을 이용하여 붙인다.
6. 투명한 호스를 적당한 길이로 자른다.
7. 여러 가지 재료(색빨대, 비비탄 등)를 조그맣게 오려 호스 안에 넣는다.
8. 호스의 끝을 연결한다.
9. 동물의 손과 몸통 사이에 호스를 넣는다.
10. 손 밑부분과 몸통을 함께 바느질하여 붙인다.

촉감을 느껴 보아요

| 생활주제 | 느껴 보아요 | 소 주 제 | 다양한 촉감

| 활동유형 | 집단활동(감각활동) | 집단유형 | 소집단

| 활동목표 |
- 방석 표면의 다양한 촉감을 탐색한다.
- 다양한 질감의 차이를 느껴 본다.
- 다양한 촉감에 대해 표현해 본다.

| 활동자료 | 느낌 방석(천, 솜, 수세미, 비닐, 병뚜껑, 다양한 촉감의 종이 방석)

| 활동내용 |

도 입 1. 교사는 영아들의 흥미를 유발시키면서 여러 가지 재질의 방석을 제시한다.

전 개 2. 4가지 종류의 방석 중 한 개씩 차례대로 방석의 촉감을 탐색한다.

① 비닐 & 뚜껑 방석
② 종이 방석(코팅지, 사포, 부직포, 골판지)
③ 천 방석(실크, 청바지, 벨벳, 주름천)
④ 수세미 & 솜 방석

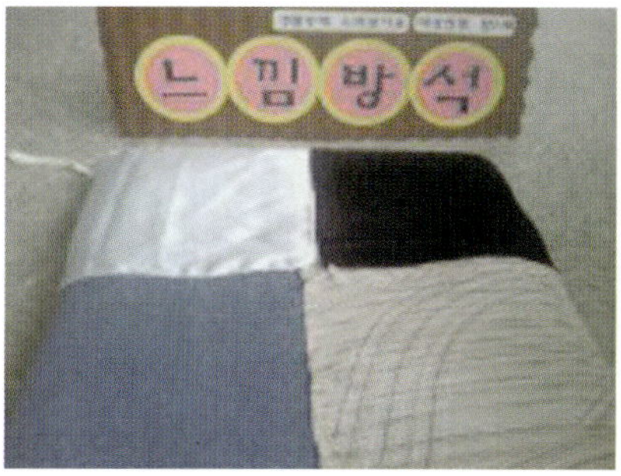

3. 모든 방석을 동시에 바닥에 놓고 자유롭게 다양한 촉감을 탐색해 본다.
4. 탐색이 끝나면 자신이 원하는 방석에 앉아 본다.

마무리

5. 모두 제자리에 앉아서 느낌 방석을 하나씩 살펴보면서 촉감에 대해 표현해 본다.

| 활동자료 제작방법 |

재료 : 방석 4개, 비닐, 플라스틱 병뚜껑, 여러 가지 재질의 천, 솜, 여러 가지 촉감의 수세미, 여러 가지 촉감의 종이, 글루건, 실, 바늘

1. 정사각형 방석을 준비한다.
2. 준비된 여러 가지 자료 중 병뚜껑, 비닐, 솜, 종이는 글루건을 이용하여 방석에 붙인다.
3. 천, 수세미는 바느질을 하여 방석에 붙인다.

| 확장활동 및 유의점 |

- 감각적 차이를 느낄 수 있도록 여러 가지 방석을 제시해 준다.
- 영아가 반복적으로 탐색하는 것은 지속적으로 탐구하는 태도를 기르는 기초요소이므로 영아가 느낌 방석을 반복적으로 탐색할 수 있도록 한다.

| 활동평가 |

- 감각기관을 통하여 방석 표면을 탐색하였는가?
- 다양한 감각적 차이에 반응을 하였는가?

촉감 고무신

| 생활주제 | 느껴 보아요 | 소 주 제 | 다양한 촉감

| 활동유형 | 자유선택활동(감각활동) | 집단유형 | 소집단

| 활동목표 | • 발을 이용하여 다양한 느낌을 알 수 있다
• 까칠하다, 딱딱하다 등의 느낌을 말로 표현할 수 있다.

| 활동자료 | 촉감 고무신(구슬, 수세미, 행주, 뽕뽕이)

| 활동방법 |

1. 촉감 고무신 중 하나를 선정하여 신고 걸어 본다.
2. 차례대로 모든 신발을 신어 본다.
3. 신어 보고 느낌을 표현해 본다.
4. 2~3명이 짝을 지어 촉감 고무신을 신고 다양한 리듬에 맞추어 걸어 본다.

| 활동자료 제작방법 |

재료 : 고무신, 뽕뽕이, 행주, 수세미, 구슬, 글루건, 상자

1. 각각의 고무신에 여러 가지 재료(뽕뽕이, 행주, 수세미, 구슬)를 글루건을 이용하여 붙인다.

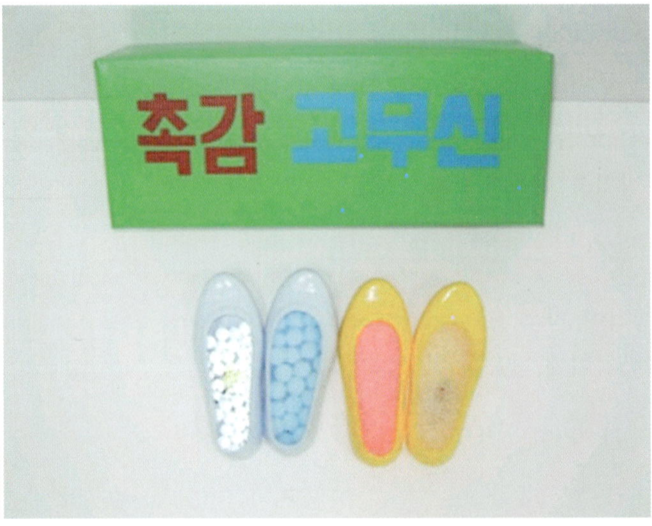

다양한 촉감을 느껴 보아요

| 생활주제 | 느껴 보아요 | 소 주 제 | 다양한 촉감

| 활동유형 | 집단활동(감각활동) | 집단유형 | 대집단

| 활동목표 |
- 여러 가지의 촉감을 만져보고 느낌이 다르다는 것을 안다.
- 비슷한 촉감을 구분할 수 있다.
- 다양한 촉감에 대해 표현할 수 있다.

| 활동자료 | 감각의 벽(여러 가지의 느낌이 다른 천, 다양한 곡식류, 작은 자갈, 뽕뽕이 등)

| 활동내용 |

도 입

1. 교사는 다양한 재질로 구성된 「감각의 벽」을 벽에 고정하여 제시한다.
2. 「감각의 벽」의 그림을 보고 다양한 재질과 색깔의 그림을 시각적으로 탐색한다.

전 개

3. 여러 가지 재질 중 한 가지의 재질을 선정하여 한 명씩 돌아가면서 감촉을 느껴 본다.
4. 동일한 방법으로 모든 종류의 재질 느낌을 탐색해 본다.
5. 자유롭게 자신이 원하는 촉감을 탐색해 본다.

마무리

6. 함께 모여 교사가 느낌을 언어로 표현하면 그에 적합한 감촉을 탐색해 본다.
   - 딱딱한 느낌이 나는 친구는 누구일까?
   - 따뜻한 느낌이 나는 친구는 누구일까?
   - 차가운 느낌이 나는 친구는 누구일까?

| 활동자료 제작방법 |

재료 : 하드보드지, 골판지, 도화지, 뽀로로와 친구들 도안, 여러 가지 곡식(흰 콩, 검정 콩, 쌀 등), 솜, 천, 부직포, 수세미 등, 본드, 글루건

1. 하드보드지 위에 골판지를 붙인다.
2. 뽀로로와 친구들 도안을 보면서 도화지에 밑그림을 그린다.
3. 곡식, 솜은 밑그림에 본드를 칠하고 그대로 붙인다.
4. 부직포, 수세미, 천 등은 밑그림에 맞추어 오려서 붙인다.
5. 각 그림이 완성되면 골판지를 붙인 하드보드지에 그림을 붙여 완성한다.

| 활동평가 |

- 느낌을 교사가 말하면 영아가 느낌을 기억하고 짚어 볼 수 있다.

과일 뒤집기

| 생활주제 | 느껴 보아요　　　　　| 소 주 제 | 여러 가지 모양

| 활동유형 | 집단활동(게임)　　　　| 집단유형 | 대집단

| 활동목표 |
- 과일의 모양과 색깔을 구별할 수 있다.
- 게임에 즐겁게 참여할 수 있다.
- 놀이에 참여함으로써 협동심을 느낄 수 있다.

| 활동자료 | 과일 모양의 교구(한쪽 면에는 수박 속 모양, 한쪽 면에는 귤 속 모양) 10개

| 활동내용 |

도 입

1. 교사가 활동자료를 소개한다.
   - 여기에 게임 교구가 있어요. 한쪽 면에는 친구들이 좋아하는 수박이, 다른 쪽 면에는 맛있는 사과가 있어요.

2. 교사가 활동방법을 소개한다.
   ① 2팀으로 나눈다.
   ② 팀의 이름을 정한다.
   ③ ○○팀은 수박이 보이게, ○○팀은 귤이 보이게 뒤집는다.

④ 게임이 끝날 때 가장 많이 뒤집은 팀이 이긴다.

전 개 3. 교사가 바닥에 수박 5개, 귤 5개의 모양이 보이게 교구를 제시한다.

4. 교사가 시작 표시를 하면 게임을 시작한다.
   - 귤 팀은 귤 모양이 보이도록, 수박 팀은 수박 모양이 보이도록 뒤집는다.
5. 교사가 끝나는 표시를 하면 게임을 멈춘다.
6. 어느 팀이 더 많이 뒤집었는지 비교해 본다.

마무리 7. 모두 제자리에 앉아서 뒤집기 게임을 해 본 느낌에 대해 간단하게 이야기 나눈다.

| 활동자료 제작방법 |

재료: 펠트지, 바늘, 실, 솜, 본드

1. 펠트지에 수박 모양과 귤 모양을 본뜬다.
2. 본뜬 밑그림을 대고 동일한 모양을 여러 장 가위로 오린다.
3. 오린 펠트지를 두 장씩 포개어 바느질을 한다. 이때 솜을 넣을 구멍을 남겨둔다.
4. 수박씨 등 세부적인 것을 꾸미고 안에 솜을 넣는다.
5. 솜구멍을 바느질한다.

| 확장활동 및 유의점 |

- 영아들끼리 부딪히거나 다툼이 없도록 한다.
- 팀을 나누지 않고 대집단으로 자유롭게 뒤집기 게임을 실시할 수 있다.

| 활동평가 |

- 과일의 모양과 색깔을 구별할 수 있는가?
- 놀이에 참여함으로써 협동심을 느낄 수 있었는가?

과일 조각 맞추기

| 생활주제 | 느껴 보아요 | 소 주 제 | 여러 가지 모양

| 활동유형 | 자유선택활동(조작활동) | 집단유형 | 소집단

| 활동목표 | • 조각 그림을 맞추어 과일 모양을 만들어 본다.

| 활동자료 | 부직포나 펠트지로 만든 과일 조각 퍼즐(토마토 2조각, 참외 3조각, 수박 4조각), 과일 사진(토마토, 참외, 수박)

| 활동방법 |

1. 과일 사진을 보면서 이름을 알아맞혀 본다.
2. 과일 조각 퍼즐 전체 모습을 살펴본다.
3. 먼저 토마토 사진을 보면서 동일한 토마토 과일 조각 퍼즐을 찾는다.
4. 토마토 과일 조각 퍼즐을 맞춘다.
5. 동일한 방법으로 토마토, 참외, 수박 순서로 과일 조각 퍼즐을 맞춘다.
6. 과일 조각 퍼즐을 섞어놓고 영아가 자유롭게 자신이 원하는 조각을 선택해서 과일의 모양을 맞춘다.
7. 친구들과 협력하여 과일 조각 퍼즐을 맞추어 본다.
8. 충분히 탐색하고 난 후, 과일 조각을 제자리에 정리한다.

| 활동자료 제작방법 |

재료 : 펠트지, 바늘, 실, 과일 모양 도안

1. 과일 모양 밑그림을 대고 펠트지를 2장씩 자른다.
2. 과일 모양의 펠트지를 각각의 과일 모양에 따라 2~4등분으로 나눈다.
3. 과일 모양 조각의 테두리를 바느질한다.
4. 세부적으로 과일 모양을 꾸민다.

| 활동평가 |

• 과일의 이름을 듣고 찾아볼 수 있다.

2) 2세-모양

〈조 사 대 상 자〉

모 양

[쌓 기]
- 모양, 크기 비교하기
- 같은 모양의 블록 짝짓기

[신 체]
- 모양틀 통과하기
- 고무줄 모양 만들기
- 모양징검다리 건너기
- 모래모양 찍기

[요 리]
- 주먹밥 만들기

[수·조작]
- 모양 가방
- 모양 자석놀이
- 동물의 생김새
- 과일의 수세기
- 비슷한 꽃끼리 모아 보기

[이야기 나누기]
- 무슨 모양일까요
- 모양막대인형놀이
- 우리 교실에서 볼 수 있는 모양은?

[언 어]

〈동화〉
- 장난꾸러기 먹보 뱀
- 모양나라로 여행가요
- 안녕, 내 얼굴

〈동시〉
- 모양나라 이야기
- 신호등
- 여러 가지 모양의 이름
- 주머니 속엔 어떤 모양들이 숨었을까?
- 색깔 친구들

[음 률]
- 새노래 배우기: 모양놀이, 똑같아요
- 다양한 모양의 악기 소리

[조 형]
- 점토를 이용한 모양 찍기
- 여러 도형을 이용하여 꾸미기
- 모양 왕관

모양 징검다리 건너기

| 생활주제 | 모양 | 소 주 제 | 여러 가지 모양이 있어요
| 활동유형 | 집단활동(신체활동) | 집단유형 | 대집단
| 활동목표 |
- 여러 가지 모양을 구분할 수 있다.
- 신체를 다양하게 움직여 본다.
- 게임을 할 때 도와주며 협동하는 마음을 가진다.

| 활동자료 | 다양한 색깔과 모양의 모양판(세모, 네모, 동그라미, 나뭇잎 모양), 활동판(매트)

| 활동내용 |

도 입

1. 교사는 모양판을 하나씩 제시하며 노래를 부른다.
   - "△는 어디 있나? 여기."
   - "○는 어디 있나? 여기."
2. 모양판의 이름에 대해 이야기 나눈다.

전 개

3. 게임의 방법에 대해 이야기 나눈다.
   - 원하는 한 가지 모양판을 선택한다.
   - 선택한 모양판을 매트 위에 마음대로 놓아 본다.
   - 순서를 정하여 모양판을 건너 본다.
4. 게임방법대로 징검다리 건너기 게임을 실시한다.
5. 동일한 방법으로 준비된 모든 모양판을 이용하여 놀이한다.
6. 한 가지 모양판 건너기 게임에 익숙해진 후, 2~3가지 모양판을 매트 위에 제시하고 같은 모양을 찾아 건너기 게임을 진행한다.

마무리

7. "△는 어디 있나? 여기" 노래를 부르며 함께 매트 위에 놓여 있는 모양판을 찾아 차례대로 정리한다.

| 활동자료 제작방법 |

재료 : 하드보드지, 색지, 코팅지, 고무판, 재활용 매트, 부직포

〈다양한 색깔과 모양의 모양판〉

1. 하드보드지와 색지를 ○, ▽, □ 모양으로 자른다.

2. 색지를 코팅한다.
3. 코팅한 색지를 하드보드지 위에 붙인다.
4. 고무판을 나뭇잎 모양으로 자른다.

〈활동판〉

1. 재활용 매트를 이용한다.
2. 매트를 반으로 접을 수 있도록 중간에 칼집을 낸다.
3. 부직포를 씌워 마무리한다.

| 활동평가 |

- 다양한 모양을 구분할 수 있었는가?
- 게임에 적극적으로 참여하였는가?

모양 틀 통과하기

생활주제	모양	소 주 제	여러 가지 모양이 있어요
활동유형	집단활동(신체활동)	집단유형	대집단

| 활동목표 | • 여러 가지 모양에 대해 안다.
• 여러 가지 모양틀을 통과해 보면서 신체조절 능력을 기른다.

| 활동자료 | ○△□ 모양 통과틀

| 활동내용 |

도 입

1. 여러 가지 모양틀을 제시한다.
2. 여러 가지 모양틀의 이름을 알아본다.
   - 여기에 있는 호랑이 모양틀은 무슨 모양일까?

전 개

3. 게임방법에 대해 이야기 나눈다.
   - ○△□ 모양 틀을 간격을 두고 놓아둔다.

   - 순서를 정한다.
   - 정해진 순서대로 모양틀을 통과한다.

4. ○△□ 모양틀 통과하기 활동을 한다.
5. 모양틀 통과하기 활동에 익숙해지면 다양한 방법으로 통과하기 활동을 변형해서 실시한다.
   - 빨리, 천천히 등 리듬에 맞추어서 다양하게 모양틀을 통과해 본다.
   - 노래를 부르면서 모양틀을 통과해 본다.
   - 기차 모양을 만들어 모양틀을 통과해 본다.

마무리 6. 휴식을 취하면서 오늘 통과해 본 ○△□ 모양틀의 생김새에 대해 이야기 나눈다.
   - ○모양틀과 같은 모양에는 어떤 것들이 있을까?
   - □ 모양틀과 같은 모양은 어떤 것들이 있을까?

| 활동자료 제작방법 |

재료 : 재활용 박스, 부직포, 우드락, 본드, 글루건

1. 재활용 박스를 이용하여 터널 모양을 만든다.
2. 터널 모양에 부직포를 붙인다.
3. 우드락을 이용하여 세부적인 꾸미기를 하여 완성한다.

| 확장활동 및 유의점 |

- 모양 틀은 위험하지 않은 재질로 제작한다.
- 영아들의 개별차를 고려하여 한 명씩 천천히 활동에 참여할 수 있도록 충분한 시간을 두고 다음의 영아를 출발시킨다.
- 반복으로 익숙해지면 간격을 좁혀 기어 보기 등 다양한 방법으로 시도해 볼 수 있다.

| 활동평가 |

- ○□△모양에 대해 익숙해 졌는가?
- 활동에 적극적으로 참여하였는가?

과일의 수세기

생활주제	모양	소 주 제	여러 가지 모양이 있어요
활동유형	자유선택활동(조작활동)	집단유형	개별

| 활동목표 |
- 숫자에 친숙해 질 수 있다.
- 소근육 및 눈과 손의 협응력을 기를 수 있다.

| 활동자료 |
- 1 ~ 5까지의 숫자 놀이판, 융판, 1 ~ 5까지의 숫자, 1 ~ 5까지의 과일 모양

| 활동방법 |

1. 숫자 놀이판의 숫자를 세어 본다.
   - 숫자 놀이판을 1 ~ 5까지 순서로 제시한다.
   - 유아들의 개인차를 고려하여 숫자를 제시한다.
2. 숫자 놀이판의 숫자와 일치하는 숫자를 찾아 융판에 붙인다.
3. 융판에 붙인 숫자만큼 과일을 찾아 붙인다.
4. 모든 숫자를 한 번씩 실시해 보고 난 후, 2명씩 짝을 이루어 게임 형식으로 활동을 진행할 수 있다.

| 활동자료 제작방법 |

재료 : 하드보드지, 철사 옷걸이, 까칠이, 융판, 펠트지, 솜, 시트지

1. 하드보드지를 7cm로 자른 뒤, 시트지를 싼다.
2. 철사 옷걸이를 이용해 숫자를 만든다.
3. 펠트지를 동그랗게 자른다(가운데에는 옷걸이가 들어갈 수 있게 구멍을 낸다).
4. 구멍낸 펠트지를 2에 끼워 1에 붙인다.
5. 숫자를 자른 뒤 솜을 넣고 바느질한다.
6. 과일 모양을 자른 뒤 솜을 넣고 바느질한다.
7. 만들어 놓은 숫자와 과일 모양에 까칠이를 붙인다.

색깔 친구들

| 생활주제 | 모양 | | 소 주 제 | 여러 가지 모양이 있어요

| 활동유형 | 자유선택활동(언어활동) | | 집단유형 | 개별

| 활동목표 |
- 여러 음식들(과일, 채소)의 색을 알 수 있다.
- 여러 가지 색을 접할 수 있다.

| 활동자료 | 색깔 책, 다양한 색깔의 음식 카드

| 활동방법 |

1. 여러 가지 음식에 대해 알아본다.
2. 음식의 색에 대해 이야기 나눈다.
3. 색깔 책을 넘기면서 색의 이름과 동일한 색의 음식 카드를 오른쪽 면에 찾아 붙인다.

| 활동자료 제작방법 |

재료 : 펠트지, 음식 그림자료, 하드보드지, 색지, 링 2개

〈색깔 책 만들기〉

1. 하드보드지 2장을 8등분한다(1장에 4등분씩).
2. 8등분한 하드보드지의 한쪽 면에는 각각 빨, 주, 노, 초, 보, 갈색으로 색지를 붙이고 다른 면에는 펠트지로 포장한다.
3. 색지를 붙인 뒤 색의 이름을 붙인다.
4. 3은 투명 시트지로 포장하고 모서리를 마무리 처리한다.

〈카드 만들기〉

1. 음식 도안을 프린터하여 색칠한다.
2. 알맞은 크기로 자르고 뒤에 음식의 색과 동일한 색의 배지를 대어 코팅한다.
3. 코팅 후 뒷면에 까슬이를 붙여 책의 펠트지 부분에 붙일 수 있게 한다.

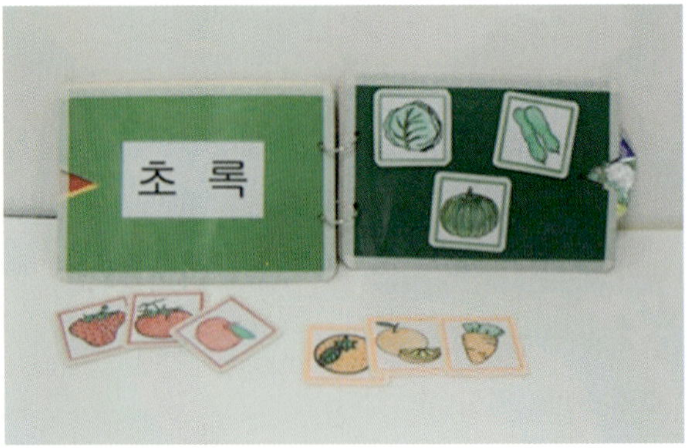

| 확장활동 및 유의점 |

• 과일과 채소뿐만 아니라 동물이나 꽃의 색 등 여러 종류의 카드를 제공할 수 있다.

모양자석놀이

| 생활주제 | 모양 | 소 주 제 | 모양을 구성해 보아요

| 활동유형 | 자유선택활동(수활동) | 집단유형 | 소집단

| 활동목표 | • 도형 모양을 이용하여 다양한 모양을 구성해 본다.

| 활동자료 | 자석 보드판, 여러 가지 자석 모양 도형, 다양한 모양 구성하기 책자

| 활동방법 |

1. 여러 가지 도형 모양을 탐색하면서 이야기 나눈다.
   - ○□△모양이 있어요.
   - 여러 가지 도형 모양을 만져 보자.
   - 뾰족뾰족 세모난 모양도 있고, 동글동글 동그란 모양도 있어요.
   - 동그란 모양자석을 찾아보자.
   - □ 모양을 찾아보자.
   - △모양을 찾아보자.
2. 자석 보드판에 여러 가지 모양도형을 자유롭게 붙여 본다.
   - 동글동글 동그란 모양 자석을 붙여 보자.
   - 세모 모양 자석을 붙여 보자.
3. 교사와 함께 다양한 모양 구성하기 책자에 제시된 모양을 도형 자석을 이용하여 만들어 본다.
   - 예쁜 꽃 모양을 만들어 볼까?
   - 멋진 집 모양을 만들어 볼까?
   - 자동차 모양을 만들어 볼까?
4. 다양한 모양 구성하기 책자에 제시된 모양 중 하나를 선택하여 도형 자석을 이용하여 구성해 본다.
5. 2~3명이 짝을 이루어 협동하여 다양한 모양을 구성해 본다.
6. 다양한 모양 구성하기 책자에 제시되지 않은 모양을 자유롭게 구성해 본다.

| 활동자료 제작방법 |

재료 : 자석판, 한지, 풀, 재활용 스탠드 달력, 펠트지

〈여러 가지 자석 모양 도형〉

1. 자석판을 잘라 여러 가지 모양을 만든다.
2. 자른 자석판 모양을 한지로 감싼다.

〈다양한 모양 구성하기 책자〉

1. 재활용 스탠드 달력에 펠트지를 입힌다.
2. 펠트지를 이용하여 달력에 여러 가지 모양(꽃, 집, 자동차 등)을 구성한다.

| 확장활동 및 유의점 |

- ○□△모양 자석 외에 다양한 형태의 모양 자석을 준비하여 놀이할 수 있게 한다.
- 모양 자석은 영아들이 놀이하기에 위험하지 않은 재질로 제작한다.
- 영아들의 개별차를 고려하여 스스로 할 수 있도록 배려한다.

모양 가방

| 생활주제 | 모양 | 소 주 제 | 모양을 구성해 보아요

| 활동유형 | 집단활동(조작활동) | 집단유형 | 대집단

| 활동목표 |
- 여러 가지 모양에 관심을 갖는다.
- 같은 모양끼리 분류할 수 있다.
- 간단한 규칙을 알 수 있다.

| 활동자료 | 가방 모양, 여러 가지 모양의 그림 자료(사과, 나비, 포도, 오이, 모자, 당근 등), 패턴 자료

| 활동내용 |

도 입

1. 여러 가지 모양의 그림 자료를 보면서 이름을 맞추어 본다.
   (사과, 오이, 모자, 당근, 포도, 나비 등의 그림 자료)
   - 교사는 가방 속에 어떤 모양들이 숨겨져 있는지 수수께끼를 내어 유아의 호기심을 자극한다.
2. 하나씩 모양의 특징에 대해 이야기 나눈다.

전 개

3. 교사는 단순한 모양의 패턴을 가방 문에 제시한다.
4. 원하는 영아가 패턴에 맞게 그림 자료를 찾아서 가방에 붙여 본다.
5. 동일한 방법으로 모든 영아가 참여해 본다.
6. 영아들 한 명이 교사가 되어 패턴을 제시해 보고 다른 영아들이 동일하게 그림 자료를 찾아서 가방에 붙여 본다.

마무리

7. 다양하게 구성해 보았던 모양에 대해 생각하고 이야기 나누어 본다.

| 활동자료 제작방법 |

재료 : 고무판, 펠트지, 글루건

〈가방 모양〉

1. 고무판을 가방 모양으로 자른다.
2. 펠트지를 이용하여 가방 모양을 꾸민다.

〈여러 가지 모양의 그림 자료〉

1. 펠트지를 이용하여 여러 개의 사과, 나비, 포도 등을 만든다.

〈패턴 자료〉

1. 펠트지를 이용해 만든 사과, 나비, 포도 등을 이용하여 여러 가지 모양의 패턴을 만든다.

| 확장활동 및 유의점 |

- 영아들이 다양한 모양이나 특성들을 어려워하지 않도록 생활 속에서 다양한 모양의 물건을 먼저 찾아본다.
- 여러 가지 모양의 단추를 이용한 활동으로 확장할 수 있다.

| 활동평가 |

- 여러 가지 모양에 관심을 갖는가?
- 여러 가지 모양을 분류할 수 있는가?
- 규칙에 따라 여러 가지 모양을 배열해 보는 경험을 통해 일정한 규칙을 알 수 있었는가?

동물의 생김새

| 생활주제 | 모양 | | 소 주 제 | 모양을 구성해 보아요

| 활동유형 | 자유선택활동(조작활동) | | 집단유형 | 소집단

| 활동목표 |
- 다양한 모양의 특징을 알고 같은 모양을 찾아 구성할 수 있다.
- 동물의 생김새와 특징에 대해 알 수 있다.
- 조작능력을 향상시킬 수 있다.

| 활동자료 | 동물 모양 입체 퍼즐(4조각)

| 활동방법 |

1. 알고 있는 모양에 대해 이야기를 나눈다.
   - 오이, 당근, 사과 먹어 봤어요?
   - 사과는 어떻게 생겼을까?
2. 좋아하는 모양에 대해 이야기 나눈다.
   - ○○이는 어떤 모양을 좋아하니?
3. 교사는 유아들의 흥미를 유발하면서 동물 모양 입체 퍼즐을 한 조각씩 제시한다.
   - 어떤 모양의 반쪽일까?
4. 교사는 영아들에게 익숙한 한 가지 〈동물 모양 입체 퍼즐〉를 모두 찾아 완성된 동물 모양을 제시한다.
5. 동일한 방법으로 준비된 모든 동물 모양 입체 퍼즐을 완성해 본다.
   - ○○친구 짝지는 어디 있을까?
   - ○○친구 짝지를 찾아 이렇게 ○○친구 옆에 붙여 주는 거예요.
   - ○○친구 짝을 찾아주니깐 어떤 모양이 나왔어요.
6. 영아들이 자유롭게 자신이 원하는 동물 모양을 선정하여 입체 퍼즐을 맞추어 본다.

| 활동자료 제작방법 |

재료 : 재활용 우유곽, 펠트지, 바늘, 실, 본드, 여러 가지 꾸밀 수 있는 자료

1. 우유곽에 신문을 넣어 단단하게 만든다.
2. 우유곽 4개의 크기에 맞게 동물 그림을 펠트지에 그린다.
3. 여러 가지 자료를 이용하여 동물을 완성한다.

4. 동물 그림을 4등분으로 나눈다.
5. 한 개의 우유곽에 동물 그림을 한 조각씩 본드를 이용하여 붙인다.
6. 바느질을 하여 마무리한다.

| 활동평가 |

• 다양한 모양의 특징을 찾아봄으로써 같은 모양을 바르게 짝지을 수 있는가?

3) 2세-무슨 소리일까요

〈조 사 대 상 자〉

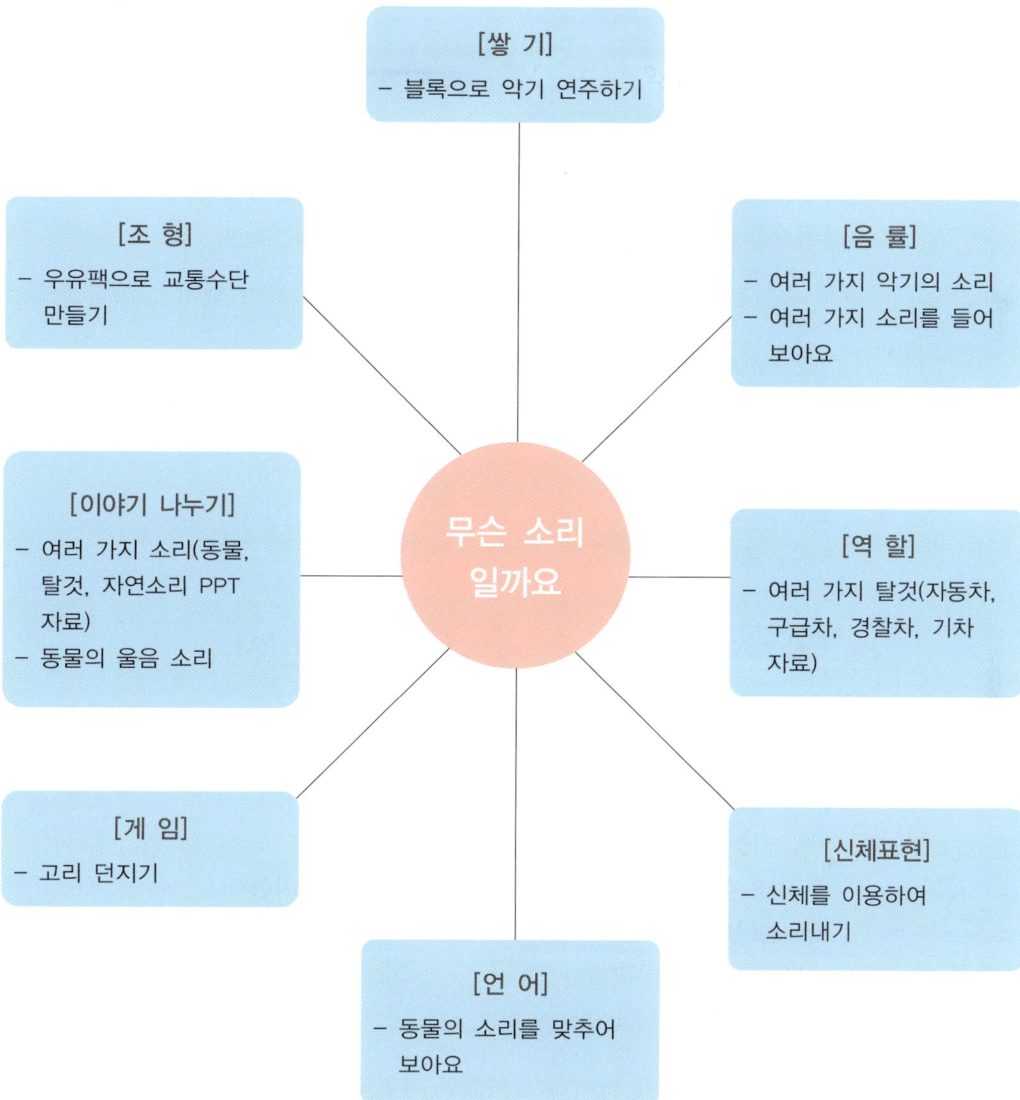

고리 던지기

| 생활주제 | 무슨 소리일까요 | 소 주 제 | 주변의 소리

| 활동유형 | 집단활동(게임) | 집단유형 | 대집단

| 활동목표 |
- 신체를 움직임으로써 소·대근육의 발달을 돕는다.
- 즐겁게 놀이활동에 참여하는 속에서 정서적인 즐거움을 경험한다.
- 성취감을 느낄 수 있다.

| 활동자료 | 동물 모양의 딸랑이 고리, 고리 끼우는 작은 대, 고리 던지기 사진 자료

| 활동내용 |

도 입

1. 고리 던지기 사진 자료를 보면서 고리 던지기 놀이방법에 대해 이야기 나눈다.
2. 동물 모양의 딸랑이 고리를 탐색해 본다.
   - 이 고리를 한 번 흔들어 볼까?
   - 고리를 세게 흔들어 볼까?
3. 동물 모양의 고리에 제시된 동물의 소리를 내어 본다.

전 개

4. 교사가 놀이방법을 설명한다.
   - 고리 끼우는 대를 일정한 거리에 둔다.
   - 고리를 선택한다.
   - 고리를 고리대에 던져서 건다.
   - 고리 끼우는 대의 거리를 점점 멀게 하여 배치한다.
5. 차례를 정한다.
6. 즐겁게 게임에 참여한다.
7. 고리 던지기에 익숙해지면 편을 나누어 게임을 한다.

마무리

8. 다 함께 둘러앉아 놀이에 참여했던 경험에 대해 이야기 나눈다.

| 활동자료 제작방법 |

재료 : 백업, 테이프, 케이크 판, 키친타월 속심, 시트지

〈동물 모양의 딸랑이 고리〉

1. 백업을 지름 30cm가 되는 원을 만들 수 있을 정도로 자른다.
2. 테이프를 이용하여 백업을 둥글게 붙인다.
3. 방울, 부직포를 이용하여 고리를 꾸민다.

〈고리 끼우는 대〉

1. 케이크 판과 휴지 속심을 시트지로 감싼다.
2. 케이크 판과 휴지 심을 글루건을 이용하여 붙인다.

| 확장활동 및 유의점 |

• 잘하지 못하는 영아는 옆에서 도와주거나 고리 끼우는 대의 거리를 가깝게 조정한다.

| 활동평가 |

• 친구들과 함께 놀이를 재미있게 하였는가?

여러 가지 탈것

| 생활주제 | 무슨 소리일까요 | 소 주 제 | 주변의 소리

| 활동유형 | 집단활동(역할놀이) | 집단유형 | 소집단

| 활동목표 |
- 여러 가지 탈것의 이름을 알 수 있다
- 여러 가지 탈것이 내는 소리의 특징을 알 수 있다.

| 활동자료 | 목걸이(자동차, 구급차, 경찰차, 기차 등 여러 가지 탈것)

| 활동방법 |

1. 다양한 교통수단에 대해 이야기 나눈다.
   - 오늘 어린이집 올 때 무엇을 타고 왔어요?
2. 여러 가지 탈것의 목걸이를 탐색하면서 특징에 대해 알아본다.
   - 이것은 구급차예요.
   - 이것은 기차예요.
3. 여러 가지 탈것의 소리를 흉내내어 본다.
4. 탈것의 규칙에 대해 이야기 나눈다.
   - 도로에서 자동차는 파란불이 되면 어떻게 해야 할까요?
   - 도로에서 자동차는 빨간불이 되면 어떻게 해야 할까요?
5. 원하는 탈것의 목걸이를 선택하여 역할을 정한다.
   - ○○이는 자동차가 되어볼 거예요.
6. 교사가 다양한 탈것이 등장하는 장면의 상황을 제시하고 역할을 맞은 영아들은 자신이 맞은 역할에 맞는 소리를 내면서 역할을 수행한다.
7. '건너가는 길' 노래를 부르면서 활동을 마무리한다.

| 활동자료 제작방법 |

재료 : 펠트지, 부직포, 끈, 종이, 펀치

〈여러 가지 탈것〉

1. 종이에 여러 가지 탈것의 모양을 본뜬다.
2. 종이에 본뜬 모양을 펠트지, 부직포에 대고 오려 여러 가지 탈것의 모양을 완성한다.
3. 펀치로 구멍을 뚫어 끈을 만든다.

| 활동평가 |

• 친구들과 함께 놀이를 재미있게 하였는가?

여러 가지 소리를 들어 보아요

| 생활주제 | 무슨 소리일까요 | 소 주 제 | 주변의 소리

| 활동유형 | 집단활동(언어활동) | 집단유형 | 개별

| 활동목표 |
- 여러 가지 곡식에서 나는 소리를 알 수 있다.
- 막대를 흔들며 리듬을 느낄 수 있다.

| 활동자료 | 5가지 동물 악기, 통에 담겨진 여러 가지 곡식(호두, 은행, 콩, 쌀, 깨, 겉껍질을 벗긴 도토리 등)

| 활동방법 |

1. 동물 막대의 뚜껑을 열어 원하는 곡식을 넣는다.
2. 뚜껑이 열리지 않게 꼭 닫는다(교사가 도와준다).
3. 동물 막대를 흔들어 본다.
4. 곡식마다 다르게 나는 다양한 소리를 탐색해 본다.
5. 곡식의 양을 다르게 하여 나는 소리를 탐색해 본다.
6. 2~3명이 짝을 이루어 다른 곡식을 넣어 보고 나는 소리를 비교해 본다.

| 활동자료 제작방법 |

재료 : 빈 통, 나무젓가락, 펠트지, 글루건, 본드, 가위, 동물 모양 도안

1. 동물 모양 도안을 보면서 펠트지를 동물 모양으로 오린다.
2. 오린 펠트지를 이용하여 빈 통의 뚜껑을 동물 모양(사자, 토끼, 돼지, 팬더곰, 코끼리 모양)으로 꾸민다.
3. 나무막대를 펠트지로 감싸 준다.
4. 동물 모양과 나무막대를 글루건을 이용해 고정시켜 준다.

| 확장활동 및 유의점 |

- 3~5명이 동물 악기를 하나씩 정하여 함께 간단한 리듬을 연주해 볼 수 있다.

동물의 울음 소리

| 생활주제 | 무슨 소리일까요? | 소 주 제 | 동물의 소리

| 활동유형 | 집단활동(이야기 나누기) | 집단유형 | 대집단

| 활동목표 | • 동물들의 울음 소리와 특징에 대해 안다.
• 활동에 참여하는 속에서 즐거움을 경험한다.

| 활동자료 | 각 소리가 나는 동물 모형(사자, 돼지, 강아지, 고양이, 소), 콩주머니, 융판

| 활동내용 |

도 입

1. 여러 가지 동물에 대해 이야기 나눈다.
   - 동물 하면 어떤 동물들이 있을까?
   - 그럼 이 동물들이 어떤 소리를 낼까?

전 개

2. 준비한 동물 모형을 제시한다.
   - "나는 사자라고 해."
   - "나는 돼지야."
   - "나는 강아지야."
   - "나는 고양이야."
   - "나는 소야."
3. 교사가 내는 울음 소리에 맞는 동물을 찾아본다.
4. 교사가 각 동물 모형을 융판에 붙인다.
5. 한 명씩 순서를 정한다.
6. 한 명씩 교사가 내는 동물 소리에 맞는 동물을 찾아 콩주머니로 맞춘다. 정확하게 맞추면 동물의 울음 소리가 들린다.
7. 영아들끼리 편을 나누어 한 팀은 울음 소리를 제시하고 다른 팀은 공동으로 동물을 콩주머니로 맞추어 보도록 한다.

마무리

8. 놀이가 끝난 후, 활동에 참여했던 경험과 느낌을 표현해 본다.
   - 동물을 공으로 던지니 어떻게 되었어?
   - 어떤 소리가 났었나요?

| 활동자료 제작방법 |

재료 : 펠트지, 벨소리(사자, 돼지, 강아지, 고양이, 소), 솜, 바늘, 실, 부직포, 본드, 종이, 보들이와 까칠이

〈소리가 나는 동물 모형〉

1. 종이에 동물 모양을 본뜬다.
2. 본뜬 동물 모양을 이용하여 펠트지에 동물 모양을 꾸민다.
3. 같은 동물 모양을 겹쳐서 솜구멍을 남겨두고 바느질을 한다.
4. 동물 모양 안에 솜과 각 동물에 해당하는 벨소리를 넣고 마무리 바느질을 한다.
5. 동물 모양의 뒤에 까칠이를 바느질하여 붙인다.

〈융판〉

1. 하드보드지 두 장을 나란히 놓고 접힐 수 있도록 부직포를 붙인다.
2. 여러 가지 색깔의 부직포를 이용하여 기차 모양을 완성한다.

| 활동평가 |

- 동물 울음 소리와 특징에 대해 알았는가?
- 친구들과 함께 즐겁게 활동에 참여하였는가?

동물의 소리를 맞추어 보아요

| 생활주제 | 무슨 소리일까요　　| 소 주 제 | 동물의 소리

| 활동유형 | 집단활동(언어활동)　　| 집단유형 | 대집단

| 활동목표 | • 여러 가지 동물의 울음 소리에 대해 안다.
• 동물의 그림을 보고 동물의 울음 소리를 흉내낼 수 있다.

| 활동자료 | 컴퓨터(ppt 자료), 동물 사진(개, 염소, 호랑이, 소, 늑대, 말)

| 활동자료 |

도 입

1. 동물 사진을 한 장씩 보면서 동물의 이름을 알아본다.
   - 이것은(개 사진) 어떤 동물일까요?
   - 이 동물(개)을 본 경험이 있나요?
2. 동물들이 어떤 울음 소리를 내는지 흉내내어 본다.
   - 개는 어떤 소리를 낼까요?
   - 호랑이는 어떤 소리를 낼까요?

전 개

3. 파워포인트를 실행하여 동물들의 특성에 대해 알아본다.
   - 우리 동물들이 어떤 소리를 내는지 알아봅시다.
   - 먼저 개의 생김새, 사는 곳, 먹이, 울음 소리 등에 대해 알아봅시다.

① 개의 생김새

② 개가 사는 곳

③ 개의 먹이

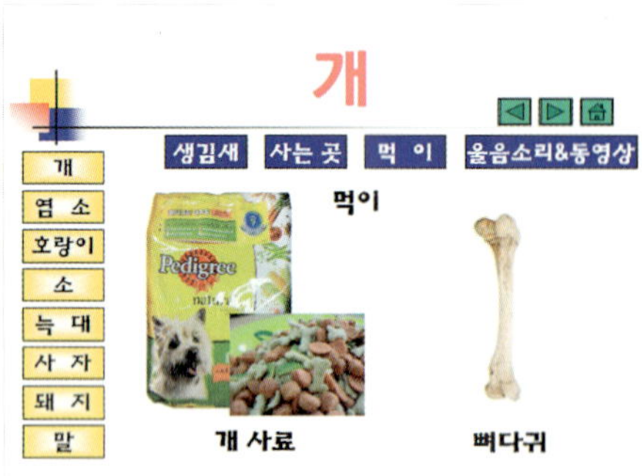

④ 개의 소리 & 동영상

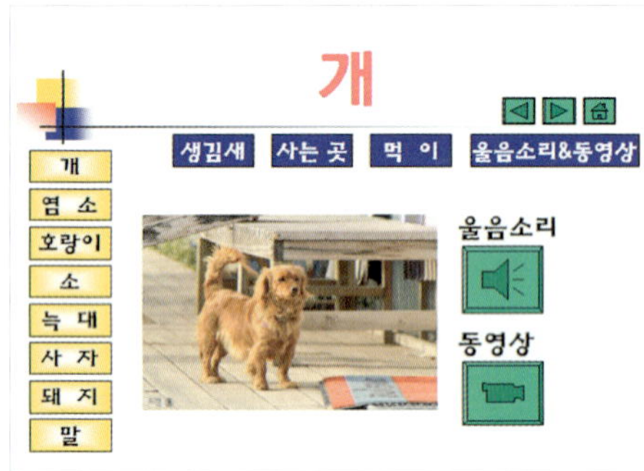

4. ④번 개의 울음 소리를 반복적으로 들려 주어 개 울음 소리를 탐색하도록 한다.
5. 영아에게 친숙한 동물부터 차례대로 ① ② ③ ④의 순서대로 탐색한다.

마무리 6. 동물 사진 자료를 보면서 그에 해당하는 동물의 울음 소리를 표현해 본다.
- 컴퓨터에서 어떤 동물들이 나왔어요?
- ○○은 어떻게 소리를 냈죠?

| 활동자료 제작방법 |

재료 : 컴퓨터, 동물 사진, 색지, 풀, 코팅지, 가위

〈ppt 자료〉

1. 「8장 컴퓨터를 이용한 교수매체 제작」을 참고하면서 동물의 생김새, 사는 곳, 먹이, 소리 등에 관한 파워포인트 자료를 작성한다(개, 염소, 호랑이, 소, 늑대, 말).

〈동물 사진〉

1. 세부적인 생김새가 묘사되어 있는 실제 동물 사진을 선택한다.
2. 색지를 직사각형으로 오린다.
3. 동물 사진 뒤에 색지를 댄다(이때 색지를 사진보다 크게 하여 댄다).
4. 코팅하여 모양대로 자른다.

| 확장활동 및 유의점 |

- 동물의 울음 소리 흉내내기에 익숙해지면 컴퓨터를 통해서 동물들의 움직임을 관찰하고 실제로 동물들의 움직임을 표현해 보게 하는 활동으로 연결할 수 있다.

2. 유아 교재 · 교구

생 활 주 제

1) **봄, 여름, 가을, 겨울(3세)**

인형 옷 입히기 / 철새의 이동 / 애벌레 연결하기 / 가을열매 장신구 가게 놀이
열매 바느질 / 촉감 책

2) **건강과 안전(4세)**

어떤 맛일까? / 우리 집 냉장고 / 사과 따기 / 음식 분류하기
세계 여러 나라 음식 메뉴판 / 몸에 좋은 음식과 나쁜 음식 / 음식이 소화되는 과정

3) **우리나라(5세)**

기억력 게임 / 전통놀이 글자판 / 윷놀이를 해요
강강술래 / 전통놀이 도구 바느질

1) 봄, 여름, 가을, 겨울(3세)

〈조 사 대 상 자〉

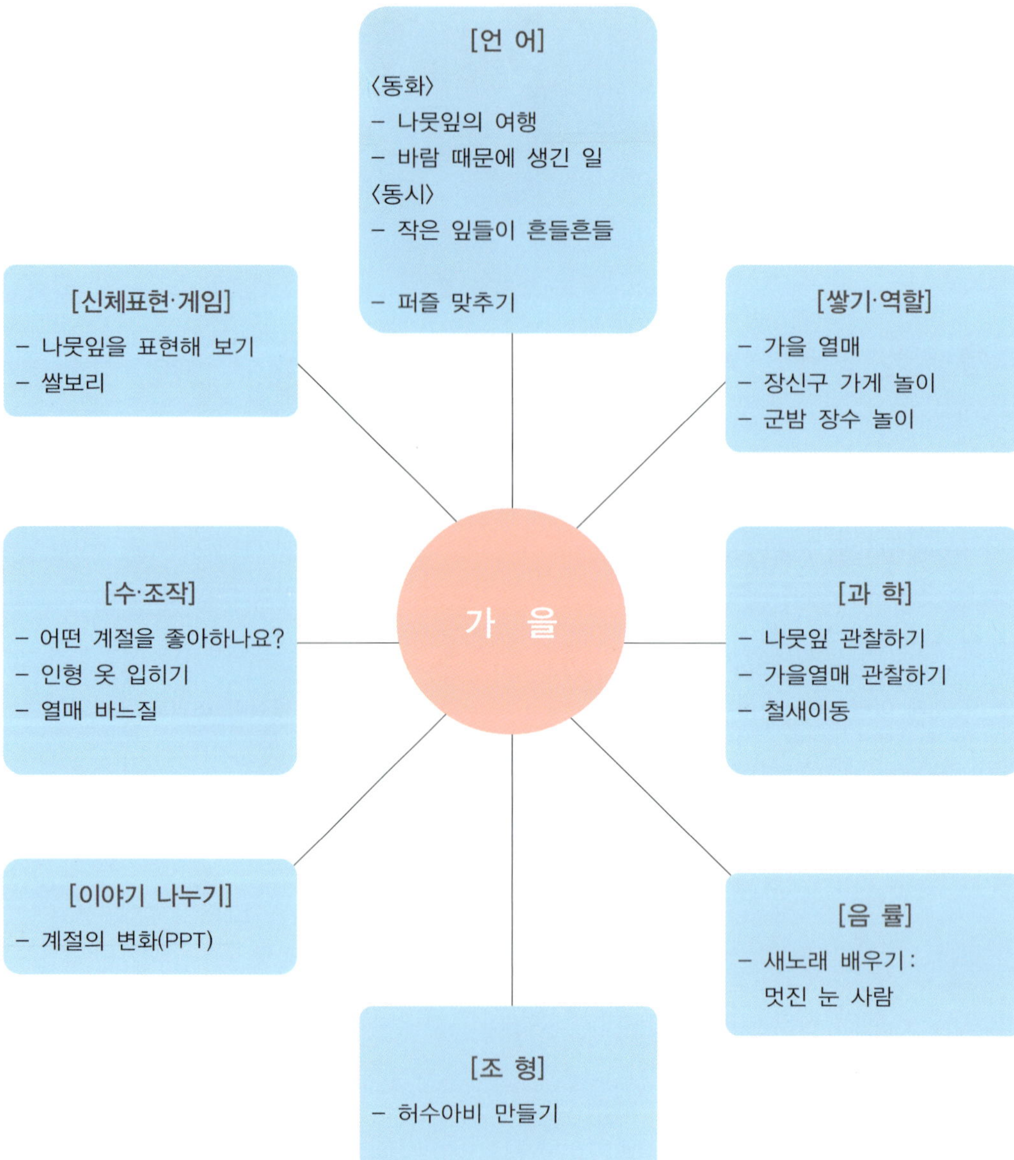

인형 옷 입히기

| 생활주제 | 가을 | 소 주 제 | 사계절의 변화

| 활동유형 | 자유선택활동(조작활동) | 집단유형 | 소집단

| 활동목표 | • 날씨의 변화에 대해 이해한다.
• 계절의 변화에 맞는 옷에 대해 이해한다.

| 활동자료 | 사계절 판그림, 인형, 계절별 인형 옷

| 활동방법 |

1. 사계절의 날씨 변화에 대해 이야기 나눈다.
2. 각각의 계절에 맞는 옷에 대해 이야기 나눈다.
3. 사계절판 중 하나를 선택한다.

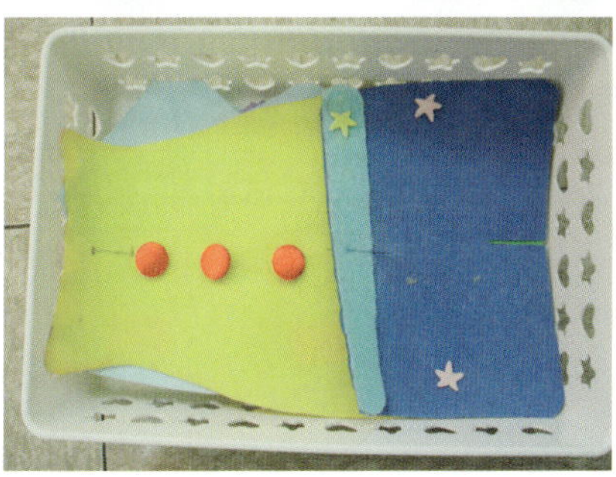

4. 계절에 적합한 인형 옷을 입혀 본다.

5. 두 팀으로 나누어 어느 팀이 빨리 옷을 입히는가 게임 형식으로 활동을 진행할 수 있다.

| 활동자료 제작방법 |

재료 : 하드보드지, 부직포, 펠트지, 단추, 다양한 천, 실, 바늘, 본드

〈사계절 판그림〉

1. 하드보드지 4장을 직사각형으로 자른다.
2. 자른 하드보드지를 부직포로 감싼다.
3. 봄, 여름, 가을, 겨울에 맞게 배경을 꾸민다.
4. 부직포로 사람 모양을 만들어 배경판에 붙인다.
5. 사람 모양에 단추를 단다.

〈계절별 인형 옷〉

1. 여러 가지 천이나 부직포, 펠트지를 이용하여 계절에 적절한 다양한 옷을 만든다.
2. 중간중간에 단춧구멍을 낸다.

| 활동평가 |

- 날씨의 변화와 이에 따른 적절한 옷차림에 대해 이해하였는가?

철새의 이동

| 생활주제 | 가을 | 소 주 제 | 사계절의 변화

| 활동유형 | 자유선택활동(과학활동) | 집단유형 | 소집단

| 활동목표 |
- 계절에 따른 자연현상을 탐색한다.
- 계절에 따른 철새의 이동에 대해 알 수 있다.

| 활동자료 | 철새 주사위 2개, 계절 그림판 2개, 말 2개

| 활동방법 |

1. 새를 본 경험에 대하여 이야기 나눈다.
2. 철새의 종류에 대해서 이야기 나눈다.
3. 철새의 이동 게임을 한다.
   - 2팀으로 나눈다.
   - 원하는 계절판을 선택한다.
   - 순서와 말을 정한다.

- 주사위를 던져 나온 그림에 따라 이동한다.
  자기 팀의 계절판에 해당되는 철새가 나오면 앞으로 적힌 수만큼 이동
  자기 팀의 계절판에 해당되지 않는 계절의 철새가 나오면 뒤로 이동
  꽝이 나오면 제자리에 멈춤
- 도착지점에 제일 먼저 도착하는 팀이 이긴다.

4. 게임을 통해 알게 된 계절별 철새들에 대해서 이야기를 나누어 본다.

| 활동자료 제작방법 |

재료 : 하드보드지, 색지, 시트지, 한지, 보들이와 까칠이

〈사계절 그림판〉

1. 하드보드지를 직사각형으로 자른다.
2. 직사각형으로 자른 하드보드지에 색지를 입힌다.
3. 우리나라 지도 모양으로 색지를 잘라 하드보드지 위에 붙인다.
4. 시트지를 입혀 마무리한다.

〈철새 주사위〉

1. 재활용 우유곽을 정육면체로 만든다.
2. 속에 신문지를 채워 단단하게 한다.
3. 겉에 부직포를 붙인다.
4. 철새 사진을 코팅하여 주사위에 붙인다.

| 확장활동 및 유의점 |

- 유아들이 충분히 게임 규칙을 이해할 수 있도록 적절한 설명을 한다.

| 활동평가 |

- 계절에 따른 자연현상을 이해하였는가?
- 생물에 관심을 가졌는가?

애벌레 연결하기

| 생활주제 | 가을 | 소 주 제 | 사계절의 변화

| 활동유형 | 자유선택활동(조작활동) | 집단유형 | 개별

| 활동목표 |
- 눈과 손의 협응력을 기를 수 있다.
- 1~5까지의 숫자를 경험해 본다.
- 1~5까지 숫자의 순서를 알 수 있다.

| 활동자료 | 1~5까지 숫자가 적혀 있는 애벌레 모양

| 활동방법 |

1. 애벌레의 크기에 따라 차례대로 배열한다.
2. 애벌레에 적혀 있는 숫자를 교사와 함께 읽어 본다.
3. 1~5까지의 순서에 맞는지 확인한다.
4. 연결방법에 따라 애벌레를 연결한다(끈 묶기, 단추 끼우기 등).
5. 1~5까지의 숫자를 읽어 본다.

| 활동자료 제작방법 |

재료 : 여러 색 펠트지, 무빙아이, 운동화 끈, 단추, 똑딱이, 찍찍이, 글루건

1. 펠트지를 크기 순서대로 5종류의 크기로 오린다.
2. 1~5까지 숫자를 오려 펠트지의 크기 순서대로 붙인다.
3. 펠트지를 2장씩 겹쳐 솜구멍을 남기고 바느질한다.
4. 솜을 넣어 마무리 바느질을 한다.
5. 다양한 재료(똑딱이, 운동화 끈, 단추, 찍찍이)로 연결할 수 있도록 연결 부분을 완성해 준다.
6. 애벌레의 더듬이, 발을 만들어 준다.

가을열매 장신구 가게 놀이

| 생활주제 | 가을 | 소 주 제 | 가을의 변화

| 활동유형 | 자유선택활동(역할놀이) | 집단유형 | 소집단

| 활동목표 |
- 가을 열매와 곡류를 관찰하고 촉감을 느껴 본다.
- 열매를 이용하여 여러 장신구를 만들어 본다.

| 활동자료 | 가을 열매를 이용한 장신구(은행, 밤, 박, 팥, 수세미, 검정콩, 구기자, 옥수수 등)

| 활동방법 |

1. 조형활동 시간에 다양한 방법으로 가을 열매를 이용한 장신구를 만들어 본다.
2. 교사는 가을 열매 장신구와 여러 가지 가을 열매를 제시한다.
3. 가을 열매 장신구와 여러 가지 가을 열매를 오감을 사용하여 탐색해 본다.
4. 장신구 가게 놀이에 필요한 역할을 알아본다.
5. 역할을 정한다.
6. 정해진 역할에 맞추어 장신구 가게 놀이를 실시한다.
7. 역할을 바꾸어 가면서 장신구 가게 놀이를 실시해 본다.

| 활동자료 제작방법 |

재료 : 두꺼운 종이, 가을 열매(은행, 밤, 박, 팥, 수세미, 검정콩, 구기자, 옥수수 등), 목공풀, 투명 락카, 색실, 색지

〈가을 열매를 이용한 장신구〉

1. 두꺼운 종이를 다양한 전통 장신구 문양으로 자른다.
2. 목공풀과 가을 열매를 이용하여 장신구 문양을 꾸민다.
3. 색지나 색실을 이용하여 장신구 모양을 완성한다.
4. 투명 락카를 뿌려 말린다.

| 활동평가 |

- 적극적으로 활동에 참여하였는가?

열매 바느질

| 생활주제 | 가을 | 소 주 제 | 가을의 변화

| 활동유형 | 자유선택활동(조작활동) | 집단유형 | 개별

| 활동목표 |
- 유아의 소근육 발달과 눈과 손의 협응력을 기른다.
- 여러 가지 가을 열매에 대해 알 수 있다.

| 활동자료 | 밤, 도토리, 단풍 모양의 바느질 틀, 바느질 끈

| 활동방법 |

1. 여러 가지 가을 열매의 모양을 탐색한다.
2. 원하는 가을 열매를 선택한다.
3. 모양에 맞게 바느질을 한다.
4. 바느질이 끝나면 끈을 빼서 제자리에 정리정돈한다.
5. 준비된 여러 가지 자료를 차례대로 바느질을 해 본다.

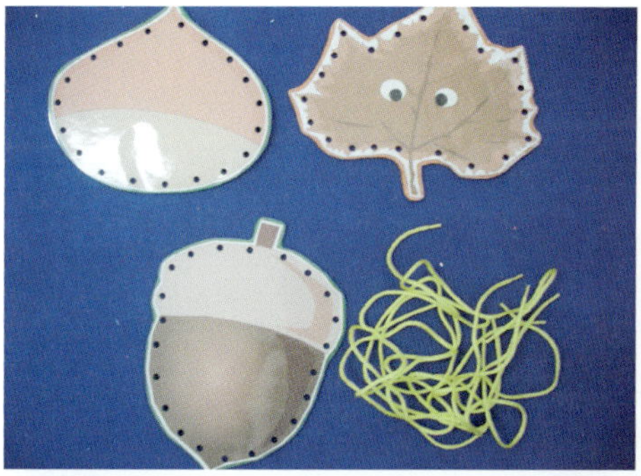
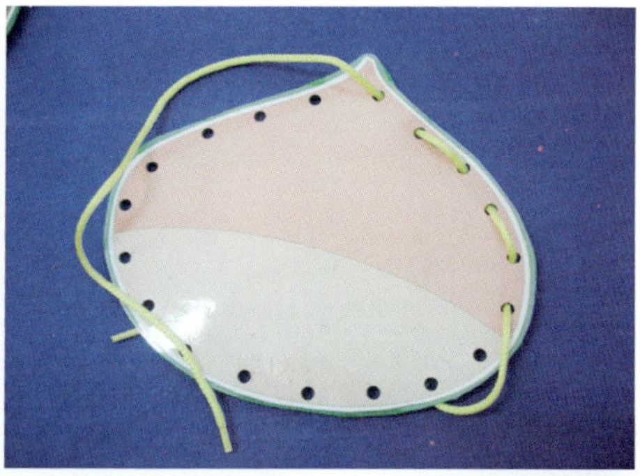
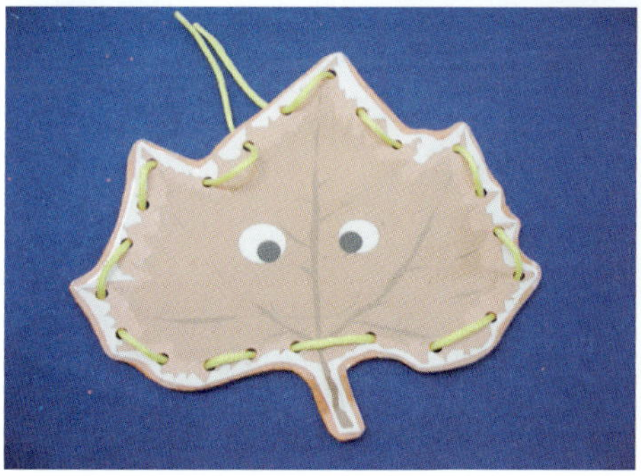
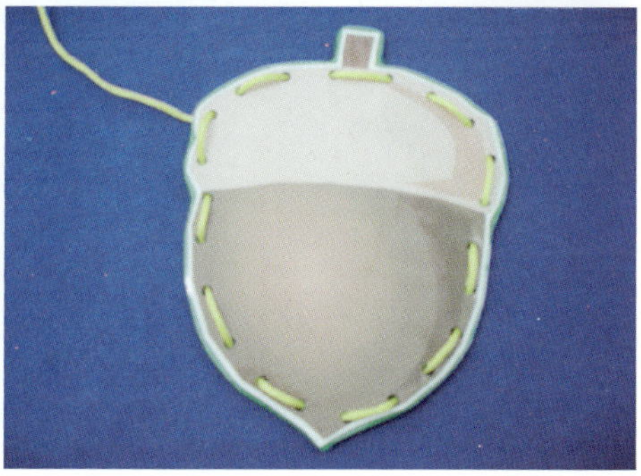

| 활동자료 제작방법 |

재료 : 색지, 가을 열매, 사진 자료, 펀치, 펠트지, 본드, 끈

〈바느질 틀〉

1. 컴퓨터나 책을 이용하여 가을과 관련된 사진을 찾는다.
2. 사진을 모양대로 자르고 코팅한다.
3. 뒤에 펠트지를 붙인다.
4. 펀치를 이용하여 적절하게 구멍을 낸다.

촉감 책

| 생활주제 | 가을 | 소 주 제 | 가을의 변화

| 활동유형 | 자유선택활동(수활동) | 집단유형 | 소집단

| 활동목표 |
- 과일에 대해 관심을 갖는다.
- 숫자에 대해 관심을 갖는다.
- 눈과 손의 협응력을 기를 수 있다.

| 활동자료 | 촉감 숫자 책, 과일 모형

| 활동방법 |

1. 숫자책을 넘기면서 숫자를 읽어 본다.
2. 숫자책을 넘기면서 1부터 차례대로 숫자에 맞게 과일을 붙인다.
3. 1~5까지의 숫자에 맞게 과일을 다 붙이면 활동이 끝난다.
4. 숫자 책을 넘기면서 과일의 다양한 촉감을 느껴 본다.
5. 활동이 끝난 후 과일을 보관 상자에 넣고 정리한다.

| 활동자료 제작방법 |

재료 : 하드보드지, 펠트지, 글루건, 까칠이, 실, 바늘, 가위, 총알, 쌀, 돌, 솜, 비닐봉지, 고리

〈촉감 숫자 책〉

1. 하드보드지를 가로 25cm, 세로 25cm로 6개를 자른다.
2. 펠트지를 가로 26cm, 세로 26cm로 자른다.
3. 펠트지로 하드보드지를 덮는다.
4. 펠트지의 남는 부분을 실로 휘감아치기를 한다.
5. 펠트지를 덮은 하드보드지에 구멍을 내어 고리로 연결한다.
6. 책장을 넘겨 왼쪽에는 펠트지로 숫자 1~5를 오려 붙인다.

〈과일 모형〉

1. 5가지의 과일을 선정하여 펠트지로 오린다.
2. 과일 속에 총알, 쌀, 돌, 솜, 비닐봉지 등을 넣어 휘감아치기를 한다.
3. 과일의 뒷부분에 까슬이를 붙인다.

| 확장활동 및 유의점 |

• 과일의 종류에 따라 촉감이 다르게 교구를 제작해야 한다.

2) 건강과 안전(4세)

〈조 사 대 상 자〉

음 식

[역할·쌓기]
- 시장에 갔어요
- 음식점 놀이

[언 어]
〈동화〉
- 난, 토마토 절대 안 먹어
- 여러 가지 잡곡
- 음식 이름 삼행시 짓기
- 세계 여러 나라 음식 메뉴판
- 내가 좋아하는 음식책 만들기
- 과자 봉지 이름 맞추기

[과 학]
- 우리 집 냉장고
- 음식이 소화되는 과정
- 음식 이름 알아맞히기
- 내가 좋아하는 음식
- 우리나라 옛 음식
- 떡과 빵의 같은 점, 다른 점

[음 률]
- 엄마는 무얼 할까요? (녹음 자료)

[수·조작]
- 땅콩 집기
- 사과 따기
- 음식 분류하기
- 이에 좋은 음식 나쁜 음식

[게 임]
- 사과 따기
- 음식 나르기

[신체·음률]
- 어떤 맛일까?
- 새노래 배우기: 그러면 안돼, 얼음과자

[이야기 나누기]
- 내가 좋아하는 음식과 싫어하는 음식
- 몸에 좋은 음식과 나쁜 음식(그림 자료)

[조 형]
- 우리 집 냉장고 (공동작품)
- 음식점 간판 만들기
- 슈퍼마켓놀이에 필요한 소품 만들기(신발, 생선, 모자 등)
- 야채 도장찍기
- 요리사 모자 만들기

어떤 맛일까?

| 생활주제 | 음식 | 소 주 제 | 여러 가지 음식

| 활동유형 | 집단활동(신체활동) | 집단유형 | 소집단

| 활동목표 | • 음식의 맛을 표현하는 단어들을 알 수 있다.
• 음식 맛을 온몸과 표정으로 창의적으로 표현해 볼 수 있다.

| 활동자료 | 음식 맛이 쓰여진 게임판, 주사위, 말 2개

| 활동방법 |

1. 좋아하는 음식의 맛에 대해 이야기 나눈다.
   - ○○이가 좋아하는 음식은 뭐예요?
   - 사탕은 어떤 맛이 날까?
2. 여러 가지 음식의 맛에 대해 스스로 표현해 본다.
3. 두 팀으로 나눈다.
4. 말과 순서를 정한다.
5. 주사위를 던져 나온 숫자만큼 게임판의 말을 이동한다.
6. 게임판에 적혀 있는 맛을 읽어 보고 팀별로 맛을 표현해 본다('쓰다'라는 글자가 나오면 팀별로 쓴 표정과 몸짓을 해 본다).
7. 팀별로 게임판에 적혀 있는 맛을 적절하게 표현하지 못할 경우에는 다시 뒤로 되돌아간다.
8. 도착에 먼저 도착하는 팀이 이긴다.
9. 뒷정리를 하고 여러 가지 맛에 대해 함께 표현해 본다.

| 활동자료 제작방법 |

재료 : 우드락, 부직포, 시트지, 병뚜껑, 글루건

〈음식맛이 쓰여진 게임판〉

1. 나무 모양으로 우드락을 자른다.
2. 부직포를 이용하여 나무 모양에 여러 가지 게임의 규칙을 꾸민다.

〈말〉

1. 1개의 병꾸껑에는 파란색 시트지를, 1개의 병두껑에는 노란색 시트지를 입힌다.
2. 글루건을 이용하여 캐릭터 모양 그림을 병뚜껑에 붙인다.

| 활동평가 |

- 음식의 맛을 표현하는 여러 가지 단어들을 알게 되었는가?
- 음식 맛을 온몸으로 표현해 볼 수 있는가?

우리 집 냉장고

| 생활주제 | 음식 | 소 주 제 | 여러 가지 음식

| 활동유형 | 자유선택활동(과학활동) | 집단유형 | 소집단

| 활동목표 |
- 냉장고의 기능을 안다.
- 음식을 종류별로 분류할 수 있다.
- 즐겁게 게임에 참여한다.

| 활동자료 | 냉장고 모형, 음식 종류별 그림자료(음료수, 야채, 과일, 김치, 아이스크림 등)

| 활동방법 |

1. 냉장고 모형과 음식 그림자료가 담겨 있는 바구니를 꺼낸다.

2. 냉장고 모형을 탐색한다.
3. 바구니에 담겨져 있는 음식카드를 꺼내서 어떤 음식인지 이야기 나눈다.
4. 냉동실에 들어갈 음식들을 분류하여 붙인다.

5. 냉장실에 들어갈 음식들을 분류하여 붙인다.
6. 야채칸, 과일칸에 들어갈 음식들을 분류하여 붙인다.

7. 음료수를 분류하여 붙인다.

8. 놀이가 끝나면 냉장고 모형과 음식 그림 자료를 정리하여 제자리에 정리한다.

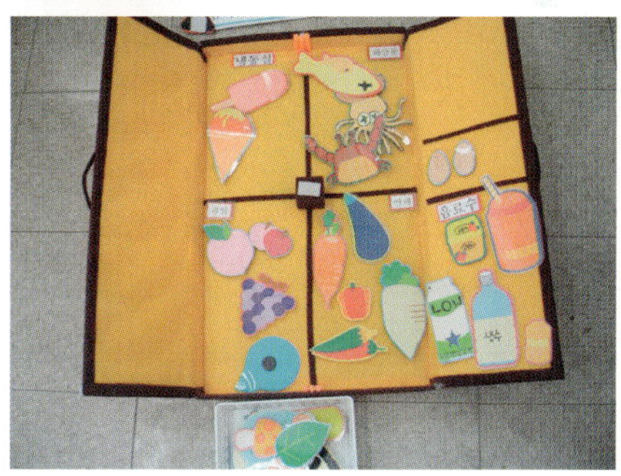

| 활동자료 제작방법 |

재료 : 하드보드지, 부직포, 본드, 보들이와 까칠이, 색지, 코팅지

〈냉장고〉

1. 하드보드지를 냉장고 모형으로 자른다.

2. 하드보드지의 접히는 부분에 칼집을 낸다.
3. 자른 하드보드지 위에 본드를 이용하여 부직포를 붙인다.
4. 부직포를 이용하여 냉장고의 분류칸을 만들어 완성한다.

〈음식 종류별 그림카드〉

1. 색지를 이용하여 다양한 음식카드를 만든다.
2. 여러 가지 음식카드를 코팅하여 자른 후, 뒤에 까칠이를 붙인다.

| 활동평가 |

- 식품을 종류별로 분류할 수 있는가?
- 즐거운 마음으로 활동에 참여하였는가?

사과 따기

| 생활주제 | 음식 | 소 주 제 | 여러 가지 음식

| 활동유형 | 자유선택활동(수활동) | 집단유형 | 소집단

| 활동목표 |
- 숫자를 셀 수 있다.
- 즐겁게 게임활동에 참여할 수 있다.

| 활동자료 | 사과나무판 2개, 사과 자석말 30개, 주사위(1~3까지 적혀 있는)

| 활동방법 |

1. 두 팀으로 팀을 나눈다.
2. 사과나무판을 선택하고 사과나무판에 사과를 20개씩 붙인다.
3. 순서를 정한다.
4. 주사위를 던져 나온 수만큼 사과를 따서 바구니에 담는다.
5. 먼저 사과를 모두 나무에서 딴 팀이 승리한다.

| 활동자료 제작방법 |

재료 : 하드보드지, 함석판, 부직포, 색지, 코팅지, 자석, 글루건

〈사과나무판〉

1. 하드보드지를 직사각형으로 자른다.
2. 하드보드지 위에 함석판을 붙이고 부직포를 입힌다.
3. 부직포를 이용하여 사과나무 모양을 꾸민다.

〈사과 자석말〉

1. 빨간색 색지를 이용하여 사과 모양으로 자르고 코팅한다.
2. 코팅한 뒤에 자석을 붙인다.

| 활동평가 |

- 게임에 즐겁게 참여하였는가?
- 1 ~ 3까지의 숫자를 이해하였는가?

음식 분류하기

| 생활주제 | 음식 | 소 주 제 | 여러 가지 음식
| 활동유형 | 자유선택활동(조작활동) | 집단유형 | 소집단
| 활동목표 | • 음식의 종류에 대해 알아보고 음식을 분류할 수 있다.
| 활동자료 | 음식 분류판, 여러 종류의 음식 그림 자료
| 활동방법 |

1. 여러 가지 음식의 그림을 보면서 이야기를 나눈다.
   - 우리가 먹는 음식에는 어떤 것이 있을까?
   - 좋아하는 음식은 무엇이 있을까?

     음식에는 생선, 과일, 채소로 분류할 수 있다.
2. 음식 분류판을 보면서 음식의 분류 항목에 대해 탐색한다.
3. 여러 가지 종류의 음식 그림 자료를 보면서 음식의 분류방법에 대해 알아본다.
   - 멸치, 조기, 갈치, 명태, 오징어는 어디에 분류해야 할까?
   - 시금치, 가지, 상추, 배추, 무, 버섯, 파, 풋고추은 어디에 분류해야 할까
   - 바나나, 키위, 사과, 딸기, 메론, 포도, 밀감, 감은 어디에 분류해야 할까?
4. 분류한 음식을 살펴보면서 어떻게 분류되었는지 이야기해 본다.

| 활동자료 제작방법 |

재료 : 하드보드지, 부직포, 그림 자료, 색지, 코팅지, 까칠이

〈음식 분류판〉

1. 하드보드지를 직사각형으로 자른다.
2. 하드보드지 위에 부직포를 붙이고 부직포를 이용하여 분류칸을 만든다.

〈여러 종류의 음식 그림 자료〉

1. 마트의 식품 전단지에서 필요한 그림 자료를 자른다.
2. 뒤에 색지를 대고 자른 후, 코팅한다.

| 활동평가 |

• 음식을 종류별로 분류할 수 있는가?

• 다양한 음식의 종류에 대해 알게 되었는가?

세계 여러 나라 음식 메뉴판

| 생활주제 | 음식 | 소 주 제 | 여러 가지 음식

| 활동유형 | 자유선택활동(언어활동) | 집단유형 | 소집단

| 활동목표 |
- 세계 여러 나라 음식의 종류를 알 수 있다.
- 음식을 골고루 먹는 습관을 기른다.

| 활동자료 | 세계 여러 나라의 음식 메뉴판

| 활동방법 |

1. 다양한 음식의 종류에 대해 이야기 나눈다.
   - 음식에는 어떤 종류가 있을까?
   - 어떤 음식이 맛이 있었니?
   - ○○는 무슨 음식을 좋아하니?
   - △△는 무슨 음식을 좋아하니?
2. 음식 메뉴판을 넘기면서 세계 여러 나라의 다양한 음식의 종류를 접해 본다.
3. 음식 메뉴판을 보면서 먹어 본 음식에 대한 경험을 이야기 나눈다.
4. 각각의 음식을 먹을 때의 여러 가지 방법에 대해서 이야기 나눈다.

| 활동자료 제작방법 |

재료 : 색지, 음식 그림 사진(식품 광고 전단지), 끈, 풀, 가위

〈음식 메뉴판〉

1. 색지를 직사각형으로 자른다.
2. 각 장마다 음식 그림 사진을 붙이고 옆에 간단한 설명을 제시한다.
3. 한식, 중식, 양식, 일식으로 나누어 4개의 메뉴판을 만든다.
4. 겉표지를 만들고 종류별로 끈으로 묶는다.

몸에 좋은 음식과 나쁜 음식

| 생활주제 | 음식 | 소 주 제 | 몸에 좋은 음식과 나쁜 음식

| 활동유형 | 집단활동(이야기 나누기) | 집단유형 | 대집단

| 활동목표 |
- 몸에 좋은 음식과 나쁜 음식을 구별할 수 있다.
- 음식을 구별하여 먹음으로써 올바른 식생활 습관을 기를 수 있다.

| 활동자료 | 융판, 동화책(난 토마토 절대 안 먹어)
좋은 음식(김치, 피망, 무, 된장, 콩나물, 시금치, 우유, 고사리 등) 그림 자료
해로운 음식(아이스크림, 초콜릿, 사탕, 햄버거, 피자, 불량식품, 콜라 등) 그림 자료

| 활동내용 |

도 입

1. 아침에 먹고 온 음식에 대해 이야기 나눈다.
   - 오늘 아침에 어떤 음식을 먹고 왔어요?
2. 교사는『난 토마토 절대 안 먹어』동화책을 읽어 준다.
3. 책의 내용에 대해 이야기 나눈다.
   - 이 책에 어떤 음식들이 나왔죠.
   - 우리 몸에 좋은 음식은 무엇일까요?

전 개

4. 음식 그림 자료를 보면서 이야기 나눈다.
   - 여기 이 음식은 어떤 음식인가요?
   - 이 음식은 우리 몸에 좋을까요, 나쁠까요?
5. 준비한 모든 그림 자료를 위와 같은 방법으로 차례대로 이야기 나누어 본다.
6. 그림 자료를 섞어둔다.
7. 섞여 있는 그림 자료 중에서 몸에 좋은 음식 10개, 몸에 나쁜 음식 10개를 찾아내어 분류해 본다.

마무리

8. 몸에 좋은 음식과 나쁜 음식에 어떤 것이 있었는지 다시 한 번 이야기 나눈다.

| 활동자료 제작방법 |

재료 : 여러 가지 음식 그림 자료(식품 광고 전단지), 색지, 코팅지

1. 광고 전단지에서 여러 가지 음식 사진을 오린다.
2. 오린 식품 사진의 뒤에 색지를 붙이고 코팅한다.

| 활동평가 |

- 몸에 좋은 음식과 나쁜 음식을 구별할 수 있게 되었는가?
- 음식을 구별하여 먹음으로써 올바른 식생활 습관을 가질 수 있게 되었는가?

음식이 소화되는 과정

| 생활주제 | 음식 | 소 주 제 | 몸에 좋은 음식과 나쁜 음식

| 활동유형 | 자유선택활동(과학활동) | 집단유형 | 소집단

| 활동목표 | • 우리가 먹는 음식이 소화되는 과정을 안다.
• 몸속 소화기관의 역할을 알아본다.

| 활동자료 | 몸속 소화기관의 명칭, 몸속의 내부 기관 그림

| 활동방법 |

1. 우리 몸속에는 어떠한 기관들이 있는지에 대해 이야기를 나눈다.
   - 우리의 몸속에는 무엇이 있을까?
   - 우리 눈으로 볼 수 없는 몸속에는 어떤 것이 있을까?
2. 음식을 먹었을 때 소화시키는 기관에는 어떤 것들이 있는지 이야기 나눈다.
   - 우리가 먹는 음식물은 어떻게 될까?
3. 몸속 소화기관의 명칭을 알아본다.
4. 몸속 소화기관의 생김새와 특징을 살펴본다.

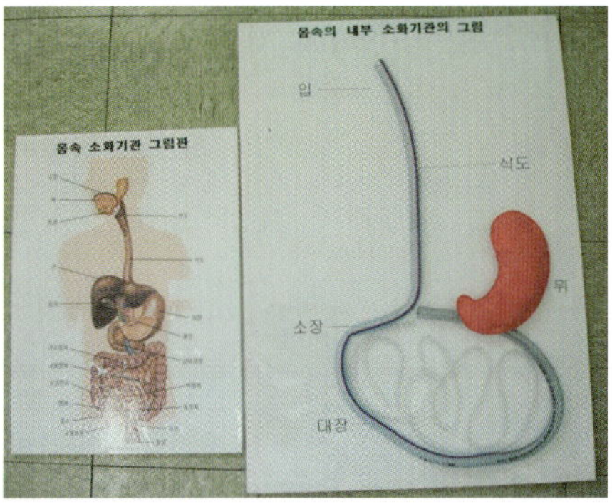

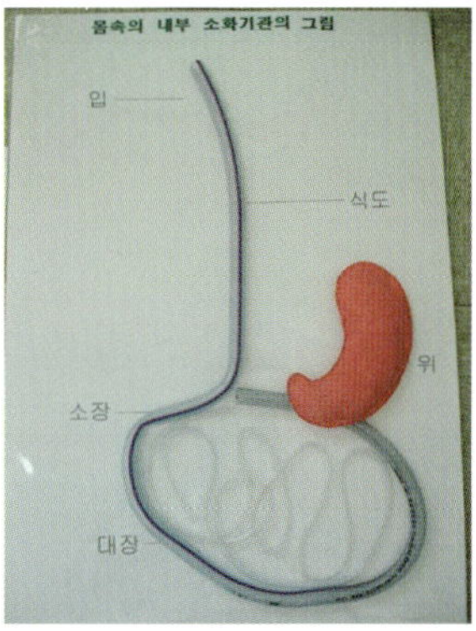

- 입에서 이: 음식물을 잘게 부수는 일을 한다.
- 위: 입 안에서 침과 섞인 음식물을 식도를 지나 위로 들어오면 위액과 골고루 섞어 소화시킨다.
- 소장: 관 모양으로 위와 연결된 부분을 십이지장이라고 하고 주름이 잡혀 소화와 흡수를 빨리 할 수 있도록 돕는다.

- 대장: 소장에서 소화된 음식물의 수분을 흡수하는 일을 한다.

5. 소화기관의 그림을 보면서 음식물이 소화되는 순서를 알 수 있다.

| 활동자료 제작방법 |

재료: 하드보드지, 재활용 호스, 펠트지, 시트지

1. 하드보드지를 직사각형으로 자른 후, 시트지를 감싼다.
2. 하드보드지 위에 재활용 호스, 펠트지 등을 이용하여 몸 속 내부 기관을 조직해 본다.

| 활동평가 |

- 음식이 소화되는 데 관여하는 몸 속의 여러 기관의 명칭과 특징을 이해하였는가?

3) 우리나라(5세)

〈활 동 계 획 안〉

전통놀이

[언 어]

〈동화〉
- 대동놀이
- 강강술래의 유례

〈동시〉
- 꼭꼭 숨어라
- 기억력 게임
- 전통놀이 글자판

[수·조작]
- 윷놀이를 해요
- 전통놀이 도구 바느질
- 전통놀이 입체 퍼즐
- 숫자만큼 연 담기

[게 임]
- 딱지치기
- 강강술래
- 신 윷놀이

[조 형]
- 딱지 접기
- 제기 만들기
- 우리나라 태극기 꾸미기
- 바람개비 모자이크
- 꼬마연 꾸미기

[음률·신체]
- 새 노래 배우기 : 여우야, 여우야
- 꼬마야 꼬마야(줄넘기)
- 두껍아
- 연날리기(한삼춤)
- 윷놀이(율동 창안하기)

[과 학]
- 전통놀이의 방법에 관한 책 만들기
- 우리나라 전통놀이 사진 보기

[쌓기]
- 블록으로 팽이 만들기

[이야기 나누기]
- 우리나라 전통놀이에는 무엇이 있을까? (파워포인트 자료)
- 내가 아는 전통놀이

기억력 게임

| 생활주제 | 전통놀이 | 소 주 제 | 여러 가지 전통놀이

| 활동유형 | 자유선택활동(언어활동) | 집단유형 | 소집단

| 활동목표 |
- 다양한 전통놀이에 대해 알 수 있다.
- 기억력과 집중력을 기를 수 있다.

| 활동자료 | 카드판, 전통놀이 사진 카드, 보자기

| 활동방법 |

1. 2명의 유아가 한 명은 문제를 내고, 한 명은 정답을 알아맞히는 사람이 되어 짝을 이루어 활동을 진행할 수 있다.
2. 2명이 함께 여러 종류의 전통놀이 사진 카드를 탐색하면서 이름을 맞추어 본다.
3. 원하는 전통놀이 사진 카드를 선정하여 카드판에 나열한다.

4. 문제를 내는 유아는 보자기를 덮어 여러 가지 전통놀이 그림 중 한 장을 뺀다.
5. 보자기를 거둔 후 그 자리에 어떤 전통놀이 사진 카드가 있었는지 맞춘다.

6. 2명이 역할을 바꾸어 활동을 진행한다.
7. 놀이를 끝마친 후, 전통놀이 사진 카드를 제자리에 정리한다.

| 활동자료 제작방법 |

재료 : 하드보드지, 색지, 우드락, 펠트지, 시트지, 부직포, 여러 종류의 전통놀이 그림, 글루건

〈카드판〉

1. 하드보드지를 직사각형으로 자른다.
2. 하드보드지 위에 색지를 붙인 후, 색지를 붙인 판 위에 시트지를 붙인다.
3. 우드락에 9개의 직사각형 구멍을 낸다.
4. 글루건을 이용하여 구멍을 낸 우드락을 펠트지로 감싼다.
5. 펠트지로 감싼 우드락 판을 시트지로 감싼 하드보드지에 붙인다.

〈전통놀이 사진 카드〉

1. 책과 컴퓨터에서 여러 종류의 전통놀이 그림을 찾는다.
2. 전통놀이 그림에 색지를 대고 자른 후, 코팅한다.
3. 뒤에 부직포를 대고 부직포 뒤에 한 번 더 코팅한 색지를 댄다.

| 확장활동 및 유의점 |

- 처음에는 전통놀이 개수를 적게 하고 익숙해지면 개수를 점점 늘려가며 활동을 진행한다.

| 활동평가 |

- 전통놀이에 무엇이 있는지를 이해하는가?

전통놀이 글자판

| 생활주제 | 전통놀이 | | 소 주 제 | 여러 가지 전통놀이

| 활동유형 | 자유선택활동(언어활동) | | 집단유형 | 소집단

| 활동목표 | • 글자에 관심을 가진다.
• 전통놀이 그림과 글자를 연결할 수 있다.
• 여러 가지 전통놀이에 대해 경험할 수 있다.

| 활동자료 | 전통놀이 그림판, 전통놀이 낱글자

| 활동방법 |

1. 알고 있는 전통놀이에 대해 이야기 나눈다.
   - 전통놀이에는 무엇이 있을까?
   - 경험해 본 전통놀이는 무엇이 있니?
2. 전통놀이 그림판을 넘기면서 여러 가지 전통놀이의 이름을 맞추어 본다.
   - 어떤 전통놀이일까요?
3. 전통놀이 중 하나를 선정하여 이름을 알아본다.

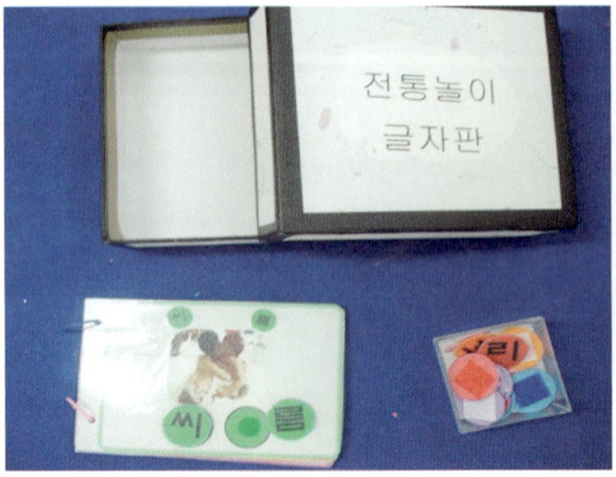

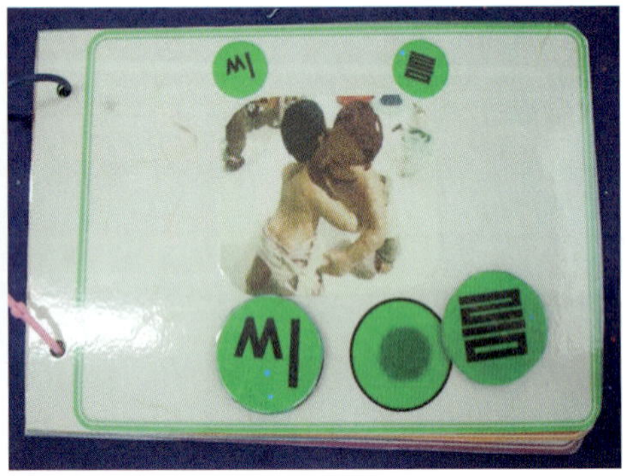

4. 여러 가지 전통놀이 낱글자에서 동일한 글자를 찾아본다.
5. 글자를 그림의 아래에 붙인다.
6. 활동이 끝나면, 교구를 제자리에 정리정돈한다.

| 활동자료 제작방법 |

재료 : 두꺼운 종이, 한지, 보들이와 까칠이, 링, 색지, 시트지

〈전통놀이 그림판〉

1. 두꺼운 종이를 직사각형으로 자른다.
2. 자른 종이 위에 한지를 입힌다.
3. 전통놀이 그림과 글자를 붙일 색지를 붙이고 코팅한다.

〈전통놀이 낱글자〉

1. 전통놀이 그림에 해당하는 낱글자를 컴퓨터로 작성한다.
2. 동그랗게 자른 색지 위에 낱글자를 붙이고 코팅하여 자른다.

| 확장활동 및 유의점 |

- 유아들의 언어 발달수준에 따라 활동을 다르게 제시한다.
  - Ⅰ수준 : 그림 위에 작은 통글자를 제시하고 같은 글자를 유아들이 찾아보게 한다.
  - Ⅱ 수준 : 그림만 제시하고 유아들이 낱글자를 찾아보게 한다.
- 유아들이 어려워할 경우에는 옆에 전통놀이 책자나 그림을 제시하여 보면서 할 수 있도록 한다.

윷놀이를 해요

| 생활주제 | 전통놀이 | 소 주 제 | 전통놀이의 방법

| 활동유형 | 자유선택활동(조작활동) | 집단유형 | 소집단

| 활동목표 |
- 윷놀이의 규칙을 알 수 있다.
- 다양한 전통놀이의 기법을 경험해 본다.
- 집중력과 사고력을 기를 수 있다.
- 게임에 즐겁게 참여할 수 있다.

| 활동자료 | 윷, 윷놀이판, 말 4개

| 활동방법 |

1. 2팀으로 편을 나눈다.
2. 말을 시작 칸에 세운다.

3. 윷을 던진 후 ♥모양이 나오는 수만큼 도, 개, 걸, 윷, 모의 규칙에 따라 말을 이동한다.
4. 말을 이동한 후 도착지에 있는 과제를 수행한다.

〈과 제〉 제기차기 3회
엉덩이로 이름 쓰기
앞으로 세 칸
뒤로 두 칸
전통놀이의 종류 3가지 이야기하기

5. 과제를 수행할 경우, 제자리에 있도록 하고 과제를 수행하지 않았을 시에 한 칸 뒤로 이동한다.
6. 도착지점에 먼저 도착하는 팀이 이긴다.

| 활동자료 제작방법 |

재료 : 하드보드지, 색지, 전통놀이 그림, 부직포, 시트지, 지우개, 병뚜껑, 글루건, 캐릭터 모양 그림

〈윷놀이 판〉

1. 하드보드지를 직사각형으로 자른다.
2. 하드보드지 중앙에 반으로 접을 수 있도록 칼집을 낸다.
3. 하드보드지의 뒷면에 부직포를 댄다.
4. 하드보드지의 안쪽에 색지를 붙인다.
5. 색지 위에 윷놀이판 규칙과 전통놀이 그림을 붙인다.
6. 시트지를 붙여 윷놀이판 규칙과 전통놀이 그림이 떨어지지 않게 한다.

〈윷〉

1. 직육면체 지우개의 한쪽에 ♥ 표시를 한다.
2. 투명 락카를 뿌려 ♥표시가 지워지지 않게 한다.

〈말〉

1. 2개의 병뚜껑에는 파란색 시트지를, 2개의 병뚜껑에는 빨간색 시트지를 입힌다.
2. 글루건을 이용하여 캐릭터 모양 그림을 병뚜껑에 붙인다.

강강술래

| 생활주제 | 전통놀이 | 소 주 제 | 전통놀이의 방법

| 활동유형 | 집단활동(게임) | 집단유형 | 소집단

| 활동목표 |
- 추석 때 하는 전통놀이 중 강강술래의 유래에 대해 알 수 있다.
- 놀이의 규칙을 알 수 있다.
- 1 ~ 20까지의 수를 셀 수 있다.

| 활동자료 | 여러 가지 전통놀이 사진, 강강술래 게임판 2개, 자석말 40개(파란색 20개, 빨간색 20개), 주사위

| 활동내용 |

도 입

1. 추석에 하는 전통놀이의 종류에 대해 알아본다.
   - 그네뛰기, 줄다리기, 강강술래, 윷놀이, 농악놀이, 씨름 등
2. 추석에 하는 전통놀이를 하나씩 보면서 이야기 나눈다.
3. 전통놀이 중 강강술래의 유래에 대해 알아본다.
   (이순신 장군이 침입해 들어오는 왜군을 교란시켜 물리치기 위해서 부녀자들을 동원하여 부녀자들이 손을 잡고 빙빙 돌면서 노래를 부르게 했다).

전 개

4. 교사는 강강술래 게임판을 제시하고 게임방법에 대해 설명한다.

- 먼저 두 팀으로 나누고 게임판을 나눠 가진다.
- 주사위를 던져 나온 수만큼 게임판에 말을 붙인다.
- 게임판에 20개의 말을 붙여 둥근 원이 완성되면 게임이 끝난다. 먼저 완성한 팀이 이긴다.

5. 게임을 실시한다.
6. 말을 다 채우고 '강강술래' 노래를 불러 본다.

| 활동자료 제작방법 |

재료 : 하드보드지, 함석판, 한지, 시트지, 전통놀이 사진, 한복입은 사람 사진, 자석, 글루건

〈강강술래 게임판〉

1. 하드보드지를 정사각형으로 자른다.
2. 하드보드지 위에 함석판을 댄다.
3. 함석판 위에 한지를 이용하여 정월대보름 배경으로 꾸민다.
4. 시트지를 붙여 마무리한다.

〈자석말〉

1. 한복입은 사람 사진을 코팅한다.
2. 자석에 코팅한 사진을 세워서 붙인다.

| 확장활동 및 유의점 |

- 유아들과 함께 바깥놀이터에서 강강술래를 직접 실시해 볼 수 있다.
- 너무 많은 유아들이 한꺼번에 게임에 참여하지 않도록 한다. 참여하는 유아들의 수에 따라서 자석말을 조절할 수 있다.

전통놀이 도구 바느질

| 생활주제 | 전통놀이 | 소 주 제 | 전통놀이의 도구
| 활동유형 | 자유선택활동(조작활동) | 집단유형 | 개별

| 활동목표 |
- 전통놀이의 종류를 알 수 있다.
- 연, 장구, 하회탈, 팽이의 모양을 알 수 있다.
- 눈과 손의 협응력을 기를 수 있다.
- 집중력을 기를 수 있다.

| 활동자료 | 바느질 틀(방패연, 가오리연, 하회탈, 장구, 팽이), 바느질 끈

| 활동방법 |

1. 바느질 틀을 보면서 여러 가지 전통놀이에 쓰이는 도구를 탐색한다.
2. 원하는 틀을 선택한다.
3. 끈을 이용하여 바느질을 해 본다.
4. 여러 가지 다양한 모양을 차례로 실시해 본다.
5. 활동을 끝마친 후, 바느질 끈을 빼서 제자리에 정리한다.

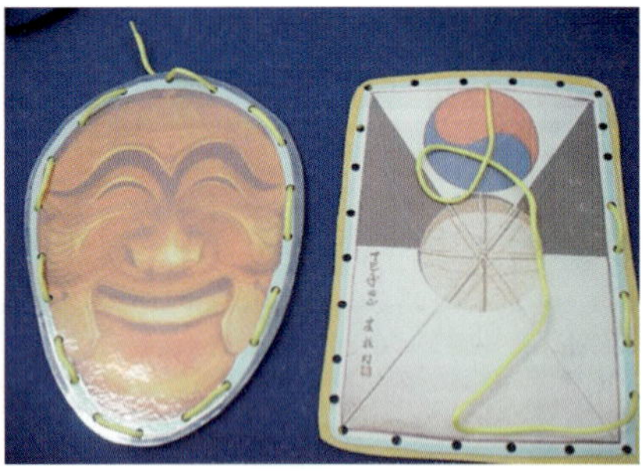

| 활동자료 제작방법 |

재료 : 색지, 전통놀이 도구 사진자료, 펀치, 펠트지, 본드, 끈

〈바느질 틀〉

1. 컴퓨터나 책을 이용하여 전통놀이 도구 사진을 찾는다.
2. 전통놀이 사진을 모양대로 자르고 코팅한다.
3. 뒤에 펠트지를 붙인다.
4. 펀치를 이용하여 적절하게 구멍을 낸다.

찾 아 보 기

인 명

내 용

ㄱ

ㄴ

ㄷ

A–Z

저자소개

이 인 원	한국교원대학교 대학원 석사과정 유아교육전공. 교육학석사
한국교원대학교 대학원 박사과정 유아교육전공. 교육학박사
현, 계명문화대학교 유아교육과 교수

양 진 희	한국교원대학교 대학원 석사과정 유아교육전공. 교육학석사
한국교원대학교 대학원 박사과정 유아교육전공. 교육학박사
현, 한국교통대학교 유아교육과 교수

이 은 진	한국교원대학교 대학원 석사과정 유아교육전공. 교육학석사
한국교원대학교 대학원 박사과정 유아교육전공. 교육학박사
현, 계명문화대학교 유아교육과 교수

[제3판]
유치원 교사를 위한
교육방법 및 교육공학

2판 1쇄 발행 — 2016년 2월 15일
3판 1쇄 발행 — 2020년 8월 28일

저　　자 - 이인원　양진희　이은진
발 행 인 - 강철원
발 행 처 - 양성원
주　　소 - 경기도 파주시 검산로 173번길 29-20
전　　화 - 031-946-3861(代)
팩　　스 - 031-946-3864
이 메 일 - tnwpub@naver.com
홈페이지 - tnwpub.co.kr
출판등록 - 2015년 8월 31일 제 2015-000211 호

ISBN 979-11-6126-313-7

정가 20,000원